LE DÉSORDRE ET LA VIE

DU MÊME AUTEUR

Aux Éditions Grasset

Le Guetteur de rives

Chez Robert Laffont

Radioscopie/1, entretiens avec Brigitte Bardot, cardinal Daniélou, Sylvain Floirat, Roger Garaudy, Jacques Mitterrand, Henry de Montherlant, Fernand Pouillon, Lucien Rebatet, Arthur Rubinstein, Siné.
Radioscopie/2, entretiens avec Georges Mathé, Madame Simone, Jeanne Moreau, Jacques Monod, Jacques Duclos, Chagall, Edgar Faure, Me Albert Naud, Roger Peyrefitte, Maurice Mességué, Marcel Dassault.
Radioscopie/3, entretiens avec Abel Gance, Max-Pol Fouchet, Jean Guéhenno, Pr Jacques Ruffié, Mme Paul Fort, Léon Zitrone, Pr Jean Bernard, Jean Lecanuet, Jean-Paul Sartre, Raymond Devos.
Radioscopie/4, entretiens avec Maurice Genevoix, Jacques Lebreton, Gustave Thibon, Régis Debray, Gal Bigeard, Roland Barthes, Simone Veil, Etiemble, Pierre Mendès-France, Pr Jean-Paul Escande, Alain Mimoun, Pr Maurice Marois, Valéry Giscard d'Estaing.
Radioscopie/5, *« Les giboulées de Mars »*, entretiens avec Jacques Attali, Jean-Pierre Chevènement, Jacques Chirac, Robert Fabre, Jean-Pierre Fourcade, Alain Krivine, Brice Lalonde, Jean Lecanuet, Georges Marchais, Michel Poniatowski, Michel Rocard, Jean-Pierre Soisson.
Radioscopie/6, *« Des jeunes par milliers »*.

Chez Nathan

Le Guide et l'enfant

Chez Hachette Littérature et Livre de Poche

Le Temps d'un regard
Tant qu'il y aura des îles (prix des Maisons de la Presse).

Aux Éditions Mazarine

Franchise postale.

Aux Éditions du Chêne

Le Grand Échiquier (album).

Aux Éditions Actes Sud - Hubert Nyssen

Le livre franc.

JACQUES CHANCEL

LE DÉSORDRE ET LA VIE

BERNARD GRASSET
PARIS

1988, 1989, 1990 et puis ensuite la dernière décennie *d'avant le XXI*[e] *siècle dont on ne saurait dire si elle sera espace de paix ou tonnerre de malheurs. Je poursuis mon journal commencé à l'enfance pour retenir le temps ou m'en délivrer, et fidèle à la promesse, je publie ce triptyque annoncé.*

1988

Janvier

Ce qui nous fait vivre et rêver et bondir : la confortable certitude que tout commence demain.

Le meilleur de mon soleil fut un châtaignier qui me faisait de l'ombre. Là, je restais des heures, au temps des vacances, les moutons alentour. Les livres étaient ma seule compagnie, j'avais douze ans, je préparais mes fuites sur les contreforts du col d'Aubisque.

J'écris mon Journal depuis l'âge de quatorze ans. J'ai commencé sur des cahiers d'écolier qui pourrissent sans doute dans le grenier de la vieille et belle maison de ma mère à Arras-en-Lavedan. Il n'est pas nécessaire de tout publier. Il importe en revanche d'être constamment aux aguets. Jour après jour, ma curiosité augmente, ma quête n'a pas de trêve, je voudrais tout savoir et l'ignorance est totale. Savoir écouter m'est un luxe.

J'ai fait un calcul rapide. En quarante ans j'ai dû noircir quelque 200 000 feuillets, la plupart égarés. Comme disait Voltaire, mais à ma modeste échelle, je n'ai pas eu le temps de faire court.

Se débarrasser de ses problèmes, plonger dans la mare puis se souvenir. J'ai rencontré les plus grands, je n'ai pas toujours su ma chance, je les ai vus, je n'ai pas profité d'eux. J'aurais dû m'arrêter plus longtemps, la boulimie est un enfer où l'on se brûle à petit feu.

J'ai la passion de tout ce qui nous relie, j'aimerais voyager dans l'espace et le temps, jusqu'au bord du divin et du précipice.

J'ai toute la liberté du monde mais quand aurai-je le temps de la prendre ?

De sa voix profonde, claire, élégante, précieuse même, martelant chaque mot, elle m'avait dit à Mont-Désert : « Je relève le gant. Ils ont oublié Molière, Stendhal, Balzac, Proust, Sartre, Aragon. Me voilà avec toute ma cour de personnages venus de Rome, de la Grèce et du Nord. J'accepte donc l'Académie française puisque ces Messieurs ont le bon goût de m'y appeler. J'y serai la femme, cette espèce inconnue. Je vous fais toutefois promesse de ne plus m'y rendre après ma réception. J'aurai ainsi honoré une invitation et peu perdu de ma liberté. » Marguerite Yourcenar a tenu parole et ce n'est point mépris. Elle n'avait pas grande considération pour les honneurs, les hommages tard venus, mais il lui eût été insupportable de refuser un geste d'amitié. « J'ai la faiblesse de croire que j'ai accepté d'entrer sous la Coupole pour le seul Jean d'Ormesson. » Je n'ai pas oublié cette dernière rencontre dans le froid du Maine, avant sa mort, je la revois si joyeuse dans la petite cuisine pleine de confitures et de théières, assise sur la petite chaise de bois qui était autrefois celle de son amie Grace Frick, l'indispensable compagne, Grace que j'aimais pour sa courtoisie et plaignais pour sa soumission. Il n'y eut jamais dans la vie de l'écrivain personne plus disponible que celle-là, plus désintéressée. Elle avait toutes les attentions. A mon premier voyage, il y a une vingtaine d'années, on m'avait installé dans une auberge, proche de « Petite Plaisance », nom donné à cette maison de bois. J'arrivai, glacé, pour une semaine de *Radioscopie*. Marguerite

Yourcenar me fit immédiatement un régime insensé de tisanes, mais la fièvre s'obstinait. Je fus condamné à garder la chambre vingt-quatre heures durant... Au moment du départ, après cinq jours d'enrichissantes conversations, le directeur de mon « gîte » me fit cette confidence : « Je peux vous le dire maintenant puisque vous avez pris congé de nos dames... Vos premières nuits chez nous ont été accompagnées : Grace Frick venait en effet toutes les deux heures vérifier l'état de votre rhume. L'oreille collée à la porte, elle s'inquiétait de votre toux et de votre souffle... » J'ai eu la confirmation plus tard de cette délicatesse et je n'en ai pas été étonné, cela lui était naturel. Lorsque je pense à Marguerite — que j'appelais Madame — je devine immédiatement le pas de Grace et j'entends le bruit que faisaient les tasses de thé sur le plateau tenu par ses mains tremblantes, ses doigts affreusement défaits par la maladie. L'une et l'autre faisaient *un* mais ce n'est pas méchanceté d'affirmer que la gloire de Yourcenar avait endeuillé la tendresse de Frick. Pour son amie, son double, Grace avait renoncé à tout, elle n'était plus que sa traductrice américaine... « J'ai même oublié, me disait-elle, le talent d'imagination que j'avais à mes débuts. Ce n'est pas un sacrifice mais une dette d'amour. Marguerite, aujourd'hui, à ma demande, s'engage à ne pas me remplacer dans l'édition aux États-Unis. Ainsi, chez moi, j'aurai été sa seule traductrice. » Son sourire, à cette confidence, en disait long sur leurs partages. Tout de leur vie me semblait calculé, trente années les avaient enchaînées. Yourcenar, pour le commun des mortels, était si lointaine que forcément Frick, l'autre partie d'elle-même, me devenait proche. Je n'ignorais rien de ce qui la touchait... « J'écoute l'approche de la mort, elle me sera douce. Marguerite ne sait pas ce que je souffre, elle croit que je ne sais pas. Nous nous mentons en toute franchise. »

Les voilà donc parties toutes les deux, Grace en robe courte, Marguerite en cape longue « parce qu'elle sentait depuis quelque temps le froid qui attend ». J'aurai manqué mon dernier rendez-vous avec l'auteur des splendides *Mémoires d'Hadrien*, de *L'œuvre au noir*, des sublimes *Nouvelles orientales*. Nous étions convenus d'un *Grand Échiquier*, elle avait elle-même choisi ses invités : Marion Williams, Melina Mercouri, Jessye Norman, Oscar Peterson, Fats Domino. Je garde précieusement sa dernière lettre, partie de « Petite Plaisance, Northeast Harbor »... « Par malheur, il va m'être impossible de tenir ma promesse... Jerry Wilson, qui avait établi ce projet avec nous, se trouve désormais incapable de m'aider dans sa réalisation... Atteint de fièvre violente, en Inde, j'ai réussi à le ramener directement aux États-Unis, où les médecins ont diagnostiqué une grave tuberculose des deux poumons, si avancée qu'elle est inguérissable et que ses jours sont désormais comptés... Je me demande s'il ne serait pas beaucoup plus sage d'attendre la sortie de ma dernière trilogie familiale pour dialoguer avec vous. »

Jerry Wilson, le compagnon de ses quatre-vingts ans, est mort un mois après... Et aujourd'hui, comme elle n'en pouvait plus d'être seule...

Rencontre d'amitié avec un ministre de l'ancien gouvernement de gauche. L'homme est brillant, sa parole facile, ses reparties violentes, son humour féroce. Trop intelligent pour être vraiment d'un parti. « Pendant un Conseil, me dit-il, au temps de notre pouvoir, j'ai fait remarquer sèchement à Michel Rocard, déjà en désarroi, que la solidarité gouvernementale était une obligation et une nécessité... Le président m'a immédiatement interrompu — “ Je ne veux pas de ça ici, ce n'est pas un lieu d'affrontements ” —, je n'ai pas insisté. Mais à la fin de la réunion, François Mitterrand, d'un ton froid, m'a demandé de le rejoindre dans son bureau. Et là, changement de visage, un sourire éclatant, du rose sur le cireux des joues : “ Alors, on s'oppose à Rocard, on veut lui faire de la peine devant moi ? Ce n'est pas bien ça ! ” Dérision cannibale. Après l'algarade, Michel m'avait passé un mot griffonné à la diable — *On en reparlera un jour*. J'ai montré la chose au patron. Ses yeux sont redevenus sévères, son teint s'est fait gris. Le verdict est tombé : “ Voilà le vrai Rocard, cet homme-là est pervers. ” »

« Les traces d'un rêve sont aussi réelles que celles d'un pas... » Georges Duby avait rêvé l'Histoire, le Collège de France, l'Académie. Il les a, avec un zeste de télévision, la Sept, dont il assure la présidence. L'homme du silence s'est fait compagnon du bruit. Ailleurs, on appelle cela cohabitation.

Odette Ventura m'a rappelé tout à l'heure ce que Lino nous disait très souvent : « Je n'ai pas peur de mourir, mais je crains tellement de ne plus vivre. »

La revue de presse est une des éclaircies de ma journée. Lu dans *La Suisse* : « Bien sûr, il y a Pivot, l'indétrônable, l'inattaquable. Mais qui donc interdit de faire mieux que Pivot ? Et si l'on s'y mettait, une bonne fois ? Si l'on donnait toutes leurs chances aux programmes littéraires ? Si l'on choisissait pour eux des animateurs indétrônables, inattaquables ? » Chiche !

Petite perle « présidentielle » du cardinal de Retz : « Il faut savoir changer de parti quand on ne veut pas changer d'opinion. »

Un philosophe catholique, un écrivain juif, Pierre Boutang contre Georges Steiner. Le ring ? FR3, vagues Océaniques. Des abîmes séparent ces deux hommes, l'intelligence les assemble, la connivence est évidente : semblable gourmandise attisée comme un feu par le mythe d'Antigone ! Je vois à les entendre cette actualité éternelle, l'*excès du pouvoir*, l'insupportable dictature des princes, l'affreuse priorité de la raison d'État. J'écoute surtout un bruit délicieux craquant de toutes les musiques des mots. Face à face, un croisé et un demi-dieu... Boutang, visage en révolte, taillé à la serpe, cassé de trop d'angles droits, corps d'athlète, voix de fausset, comme revenu de quelque île de Malte... Steiner, sage parmi les violents, regard d'acier sous les lunettes, braise qui appelle la flamme, prophète, pareil à un messager échappé de Massada. D'un côté le descendant des Inquisiteurs, de l'autre le jeune frère des brûlés d'Auschwitz. Et un dénominateur commun, un point de rencontre : l'espoir (malgré tout), la grâce, le mystère de la foi. Deux mondes sans doute — juif, chrétien — mais deux vérités qui font un accord parfait. Un dialogue qui peut être donné en exemple : les différences ne sont pas nécessairement ennemies. Comment ne pas être touché par l'attente déçue de Georges Steiner... « Si le Messie vient aujourd'hui, on le remerciera pour sa courtoisie mais on devra lui dire qu'il est trop tard. Il aurait dû se tenir devant les portes des chambres à gaz. La douleur des victimes est plus grande que sa compréhension. »

Je dis parfois avec un brin de coquetterie que j'aurais bonheur à m'installer un jour sur le mont Athos, ce haut lieu de la spiritualité, et d'y poursuivre dix siècles d'histoire dans le silence. Je me fais un peu trop confiance, je n'ai pas encore cette hauteur de méditation, c'est seulement une envie, une manière tendre et point coûteuse de rejoindre Homère. A la vérité, un jeu de l'esprit..., plaisantent les amis. Et pourtant ! Je suis touché par ce vaisseau-péninsule, ce cratère de la foi qui s'offre comme l'espace privilégié de la bataille des dieux et des géants. Si j'en étais digne, je choisirais volontiers le monastère Simonos Petra, fondé au XIVe siècle, 300 mètres au-dessus de la mer... ou alors, le Hagios Panteleimonos, appelé « refuge des Russes ». Pour les chœurs superbes qu'on y entend encore, peut-être ! Le voyage toutefois n'est pas une mince affaire, mais on peut, dans les situations difficiles, s'inspirer de Kierkegaard : ce n'est pas le chemin qui est impossible, c'est plutôt l'impossible qui pourrait être le chemin.

Sur TF1, *Le juste prix*. Jeu débile volé aux Américains. Pauvre télévision qui n'a même plus le privilège d'inventer ses propres cases de médiocrité.

La nouvelle est passée inaperçue. Casanova, prince du libertinage, est enfin autorisé à retrouver la sérénissime Venise. Deux cent huit ans après son bannissement pour cause de libelle sur les fredaines de ses concitoyens, le fils prodigue aux insolentes frasques pourrait revenir glorieux dans sa ville assassine et y vivre le reste de son éternité. Avec le pardon offert, ce sont les honneurs qui s'avancent. Et tout cela pour le prochain carnaval. L'idée est d'Augusto Salvadori, « ministre » du tourisme de la cité. Beau coup de pub ! Jouisseur effréné, diable et dieu de ces dames, l'illustre séducteur, par-delà le temps, se trouve encore à cheval sur les bosses du bien et du mal. Salut Cagliostro des doges et bas les masques. Un libertinage sain est souvent préférable à certaines vertus malhonnêtes.

D'accord avec Georges Simenon : le grand reportage, les entretiens du bout du monde, les vagabondages médiatiques sont uniquement la façon de financer nos curiosités.

Tous ces livres à écrire, tout ce temps perdu ! Courtes journées offertes à la radio, à la télévision, blessées de trop de problèmes qui ne sont plus réglés par les responsables désignés. Aux postes intermédiaires — que je considère de premier plan — la politique, la peur, le copinage, la ferveur courtisane ou plus simplement la bêtise, installent souvent des incapables, des besogneux. Les parvenus ont de plus en plus besoin de domestiques. Serait-ce la logique du temps ? Il me reste un roman en souffrance *Le prince ou le festin des fous*, allégorie pour un monde rêvé, et une ballade, *Le tour du Paradis*, où je donne en litanie mes lieux de bonheur : les temples d'Angkor, la maison de Jorge Amado à Bahia, les rues de Buenos Aires, ses restaurants où j'allais avec Jorge Luis Borges, la Tuilerie de Massane, refuge de mon cher Joseph Delteil, la ferme de Gilbert en Uruguay, le golf de Marrakech et la route de l'Atlas, la « Petite Plaisance » de Marguerite Yourcenar à Mont-Désert, la grange de Joseph Lacrampe, paysan de la plus belle eau, sur la route du Lys, au-dessus de Cauterets, les forêts du Cameroun où courent les élans de Derby, ma vieille terre de Miramont... Il faut tant de fuites pour distraire la réalité !

Je m'en irai d'une colère. Je suis révolté, donc heureux, point en paix, en marche. Les gens rassurés, calés dans leurs certitudes, m'ennuient.

Abcès de sémantique, aggravation des mots : « quelque part », « au niveau de », « mieux-disant », « forfaiture », « point de détail », « zapping », « Paf ». Le millésime invente ses éphémères, chaque fin de siècle a ses décadences, le dictionnaire qui sait attendre engrangera peut-être certaines expressions. Il faut apprendre à composer avec l'air du temps, les à-peu-près de la mode, ne pas ignorer par exemple *glasnost* (transparence dans la langue du goulag), *perestroïka* (restructuration selon Gorbatchev). Cruel chaos : l'éthique qui est la relation de l'âme et de l'environnement y retrouvera les siens.

Politiquement, François Mitterrand est dans une position rêvée. La cohabitation doit l'amuser ; c'est une situation romanesque. Je suis persuadé, à l'aube de ce 2 janvier 1988, qu'il ne se représentera pas. Évidemment, mai pourrait me démentir, mais je n'imagine pas qu'il puisse volontairement abîmer sa trajectoire... sans faille à ce jour. Parcours de solitaire, de monarque absolu, figure immuable de cire. Il est celui qui peut, en véritable écrivain, conter son histoire, dire son attente, crier ses succès, enchaîner ses amis, délivrer sa mémoire, la mettre en pages. Pour cela il lui faut le silence, l'éloignement, la force tranquille de l'indifférence. Il me semble prêt à la déchirure. A moins que la fascination du pouvoir... J'ai noté l'un de ses propos d'autrefois : « Quand j'étais jeune parlementaire, je voyais des vieilles gloires de soixante-dix ans faire des discours enflammés à la tribune. Je me disais : pourquoi ne décrochent-ils pas ? Moi je ne serai pas comme eux. » Est-on fidèle à soi-même ? La grande question.

Ils vantent les charmes de la gauche, ils en ont parfaitement le droit, ils sont dix, entourés d'une quinzaine d'enfants qui, dans une allégresse extrême, saccagent le beau jardin — près de l'église — de ce petit village agricole de la Loire où le hasard me les fait rencontrer. Leur bavardage est d'abord un discours, la prise de parole magistrale de l'un d'entre eux couvre même les cris des plus petits : « Notre idéologie est frileuse, nos partis sont corrompus, nous devons reprendre le combat, l'égalité totale est notre but, tous semblables, le respect de l'autre en priorité. » Le maniement des mots est pareil à celui des armes, frémissement garanti. Boulimies verbales. Subitement, du côté de la ferme, une voix différente, celle du propriétaire, un paysan septuagénaire, frappé d'étonnement et pourtant étrangement calme... « Pourriez-vous rappeler vos enfants ? Trop pris par votre conversation, vous ne voyez sans doute pas ce qui se passe. Sortez-les de mon jardin, ils cassent tout. » Fureur du tribun : « Casse-toi, cul-terreux, pouilleux, paysouille, tu n'as rien à demander, nous avons déjà pris le pouvoir. » A cet instant, nous sommes intervenus, nous étions trois, ils étaient lâches et plus encore, pitoyables. Silencieusement, ils ont rassemblé la marmaille, repris leurs voitures, quitté le pays, l'âme basse. Conscient du dérisoire de leur situation, le paysan, un moment envahi, occupé, nous a dit en souriant tristement : « C'est sans doute la nouvelle extrême gauche... Elle ressemble à la nouvelle extrême droite. Nous n'avons rien à craindre. »

Paris-Val d'Isère en hélicoptère. La France, ouverte à 360 degrés, 100 mètres au-dessus de la terre. Richesse, beauté, enracinement, respect de la tradition. Les révolutions n'y font rien : on ne change pas profondément un pays qui plonge à ce point dans le passé recomposé. Images répétitives : le village, son église, son château. La permanence, l'apparente sérénité. La politique est un jeu de la ville réhabilité par la campagne.

Dans l'avant-propos d'un album tout à fait remarquable, *L'art du siège*, Karl Lagerfeld écrit : « Je ne trouve rien de mieux conçu pour le corps humain que les sièges du XVIIIe siècle français, on peut vivre et vieillir avec eux sereinement. Ils sont spirituels comme les conversations qu'ils ont dû entendre dans leur jeunesse. On dit que la conversation est morte en France quand les sièges sont devenus trop confortables. » J'ajoute que l'inconfort d'aujourd'hui ne le cède en rien à l'engourdissement d'hier. Les concepteurs — certains disent « designers » — ne sont vraiment pas nés assis. Impossible désormais de trouver un siège favorable au dialogue. Regardez de plus près la télévision : on nous invente des objets insensés, ridicules. A ne pas pouvoir poser la moindre fesse lorsque le snobisme s'en mêle. C'est biscornu, laid, du plus mauvais goût. Vive la chaise de nos grands-pères le soir à la veillée... ou même le vieux banc cher à Maurice André : « Là, on était plusieurs, la chaise c'est déjà le début de l'égoïsme. »

L'impertinence comprise comme un art et délivrée par des stratèges : Yvan Audouard, Michel Polac. Le premier la pratique avec raffinement, un brin de perfidie, l'autre la subit cruellement, en porte les stigmates. Yvan s'affirme naturellement professionnel de l'insolence amicale, Michel s'éblouit des scandales qu'il n'a même pas provoqués. D'un côté la roublardise ailée, de l'autre la faiblesse manipulée. J'ai vécu cette dualité une heure durant sur France-Inter au cours de l'émission *Inforum*. Audouard vivait sa liberté, Polac souffrait sa gentillesse. Il manquait un troisième larron à ce petit déjeuner de têtes : Pierre Desproges, que Daniel Schick avait « consulté » au téléphone. De l'avis de Jean-François Remonté, mon réalisateur, l'entretien était techniquement inécoutable ; je n'ai donc pas eu l'ineffable bonheur d'entendre des propos qui étaient sans doute d'éternité. Desproges s'en est offusqué. Profitant d'une cruelle traversée du désert malignement imposée à son génie, il a volé une pincée de publicité en criant à la censure. Tristesse de clown affolé ! On ne censure jamais ce qui n'existe pas.

Desproges, qui se lamente, devrait faire sienne cette réflexion de Louis Jouvet (un maître) : « J'ai reconnu le bonheur au bruit qu'il a fait en tombant. »

Joie d'avoir reçu ce don, l'amour des livres. Et quelle chance de rester en leur compagnie pour simple raison professionnelle. Je n'aurais su imaginer dans mon enfance que ma passion deviendrait l'une des facettes de mes métiers. J'avais alors pour ciel les chênes et les châtaigniers, merveilleux compagnons de silence. Me revient la phrase de Saint-John Perse : « Un livre, c'est la mort d'un arbre. » J'ai dû dévorer des forêts et n'en suis pas triste. J'ai toujours en ligne de mire *Les trois mousquetaires, Vingt mille lieues sous les mers* et *Robinson Crusoé.* Je me faisais un monde, comme Michel Mohrt qui publie en ce moment *L'air du large* : qui n'a rêvé de se trouver un jour sur une île déserte, libre des contraintes de la civilisation, maître de son temps et de soi comme de l'Univers ? Robinson Crusoé est vraiment devenu un mythe, au même titre que Don Quichotte ou Faust, et Mohrt a raison de rappeler que l'histoire racontée par Daniel Defoe nous passionne plus encore aujourd'hui. « Robinson incarne l'un des grands thèmes de la civilisation occidentale : le triomphe de l'homme sur la nature qu'il sait utiliser, exploiter, pour subvenir à ses besoins. » Il m'est arrivé de trouver des îles mais chercher est plus exaltant. Beautés de la quête, de l'inaccessible étoile.

Rendez-vous littéraire pour *Inforum*, au studio 109 de France-Inter. Trois écrivains en flèche : Jean-Didier Wolfromm (également critique) va publier bientôt *Leçon inaugurale*, Alain Finkielkraut, philosophe best-seller, vit encore des succès de *La défaite de la pensée*, Régis Debray, qui fait galerie de tous ses « Masques », est au cœur de la discussion, il en est même le sujet.

J'ai d'abord entendu le bruit que faisait le nom aux heures « guévariennes » de son emprisonnement en Bolivie. L'amour du Che lui avait alors accordé trois années sabbatiques et singulièrement grillagées. Puis je l'ai retrouvé à *Radioscopie* au lendemain de son retour, libre mais comme brisé ou plutôt dégoûté de tout, de ses convictions, de ses errances, de ses chasses. Le jeune homme en campagne n'aspirait plus qu'à la ville. Il lui fallait l'immédiat oubli pour reprendre un semblant de célébrité. Car il était de ces combattants de l'ombre qui ont besoin des grands soleils pour ne pas mourir. Toute sa vie, Régis Debray aura fait l'étonnant alliage de ses cris et de ses silences, de ses engagements et de ses éloignements. L'époque a déterminé sa carrière de philosophe de combat, il n'a pas eu une vraie guerre à mener, il n'avait pas vingt ans à la Libération et non plus en 1968, il s'est retrouvé amoureux forcené des révolutionnaires du bout du monde pour ne pas se perdre, et son patronyme pourrait être aujourd'hui celui du personnage d'un roman picaresque. Parcours de broussailles attisées par son goût du secret, du sacré, du feu, de la fumée et d'une solitude qu'il aura mis du temps à reconnaître. Elles sont maintenant très loin, sa cellule de moine et l'Université de La Havane où il se cloîtrait, vivant de pain et d'eau : « On n'a pas le droit, disait-il, de faire bonne chère tant qu'il y aura sur terre un seul être qui a faim. » Les épreuves, la fréquentation du pouvoir, l'amitié de Mitterrand, l'habitude du Château, l'ont considérablement changé et bien évidemment délivré (allégé) de ce fardeau que la passion intellectuelle de l'engagement à tout prix avait jeté sur ses frêles épaules bourgeoises. L'agrégé de philo est plus humble, presque encombré de son savoir, le chargé de mission du président semble plus discret, l'écrivain est sans aucun doute malheureux, accablé par la volée de bois vert, noueux, qui le cloue au sol, au vernis de ses salons élyséens, et défrise ses moustaches offertes aux bonnes brises d'un hiver qu'il voulait réparateur. Le froid n'a point gelé les jalousies ou plutôt la haine de ses ennemis. La critique, contre lui, s'est mise sur le pied de guerre, et Jean-Didier Wolfromm, qui a ce matin son humeur ordinaire, c'est-à-dire meurtrière, ne ménage pas les attaques... « Votre dernier roman, *Les masques,* n'a pas le moindre projet, n'offre aucun intérêt, n'est même pas écrit. » Difficile d'être plus vachard dans le raccourci. Régis Debray prend l'insulte de plein fouet, contient un mouvement de recul, plonge la tête dans ses mains, n'a qu'un mot : « Pitoyable. » Il devine que ce livre où l'intime se mêle à l'Histoire, où sa vie s'étale sans pudeur au rythme des rencontres amoureuses, des amitiés hautes — Guevara, Castro, Allende, Garcia Marquez, Jane Fonda, Joan Baez, Louis Althusser —, des drames de l'existence, pêle-mêle, va déranger. Il s'y était préparé. Ne parle-t-il pas à la page 36 de la haine que les hommes lui vouent ? Mais tout de même ! Il me dit tristement son étonnement dans ce studio de la Maison de la Radio où je l'accueille... « Je ne réclame pas l'amour mais détester à ce point m'est complète humiliation. Que leur ai-je donc fait ? Bertrand Poirot-Delpech, que je n'attendais pas à pareil carnaval, me trouve risible, masochiste, arrogant. Selon lui, je ne passe pas aux aveux, je prends les devants afin de ne laisser à personne le soin de penser à ma place. Le cher immortel m'ouvre des horizons inconnus ! » Debray paraît désemparé, il ne comprend plus, il ne se défend même pas, il sait qu'un engagement est justifié par les risques que l'on prend, peut-être se réjouit-il d'agacer les officines parisiennes... La prison l'a vraisemblablement emmuré pour longtemps. Il y a jouissance à se laisser haïr, à paraître blasé... « Le Palais, les Mystère 20 et les motards, je m'en suis peu à peu lassé. » C'est reconnaître qu'on les a aimés, que l'on est toujours au pouvoir, qu'il n'est pas désagréable par les temps qui courent de rester conseiller du président. (On ne sait jamais, Mitterrand pourrait devenir historique.) Cette vie en deux, qui gomme toute transition entre le privé et la politique est un montage de cinéma, un monde en morceaux. On le hait, d'accord, mais il a tout fait pour en arriver là, par indifférence, dandysme, coquetterie de distance : le piège guette ceux qui passent ainsi de l'arrogance à l'humilité. De grâce, qu'il retienne le bel adage du Coran : « Ne te fais pas si petit, tu n'es pas si grand. » Il n'empêche que j'aime ce livre de Régis Debray, j'apprécie qu'il ne se veuille pas à tout prix sympathique, et puis, qu'importe le mépris des petits intellectuels des petits soirs. S'il tient à se rabaisser, à pratiquer l'autoflagellation, pourquoi s'en offusquer ? Laissons-le à ses fouets, n'en faisons pas un martyr. « Les masques ont une particularité rare : ils ne cachent rien, ils révèlent l'intime. » « Ils m'ont encore massacré. Heureusement, Alain Finkielkraut, lui, aimait mon bouquin. Rien à ajouter ? » Debray est attendrissant dans son numéro de maudit. Je lui parle une toute petite minute de Mitterrand. C'est vrai, je n'en peux plus de ce culte de la personnalité qui fait des pointes dans la gentry parisienne revenue au temps des manifestes. On tresse des couronnes au patriarche et ce sont des cornes qui poussent. La prosternation est avancée... Ridicule et dangereux.

Attendrissante, cette semaine à l'École de danse de l'Opéra maintenant installée à Nanterre... On ne dira jamais assez le remarquable travail réalisé par Claude Bessy, le talent de ses cent vingt élèves, la beauté, le charme, l'éducation de tous ces enfants. Un exemple pour ceux qui ont charge d'enseigner. J'ai cinquante visages en tête, des regards de feu, des airs de petites filles modèles, je vois des cheveux blonds ou bruns, lumineux, tirés en arrière, en torsade, tout est grâce, innocence. Elles s'appellent Ghislaine, Julie, Emmanuelle. L'une d'entre elles demande à Yves Montand : « Vous êtes cabot ? » Réponse immédiate : « On est toujours plus ou moins cabot... Il faut simplement le savoir. » Les téléspectateurs de rencontre m'interrogent souvent : « Quel a été votre meilleur *Échiquier* ? » J'ai du mal à exprimer un choix. Aujourd'hui, je suis formel : « Celui des enfants de l'Opéra. » Il n'était pas le plus brillant, mais chaque seconde était chargée d'émotion.

Encore Régis Debray. Je l'apprécie pour quelques petites phrases qui pourraient sortir de nos cartables de vieux écoliers...

« Avec les hommes, on n'a souvent le choix qu'entre l'ennui d'un débat d'idées gratuit et le jeu de massacre des absents... Le persiflage m'humilie, j'aime admirer ou me taire... Quant à l'intelligentsia, à laquelle je dois beaucoup, rien de plus aisé que de la faire marcher comme un seul homme quand on est derrière les barreaux et qu'on a un brin de plume. Elle se sent tellement coupable de ses mains blanches qu'un faux innocent aux mains sales fera toujours un martyr adorable. »

Je peux témoigner pour (ou contre) ces intellectuels confortables, coincés dans leurs certitudes, salonnards en diable, snobinards plutôt que guerriers... Je n'ai rien oublié de leurs spontanéités de circonstance. Je revenais d'Indochine, j'étais écœuré par le désastre, nos échecs, l'inconséquence de nos dirigeants, la veulerie des Français, la lâcheté des hommes politiques, le désordre d'esprit des fins penseurs. La défaite était totale, mortelle randonnée. J'étais, je l'avoue, marqué par ces pays, le Sud-Est asiatique était devenu mon terrain d'adolescence, mes routes allaient de Saïgon à Hanoï, de Pékin à Shanghaï, de Bangkok à Colombo, j'avais l'imprudence de me croire partout chez moi tant je me croyais persuadé que l'on est un peu propriétaire de ce que l'on aime. Je suis encore fasciné par cet ailleurs intime qui associe allégrement la sagesse, la cruauté, le sourire, le machiavélisme. Mes nuits sont pleines de ces grandes vadrouilles d'enfant, j'avais seize ans au départ. Je vois toujours les immenses paysages de rizières, les buffles accouplés avec sur le dos des oiseaux voltigeurs, les soleils du cap Saint-Jacques, les aubes de Dalat, les pierres sculptées d'Angkor, les cités interdites — Huê, Pékin —, les corps des jeunes filles gainés dans de splendides tuniques de soie, offertes comme des reliques. Sublime traversée que j'évoque dans *Tant qu'il y aura des îles*, que je raconterai peut-être lorsque le temps sera venu d'effacer à tout jamais la nostalgie. Ce monde de mes rêves — parfois réalisés — bouillonne tellement en moi que je ne supporte plus à son endroit la moindre agression.

Je me souviens de l'entrée des troupes du Nord — la horde viêtminh — dans Saïgon, ville perverse, Casablanca des années 50. Le communisme festoyait sur de nouvelles crêtes, coulait ses turpitudes dans les sillons du colonialisme décapité, installait l'ordre rouge. Pour quelques-uns de mes amis parisiens, c'était une part de socialisme qui venait au secours d'une nation perdue. Je devinais la terrifiante réalité à venir mais je savais aussi que certains camarades vietnamiens se nourrissaient déjà de cet espoir : le peuple allait être rassemblé. Puis s'accumulèrent les mauvaises nouvelles, le régime du Nord était pire que celui du Sud, l'idéologie marxiste battait la mesure, les camps de la mort étaient réinventés, les barbelés partout enlaidissaient la nature. Les plus courageux des occupés prenaient la mer, on ne parlait pas encore des boat-people. A Paris où j'étais, je fis vite le compte des malheureux. Ceux que j'avais connus attentifs à la marche de leurs libérateurs, assoiffés d'indépendance, socialistes fervents, ennemis des envahisseurs français ou américains, attendris par les frères du Nord, débarquaient soudain sur des rives plus libres après des mois d'affreuse traversée. Beaucoup me firent visite et, vite, il me parut nécessaire d'étaler la triste réalité. *Radioscopie* nous était espace de témoignages, je recevais tous ceux qui avaient eu la chance de ne pas mourir dans les camps ou au fond des eaux. Et bizarrement, je fus attaqué par une certaine presse allergique à la vérité, qui n'en pouvait plus de mes sarcasmes... « Chancel veut nous faire croire que tout va mal à Saïgon... Il annonce même que les habitants fuient le pays par dizaines de milliers... Scandaleuse provocation. » Je continuais pourtant, assuré de mes sources. Alors vinrent à la rescousse de mes adversaires des hommes et des femmes que j'aimais, j'estimais... Jean Lacouture : « Tu te trompes, tu as de mauvais informateurs. » Simone Signoret : « Jacques, les aubes de la liberté sont difficiles, mais il ne faut pas désespérer. Un nouveau monde est en train de naître du côté de Saïgon. Faisons-leur confiance. » Elle me disait cela, Simone, avec toute sa sincérité, sa croyance intime, cette dignité qui était sa marque, son identité, et forçait le respect. D'autres qui ne comptent pas avaient la phrase brutale, calomnieuse. « Pourquoi ne veux-tu pas reconnaître le formidable redressement du Viêt-nam, son bonheur ? Tu es un salaud. Tais-toi ou gare. » Ceux-là qui menaçaient sont aujourd'hui les porte-parole de tous les boat-people en transhumance, ils ont rattrapé tous les bateaux en marche, constitué des comités d'accueil, ils parlent avec révolte de l'affreuse occupation communiste au Sud-Viêtnam, ils ont fait l'impasse sur leurs erreurs et je suis bien forcé de les envier pour leur évidente amnésie. Ils sont à ce point intelligents, doués, souples aux retournements qu'ils réussissent toutes leurs cabrioles. Tournez manège.

« Le destin n'est pas une vieille pute capricieuse. C'est un fonctionnaire consciencieux, un sourd-muet cravaté qui chaque matin fonce tête baissée à son bureau. » De Régis Debray, pour en finir.

Roland Barthes mal filmé, bêtement interrogé et tout de même cette réflexion : « Seule la mort est un événement, tout le reste est langage. »

Inforum... France-Inter, 24 janvier 1988. Entretien avec Roger Gouze, délégué général de l'Alliance française, auteur du *Journal d'arrière-garde* (Calmann-Lévy). Petit dialogue arraché à soixante minutes de conversation.

JACQUES CHANCEL. — *Le président François Mitterrand doit-il se représenter ? Peut-on avoir le sentiment du beau-frère, du parent ?*

ROGER GOUZE. — Oh... Je n'ai aucune idée précise là-dessus. Simplement, je crois qu'il n'en a pas l'intention. Je lui ai entendu dire sa pensée profonde. Organiquement, physiologiquement, il n'a pas la moindre envie de se représenter.

J.C. — *En êtes-vous si sûr ?*

ROGER GOUZE. — Il a fait sept ans et il a maintenant d'autres choses à accomplir. Il est écrivain, il a toujours rêvé de publier une biographie de Laurent de Médicis, une histoire du coup d'État du 2-Décembre... Non, vraiment, il n'a aucune envie de revenir au pouvoir... Mais évidemment, les circonstances peuvent l'y amener.

J.C. — *Beaucoup de ses amis le poussent à envisager un nouveau mandat...*

ROGER GOUZE. — Oh ben... bien sûr, on peut les comprendre !

J.C. — *... Et il n'en a aucune envie ?*

ROGER GOUZE. — Aucune...

J.C. — *Vous êtes le frère de Danièle Mitterrand, vous avez avec le président des relations privilégiées. Vous le poussez, vous, à se représenter ?*

ROGER GOUZE. — Ah non, pas du tout... Je reste en dehors... La politique active n'est pas mon affaire...

J.C. — *Quelle est votre réflexion personnelle ? Vous lui donnez raison, vous l'encouragez... Dites-moi ce que vous pensez vraiment, nous sommes entre nous...*

ROGER GOUZE *(grand rire)*. — Tout à fait entre nous, comme vous dites. Je n'ai pas le moindre sentiment personnel... Simplement, je suis persuadé qu'il n'a pas encore pris sa décision.

J.C. — *Nous avons, je crois, la même idée sur l'immédiat avenir du président. Je prétends, moi, qu'il ne se représentera pas et j'explique pourquoi : il est de tous les chefs d'État français celui qui peut écrire, en styliste confirmé, son histoire. Pourquoi se priverait-il de cette chance ? L'écrivain l'emportera sur le politique... Se représenter serait une faute.*

ROGER GOUZE. — Plus que cela... Ce serait un sacrifice.

Comme Raymond Barre qui répond chez Flammarion à Jean-Marie Colombani, je n'ai aucun goût pour le mépris. Dans certains cas hélas, il s'impose. Je pratique davantage la distance et l'indifférence qui sont aussi des élégances.

Marcel Jullian me demande de lui léguer à ma mort la cravate que je porte ce matin : verte à bandes bleues. Me trouve-t-il à ce point fatigué ou l'aime-t-il vraiment ? Il l'aura... En souvenir du *6 janvier 1975* (création d'Antenne 2) : les rois sont nus.

Gabriel Matzneff existe, je l'ai retrouvé : mon vieux compagnon d'errances journalistiques aura subi comme tant d'autres les assauts de la rumeur... « Le sida, mais oui, lui aussi ! » Bref comme un diagnostic, cruel comme un coup de poignard (dans le dos) et faux comme souvent. Dangereux à-peu-près. Je lui dis ce que furent mes inquiétudes et mon silence... « Ne le dérangez pas, affirmait-on, il ne supporte plus rien, même pas l'amitié... Il est déjà aveugle. » Dans ces cas-là, les précisions font d'étonnantes arabesques ! Gabriel ne s'étonne pas : « Le bruit, en effet, a couru. Inutile de le rattraper, de l'assommer. On ne m'aurait pas cru. J'ai fait le mort, dans un petit hôtel de passage. » Il y a tout de même ces grosses lunettes noires ?... « Un virus... J'ai failli y laisser mes yeux. » Il n'a pas changé, il ne changera jamais : il a cette même tête de séducteur-bébé depuis trente ans, ces mêmes yeux fusilleurs qui terrorisent et attendrissent les jeunes filles — des aimants pour de futures amantes —, ce même crâne chauve vernissé par les caresses. Hiératique et en parfait état de marche. Il m'apporte son livre, *La diététique de Lord Byron,* que j'avais aimé, et qui est maintenant publié dans l'édition Folio. La dédicace : « Pour Jacques, à l'occasion du 200e anniversaire de Byron, 22 janvier 1788, affectueusement. » Une fleur séchée s'est assoupie dans la jointure des pages 112-113. Nous sommes en Italie, Byron confie à la comtesse de Blessington : « Je ne dissimule pas que mes goûts et mes habitudes sont peu propres à faire le bonheur d'une femme, quelle qu'elle soit... J'aime la solitude, elle est devenue pour moi un besoin, j'ai la manie de m'enfermer de longues heures ; et encore, avec celle que j'aime, je suis distrait, maussade, sombre. Je suis convaincu de ceci, voyez-vous : c'est qu'il y a dans le tempérament poétique quelque chose qui rend inapte au bonheur, non seulement celui qui le possède, mais aussi celles qui lui sont attachées. » Philosophie de l'existence, art de vivre particulier, les suicidaires amoureux d'eux-mêmes sont ainsi, sulfureux, purs, abandonnés. A Mont-Désert, dans sa maison de bois, Marguerite Yourcenar me disait : « Le bonheur n'est qu'un sous-produit. » Relire Alain.

Une jambe, un pied de femme... comme une parole. Déjà un début de conversation.

Les sondages préparatoires aux élections présidentielles sont la photographie élégamment voilée des fausses espérances de la grande majorité des Français. Il ne faut jamais tenir compte des coups de cœur qui précèdent les véritables affrontements. Trois mois avant, les indécis affirment leurs doutes en affichant des convictions, les courtisans de l'urne s'amusent à troubler le paysage. Ce soir, à la manière de la Sofrès ou de l'Ifop, j'ai fait un test sur trente personnes (entre vingt et soixante ans). Il n'était plus question de dire son choix personnel mais de désigner — froide analyse politique — le vainqueur au deuxième tour. Résultat ? Jacques Chirac l'emporte devant Michel Rocard : 19 à 11. Stupidité des pronostics à longue distance.

Une prière oubliée de Paul Claudel, comme une perle dans son Journal intime : « Au-dessus de l'amour il n'y a même pas vous, Dieu. »

La fumée de ses énormes cigares embrume jusqu'au chauve de sa tête sans pour autant la noircir. Il est au plus profond de tous les personnages qu'il met en scène, boulimique et hasardeux. Je le crois à sa manière Cyrano, d'Artagnan, Astérix. Un peu Fanfan la Tulipe.

Sa voix de ville a du modelé, de la délicatesse, rien à voir avec cette parole de commandement qui tonne dans les théâtres du monde où s'exerce sa fantaisie. A dire vrai, Jérôme Savary est un tendre qui a donné du volume à ses timidités. Il contrôle son trac avec une impatience rare, comme si cette peur qui parfois lui vient était le motif de ses audaces, la graine de ses provocations. « Il importe que je me dépasse, rien n'est impossible, même pas le pire, tous les coups sont permis pour faire rire ou pleurer. » Et il va bien au-delà de la frénésie, assuré de son impunité de magicien. Le délire lui est familier — la sagesse aussi —, l'économie n'est pas son genre, Savary se défait de Jérôme, les beaux habits deviennent guenilles, et puis soudain, la lumière s'en mêle. L'éclat n'est plus loin. Il est enfant de Cervantès, errant poète, comédien, idéaliste, utopiste, capteur d'émotions. Il lui manque sans doute d'avoir été acteur de haute altitude, il s'agace de trop de célébrité, les louanges pourraient l'étouffer et je crains parfois que l'unanimité ne le brise au plus profond. Ce fou a une nature de maudit qui ne réussit même plus à se brûler à ses propres feux d'artifice. Les incendies l'illuminent, ce qui est tout de même un comble. Jérôme Savary est un bruiteur qui ne se plaît qu'au silence. Les paillettes, le strass, la pacotille — fragiles pellicules — ne dissimulent pas chez lui l'essentiel. J'appréciais depuis longtemps ses cabrioles de baladin, mais je le connaissais mal. Il a suffi d'un regard, d'un mot, pour que l'accord se fasse. Je *nous* croyais sur des planètes différentes, nous étions simplement ailleurs. Le perturbateur d'autrefois est à la vérité un amoureux des sources classiques, un adepte tranquille de la simplicité qu'à ses débuts il a su torturer pour plaire aux snobinards de la chose théâtrale, toujours en avance d'une tricherie. « Les intellectuels d'arrière-garde et les journalistes douteux sont patiemment sur mes talons. N'ayant rien fait de leurs ambitions, fossoyeurs de leurs vanités, ils restent vigilants et semblent me reprocher de ne plus être stupide, dérisoire, c'est-à-dire à leur portée. J'ai choisi le beau, ce qui aujourd'hui paraît fou. » Encore une provocation.

J'ignore si Yaguel Didier, la célèbre voyante sans qui Catherine Nay m'avoue ne jamais rien entreprendre, cautionne ses certitudes — via une boule de cristal absolument limpide —, mais l'opinion de Catherine est claire : « Il ne fait aucun doute que François Mitterrand se représentera, affirme-t-elle. Il est même en campagne depuis 1986 !... » Non contente de l'avoir découpé en sept dans son livre *(Les sept Mitterrand)* après l'avoir déjà quasi désossé dans *Le noir et le rouge*, elle le voit encore reparti pour un septennat. Insatiable Catherine, prête à recommencer l'interrogatoire du sphinx.

D'une histoire l'autre... cette fois place à la grande, la vraie, notre Histoire de France tant de fois revue et corrigée par ceux qui se sont donné pour mission de l'explorer à la loupe et que ne concernent pas les turbulences — même électorales — de l'an 88. Eux côtoient Philippe Auguste, Jeanne d'Arc, Louis XII ou Charles VIII. Georges Duby, un des responsables de cette nouvelle *Histoire de France* (Hachette), consent pourtant à faire observer que, pour l'heure, François Mitterrand occupe effectivement l'emplacement symbolique de la monarchie... et place à un éventuel « hit-parade » ou « Top 50 » des meilleurs rois et chefs d'État :

1. — Henri IV
2. — François Ier.

En numéro 3, il cherche encore.

Emmanuel Le Roy Ladurie avance Louis XII, Charles VIII, et n'en voit pas d'autres...

Pauvres républiques, qui ne semblent pas avoir engendré d'oiseaux rares. Pauvre siècle aussi que le nôtre, apparemment toujours empêtré, si j'en crois le sourire navré de nos deux éminents historiens, dans de beaux restes de féodalité ! Dernière « bonne » nouvelle : Emmanuel Le Roy Ladurie avance quelques chiffres éloquents : dans sa croissance folle, l'État en arrive à gouverner aujourd'hui avec un effectif de 2 600 000 fonctionnaires. En 1515, François Ier, lui, se contentait de 5 000.

Depuis deux jours, ma collaboratrice Monique Alié dévore *La vie de Céline* : je la vois, presque toutes (mes) affaires cessantes, louer Frédéric Vitoux à tous les étages. Un Vitoux qui s'est fait biographe de génie pour un Céline encore plus génial qu'avant, dirait-on. La preuve, ce matin, c'est avec les deux tomes de la Pléiade de l'auteur du *Rigodon*, rachetés à toute allure hier soir à la FNAC, qu'elle entend poursuivre l'émotion. Pourtant, elle a, comme tant d'autres, « bouffé » du Céline vers l'âge rebelle de seize ans, et n'a jamais réellement éprouvé depuis, malgré la fréquentation d'autres experts céliniens (Jean

Guénot, François Gibault), le besoin impérieux de récupérer ses exemplaires prêtés, éparpillés ou perdus. Il paraît évident aujourd'hui qu'il faut relire Céline, vite et à tout prix. A cause de Vitoux, grâce à Vitoux.

Cervantès dans Don Quichotte : « Rien ne nous est dû, tout nous est prêté. » Rousthavéli, poète géorgien du XIIe siècle, avait déjà dit : « Ce que tu donnes reste tien, ce que tu gardes tu le perds. » Lumineux.

Décidés à me confier la présidence de la Sept, les différents responsables culturels de l'État se sont bizarrement heurtés à Michel Guy. Ce fils de pépiniériste, plante grasse à la pousse tardive et que Paris arrose, n'a pu se résoudre à sortir de son rêve : succéder lui-même à Georges Duby. Pour ses prochaines moissons il croit pouvoir compter sur Valéry Giscard d'Estaing et Raymond Barre. Il revendique tout, je ne demande rien, il s'expose, je suis appelé, il fait des bassesses et je le regarde d'en haut. Triste République qui recrute ses courtisans dans les dîners en ville !

Soixante-quinze prix Nobel sous les lambris de l'hôtel Marigny et un prophète aux cheveux fous qui leur fait danser la gigue : Élie Wiesel. Je le vois heureux, je le sais sincère, je le crois ami. L'écoutant, je me souviens de mon premier voyage en Israël il y a peu : j'y jetais les bases de l'*Échiquier* du 21 avril qui célébrera jour pour jour les quarante ans de ce pays... « Wiesel pourrait être au centre de ce programme. » Suggestion blasphématoire ! J'ai vite compris mon erreur, ma faute... « De grâce, ne confondez pas les Juifs et les Israéliens. » Cela dit dans un souffle. J'ai insisté tout de même...

— Isaac Stern viendra et d'autres... Pourquoi pas Élie ?

— Il a fait commerce d'un malheur.

— Mais il en a souffert.

— Ils sont trois millions ici qui se taisent et qui se battent encore.

Les temps en Israël sont difficiles, le mois prochain, je serai à Jérusalem, j'espère que les armes se tairont. Sincèrement, je n'en suis pas si sûr.

D'accord avec Maurice Chapelan (le terrible Aristide du *Figaro*) qui démultiplie dans ses rêves grammaticaux le magazine littéraire de Bernard Pivot. On peut aller plus loin, imaginer une semaine de rencontres : *AP* le lundi, *OS* le mardi, *THRO* le mercredi, *PHES* (difficile à imposer) le jeudi... et pour couronner le tout *Apostrophes* le vendredi. Je suis persuadé que le public saurait prendre rendez-vous, je prévois même chaque soir un million de téléspectateurs. Il n'y aurait que des avantages : pas de frais particuliers, une audience confortable (pour une pareille heure), une qualité indiscutable. Enfin un talk-show !

Danièle Gilbert dans le cliquetis de ses jarretelles accrochées directement à l'âme et Michèle Mercier sous le voile de ses secrets déclinés à cœur perdu : ce sont les derniers petits bruits de janvier. Pas de quoi exciter les rapaces ! Le véritable érotisme est plus discret.

Jack Lang a changé, il marche moins vite, pèse ses mots, retient ses attaques, caresse l'adversaire : sa culture n'est plus en veston rose. Il est bizarrement pâle, d'une sagesse contrôlée. On lui fait jouer la discrétion qui n'est pas son manège à lui. Il s'ennuie de ne pouvoir haranguer une jeunesse qui lui est encore favorable. Torturé par François Léotard qui ne le ménage plus, il glorifie Jacques Duhamel qui ne peut pas l'entendre. « Ce qui m'intéresse, a-t-on dit, ce ne sont pas les idées, c'est le bruit qu'elles font. » La flèche a laissé des traces... « J'ai été longtemps une idole et une tête de Turc, je prends maintenant mes distances. On ne me blessera plus, je ne me laisserai pas étreindre. » Pas un mot de son successeur, une sérénité de circonstance.

— Attendons les giboulées de mars.

— Ce sera dur ?
— Si c'est tendre, pour nous c'est foutu !
Lang saura attendre, il sait ce que sont les longues patiences.

Il y a mille manières de raconter l'Académie française. Ainsi ce raccourci d'Alain Peyrefitte : « Georges Duby a été reçu dans notre auberge d'éphémère immortalité. »

1988

Février

Romain Gary me disait souvent : « Je n'ai trouvé le grand bonheur que dans les chagrins. »

Les philosophes et les universitaires qui se veulent princes de la sémantique n'ont jamais réussi à donner la bonne définition du mot « culture », et bizarrement, c'est un général qui vient à leur secours. Pas n'importe lequel : Bigeard. Interrogé par Maurice Rheims dans son émission *Haute curiosité*, le vieux para de Diên Biên Phu nous a gratifiés de l'explication la plus simple, la moins embrumée : « La culture, c'est voir grand, c'est voir beau, c'est s'élever. » Notre soldat — devenu député après avoir été ministre — a donc choisi les godillots de l'alpiniste pour aller en altitude. Il suffit parfois d'un petit élan pour se grandir.

Phrase-tendresse de José Artur : « J'ai divorcé d'avec le théâtre mais j'ai eu la garde des enfants. » Bel hommage aux comédiens.

En ce début février, je prends encore tous les paris, je n'ai pas changé : François Mitterrand ne se représentera pas. Son silence n'est qu'une habileté de plus, le suspense qu'il impose à ses adversaires, à ses amis surtout, une alchimie subtile. Machiavel et Talleyrand ont fait alliance. Si je devais douter de ma prédiction, je serais vite conforté par les propres impressions de

Roger Gouze, son beau-frère, et l'information nouvelle qui circule dans les coursives de l'Élysée : le président tient, depuis mai dernier, son *Journal d'un « non-candidat »*. Le brûlot pourrait être publié dès juin : on découvrirait alors les méandres de sa démarche actuelle. Décidément, il n'est pas sur toutes les mers de plus splendide navigateur solitaire.

Longtemps, il y eut le mois du Blanc, ou la quinzaine de l'artichaut breton, à une époque où le monde savait encore acheter (aux meilleures saisons), manger, dormir. Puis vinrent à la file, comme jaillis des mêmes cerveaux pensants subitement frappés par des existences qu'ils n'avaient jamais remarquées jusque-là, et menacées sans doute... une Année de la Femme, une Semaine de l'Enfant, des Journées de la Chanson française, un Forum des Célibataires...

Ces jours-là, on a parlé haut et fort de maman, promotionné bébé, chanté français... A peine a-t-on achevé de se pencher sur le célibat que déjà, l'idée de son contraire, d'un marché du mariage par exemple, ou de l'amour — encore mieux — s'est imposée, magistrale, en cette fin de millénaire usée, fatiguée, inapte à tout. Un Salon de l'amour, pourquoi pas ! Encore faudrait-il oser... Ils osent. Ils ont même l'argument et l'occasion : « Ce sera à la Saint-Valentin. C'est vrai, l'amour est partout, nous préoccupe tous, et paradoxalement, aucun ministère ne lui est consacré, aucun centre d'information ne l'aborde dans sa globalité. L'amour est fragmenté, cloisonné, en morceaux : sida par-ci, minitel par-là, érotisme ici, clubs de rencontre là-bas. Où est l'exaltante joie d'aimer ?... » La voilà qui presse le pas, courbe l'échine, étreint la taille et nous prend par la main jusqu'à l'espace Austerlitz, nouveau territoire des emportements. Plus qu'une semaine pour savoir enfin ce qu'amour veut dire, grâce à ce rendez-vous (international évidemment) où « toute vulgarité sera bannie » — respirons. En attendant l'heureux (!) avènement d'un secrétariat d'État à la Condition amoureuse, je médite, c'est le moment où jamais, la phrase de Céline : « L'amour, c'est l'Infini mis à la portée des caniches... » Le mot est aussi stupide que l'idée même de ce salon. Amusé toutefois par une telle initiative, j'ai voulu en savoir un peu plus, j'ai demandé à trois sexologues d'user de leur pouvoir pénétrant en la matière et de noter les catégories de Français les plus experts dans l'art immémorial de faire l'amour. La réponse est venue sans ambiguïté : les navigants des compagnies aériennes et le personnel roulant de la SNCF. A cause du mouvement, m'a-t-on précisé, des « hauts en bas » quotidiennement imposés, des tressautements parfaitement consentis. Le voyage n'est plus un luxe, il devient une tentation.

Pour ceux qui s'inquiètent, cette phrase d'André Breton : « Aimer d'abord. Il sera toujours temps ensuite de s'interroger sur ce qu'on aime jusqu'à n'en vouloir rien ignorer. »

Jean Genet à Roger Stéphane : « Je suis inculte, je n'ai lu qu'un seul livre, *Les fleurs du mal.* Ça t'étonne ? Tu sais, le désespoir et une bonne grammaire, ça fait déjà un écrivain. »

Les Casadesus... Un siècle traversé... Cent cinquante ans offerts à la musique... Un arrière-grand-père qui avait condamné ses huit enfants à épouser un instrument... Un grand-père, Henri, altiste, un cousin, Robert, pianiste, Catherine, violoniste, Jacqueline, cantatrice, Christian, homme de théâtre, et Gisèle, sociétaire de la Comédie-Française... « Mon admirable mère », dit Jean-Claude, patron sans partage de l'Orchestre national de Lille. J'ai une amitié fraternelle pour ce chef qui a su se défaire de tout le poids de Paris sans perdre pour autant quoi que ce fût d'une notoriété internationale ; je lui rappelle ces phrases empruntées aux *Lettres à un jeune poète* de Rilke : « Être artiste c'est ne pas compter, c'est croître comme l'arbre qui ne presse pas sa sève, qui résiste, confiant, aux grands vents du printemps, sans craindre que l'été puisse ne pas venir. L'été vient. Mais il ne vient que pour ceux qui savent attendre aussi tranquilles et ouverts que s'ils avaient l'éternité devant eux. Je l'apprends tous les jours au prix de souffrances que je bénis : *patience est tout.* » Je regarde, comblé, cette architecture de mots, je souscris totalement à l'éthique qui les dessine et constate avec bonheur que Jean-Claude Casadesus a eu l'élégance et le talent d'attendre : sa formation du Nord-Pas-de-

Calais est aujourd'hui embellie par douze années de nécessaires errances et les raisonnables folies du pilote. « La musique, affirme-t-il, est un triangle obligé qui a ses points cardinaux...

L'*instinct,* sexe, plexus, l'inné ;
Le *mental,* l'analyse, l'acquis ;
Le *cœur* qui est libération totale, accomplissement. »

Je vais essayer sur ces points de conserver mon équilibre. Sans la musique, je me demande comment nous pourrions vivre...

Vieux lion toujours en éveil, Marcel Bleustein-Blanchet me dit chaque matin : « Aime la vie et la vie t'aimera. » Je n'ose pas lui confesser que, depuis la lointaine Indochine, je tente de faire mienne cette phrase exagérément optimiste. Il y aurait beaucoup à écrire sur l'existence et nous, ce face-à-face imposé ! Quotidiennement, je m'accorde aux volontés de mon voisin, je l'écoute, lui promets de faire bonne compagnie avec le ciel. Comment résister à un enfant de quatre-vingt-deux ans qui proclame avec une absolue sincérité : « Seul l'avenir m'intéresse. » Qu'il est donc dépassé, le temps où son père lui criait : « Arrête de vendre des courants d'air. » Marcel s'est installé sur les sommets, peut-être n'a-t-il jamais lu *Le mont analogue* de René Daumal, mais il n'est pas improbable qu'un peu d'infini puisse être à sa portée. Jusqu'à la dernière seconde, il souffrira de n'avoir pas eu de fils, un héritier mâle capable de prolonger le nom. Pour l'en consoler, je déroule la longue liste des descendants honteux qui n'ont réussi qu'à tuer le père... « Qu'importe, se plaint-il, ils sont tout de même des fils. » Malgré sa superbe, son allure, son élégance naturelle, ce côté fils du peuple, de la rue, sa gueule — le nez large a quelque chose d'un pommeau, l'œil est caresse —, ses trente « pompes » du petit matin, malgré ses bonnes résolutions, Marcel Bleustein-Blanchet me paraît être un homme brisé qui a plus de regrets que de remords. Personne ne saura jamais ce qu'ont été nos relations, ce qu'il m'a confié, je suis le dépositaire de son secret le plus doux et le moins affiché. Qu'il me plaît de l'entendre. Il aime qu'on l'aime, il aime aimer. Mais il ne supporte pas d'être déçu : « Quiconque se montre inférieur à l'idée que je me faisais de lui sort aussitôt de ma vie. » Nous sommes semblables, j'agis de même, je n'admettrai jamais la trahison en amitié.

Intime, littéraire, philosophique, pamphlétaire ! A la vérité, le Journal n'obéit qu'à l'humeur, à l'instant, aux couleurs. Du blanc pour broyer du noir ou mieux encore opposer le bleu, le gris, une feuille-refuge où l'on croit éterniser le temps, comme un poème, moment à peine retenu du quotidien. Robert Mallet estime nécessaire cet accord de chaque seconde à la vie, cette écriture ininterrompue. Chez lui, trois malles en fer engrangent le siècle. Quarante mille feuillets que l'on pourra seulement consulter cinquante ans après sa mort. Lointaine perspective, vaniteuse humilité ! Nous nous sommes souvent querellés à ce sujet, avec tendresse, notre amitié est vieille, mais tout de même pourquoi si tard, pourquoi un tel refus, que craint-il, a-t-il honte du mal (ou du bien) qu'il fait à ses personnages ? J'attendais qu'il nous raconte Gide et Claudel par bribes, petites touches, artifices qui ne sont pas d'un biographe, j'aurais souhaité aller plus loin avec lui après lecture. Rien ! L'éternité du XXIe siècle. Je sens que je l'agace encore, il a ses raisons — celles d'un solitaire, d'un gardien de trésor —, je me risque à le comprendre et ne change point d'opinion : un Journal permet d'affronter le monde, de régler quelques comptes, debout, vivant. L'auteur doit pouvoir répondre de ses « crimes » s'il prend le risque de tricher avec les faits, les gens, les mots. Je me méfie du romanesque de certains souvenirs. Matthieu Galey m'avait avoué un soir de confidences : « Il m'arrive d'imaginer des situations, je ne trahis pas, je rends service... Ainsi parfois, je compose les dialogues de quelques grands personnages qui ne savent plus parler. Ma faiblesse est de leur donner du brillant. Je les mets en scène, je leur lis ensuite mes inventions et ils sont ravis. » Matthieu n'a rien eu à se reprocher, ses mensonges étaient garantis par ses victimes. On n'a jamais mieux réussi dans l'élégance perfide, le raffinement cocasse : son *Journal — 1953-1973* — qui paraît chez Grasset est un modèle du genre, son grand œuvre d'écrivain. Cinq cents pages qui amusent, étonnent et nous troublent. Pourquoi nous parviennent-elles seulement aujourd'hui ? C'est que la mort est venue avant l'éditeur. Beau, cruel et ténébreux testament que celui-là...

J'écris aussi mon passage depuis l'enfance. Mes joies, mes colères, mes rencontres. Simplement pour saluer le matin et accompagner la nuit. Je ne classe rien, je n'ai jamais pensé à une compilation géante de fin d'existence, beaucoup de feuillets ont glissé sur la mer Rouge au cours de ma première « croisière » en Indochine, un carnet entier est enfoui dans un temple d'Angkor sous lequel je m'étais imprudemment aventuré, des cahiers se sont égarés dans le désordre de quelques maisons. Aucune importance. Je suis allé deux fois jusqu'aux libraires [1], me voici en manque de lecture et comme poussé vers eux, j'ai promis de ne rien perdre de l'année 88 !

Il faut être fou pour oser un tel exercice après Jules Renard, André Gide, Paul Léautaud, Julien Green, Claude Mauriac et surtout Amiel (Henri-Frédéric), maître de l'introspection, qui a écrit 17 000 pages dans le style de celle-ci datée d'avril 1858 : « Le besoin de bonheur renaît à mesure qu'il m'échappe sous toutes ses formes, sous celle de la liberté, de la force, du savoir ou de l'amour... Le malheur me fascine et je vais à sa rencontre les yeux ouverts... » La peur, l'angoisse, le pessimisme, l'anticipation du tout en noir sont les moteurs de beaucoup de livres, parfois leur vertu essentielle. Dans le récit au jour le jour de Matthieu Galey, il est possible de développer une litanie du désespoir... « Un début de roman : il m'est arrivé de vivre... » « Des hommes il en faut pour tous les dégoûts... » « Pluie de dîners en ville. Je meurs ou je m'attable... » « Le scepticisme : un contrepoison qui finirait par vous tuer. » Matthieu emprunte aussi à Chardonne : « La vie est courte ; c'est ce qu'elle avait de mieux à faire... » « On m'a demandé quel est le nombre idéal de convives pour un déjeuner. J'ai répondu : six, mais vous ne les trouverez pas. » Il y a souvent chez ceux qui tiennent un Journal la périlleuse envie de se faire mal, de blesser l'autre. Tuer pour un mot leur est jubilation, exercice familier. L'assassinat de salon est l'un des rites les mieux observés de l'intelligentsia parisienne qui fonde toute son audace sur la non-création. Matthieu, hélas, avait perdu toute sa naïveté à ce contact ! Mais il avait besoin de ces incartades bavardes, il se voulait vivant au

1. *Le temps d'un regard* (Hachette) ; *Le guetteur de rives* (Grasset).

milieu du monde parce qu'il lui fallait se moquer de la mort qui lui était imposée à petit feu par un mal implacable avec lequel on ne peut pas transiger. Il était fier, digne, cruel par simple défi, drôle, démesuré dans la méchanceté, plutôt espiègle, surtout désabusé. Nous avions été souvent complices, à *Radioscopie*, j'appréciais le critique, grand amoureux de littérature, j'attendais l'écrivain, je plaignais l'homme condamné au fauteuil roulant dans ses derniers virages de vie, les mains esclaves, la voix étranglée. Nous avions rencontré, ensemble, Marguerite Yourcenar en 1978, il l'avait longuement interrogée, j'avais réalisé une suite d'entretiens radiophoniques. Un peu plus tard, Claude Gallimard me proposait d'éditer cette série. J'avais dit oui. Nous avions travaillé... jusqu'à ce coup de fil de Matthieu : « Sais-tu que mon livre sur Yourcenar doit paraître l'année prochaine... Je ne voudrais pas que tu puisses penser que je te fais une vacherie. Nous étions convenus depuis le départ, Marguerite et moi, de cette publication. C'est important pour moi. Pour des tas de raisons que je ne peux te dire. J'ai déjà le titre *« Les yeux ouverts.* » Je me retirai immédiatement. Matthieu, en signe de reconnaissance, m'adressa aussitôt ce simple mot : « J'ai dit hier à Jouhandeau que je t'aimais à la folie. Cela ne nous engage ni l'un ni l'autre mais le petit Marcel tricote en ce moment une jolie colère. C'est une vieille demoiselle qui n'a de noble que son indignité. Il t'en veut de lui avoir résisté... Mais de quelle manière ? Tu me raconteras ? Il croit que tu le détestes, pis, que tu le méprises. »

Marcel Jouhandeau ! Je l'avais oublié celui-là. Trois lignes dans le journal de Matthieu, un portrait... « Élise, sa femme, agonise... Il s'écrie : " C'est affreux, elle ne souffre même plus. " » L'ignoble dans ses plus beaux atours. L'ombre devient d'un coup éclatante, le noir s'éclabousse de blanc, il est là dans mon studio, tiré à quatre épingles, image coloniale — il ne lui manque que le casque —, immaculé — vêtement s'entend —, un enfant de dix-sept ans à ses basques, muet et servile. Parfois leurs mains se rejoignent. C'est l'année de sa mort ou juste avant. Nous étions fâchés, il m'avait supplié de faire la paix — « Je reconnais ma perfidie », m'avait-il écrit —, je m'étais armé d'indifférence, les vieillards absurdes ont droit à quelque considération. C'était notre dernière rencontre, il fut tricheur, « pleureuse », sordide et apeuré.

Auparavant que s'était-il donc passé ? Il me semble que je m'en suis expliqué. A notre première *Radioscopie*, Jouhandeau m'avait spontanément parlé de sa fille : « une grue, une putain, mon désespoir... Sur quel trottoir travaille-t-elle ? » Le bougre, que je connaissais alors assez mal, laissait aller sa peine, son horreur, disait aussi sa joie d'avoir gagné un petit-fils, Marco. Il paraissait tout à fait sincère. Je me souviens de sa tendresse après l'émission : « Pardon d'avoir craqué. Il me fallait le dire. Elle est la plaie de mon âme. » Les choses, hélas, allaient se gâter le lendemain à *Paris-Jour* où j'officiais. Je reçus la visite d'une jeune femme accompagnée d'un homme discret qui lui semblait totalement dévoué... « Je suis la fille de Marcel Jouhandeau... Vous savez... la grue, la putain, la garce du trottoir. » Elle était toujours sous le coup de la mauvaise parole de la veille, elle me donna cent détails sur la vie quotidienne de l' « odieux couple Élise-Marcel » — indiscrétions vite mises à la poubelle. Il lui importait surtout que j'écrive la vérité. « De grâce, persuadez-les que j'existe. Je vis à Paris, près d'eux, mon sort n'est pas enviable, j'ai été chassée de façon vulgaire, assassine, mes parents sont des monstres, je suis une pauvresse, c'est vrai, mais bien plus honnête que ce soi-disant père, cette mère burlesque, si élégants sans doute mais tellement pervers. » Je me lançai à cœur perdu dans cette opération retrouvailles. Titre à la une : « J'ai rencontré la fille de Marcel Jouhandeau. » Une pique dans le cœur du journalier. Je l'imaginais insensible et je devins son « ennemi ». Je dus à cette malheureuse affaire d'être étrillé à l'une de ses pages. Est-il convenable de dire qu'ensuite il me demanda pardon ! Je ne me souviens pas d'avoir raconté tout cela à Matthieu Galey. Il aurait pourtant aimé cette querelle dérisoire, il s'amusait de ces joutes, il savait qu'à certaines heures, le futile l'emporte sur l'essentiel. Et il cultivait cette différence : jouer d'une culture grande pour moquer les petites choses. « Parfois, m'avouait-il, j'aimerais dire du bien de certaines personnes mais on ne m'inviterait plus dans les dîners. Je suis l'artilleur de service, je fais profession de bretteur et je me perds à parler des livres des autres. On écrira peut-être que j'avais l'étoffe d'un grand écrivain mais on m'a condamné aux pitreries de salon, aux ombres de l'existence mondaine, on voudra savoir ce que j'ai entendu sonner de la bouche de Chardonne, de Morand, d'Aragon... Pas toujours des pépites... mais il m'est arrivé d'y glisser un peu d'or. » Il importe peu d'ailleurs de connaître l'auteur d'un bon mot... Le vrai bonheur c'est le mot lui-même... Ainsi celui de Pauline — pas encore de Rothschild — décidée à faire la conquête du baron Philippe lors d'une réception : « Rothschild, Rothschild... le poète ? » Superbe pour qui savait les passions littéraires de cet homme assez exceptionnel...

Le journal de Matthieu est une mine de portraits ciselés, de croquis impertinents, d'anecdotes fielleuses, d'amitiés retenues. Son homosexualité n'était un secret pour personne ; j'ignorais toutefois qu'il fût à ce point préoccupé de conquêtes approximatives, tellement prisonnier de pareils tourments. Ses chasses nocturnes sont désespérées, son cynisme n'est plus qu'une souffrance : « Levé dès potron-minet pour forniquer avec le petit L... dont la mère est marchande de quatre-saisons ; il faut profiter de son absence... » « J'ai deux aventures en ce moment, la nouvelle n'ayant pas encore chassé l'ancienne. Je sais mal dire adieu. »

La sclérose dont nous parlions souvent n'a laissé aucun répit à Matthieu Galey. Il a eu dans les derniers mois tant de courage, tant de dignité, que ce serait lui faire injure de s'en étonner. Une dernière lecture de son journal, ce mot du général de Gaulle rapporté par Guimard. Apprenant la candidature de Defferre à la présidence de la République, il aurait dit : « C'est Marius qui veut succéder à César. »

Mitterrand, c'est le Spectre de la Rose sans le bond de Nijinski.

Encore et toujours le *Sanctus* de Gounod. Je ne m'en lasserai jamais. Profondeur, émotion et sans doute rappel d'un moment que je ne sais fixer. La musique pour l'élévation, Jessye Norman pour l'envol.

Autrefois sur France-Inter on écoutait la différence, elle était même immédiatement perceptible. Aujourd'hui tout se passe bizarrement « entre les oreilles ». Plein délire ! Voici une radio de laboratoire faite par des chercheurs d'occasion qui travaillent avec le secret espoir de ne rien trouver.

Yves Mourousi serait donc parti. Beaucoup de bruit pour rien. Sa chaîne étant un État totalitaire, le voilà simplement déplacé. La bombe ? Un pétard mouillé. On a raison de l'épingler à tous ses défauts, de lui faire procès, c'est lui rendre hommage. Ils sont si rares, les grands professionnels du petit écran, que l'on aurait tort de craindre pour son avenir. Même sans voix, la voie royale lui est encore ouverte. Plaignons dès à présent ceux qui ont tenté de l'assassiner en le congédiant. Ceux-là demain seront tout simplement remerciés.

France-Musique comme souvent et cette évidence : Mozart, Bach, Chopin ou Liszt seront toujours plus *forts* que les musicologues qui les décortiquent avec une écrasante banalité.

François Mitterrand règle ses dernières chorégraphies avant le grand show de fin de règne. Il est parti répéter aux îles où le soleil est favorable aux entrechats. Je m'obstine à croire encore que sa passion de la littérature *l'emportera* sur la fascination du pouvoir. De lui, j'avais noté cette petite phrase prononcée à Figeac : « Le socialisme n'est pas ma bible. » Je reconnais là son penchant pour la monarchie. Voilà un homme plus exigeant que le comte de Paris sur l'amitié, les privilèges, le prestige de son rang.

Dites-moi quelles sont vos citations préférées, je vous dirai qui vous êtes... Il est certain que si l'on avait l'opportunité d'accéder aux carnets secrets des grands de ce monde, la lecture des références, citations et autres épigraphes soigneusement engrangées au fil de leurs admirations nous renseignerait mieux que n'importe quelle étude graphologique, psychologique ou encore « astro-flashée », sur leur caractère et aspirations dans la vie. Ainsi le général de Gaulle avait-il, entre mille autres, choisi de relever celles-ci, dans son dernier carnet de notes et de citations, de 1946 à novembre 1970 :

« On est coupable, en France, quelque intérêt qu'on allègue, si l'on manque, faute d'élan, certains moments de grandeur et de gloire qui ne se retrouvent plus » (Sainte-Beuve) ;

« Un acte politique ne se juge pas aux victimes qu'il fait, mais aux maux qu'il évite » (Joseph de Maistre) ;

« Le monde est un don magnifique fait par quelques hommes à la multitude » (D'Annunzio).

Trois éclairages. Un portrait.

Pierre Tchernia se montre de plus en plus agacé par les petites phrases qui coulent en grosses cascades du robinet télévision... « Nous sommes parvenus, me dit-il, à un nouveau sommet du surréalisme du côté de la présentation. Jean-Pierre Foucault a ainsi annoncé son programme : “ Dans *Sacrée soirée* et en exclusivité, untel, untel, untel et... 21 millions de centimes. ” Silence dans le studio ! “ Comment ? Vous n'applaudissez pas 21 millions de centimes ? ” Ils ont applaudi. »

Une maison dans la Beauce encombrée de livres, un homme au plus fort de ses soixante-dix-neuf ans, tout en contraires, d'une délicatesse exquise, d'une cruauté raffinée. Voilà Étiemble au final d'une vie, excessif, cabotin, magnifique d'intelligence, lumineux et pourtant chargé de trop de haines. Le verbe de l'humaniste est encore combatif, sa plume ferrailleuse, Don Quichotte n'est point mort, les moulins à vent n'ont qu'à bien se tenir. Toujours prêt à mourir pour l'imparfait du subjonctif, l'homme aux bérets multicolores — coquetterie de vieillard — s'emporte encore contre l'Académie — « On m'y invite mais je ne veux pas serrer des mains sales » —, contre Paulhan qui fut son idole, son phare, contre la politique, « cette vermine ». Je le retrouve ce matin au lendemain d'un spécial *Apostrophes* que lui a consacré Bernard Pivot. « Je me suis trouvé très bien, amical, agressif, juste ce qu'il faut, élégant : ce petit bonnet de berger d'Écosse était épatant. J'imagine que *Lignes d'une vie*, ce dernier ouvrage, récit littéraire et autobiographique, a quelques petites chances de séduire. J'y ai mis assez de sel pour poivrer mes propos... Vous vous rappelez notre grande rencontre à *Radioscopie*... »

Je me souviens, c'était le 16 mai 1973, quinze ans déjà ! Il était évidemment agressif, pointu, mais moins en fête qu'aujourd'hui, plutôt triste, désespéré, il sortait du malheur. J'avais alors noté en vrac des bouts de phrases :

« Je n'ai jamais voulu être à part... On m'y met. Toute ma vie, j'ai changé de peau mais je ne me crois pas venimeux. En 1934, je défendais la cause de Mao Tsé-toung. Confucius m'a guidé. Ne pas confondre " juste milieu " et " milieu juste ". Je suis en colère parce que le monde est laid... mais la colère est un état des gens fragiles. Par amitié pour mes amis de gauche, j'ai dit parfois le contraire de ma pensée. J'ai perdu la foi. Nous ne connaîtrons l'homme que lorsque le dernier homme sera mort. Je n'aurai pas écrit l'œuvre que je souhaitais. Surtout ne renonçons pas à l'écriture : elle est liée à la beauté. Je suis consterné de voir que l'on n'apprend plus aux enfants à écrire à la main. Il faut rendre aux mots leur sens propre. Les réputations se font sur des méprises. La sagesse est d'en finir avec la technique. Si j'étais ministre de la Culture, je créerais les " maisons de tolérants "... »

L'auteur du fameux *Parlez-vous franglais* a signé tous ses livres « Étiemble ». Pourquoi ce nom sans prénom ?

« Pour une raison très simple et qui n'est pas celle qu'un vain peuple pense et même qu'un peuple qui n'est pas vain pourrait penser. On m'a souvent dit que je me prenais pour Molière ou Voltaire qui eux non plus n'avaient pas de prénom. La vérité est beaucoup plus simple, comme toujours. Mes parents m'ont donné un prénom qui ne me plaît pas, accolé à mon nom : René... Mon père portait un très beau prénom : Ambroise. Ambroise Étiemble, on dirait un nom d'écrivain ou de peintre. Mais mon père avait toujours été battu à l'école parce qu'il s'appelait Ambroise, car naturellement, les gens, ignorants, ne savaient même pas qu'Ambroise Paré est le fondateur de la chirurgie. Alors, comme ils me voulaient du bien, mes parents m'ont appelé René. Et " René-É ", cela fait un hiatus et j'ai horreur des hiatus de voyelles identiques. Lorsqu'il a fallu que je signe des articles, j'ai décidé que je ne m'appellerais ni

René Étiemble ni Étiemble, mais " Jean Loup Vernet ". Mes premiers écrits se sont appelés *Articles de Jean Loup Vernet...*

« Puis un jour, lorsque j'ai écrit mon premier roman, *L'enfant de chœur,* qui était paraît-il scandaleux, mes amis m'ont dit que je ne pouvais pas signer sous un pseudonyme un livre qu'ils qualifiaient de " livre cochon ". D'abord, ce n'était ni un livre cochon ni un livre scandaleux, mais simplement un tableau de mœurs dans les lycées, ces pourrissoirs... Comme c'était un livre propre, un livre atrocement moral et même bêtement moralisateur, j'ai signé Étiemble.

« Comme je m'intéresse au langage, je me suis rappelé que mon prénom signifiait " re-né ", c'est-à-dire né une seconde fois. L'évêque de Laval, lorsqu'il m'a confirmé, m'a dit " Renatus " en latin. Je me suis donc senti destiné à renaître toujours, à être ce renégat perpétuel qui renierait sans relâche ses erreurs de la veille pour tâcher d'être un peu moins bête le lendemain. C'est pourquoi je n'ai jamais pu adhérer ni à une religion, ni à un parti, ni à une secte ou à un syndicat... »

Étiemble est toujours persuadé que la liberté est un héritage génétique.

« Le résultat, pour moi, c'est qu'il existe des individus qui restent prisonniers de leurs gènes et qui, ne pouvant les éluder, vont par exemple se tuer. Et j'en ai deux exemples cruels puisque mon fils, qui avait passé l'agrégation cette année, vient de se suicider. Quelques mois plus tard, c'était au tour de notre fille d'élection, une de nos étudiantes, qui venait également de passer l'agrégation... Tous les deux avaient des gènes qui les condamnaient au suicide et ils n'étaient donc pas libres de ne pas se tuer.

« Bien entendu, on a réfléchi, on a examiné, analysé... Ces enfants n'étaient effectivement pas libres, ils se mouvaient à l'intérieur d'un cercle très étroit, un cercle qui a pris, pour notre fils, la forme du lacet avec lequel il s'est pendu. D'autres ont un lacet plus lâche... En ce qui me concerne, je gravite dans un cercle qui n'est peut-être pas très grand, mais qui me suffit apparemment. Chacun de nous a une cage d'un rayon plus ou moins grand. A nous, pour être libres, d'éviter la chaîne qui nous rive à l'un des endroits de la cage.

« Je crois que j'ai conquis la chance d'être libre par un travail de raisonnement sur moi-même, de réflexion, de discipline, d'amputation. Peu à peu, j'ai mis en place ce que j'appelle " ma liberté ". Mais je ne condamne pas ceux qui n'ont pas cette chance d'être libres. Il y a ceux qui le sont, ceux qui ne le sont pas, ceux qui sont condamnés à être des criminels, ceux qui sont condamnés à être des suicidaires et ceux qui seront des saints — quelquefois assez mauvais sujets dans leur jeunesse d'ailleurs...

« Je suis en définitive un homme assez quelconque, très moyen, qui a juste un petit rond dans lequel il se meut avec une relative aisance, sauf quand la souffrance devient trop forte. Je peux être très malheureux et décider quand même de faire front contre le destin. C'est difficile... Il est certain que pour ma femme et moi, le plus simple serait de mourir ensemble. Nous y pensons parfois, nous agitons ces éléments qui ne sont pas contradictoires avec la question. C'est une solution. Et pourtant, je veux que la vie l'emporte, si cruelle qu'elle soit, parce qu'il me semble que lorsqu'on n'est pas justement de ceux qui sont prisonniers de leur lasso ou de leur lacet, que l'on a la chance d'être libre, il faut parier pour la vie même, pour le peu de bien que l'on peut faire autour de soi. »

Ce dernier récit, *Lignes d'une vie,* doit aujourd'hui le consoler de bien des déboires. Il pense sans doute à cette phrase de Confucius répondant à l'inquiétude de l'un de ses disciples :

— Maître, quand tout va mal dans un État, quelle est la première chose à faire ?

— Rendre aux mots leur sens propre.

Au mot « bonheur » par exemple ? Étiemble le considère comme un mot difficile : « En 1957, j'avais écrit en revenant de Chine et après avoir vu les grottes de Tunrang : " Je meurs comblé. " Aussi, même si je devais un jour subir la torture ou les camps de concentration, je le redirais, je mourrais comblé. J'aurais eu la vie que je souhaitais, la vie d'un homme libre. Certes, je n'aurai pas écrit l'œuvre que je voulais écrire. »

Je reçois à l'instant le tome XIII du Journal de Julien Green. Première phrase : « L'arc-en-ciel, éternelle déclaration d'amour de l'infini à notre terre de violence. » Dernières phrases : « Le père missionnaire qui m'a conseillé de lire *Au seuil de l'abîme* savait-il ce qu'il faisait ?... Ce livre me paraît unique... Entre mille pensées qu'il livre, je note celle-ci... " Chaque instant de cette vie nous est donné par Dieu comme une gouttelette. " L'auteur, dom Augustin Guillerand, chartreux, écrit plus loin : " Sans vous rien, en dehors de vous il n'y a que le rien, en dehors de l'*Être*, il n'y a que ce qui n'est pas. " » Je n'en suis pas encore à cet absolu de l'attente.

L'optimisme mesuré mais ferme de Woody Allen mérite un peu d'attention : « Je ne crois pas à une vie future, mais j'emporterai quand même des vêtements de rechange. »

Ardisson, prénom : Thierry, deus ex machina de *Bains de minuit*, sur la 5. J'aime à regarder ce rendez-vous du vendredi, on s'y ennuie rarement, la caméra a l'air absent et cependant outrageusement indiscret, parfois. Ardisson n'y fait pas attention non plus, ne semble là que pour s'amuser, découvrir, interpeller, curieux de cette gent neuronale d'accord pour s'encanailler un peu passé minuit. Prude ou libertine, voire carrément voyeuse ou païenne, l'atmosphère voulue par Ardisson fait que Paris plonge sans hésiter aux Bains, et qu'en province, c'est comme si on y était. L'aisance, les toupets, les trouvailles, les prétentions d'Ardisson ont pu agacer les mandarins, le périmètre médiatique n'est pas accessible à qui veut. Avec son air insolent d'homme de publicité déjà comblé, Ardisson, qui joue encore au journaliste, à l'écrivain, et avec bonheur là aussi, n'allait pas, en plus, réussir à la télé ! Je crois bien que si. Aux innocents les mains pleines. Thierry n'est coupable que d'enthousiasmes réinventés tous les matins, c'est réchauffant, par les temps revenus de tout, qui courent. Éloigné de toute compromission, peu sensible au vulgaire de l'époque, aristocrate et donc proche du peuple, il se donne au quotidien l'élégance de débroussailler les siècles d'ombres et d'ignorances qui enlaidissent le système monarchique. L'idéologie est sa bête noire, décidément, quel homme dangereux !

Je ne le connaissais pas, j'apprends sa mort dans l'avion, juste au-dessus de Londres. Un petit entrefilet à la dixième page d'un grand journal ! Le souci de ne pas plaire au premier venu, le goût de l'énigme, la passion de l'invisible l'auront ainsi accompagné jusqu'au bout. René Char avait raison d'écrire : « Un poète doit laisser des traces de son passage, non des preuves. Seules les traces font rêver. » On va maintenant le découvrir et lire *Arsenal, Feuillets d'hypnos*. L'Isle-sur-Sorgue en son Vaucluse natal deviendra musée. Je regrette de ne l'avoir jamais rencontré, je souhaitais l'accueillir, il me fit présent d'une lettre qui excusait l'absent. Mots admirables et un post-scriptum : « Vous ne m'aurez jamais parlant. Une heure c'est bien trop pour quelqu'un qui a quelque chose à dire. » De lui me resteront deux phrases glissées dans un carnet : « Le fruit est aveugle, c'est l'arbre qui voit... » « Celui qui vient au monde pour ne rien troubler ne mérite ni égards, ni patience. » Bon voyage, monsieur Char.

Une image sur l'écran et me voilà ailleurs. Un paysage, une attitude, une musique de mots attisent les souvenirs, développent à l'infini des multitudes d'impressions. Proust m'est rendu à l'heure d'*Océaniques* (FR3). Je revois avec émotion, vingt-cinq ans après, le beau travail de Roger Stéphane, le visage banal d'un écrivain au snobisme exacerbé qui eut assez de génie pour rassembler cinq mille étudiants à son enterrement. Ah l'extraordinaire cri de Barrès : « C'était notre jeune homme. » Morand, Cocteau, Mauriac parlent de lui, avec admiration, impertinence, sans doute un peu de jalousie. On ne peut pas aimer tout à fait des gens de cette sorte. Sur l'écran, je retrouve Paul Morand qui m'avait déjà cent fois raconté les relations ambiguës de sa femme et de Proust : « Hélène avait une passion pour le petit Marcel... qui s'arrêtait à sa chambre à coucher. L'homme inspirait la tendresse, il ne fut jamais créature de l'amour. Certaines femmes sont bouillonnantes de vie en montant l'escalier... Toute l'ivresse tombait à la porte proustienne. Ma chère épouse se confondait alors en prière. » On est touché par cette procession de disciples qui crient leur reconnaissance et retiennent leur tendresse. Cocteau m'avait dit un soir d'hiver à Milly-la-Forêt : « Proust n'appelle que le respect. Toute sa vie, il a glacé d'estime les plus proches de ses amis, enfin disons de ses visiteurs. La mort elle-même s'est gardée de venir trop tôt... Rappelle-toi cette fameuse phrase à Céleste, sa servante :

“ Il m’est arrivé une chose prodigieuse cette nuit, j’ai mis le mot fin à mon œuvre. ” C’était le signe qui mettait fin à sa vie. Le ciel l’avait choisi. » Admirable document que ce Proust de toujours, humanisé par le dévouement de Céleste, son esprit têtu d’esclave attendrie, ses yeux d’un bleu profond, sa mémoire intacte. J’oublie volontiers qu’il fut voyeur, concierge, poseur, cabot, tragique. Je ne sais que son œuvre, notre trésor, la chance de mon adolescence.

1988

Mars

Je me répète, tant pis, tant mieux, mais je ne changerai pas : il ne faut pas donner *forcément* aux téléspectateurs ce qu'ils aiment mais plutôt ce qu'ils pourraient aimer. Voilà le cadeau inattendu.

Dix secondes de télévision, le lointain flou d'un téléobjectif... Image d'autant plus terrible qu'elle est inattendue : quatre soldats israéliens s'acharnent sur deux Palestiniens, les frappent à coups de pierre. Fixé par la CBS, cet instant de férocité fait le tour du monde, développe déjà un sentiment de malaise et — pardon — une sorte de soulagement. La honte du monde face à l'holocauste cède à la surprise, plus acceptable. On pourrait croire que certains se plaisent à découvrir de nouveaux tortionnaires : on n'aura plus scrupule à se défaire des anciennes victimes, à oublier l'horreur des camps, la lâcheté des nations qui ne firent rien pour les anéantir alors que tous les hauts responsables savaient... La révélation de ce passage à tabac va bien au-delà de l'image, on pourrait croire à une mise en scène si j'y mêlais un peu de perfidie. Effroyable parce que *visible*, la séquence s'avère tristement efficace, a plus de force que l'annonce blafarde et seulement parlée d'une centaine de morts. C'est une bavure bienvenue qui aura mieux servi Arafat que cent prises d'otages, dix ans d'attentats, des siècles d'impatience. On va pouvoir sans crainte, comme autrefois, haïr les Juifs puisque les voilà sûrs et dominateurs. Le bon droit a changé de camp, triste vagabondage de l'inconstance des peuples : *le clip a bien fonctionné*. Serait-ce pour quelques-uns la justification des terrorismes à venir...

Me voici en Israël au lendemain de ce dérapage : la vérité est là et aussi l'ambiguïté de la situation. Les errants ne sont plus les mêmes. Schlomo Hillel, président de la Knesset, me dit son embarras et sa colère... « On peut mentir avec des images. C'est le mentir vrai. L'affaire est si cruelle que l'on se trouve dans l'obligation de rendre compte, à la barre des accusés. La rumeur s'installe. Nos adversaires auront demain le droit de nous rayer de la carte. Arafat a toujours affirmé qu'il fallait détruire Israël, le temps lui semble venu. » Je sais des gens sur notre planète qui ont réponse à tout, je ne me permets qu'une foule de questions, je ne suis habile qu'à l'interrogation. Autour de moi, ici à Jérusalem, je ne vois pas la haine, je n'entends pas le bruit des armes mais je devine une angoisse, une peur qui n'est pas exprimée et fait l'atmosphère joyeusement lourde. Je n'ai que des impressions ; la révolte des Palestiniens brise le peu d'espoir de ces dernières années. Les occupés et les occupants sont pareillement chez eux, la réalisation des rêves des uns est impossible sans la reconnaissance des rêves des autres. Le tourbillon des haines idéologiques accumulées a quelque chose de démoniaque, les victimes d'hier deviennent les bourreaux d'aujourd'hui, il y a dans l'air du temps une alternance de culpabilité. Fondé au lendemain de la guerre, parce que les démocraties occidentales estimaient que l'horreur, les souffrances des Juifs méritaient un dédommagement, l'État d'Israël n'aura eu au cours de ces quarante ans que de rares moments de simple tranquillité. Les soubresauts de l'Histoire lui ont fait des bosses sur toute la carapace, les victoires ont troublé sa sérénité en lui forgeant bizarrement une âme de vainqueur. L'échec au regard des nantis lui eût été plus profitable. A la vérité on aime le Juif à genoux, et Shamir, le Premier ministre, me le confirme dans cet hôtel du King David où ses amis firent carnage en 1945. « On se plaît à nous plaindre dès lors que nous sommes victimes, frileux, apeurés, honteux, accablés par les brimades... C'est fou ce que l'on nous aime à ces moments. En revanche le mépris et la haine reviennent lorsque le sort nous fait champions forts, assurés, debout. » Shimon Peres, homme remarquable, ennemi juré de Shamir, plus apte à la conciliation, au compromis, n'est pas loin de partager cette opinion mais en bon diplomate, ne l'exprime pas. Dans son regard, une détermination fondée sur des alliances, fussent-elles contre-nature. Il me semble qu'il faut aujourd'hui avancer l'impossible, l'envisager, oser l'inacceptable pour un Israélien, se retirer au plus vite des territoires occupés. Et dans le même temps, écrivant cela en toute impunité puisque goï, je ne suis point touché, je mesure ma folie car à l'évidence il n'y a pas de solution heureuse. *Rendre les territoires me paraît être suicidaire, les conserver c'est appeler la guerre.* Les distances là-bas sont si faibles qu'abandonner un pouce de terrain mettrait immédiatement en danger l'existence même du pays. Il s'agit de tenir les collines, je ne vois pas d'autre solution et cette arrogance obligée désespérera à tout jamais les Palestiniens. *Cercle vicieux.* Le pire est toujours attendu, de l'hypocrisie à la dictature il y a filiation, méfions-nous des belles âmes qui tricotent mal la paix. Ce n'est plus affaire d'étrangers, le ballet des ambassades n'y peut rien : *les Juifs et les Arabes sont condamnés à vivre ensemble, tout le reste est littérature.*

Il faut aborder Jérusalem par les collines, tomber sur *Elle* pour s'éblouir de sa lumière, se laisser appeler par ce triangle d'or des civilisations, ce carrefour sublime des trois grandes religions monothéistes. C'est du plus haut que j'embrasse le mieux le mur des juifs, le Saint-Sépulcre des chrétiens, la mosquée d'Omar chère aux musulmans. Eim Karem est mon escale préférée avant la grande arrivée. Eim Karem, terre de la vigne, petit village aérien de saint Jean-Baptiste, éblouissant de pureté, avec à son sommet l'église de la Visitation où fut la Vierge, au commencement de son itinéraire. A ceux qui disent « aux armes » je réponds « aux sources ». Elles sont ici offertes par le temps, par l'histoire, par la foi, accessibles à tous. La cité miraculeuse n'est plus loin, on la devine à ces petits riens que sont l'émotion retenue, le vibrant de la pierre, la musique des pas. Bientôt le regard n'en peut plus d'attendre, le cœur est à l'errance, chacun au passage des murailles installe un monde à sa manière selon sa mémoire, ses turbulences ; je retrouve les lieux du catéchisme et de la Bible que je croyais inatteignables, je mets de l'ordre dans mon livre d'histoire totalement faussé par l'ignorance de nos bons prêtres de village aux premières courbes de l'enfance. On nous a tellement à l'église empli la tête d'idées reçues — et rendues en toute honnêteté — qu'il importe sur place de tracer la bonne route. D'évidence, l'Inquisition aura duré des siècles. Je suis abasourdi par le nombre de contre-vérités qui ont abusé des litanies de générations et je comprends mieux que des hommes de prière, catholiques, protestants, se soient trouvés dans l'obligation de refaire le parcours de Jésus, pas à pas, sur chaque sentier de sa vie. C'est grande urgence de ne plus rabâcher les mêmes erreurs : le père Dubois, dominicain, installé en Israël depuis vingt-six ans, comme nous se sent coupable, meurtri d'avoir désigné les assassins du Christ. Nous aurons tout de même porté le péché deux millénaires durant. Il est difficile de faire mieux dans l'obstination béate.

Bethléem n'est qu'une grotte encombrée de touristes, de piétinements et vulgaires assemblages. A certaines heures un souk. Mon émotion y a été gâchée par le mitraillage continu des appareils photo, les réflexions stupides. Je me préparais à saluer une naissance, il n'y avait hélas que des marchands du temple. Vite Jérusalem qui a d'autres envolées, d'autres fièvres. On peut en s'y perdant se retrouver.

Mea Shearim, espace hors du temps, invraisemblable ghetto, plaie et chance d'Israël ici à une portée d'arquebuse du mur des Lamentations. Plaie parce que refus de tout, chance si l'on trouve un sens aux Écritures. Ceux qui osent l'exploration du quartier se résignent mal à passer la première analyse. Et pourtant il faut aller au-delà des apparences, se dépouiller de cet anachronisme imposé au regard : ruelles du Moyen Âge, vieillards en cafetan noir, à longue barbe blanche, chapeaux à longs bords de renard, enfants dès le berceau (ou presque) comme déguisés, le visage encadré — encombré — de papillotes, femmes sous influence, obéissantes à la tradition, les cheveux dissimulés sous une perruque. A quel siècle appartiennent ces têtes absentes aux autres mondes ? A l'éternité sans doute, à une éthique que les Européens ne sauraient comprendre, à une orthodoxie en marche depuis les origines, maintenant devenue une force et une peur, sur lesquelles les Israéliens occidentalisés ne devraient pas ironiser : ce système religieux a forgé ses armes dans toutes les persécutions et défend une idée simple. Israël ne peut pas être l'invention des sionistes, sa création il y a quarante ans est un non-sens, c'est le *Messie* que l'on attend et qui seul pourra décider de la Terre promise, installer son ordre. Au nom de ce principe sacré, les hassidim — les disciples — refusent l'hébreu — ils parlent yiddish — et dans le même élan répudient leur « prétendue nation » qui a devancé la volonté du Messie. Combien sont-ils ? Sans doute cent mille, les premiers arrivés en 1874, bien avant les « autres ». Chacun détient ici une parcelle de son Dieu, un rien du Tout, une liberté dirigée, un signe irréfutable : tout est divin. Ils ne sont pas troublés par les échos d'ailleurs, la télévision leur est interdite ou plutôt c'est leur culture qui l'éloigne. Ils multiplient par cent — Mea Shearim signifie « cent portes » — la sagesse, la prière, l'étude de la Bible, du Talmud. Ils cherchent la blessure, la fêlure, la faille par où le mal pourrait s'introduire, et dès lors qu'ils ont trouvé, se déchaînent d'amour pour le prochain, prient à longueur de nuit et de jour. Les voir se balancer d'avant en arrière sur leurs gros livres me donne le vertige. Mais ils ont aussi la joie, ils sont également en liesse, comme au XVIIIe siècle en Pologne qui vit l'éclosion de ce courant mystique appelé hassidisme.

Je ne saurais vivre cet univers mais paradoxalement il me passionne autant qu'il m'irrite. Pour ce qu'il a de plus sacré et de plus dangereux : la tradition, l'intolérance. Ce « paradis » pourrait être demain un enfer, Israël doit s'en soucier. Les intégrismes bousculent les mondes, ce n'est pas notre indifférence qui les tuera. Il s'agit de les affronter au plus vite. Le fanatisme est une violation.

Que sont devenus les trésors du Temple ? Je pose des questions, j'appelle des réponses, je cherche dans les grimoires. Mystère entretenu, on ne saura jamais rien, cela vient de si loin. Jérusalem, an 68 : *Titus* vainqueur pille les monuments, les tentures somptueuses qui séparaient le Saint des Saints du reste du sanctuaire servent à porter mille chefs-d'œuvre jusqu'à Rome : tables et candélabres d'or, ustensiles ciselés, parures. Les journaux des religieux, rassemblés à mon intention, rappellent que ce vol a été fixé pour la postérité sur l'arc de triomphe encore existant à Rome. Or le sculpteur inconnu a installé le doute : les objets emportés sont ornés de figures mythologiques — donc d'inspiration païenne — qui ne peuvent appartenir au culte juif.

Et la certitude vient : *les ornements du temple sont ailleurs.* Peut-être dans les fondations de la basilique byzantine du mont Sion qui fut achevée en 543, plus sûrement dans une caverne du pays si l'on tient compte d'un fait du début de ce siècle : un Juif travaillait sa terre. Soudain, sous son pas, une entrée dans l'herbe qu'il explora attentivement. Des objets en or lui apparurent alors, dont il n'eut guère de mal à deviner l'origine... Pris par la peur, persuadé d'un sacrilège, il referma soigneusement la caverne et gagna l'étranger craignant que l'affaire ne fasse trop de bruit sur place. Évidemment il ne sut pas se taire. A New York, puis à Mir en Lituanie, l'affaire fut présentée à diverses personnalités. Il fut décidé d'en référer à l'autorité incontestée du judaïsme de l'époque, *Rabbi Israël Meir Kagan*, qui annonçait alors l'imminence des temps messianiques. Celui-ci lut le récit de l'étonnante découverte puis se plongea dans l'analyse de textes divers. Il conclut enfin : « Il est en effet fort possible qu'il s'agisse là des trésors du Temple. » Il prit alors des allumettes et brûla la lettre où tous les détails lui étaient contés. « Tant que le Juif qui a fait cette découverte est en vie, il faut garder cette affaire secrète », expliqua-t-il aux quelques personnes qui l'entouraient, médusées. Toujours le mystère !

Avant de l'écrire, j'ai raconté l'histoire à des amis israéliens, sceptiques mais tout de même intéressés : « Où as-tu trouvé ces informations ? » Je ne suis pas allé bien loin, simplement à Mea Shearim où j'ai pillé à mon tour les bonnes feuilles des hassidim d'aujourd'hui. C'est d'ailleurs un Français, entré dans la pleine orthodoxie, le *Rav Kahn*, qui a publié cette révélation dans son journal confidentiel mais extrémiste *Le kountrass.* Ces gens-là ne plaisantent pas avec le sacré... Alors ? Je cherche la caverne.

Une phrase détachée d'un Journal, celui de Julien Green, et une moitié d'homme dans cette confidence : « Une femme dans ma vie. Il y en a eu une. Je l'ai aimée d'un amour sauvage, un amour fanatique et qui dure toujours : ma mère. » Un grand écrivain ce Green puisque toujours un enfant. Et malgré cet Éric (Jourdan, son héritier) qui encombre un peu trop les pages, un solitaire. Sans doute le beau vieillard entend-il encore autour de lui « le silence qui tonne ».

Noté par Julien Green à la date du 8 septembre 1984 : « Des dizaines de millions de Cambodgiens ont été tués à coups de pioche, à coups de planche, par les Khmers rouges dont les représentants sont actuellement à Paris. » Le pays, au temps du matin calme, ne comptait que *sept* millions d'habitants, *quatre* s'en sont allés ensemencer de nouvelles terres pour demain. Peu importe le nombre. Un seul eût suffi pour que l'on manifestât à l'époque de Bastille à Nation. Hélas le beau monde des défilés en ville se bronzait encore à Saint-Tropez !

Encore Green et cette question qu'il trouve singulière : « Quand les aveugles rêvent, que voient-ils ? »... Un monde plus beau avec des ciels souvent bleus, de grands froissements du vent, parfois des gouttes de pluie comme des caresses, des visages lisses où ne passe aucune cruauté, pas la moindre ironie, une terre tranquille seulement boursouflée et difficile au pas, un ailleurs, sublime construction de l'imaginaire, une cité interdite. L'invisible est un sacré labyrinthe qu'il faut apprendre à reconnaître.

M.P. ou la pure malhonnêteté. Ici on dénonce. Kamikaze frileux, angoissé pervers, Michel Polac est bizarrement devenu l'homme aux tristes besognes. Ses outrances ne sont que jeux de société, ses nouveaux itinéraires de pénibles solitudes. Il s'est fait maudit comme d'autres se veulent gourou. Avec la même obstination dans l'autocélébration. A *Droit de réponse*, il avait pour l'épauler des journalistes brillants qui venaient faire salon. La conversation y était à la fois branchée et vieillissante. Vingt confrères, chaque samedi, composaient une émission que Polac signait. Le désordre en ces fins de semaine assez heureuses tenait lieu de rigueur. Le bavardage des autres lui faisait une auréole de mauvais père tranquille. Aujourd'hui Don Quichotte est en quête d'inattendu. Il y a grande vertu à parler de lui.

Et j'en ai l'occasion ! L'inattendu pour moi c'est ce coup de téléphone de Pierre Desproges au studio de France-Inter, dix minutes à peine avant le démarrage de mon émission.

— Jacques, tu es furieux ?

— De quoi ?

— Ne me dis pas que tu ne sais pas...

— Je ne vois vraiment pas ce que tu veux dire.

Je n'ignore rien de sa dernière muflerie mais je trouve agréable de le laisser patauger dans son embarras. Nos affrontements datent du temps où il était à *L'aurore*, moi à *Paris-Jour*. Nous déjeunions pour rompre des lances, nous dînions pour faire la paix et mieux affûter les lendemains. Sa voix ce matin est toute petite, comme cassée, sifflante de mots qu'il tord entre ses dents.

— Tu as mal dormi, Pierre ?

— T'occupe pas... Dis-moi si tu m'en veux.

— Il y a des raisons ?

— Oui... une.

— Laquelle ?

— J'ai lâché une phrase assassine.

— Contre moi ?

— Évidemment.

— Alors ça recommence !

— Tu m'as fait mal.

— Pierre, dis-moi cette phrase.

— On ne tire pas sur une ambulance sauf s'il y a Chancel dedans.

— La première partie de la boutade appartient à Françoise Giroud, la seconde m'autorise à penser que tu m'aimes encore puisque tu penses à moi.

— J'ai planté ce poignard parce que j'ai cru que tu m'avais blessé.

— Blessé ?

— Vraiment tu ne sais rien.

— J'arrive des États-Unis, j'ai décroché depuis huit jours.

— Alors je vais tout te raconter.

Évidemment, j'avais été tenu au courant de l'affaire mais il importait qu'elle me fût racontée par lui. Je souhaitais vérifier le moindre des détails et constater que Pierre avait bien compris. A la vérité la cause de tout cela — que j'ai déjà en partie relaté à la page 20 — ne compromettait pas la paix du monde mais elle agitait singulièrement nos états d'âme : un excellent livre d'Yvan Audouard, *L'impertinence*, m'avait donné l'idée d'organiser tout un *Forum*, en direct, sur ce sujet. Invités : Audouard, Michel Polac, Pierre Desproges. Retenu, ce dernier n'avait pu se rendre au rendez-vous à l'heure fixée. L'un de mes journalistes, Daniel Schick, l'avait donc interrogé par téléphone. Hélas la liaison était si mauvaise que l'entretien s'avérait inécoutable. Notre réalisateur Jean-François Remonté prenait la décision d'écarter cet enregistrement. J'insistai pourtant : « Juste une petite minute pour entendre sa voix. — « Justement on n'entend rien. » Nous avons l'habitude de ces petits ennuis que le fabuleux progrès de la circulation des ondes n'a pas encore gommés. Je n'y pensai plus. Nous fîmes l'émission, Audouard y fut brillant comme à son habitude — il a une impertinence de gentilhomme —, Polac s'y montra tordu comme à son ordinaire, essayant de piéger Audouard sur une surface où il n'a pas son pareil : l'insolence. Ce fut une heure de folle gaieté. Le trouble vint immédiatement après. Desproges, malheureux, estimait avoir été censuré et par attachée de presse interposée, alertait la terre entière pour expliquer sa tragédie. Sans vérification aucune, une gazette se fit l'écho de cette vilenie. Immédiatement ma collaboratrice de toujours, Monique Alié, rétablit la vérité, informa Desproges et prit rendez-vous pour nous deux le 24 mai. L'incident était classé mais la petite phrase perfide, comme toujours, faisait son chemin.

Pierre me racontait donc tout... Il poursuivait son discours mais j'avais l'impression que le rythme de sa parole n'était plus le même. Je me forçais à n'en rien dire...

— Tu me demandes pardon ?

— Jacques, je n'ai jamais demandé pardon, je te prie simplement de m'excuser. C'est affaire d'aristocrates.

— Tu me sembles troublé, Pierre. Tu dois avoir en ce moment une petite amie qui te dévore.

— Non, Jacques, c'est le cancer qui me tue.

— Quoi ?

— J'ai lâché le mot, le mal reste et je ne peux plus en venir à bout. Tu gardes ça pour toi. A bien y réfléchir ça n'a pas grande importance.

— Comment luttes-tu ?

— Bêtement. Il n'est pas une arme qui autorise l'attaque contre l'ennemi, même pas la prière.

— La prière ?

— C'est avec moi que tu aurais dû parler de Dieu et de la mort. Le premier ne veut pas que je croie en lui, la dernière est une affreuse cabotine : elle ne souhaite pas me partager.

— Que puis-je faire, Pierre ?

— Pas de conneries, les jeux sont faits. Allez... on parle d'autre chose. De Polac par exemple. J'ai appris qu'il se préparait à profiter de notre histoire, de ce malentendu, pour t'attaquer dans la presse. Pourtant il sait que tu n'y es pour rien.

— Que lui ai-je donc fait ?

— Il pense que tu n'as pas voulu de lui à Antenne 2, après son départ de TF1. Or il comptait beaucoup sur ton adhésion.

A ce propos, puisqu'il faut donner quelques précisions, je peux révéler qu'au Conseil de création de notre chaîne, j'avais immédiatement proposé d'engager ce sacré Polac... Michel Drucker et Bernard Pivot m'avaient d'ailleurs soutenu. N'insistons pas là-dessus. Broutilles. Desproges insiste.

— Jacques, méfie-toi de ce mec. Il est perfide et imprévisible. Un vrai facho. Un faux moralisateur. Tu te rappelles son *Droit de réponse* avec Coluche ? Les collabos n'ont pas fait mieux au temps de la sale Occupation. Maintenant que le gugusse est mort, les fleurs s'amoncellent sur le cadavre. Je n'ai pas oublié, Jacques, que tu avais été le premier à le recevoir à *Radioscopie.* Il était encore Colucci.

C'est vrai, c'était avant ses années-lumière, ses roucoulades burlesques, ses folies belles de désespéré, avant sa candidature à la présidence ; on a rediffusé au lendemain de sa chute l'essentiel de notre entretien. Quel merveilleux homme il était... délivré de ses défroques de clown !

— Salut, Pierre.

— Tu m'invites dans les Pyrénées ?

— Quand ?

— Pour le Tour de France. J'écouterai Mozart dans ta bibliothèque. Attends-moi le 21.

Desproges connaît ma vieille maison. Deux années de suite il fut entre Bigorre, Béarn et Pays basque l'un des concurrents (indiscipliné mais chaleureux) du Rallye automobile de la vallée des Gaves que j'avais alors la faiblesse de trouver génial.

— Jacques, tu m'en veux ?

— Bien sûr.

— Merci, j'ai reçu le message.

Une ordure, Polac ? On verra bien !

— Une dernière question, Jacques.

— Je t'écoute.

— Tu vas écrire tout cela dans tes carnets ?

— Évidemment.

— Ça me fait plaisir.

— Pierre, je dois t'avouer que j'ai déjà raconté l'histoire.

— Tu la connaissais ?

— Oui.

— Je m'en doutais... Qu'est-ce que je dois prendre !

— J'ai écrit simplement qu'on ne peut pas censurer ce qui n'existe pas.

— Jacques, censure ça.

— Je ne puis... De ma vie je n'ai jamais censuré personne.

— Peut-être as-tu raison en fin de compte. Tu anticipes. On en parlera bientôt.

Le pur, le beau, le sensible ne sont pas toujours compatibles avec la pureté, la beauté, la sensibilité. Les mêmes accords donnent souvent des effets contraires.

Un dimanche à Genève ! Rien de plus sinistre. Solitude mais aussi privilège de ceux qui n'ont pas besoin de sortir pour s'offrir du bonheur.

Mardi de deuil. La mort d'un acteur c'est une parole volée, une phrase interrompue, un public orphelin. Jean Le Poulain qui s'amusait à faire tourner les tables, à vivre l'irréel au présent dans un univers de masques, a été terrassé par l'un des grands diables de ce temps : l'infarctus... La difficulté de convaincre, les attaques féroces de quelques-uns, l'instabilité sentimentale de cette belle Comédie-Française dont il était devenu le patron, l'avaient sans doute fragilisé, peut-être assoupi, on est moins fort ensuite au réveil. Il défendait et portait toutes les formes de théâtre, il s'accordait même l'audace de sublimer les genres les plus populaires, ce qui est crime chez les précieux. Je l'avais rencontré quelques jours auparavant, nous avions parlé des sciences occultes, il se voulait médium, je blaguais son ésotérisme, il se plaisait à me transporter dans ses au-delà, avec une conviction exemplaire, une voix tonitruante. Puis, lassé de tant de « voyages », il revenait à son refuge, à ses « clowneries ». J'ai retenu un peu de l'une de nos conversations anciennes...

— Jean Le Poulain, vous venez de parler du tarot... Vous obéissez à des signes ?

— Absolument !

— J'ai l'impression que vous n'êtes pas d'ici, que vous n'appartenez pas à cette terre...

— Non...

— C'est peut-être pour ça que vous y faites le pitre ?

— Exactement ! Je crois même que du théâtre au problème de l'homme, qui est plus grave et plus profond, il n'y a qu'un tout petit pas. Le théâtre est la seule tribune qui ait été condamnée à travers le temps. Au cinéma par exemple, un film peut très bien se terminer sans le moindre problème, sans véritable censure. Au théâtre en revanche, il peut y avoir interdiction totale, parce que le comédien — qui peut être le pitre parfois — pose de telles questions, a une telle force de frappe qu'il serait trop dangereux pour le pouvoir.

— Que pressent le voyant que vous êtes, en ce moment ?

— Honnêtement, l'avenir n'est pas très brillant, je le vois assez noir, assez dramatique, à cause de la dégradation du grand principe humain de Rabelais qui est celui du rire, le propre de l'homme. Avec cette dégradation du rire a commencé une dégradation de l'Occident, et notamment de l'homme.

— On pense de plus en plus triste, vous vous révoltez contre cela ?

— On pense triste et on agit triste, ce qui est encore plus grave. Je suis justement en train de terminer un livre qui s'appellera *L'agonie du pitre*, où j'essaie de montrer les raisons pour lesquelles le rire n'est plus cette consistance humaine, spirituelle et intellectuelle si libératrice, par rapport aux abcès de fixation des générations passées. Il est évident que l'époque est en train de s'assombrir avec cette dégradation, cette promesse d'apocalypse de feu qui est le dernier signe... les Indiens l'appellent le Kaliyouga, c'est-à-dire l'époque de bois qui est la dernière avant un nouveau cycle. Ce rire, qui était libérateur, était donc aussi constructeur, vengeur, supérieur. Ce rire-là, comme le dit magnifiquement Marcel Pagnol, c'est le chant de triomphe d'un inférieur sur un supérieur. C'est admirablement dit, ça, beaucoup mieux que Bergson ! Il est clair à présent que ce rire, qui était nécessaire aux faibles, aux opprimés, nous est supprimé. Il est trop dangereux pour le tyran, trop dangereux pour le pouvoir. J'explique tout ça dans mon livre, je dis pourquoi le pitre est considéré comme un contestataire. Par son rire, sans autre arme que celle de son esprit, le pitre parvient à discréditer la puissance, voilà.

Relecture rapide du fameux *Opium* de Jean Cocteau. A la page 236, deux petites phrases : « La lettre anonyme est un genre épistolaire. Je n'en ai jamais reçu qu'une et elle était signée. » Toujours d'actualité.

Jeff Marciano mon ami marocain m'entraîne ce matin chez Didier Pineau-Valencienne, président du groupe Schneider. Il y a dans l'œil de ce patron une lumière et une poussière. La première est sans doute celle de la réussite retrouvée, l'autre me semble déposée par les vents mauvais de Creusot-Loire, comme un rappel. Heureusement la poésie est là pour balayer ce qu'il pourrait y avoir d'ambiguïté dans ce regard. Pineau-Valencienne cite René Char : *Impose ta chance, serre ton bonheur, va vers ton risque. Ils s'habitueront à te regarder.* C'est la réponse. On la retrouve dans *Les matinaux*.

Un côté frivole, un penchant pour le dérisoire, le superficiel, de la fumée en volutes douces, un style singulier, disait Proust : Paul Morand aurait eu cent ans ce mois de mars et je me souviens que nous nous étions promis de fêter l'événement. Les dieux qui le voulaient pour compagnon, en l'appelant, n'ont pas autorisé cette célébration d'un siècle débordé — (Bernard Frank, à vous ce petit signe d'amitié). Je l'estimais pour toutes ses imperfections, pierres précieuses de sa vie. Infidèle en amour, solide en amitié, tricheur par élégance, ivre de liberté, Byron sans le tragique, écrivain à la phrase fine, ciselée, il se donnait l'aristocratique aisance du maudit qui sait ses privilèges. Il avait tout subi, les honneurs et le mépris ; pour cause d'alliances douteuses fixées par des mondanités de circonstance, il avait rejoint sans y prendre garde le camp des condamnés de la Libération : « J'ai été épuré par des résistants nouveaux. » Il ajoutait — je vois encore ses yeux malicieux un soir au Fouquet's : « Je me suis toujours trompé, je ne me suis jamais trahi... C'est vrai, je n'ai pas rejoint le maquis, imité en cela par quarante-cinq millions de Français, j'ai donc collaboré à l'apathie générale, à une lâcheté qui n'était pas à l'époque perceptible. Je ne suis coupable que d'un défaut d'engagement. Comme quatre-vingt-quinze pour cent des gens de chez nous. Que je me suis amusé aux jours glorieux de la victoire ! Il n'y avait plus dans nos rues fléchées, dans nos salons vert-de-gris, que des combattants valeureux de toute dernière minute. Je ne leur en voulais pas d'avoir été veules, je n'aurais su leur pardonner de s'inventer héros. Il est un livre qu'il faut rédiger au plus tôt... mais ma plume n'est pas autorisée à cet exercice : *Splendeurs et misères de la reconversion en 45*... avec en sous-titre : “ Atrocités de la bêtise humaine ”. Ce temps des retrouvailles, de la pureté de quelques-uns, de la tricherie de tous, est le plus indigne de notre histoire. » Morand le faux libertin était ainsi : dilettante jusque dans ses haines. Libre de vivre à sa guise, il ne fut pressé qu'une fois, pressé de mourir. Il y avait urgence, il avait juré de ne pas s'attarder là où n'était plus sa femme.

Chaque homme a dans sa tête un triangle des Bermudes. Un triangle où se perdre. Un triangle où se retrouver. J'ai le mien. J'aime ses aurores, ses automnes et son vin. Le triangle de mes Bermudes est formé par l'Atlantique, la Garonne et les Pyrénées. A Bordeaux, c'est l'Amérique qui m'appelle : arts plastiques, aventure, New York, mais aussi Bahia, Jorge Amado et les poètes gascons de l'exil. A Toulouse, la Catalogne et les terres du dedans, la vieille Castille, le fado, le flamenco, la tauromachie et les chaudrons du soleil me prennent dans le rose des toits.

Allons plus près, plus au cœur de cette terre où je suis né. On y parle — enfin, parfois — une langue qui n'est pas le français. Montaigne l'admirait, Voltaire ne la comprenait pas, mais Richard Cœur de Lion l'écrivait très bien. Mon père la chantait dans son atelier, près de son établi. Elle accompagnait les coups portés au bois. Cette langue est le gascon. Nous sommes quelques-uns à miser sur elle — Manciet, Laborde, Lubat, eux, en sont les troubadours. Nous sommes quelques-uns à savoir que les plus vieux poèmes d'amour ont été écrits par un baladin occitan : Guillaume IX d'Aquitaine. Nous sommes quelques-uns qui souffrons au bras de cette vieille maîtresse sortie d'un roman de Barbey d'Aurevilly. Je le dis franchement, la langue française me comble. Les écrivains d'ici, Lautréamont en tête, l'ont portée à son plus haut degré d'incandescence. Le français est une femme jeune que j'aime. Mais je ne pourrai jamais me départir de ma vieille maîtresse. Elle brûle comme un phénix. Elle a la voix de mon père, sa force, la douceur de ma mère.

Cette terre de langue est terre de poésie. Une poésie épique. L'épopée, je vous le dis, est notre patrie. Avions-nous le choix ? Non ! Dans mes montagnes, là-haut, les gens naissent avec la peur de l'avalanche, dans les Landes avec la peur du feu, dans mon Lavedan avec la peur de ne plus rêver, de manquer de temps. Au départ de tout destin poétique, disait François Mauriac l'Aquitain, il y a le songe. Un poète est un enfant qui ne meurt pas. Chez nous, il faut sans cesse se battre. D'abord pour vivre. Ensuite pour gagner.

Nous sommes dans nos pays, nous Bigourdans, Béarnais et Basques, gens de terre, de source, mais aussi explorateurs d'ailleurs. L'exil fut souvent notre sauvegarde et l'Amérique du Sud un territoire choisi. Nos ancêtres y conduisaient des légions de moutons. Bergers nous fûmes, bergers nous restons. Il m'arrive parfois de poser cette question : « Quels sont les trois poètes français nés à Montevideo ? » Ici je réponds vite : Laforgue, Supervielle, Lautréamont. Ils sont de chez nous, poussés au bout du monde par un évident manque de place chez eux. Ils appartiennent à la longue cohorte des errants. Mais il y a aussi — et je le rencontre dans sa maison du bord de route à Orthez — Francis Jammes.

Laisse les nuages blancs passer au soleil.
Il n'y a ici que toi, la terre et le ciel.
Ne pense à presque rien.

Il y a encore le bien vivant Bernard Manciet :

La mer est notre muraille et notre chant.
Temps dans les temps, nuages bondis dans les nuages.
Nos traces.
Elle emporte, la plus belle vague, tous les sangs.
Nos traces couvrent la montagne de la mer.

Oui, chaque homme a dans la tête un triangle des Bermudes. J'ai le mien. Vous pouvez le visiter, le traverser comme les pèlerins de Saint-Jacques-de-Compostelle que, jadis, nous égorgions sur le plateau de Lannemezan. Vous pouvez aussi le lire. Car le triangle de mes Bermudes est un immense livre, ce sont les pages des autres.

Toute société devrait obéir à une *éthique*. J'en parle avec le professeur Jean Bernard et nous nous interrogeons sur le mot qui sitôt lâché a déjà une force et un mystère. Il signifie d'abord la « tenue de l'âme », le style, au sens de ce terme dans la France classique, « le style c'est l'homme ». Il désigne aussi l'ensemble des normes (habitudes communes) nées du respect et de la mesure. L'éthique est-elle une science ? « Évidemment, affirme le professeur. Elle est la garante de l'harmonie qui résulte de la bonne tenue de toute chose, de tout acte, de l'accord en somme entre l'âme et l'environnement. Elle suppose une action rationnelle. Elle est propre à l'homme. » Les événements nous obligent parfois à prendre des décisions difficiles, on peut hésiter, on ne doit pas se trahir et on entend alors la fameuse petite phrase : « C'est une question d'éthique. » Pour simplifier, je dirai qu'il s'agit là d'une manière personnelle et honnête de se conduire. Henry de Monfreid qui fut aventurier, me disait un soir de fête chez Raspoutine, dans un déchaînement de violons tziganes : « J'ai commis ce que certains croient être le pire. J'ai trafiqué, j'ai vendu des armes pour tuer la guerre, j'ai fait le coup de feu parce qu'il était bon de ne pas mourir, je ne me suis jamais déshonoré : chaque matin, devant ma glace, je peux me serrer la main. » Je me souviens encore du grand rire de Joseph Kessel qui nous accompagnait et de sa phrase forte, rugueuse : « Question d'éthique... Tu as fait ce que tu devais. Personne ne peut juger personne. » Encore une question d'éthique.

Il vaut mieux gâcher sa vie que de n'en rien faire du tout. C'est presque du Courteline.

Ici c'est tout à fait Courteline : « S'il fallait souffrir des autres tout ce qu'on se permet à soi-même, la vie ne serait plus tenable. »

J'ai retrouvé ce matin dans un vieux coffret une vingtaine de lettres oubliées de Joseph Delteil et une immense enveloppe sur laquelle il avait inscrit ceci : « Jacques, lorsque vous recevrez de grands intellectuels bien plus cultivés que moi, rappelez-leur cet avertissement de Nietzsche :

> *Si tu veux savoir qui est bon philosophe, mets-les tous en ligne : celui qui rit c'est celui-là le bon.*

Si j'avais les énormes moyens de mes rêves, je partirais immédiatement pour le bout du monde et prendrais la plus belle des années sabbatiques.

Ladislas Kijno est l'énigme la mieux entretenue. Sa tête folle de visionnaire, sa parole-désordre, son roulis de mots qui tanguent aussi au bout des doigts, sur tout son corps, ses dérapages contrôlés au plus droit de nos conversations sont des feux où l'artifice n'a pas sa place. Ce peintre est un contemplatif qui se désespère encore d'avoir raté les grandes révolutions. Je suis persuadé que le XXIe siècle retiendra son nom que notre époque a seulement balbutié. Il est de ces artistes assez rares qui se reconnaissent des filiations avec les civilisations, ses recherches sont d'abord initiatiques, il voyage pour aller plus loin, pour mieux affûter ses points d'interrogation, pour vérifier sur le terrain que toute certitude est suspecte, il travaille sur les signes que les peuples élaborent. Son aventure en Chine témoigne de tout cela, ses trois cents peintures et études mériteraient de faire le tour du monde, c'est le panorama complet d'un regard et d'un talent sans cesse remis en question. L'âme d'un pays. Tout naît d'un trait, d'une abstraction, des figures passent, Bouddha s'impose, les ombres viennent. Kijno étudie le mode de représentation de l'icône et la réinvente à partir de son propre langage plastique. Avec lui toute forme de transmutation du réel est prophétique. Je l'aime, je l'apprécie, mais pourquoi en suis-je réduit, par ma faute, à le voir si peu...

La télévision selon Maurice Druon, secrétaire perpétuel de l'Académie française : « Une heureuse combinaison entre le laboratoire des frères Lumière et la Conservation des hypothèques. »

La mort, quelle foutaise. D'autres territoires nous attendent qui seront sans doute d'un bleu plus soutenu. Et puis nous portons depuis si longtemps nos propres destructions.

D'accord avec le poète Cavafy : « Ta vie telle que tu l'as faite te suivra partout. Où que tu ailles, la ville te suivra. » Pas seulement la ville, les gens, tous ceux qui ont été amoureusement choisis.

Ne tuons pas les dernières petites fautes, il nous faut en tout un brin de culpabilité, la perfection est une offense, ou du moins un trop-plein de vanité. Souvenons-nous de Brecht :

Quand les erreurs sont épuisées
Est assis, dernier compagnon
En face de nous, le néant.

Les critiques que l'on nous adresse ne sont rien à côté de celles que nous nous faisons. C'est que nous créons dans le doute et qu'ils écrivent en toute certitude.

Un souvenir d'Edmée de La Rochefoucauld : « Arrivé à sa soixante-dixième année, Paul Valéry écrivit *Mon Faust* et lui fit dire : " J'ai trop vécu. " » Pessimisme exagéré ? Non, simple vanité d'un écrivain qui se persuadait ainsi d'avoir terminé son œuvre. Évidemment moins comblé, je me force à croire que le meilleur est à venir. Je suis de ces fous qui pensent que la vie commence à tout âge.

Nos rencontres sont des arrivées, le point d'eau est immédiatement repéré, c'est l'oasis. Tout coule de source. Nous partageons alors le vivre, le couvert, la vie. Frédéric Dard est le frère, le fou, le sage, le soleil, les ténèbres. Cela dépend du vent, de la sinusoïde des jours, de son aptitude à terrasser l'angoisse au bon moment, de ses caprices d'honnête homme. On s'est parfois étonné de le voir inscrit au programme des universités. C'est qu'il est autant philosophe qu'humoriste, le bougre. Au hasard de morceaux choisis sélectionnés par Daniel Demange on perçoit mieux la force de certaines phrases avalées d'ordinaire par le texte. *San Antonio* devient une fête, la maxime s'installe. Ainsi sur la France : « Nous autres, Français, avons la spécialité de ne réussir que ce que nous n'entreprenons pas... » « Chacun de nous est un moi de cocagne... » Sur les hommes : « Tous les chemins de croix mènent à l'homme... » « La plus grande des politesses consiste à plaire... » Sur le mariage qui est « soit une corne d'abondance, soit une abondance de cornes » : « Disons-nous adieu pendant que nous nous aimons... » Sur le temps : « Il m'aura fallu un demi-siècle pour devenir ce que j'étais... » Sur la zoologie : « Un animal à la mode ? Mais le bœuf, voyons... » Souvent Frédéric ne recule que pour prendre son élan, il sait depuis des lustres qu'on « doit choisir entre s'écouter parler et se faire entendre ». Il a compris et crie qu'il vaut mieux souffrir d'une absence que d'une présence...

1988

Avril

Dans un dossier depuis longtemps égaré, une photo de René Crevel offerte par Jean Cocteau un samedi à Milly-la-forêt. Transparente. La beauté, la pureté, l'intensité d'un visage. La dignité d'un homme, sa fièvre, sa quête, sa marginalité. Le dandysme de Byron, cette ivresse aussi de la vie et de la mort. Son suicide à trente-cinq ans que l'on pressent au seul regard, sans doute parce que l'on sait, mais aussi parce que tout est trop parfait. Crevel avait des compagnons : Picasso, Picabia, Breton, Dalí, Éluard. Formidable de compter tant d'amis flamboyants sur la même comète. Je relis ce soir *Mon corps et moi*. Pour le bonheur des mots.

Un songe cette nuit m'a fait marcher sur une route pyrénéenne que je ne connaissais pas mais qui portait le nom d'un lieu-dit. Réveillé, j'ai immédiatement noté l'indication, repéré l'endroit, j'y suis allé au petit matin. Beauté de ce coin de montagne. J'ai poussé un peu plus loin ma recherche. Au bout du chemin, un vieillard paraissait m'attendre au milieu de ses moutons. Il m'a dit doucement : « C'est bien de revenir. » Je ne comprenais pas, c'était vraiment ma première visite. Je n'ai pas voulu le décevoir. J'ai posé les petites questions bien banales, bien naïves, qui permettent de tout apprendre lorsqu'on ne sait rien. Il m'a demandé de le suivre. Au fond d'un petit bois, nous sommes entrés dans les ruines encore belles d'une vieille maison. Plus de toit mais deux magnifiques cheminées de pierre. Et cette date : 1621. Le berger a voulu me complimenter : « Tu es bien le seul à savoir que ton très arrière-grand-père est né ici. » Depuis, je me persuade que le *rêve* n'est point autre chose que le rappel des émotions d'une vie antérieure.

Notes en vrac, bouts de papiers griffonnés, confidences en raccourci, le tout retrouvé ce matin dans une vieille mallette trop bien rangée. Et d'abord cette déclaration d'humour de Montherlant, faite, je me souviens, à l'issue de *Radioscopie* alors qu'avec Ève Ruggieri nous lui disions au revoir : « Je fais semblant d'aimer les femmes, ça dérange les homosexuels, ça n'amuse que moi mais j'y trouve un peu de bonheur. Je n'ai rien dit devant le micro afin de profiter encore de mon ridicule subterfuge[1]... » Ce mini-portrait de Jouhandeau que je fis dans un moment d'agacement : « La pipelette perfide s'est vidée de ses immondices, le vice a fait toilette ; purifiée, la bête est encore plus laide. Cet homme n'est même pas libertin, seulement esclave... » Ce mot d'Edgar Faure à qui je demandais les noms des quatre plus grands tribuns de la Chambre : « Laissez-moi chercher les trois autres »... Cette bizarrerie de Jean-Louis Barrault : « Je n'aime pas les enfants »... Cette proposition de Marguerite Yourcenar à Mont-Désert : « Et si nous intervertissions les rôles... Je pose les questions, vous répondez. On fait un livre » (trois mois avant sa mort elle m'en parlait encore)... Cette plainte de Jean-Paul Sartre un soir où nous nous étions vus en cachette : « Je suis interdit de sortie par mes geôliers, ma seule chance c'est la mort : mes ennemis m'aimeront, mes amis pourront enfin me détester en paix. Quelques penseurs souhaiteront me pendre, laissons-les faire, il ne faut pas désespérer un philosophe... » Cette saillie de Brigitte Bardot à ma question : « Quel a été votre plus beau jour ? » — « Une nuit »... Cette proclamation de Marcel Jullian : « Je ne sache pas que le bonheur soit une préoccupation de gentilhomme »... Cette leçon de Jorge Luis Borges : « L'inutile m'est essentiel »... Cette constatation de Romain Gary : « Un homme qui a réussi ne doit plus faire confiance à personne. Il est trahi à chaque seconde de sa vie. Dès lors une seule issue : la solitude. Mon expérience me persuade que la médiocrité a des charmes secrets. Voilà le seul état qui n'appelle pas le poison. Que faire pour séduire enfin ceux que l'on aime ? Disparaître »... Cette désespérance d'André Malraux : « On me prend, je le sais, pour un illuminé, on se moque de mes tics qui sont signes de naufrage, on m'imagine sur un petit nuage bleu, en lévitation, on me voit aussi errant dans une forêt profonde. C'est que j'ai tout perdu depuis longtemps, que mes amis les plus proches ne sont que des fantômes, des traces de vies disparues. Il ne me reste que le vent. Et je tremble de toutes mes souffrances »... Cette dernière lettre d'Albert Cohen : « Je m'en veux de vous avoir laissé deviner mes faiblesses. Près de vous je me croyais enfant et je me suis

1. Bizarrement j'ai retrouvé cette boutade dans je ne sais plus quel livre... Il est vrai que je l'ai souvent rapportée dans des conversations.

montré vieil ours jaloux. Vous me parliez avec trop de gentillesse de Marguerite Yourcenar que je n'aime pas, et j'ai dit le pire à son sujet pour n'avoir pas à reconnaître son talent. Votre micro indiscret a tout entendu et l'ironie de ma voix a malheureusement amplifié la monstruosité de mes propos. Pourquoi ai-je lancé cette attaque : “ Une lesbienne ne saurait écrire ” ? J'ai souvent répété que vous m'aviez provoqué, je ne le pense plus. Peut-être nous sommes-nous simplement amusés ! Je n'ai plus de longs jours à vivre. Venez me dire à Genève que vous n'êtes plus fâché et si vous le pouvez, demandez à Frédéric Dard de vous accompagner. Pardonnez-moi. Les vieillards sont de drôles de moineaux. Faites-moi une promesse : plus tard, bien plus tard, écrivez ceci : “ Albert méritait le prix Nobel ” »...

J'arrête ici tout ce travail de « collages ». Il me faudra mettre de l'ordre dans un tel fourré de papiers. Ou bien fermer la mallette à jamais...

Pari perdu. Mitterrand se porte candidat et j'ai d'un coup quelques milliers de francs en souffrance. Évidemment j'aurais pu rectifier le tir au cours de ce dernier mois — sondage oblige — mais le goût du risque et l'idée que je me faisais d'une certaine sagesse de l'homme m'ont forcé à l'obstination malheureuse. Appelé par les dieux, fier de donner sa personne à la France, l'archange François, après avoir beaucoup réfléchi, s'est sacrifié sur l'autel déjà froid des gauches incertaines. De Gaulle disait : « Moi ou le chaos ». Mitterrand répète : « Moi ou la guerre civile ». Belle continuité dans l'incantation ! Phrases célèbres de deux monarchistes convaincus. Il n'est pas sûr que notre président soit au bout de ses sincérités successives. C'est sa marche à l'Histoire qui lui fait conduite, il s'oblige à un destin dont l'architecture l'occupe dangereusement. Pour l'instant, fière stature, papier glacé, romain en diable, il attend du ciel le cadeau d'un visage de légende. Et on doit à la vérité de dire que ses masques d'indifférence ou de particulière attention sont d'un empereur. Il aurait pu partir jeune et sans reproche, il revient vieux et affaibli. Plus grave : l'obligatoire confrontation lui enlève la grâce du secret. Éclairé par toute une galerie de phares, le Maréchal, le Général... différents commissaires du peuple au temps de l'Union, Mitterrand s'est offert cent escabeaux pour monter au pouvoir. D'un personnage qui pratique l'astuce à son sommet, on dira demain, oubliant Machiavel : « Il est mitterrandique. » Déjà le voilà, comme Henri IV, gouvernant au centre. Le roi n'est pas nu, l'illusion est parfaite. La réussite est assurée. Il a la postérité de son vivant.

La tête et la voix sont d'une belle jeunesse mais le corps est cassé, tordu par l'arthrose. Édouard Mac Avoy marche dangereusement, ses mains touchent le sol... Quelle tristesse de le voir ainsi ! « Dans un mois il n'y paraîtra rien, je me fais opérer, c'est le cadeau de mes quatre-vingt-trois ans... Rappelez-vous notre ami Alain Daniélou, si meurtri : aujourd'hui il court comme un cabri. » J'aime l'enthousiasme de cet homme qui aura goulûment traversé le XXe siècle, seulement attentif au beau et au pittoresque, passionné de rencontres, sensible aux souvenirs, ennemi juré de la nostalgie... « Il faut agir comme si l'on disposait de plus que sa vie. » Il y a un demi-siècle Édouard Herriot amorçait l'ascension : « Il se pourrait que ce jeune peintre soit un jour le Philippe de Champaigne de notre temps. » Il ne s'est pas trompé, Mac Avoy me semble avoir atteint la ligne de cet avenir, une incroyable galerie de personnages plaide en sa faveur : pour lui Cocteau, Honegger, Gide, Montherlant, Picasso, Mauriac, Chagall, Ionesco, Rubinstein ont pris la pose. L'idée qu'il se fait du portrait est assez particulière. « Sachez attendre. Soixante-dix ans me paraît être l'âge idéal pour éblouir un pinceau. On ne cesse d'embellir aux yeux d'un portraitiste. Chaque saison trace de nouveaux signes à travers les joues et le front : voici les sentiers de l'intelligence, les cicatrices de la douleur, les marques, tristes, du rire, comme des plis défaits, les petits chemins de l'humour qui dévalent vers la bouche, les défaites, les fatigues et les soucis, comme de profonds labours. Voilà le charme véritable d'un visage. » Je sais, pour avoir bien observé mon père, combien les vieillards heureux sont admirables au coucher de leur soleil, quel magnifique arc-en-ciel ils ont pour couronne. Mac Avoy aura passé « le plus clair de son temps » — c'est aussi le *titre* de son livre de souvenirs, un cadeau de Michel Tournier — à caresser, apprivoiser tous les masques, à refaire des visages réels selon son cœur : « Le mensonge est une pensée de la charité. Une forme de poésie. L'art doit autant à la vérité qu'au mensonge. » Nous

nous souvenons tous de ce que disait André Gide : « Un tableau est un espace à émouvoir. » L'artiste a tous les droits et d'abord l'obligation de se mettre en péril, de prendre le risque d'être en parfait désaccord avec son sujet. Et avec sa famille ? Mac Avoy n'hésite pas une seconde : « Avec tout le monde. Anne, ma femme, m'a fait fabuleusement riche. *Elle m'a laissé propriétaire de ma solitude.* » Regarder un tel octogénaire ne m'empêche pas de le voir.

A seize ans, au plein feu de la guerre d'Indochine, les bons et les méchants me faisaient l'amitié de me consulter, aujourd'hui les adolescents m'invitent dans leurs écoles. J'ai été vieux trop tôt, je suis jeune trop tard.

Rendez-vous demain avec Jean-Edern Hallier, mon vieux dandy de grand chemin. Ce fou évangélisé se voudrait sage. Cet iconoclaste est un malheureux, une tendre graine de martyr ! Si nous prétendons l'aimer, dressons-lui une croix : il s'y accrochera tout seul. On l'avait enlevé, cette fois il s'élèvera. Et je vois déjà pour lui des aubes glorieuses. Il y a plus de lumière dans un œil absent que dans bon nombre de regards obliques.

Leçon d'infini donnée par la princesse Bibesco : « On dit toujours que la jeunesse est trop courte. Moi je trouve qu'elle n'en finit plus... »

Marcel Bleustein-Blanchet a glissé dans ma poche une feuille pliée en quatre : « Tu liras tout à l'heure. » Nous nous quittons, dans l'ascenseur de Publicis, je vais vite aux nouvelles. Trois petites phrases comme des recommandations :

« On accepte ce que l'on ne peut éviter.

On comprend quand on a compris.

Je ne hais que la haine. »

Il me semble que cette dernière affirmation est de Tristan Bernard.

Un appel de Paris, une blessure de plus, un rire de moins. Pierre Desproges, l'insupportable ami des années 70, n'a pu retenir le dernier galop de son vieil ennemi : le cancer, qui décidément ne fait pas grand cas du talent, ne lui aura laissé en définitive que peu de temps à mourir. Une longue maladie, un départ soudain, comme une fulgurance. Ceux qui le détestaient vont se perdre à l'aimer. J'en connais qui rédigent déjà le dernier hommage. Si elle n'apporte que peu de réconfort au défunt, cette couronne littéraire dédouane au moins les vivants... Le ciel n'est pas bleu ce matin à Tel-Aviv. La mer est triste, les nuages bas. Pierre tangue sur sa coquille.

Un petit mot à la signature indéchiffrable au courrier ce matin :

« Ne dit-Il pas...
« Le royaume est au-dedans de vous. »
« Ne dit-Il pas
« Je me tiens à la porte et je frappe... »

Et cette conclusion :

« Puissiez-vous vous laisser conduire vers *ce* que vous portez en vous. »

Justement, voilà l'impossible pari.

L'échec n'a pas d'importance. Ce qui amoindrit, angoisse, anéantit, c'est l'*attente* de ce qui ne viendra pas. On espère beaucoup de quelqu'un, de quelque chose, et rien ne se produit. Plutôt choisir l'erreur, elle est préférable à l'usure.

Les petites phrases ont une agressivité rare lorsqu'elles portent à la réflexion. Je pensais à ces bouleversements à l'Est et m'est revenu ce mot de je ne sais qui : « Il faut que tout change pour que tout reste pareil. »

Je vis chaque jour comme si j'allais mourir dans l'heure. Je suis prêt. Mais je voudrais l'être longtemps.

On supporte ses propres malheurs mais il n'est pas acceptable de faire souffrir quelqu'un qu'on aime.

Il faudrait des dizaines d'années pour rattraper le temps perdu, j'ai cent livres en tête, mille sillons d'histoires belles, des millions d'idées et une désespérante disponibilité à tout. J'ai vécu si longtemps à un rythme si rapide, si soutenu, sans prendre le moindre repos, avec une telle fièvre, tant d'impatience, des jours trop courts, que le bout de la course se rapproche insidieusement sans que j'y prenne garde.

A une semaine d'un premier tour électoral qui met la France à l'heure des inévitables meetings, sondages et débats médiatisés, j'accueille à France-Inter un invité exceptionnel, venu du fond des âges, si fragile et périssable qu'on évite généralement de trop s'y « frotter ». *LE BONHEUR.* Quel mot ! Si désespérément beau, ainsi dépouillé, si fugitif sans doute qu'assez peu d'ouvrages, d'essais philosophiques, à moins de remonter aux traités grecs ou latins de la vie heureuse, se sont hasardés à l'emprisonner sur un titre de couverture — Alain, seul, sut en faire un « à propos ». On a tourné autour du pot avec des vocables plus tranquilles comme sagesse, chance, ou même amour, passion, ces états bienheureux qui autorisent toutes les digressions. Mais le bonheur tout court, que Marguerite Yourcenar m'avait péremptoirement qualifié de « sous-produit » lorsque, dans sa maison de « Petite Plaisance », nous évoquions le sujet, serait-il à ce point l'*hôte fabuleux*, désiré et indésirable à la fois, attendu et redouté, chimérique à souhait, qu'on hésite, comme par superstition, à « regarder ce qu'il y a dedans ? »

Il faut donc interpeller sans détour l'impertinent Théodore Zeldin, anglais de surcroît, qui vient démentir ma série d'observations en intitulant justement son dernier ouvrage : *Le bonheur* — dans toute sa splendeur. Faut-il, cher Zeldin, qu'il vous ait échappé, cruellement manqué, ce bonheur, dans votre vie d'historien occupée à nous disséquer, nous, les Français, pour que l'envie vous prenne tout à coup d'y réfléchir ! Mieux : de le tordre à votre tour, tel un Descartes, afin de lui donner une construction originale !... Le bonheur s'inscrit sur bien des visages mais la question d'être heureux... est une autre question. Sauf pour Roger Peyrefitte, qui avoue l'être, et pratiquer le plus souvent possible la formule antique du *carpe diem*. Au diable les esprits malintentionnés qui placeraient sa félicité au compte du péché philosophique. Peyrefitte est en bonne santé, il travaille à son *Voltaire*, il asperge ses *Propos secrets* au vitriol et s'indigne que Théodore Zeldin, éminent professeur d'Oxford, lui ait estropié le nom de Nonnos de Panopolis, cher à son cœur toujours épris de la Grèce — qui prend deux « n » et non un. Zeldin dit l'avoir vu écrit des deux manières. « En ce cas, poursuit notre scrupuleux helléniste, je vous ferai un autre reproche : pourquoi avoir omis, dans votre si remarquable ouvrage, de commenter la fameuse définition du Bonheur des Élus d'après saint Augustin : « Ils désirent ce qu'ils ont » ?... Incroyable oubli bien sûr, mais Zeldin sourcille à peine et va même jusqu'à refuser poliment la définition en question, son idée de bonheur impliquant d'abord, dit-il « que tous soient heureux autour de lui », lorsqu'il a l'heur de l'être aussi. Sinon, « être heureux » n'est pas tout, ne suffit pas, pour le penseur britannique dont le souci évident dans son livre est d'avoir essayé de repenser, face à nos temps irrémédiablement modernes, nos mythes de bonheur dépassés mais encore choyés comme de vieilles reliques.

Pierre Chaunu souscrit sans réserves à la théorie du bonheur nouveau « façon Zeldin », auquel l'homme du XXIe siècle ne saurait accéder sans un effort d'imagination. Propulsé à pas de géant dans une ère où toutes sortes de choix et de voies lui sont offerts au moindre coin de rue, croulant sous les informations et les sollicitations en vue d'une vie meilleure où il suffit de signer pour s'envoler... souvent vers l'incertitude et la solitude, le *quêteur de bonheur* d'aujourd'hui, la carotte de la réussite toujours en perspective, n'a même plus la faculté, l'étincelle nécessaire pour le découvrir.

Jacques de Bourbon-Busset, lui, n'a de leçons de bonheur à recevoir de personne. Il cultive son amour pour Laurence au-delà de la mort qui la lui a ravie il y a quatre ans. Leur félicité d'aller à deux à toute heure du jour et de la nuit durant quatre décennies a nourri une œuvre littéraire et continue d'inspirer l'amoureux fidèle. A côté de lui dans mon studio, Gabriel Matzneff défend les aspects d'une vie heureuse beaucoup plus tourmentée, la quête de paroxysmes, d'aventures perpétuellement renouvelées s'accordant mieux à son personnage byronien. Et pourtant, dit-il la vérité, n'est-il pas un peu las de chercher le grand amour du côté des belles adolescentes pas si farouches, dans la terreur et à la fois l'espoir d'un nouveau chagrin, d'une autre solitude, féconde et créatrice ? Quand faudra-il poser le fardeau, cesser de se torturer et choisir, comme dirait Cioran, un moyen terme entre le rictus et la sérénité ? Mais je ne suis pas sûr qu'un moyen terme, fût-il la découverte de cet Amour aux promesses d'infini, comble enfin mon ami Gabriel. Il a trop besoin du rythme sismographique du soleil et de l'ombre dans l'ordre de sa vie. Une rencontre, une rupture, un livre ! C'est la trilogie infernale que certains se hâtent de prendre pour une forme de dispersion chez lui. En fait, c'est dans son Journal intime que Matzneff nous renseigne vraiment sur les vrais poisons indispensables à l'alchimie de son bonheur personnel. Ainsi lui arrive-t-il d'être heureux qu'aussitôt il s'interroge : « Le suis-je vraiment ? » Puis, du fond de sa vallée de larmes, il confesse, idéalement malheureux : « Mes plaies, je les aime, je les entretiens, je les gratte pour en faire des livres. Assurément, cela me perdra un jour, mais jusqu'à présent, c'est ce qui m'a sauvé. »

L'œil bleu scrutateur du R. P. Carré s'assombrit à l'idée que trop souvent, c'est vrai, en matière de bonheur, nous sommes nos propres bourreaux, victimes de restes d'éducation janséniste où la foi religieuse faisait alors rimer bonheur avec pleurs et malheurs, utiles au salut des âmes. Il le regrette. Zeldin, athée, dresse l'oreille, intéressé tout à coup par ce chrétien moderne à l'aura sanctifiante et positive, qui se plaît à citer le cas d'un autre Anglais chez qui l'on peut lire, placée en évidence sur sa cheminée, cette phrase en forme de devise : « Les plus grandes tragédies de ma vie ne me sont jamais arrivées »...

« Beaucoup d'êtres malheureux ne savent pas qu'il existe en eux des sources de joies, et qu'il faut vouloir les développer », poursuit le père Carré, nous « sermonnant » d'expérience, toute sa vie ayant consisté à aider à se relever ceux qui tombaient. Zeldin, qui prône dans son livre l'incitation à l'imagination, « totalement négligée par notre système d'enseignement »... « où chacun de nous naît désormais avec des aptitudes de bonheur nulles », est conquis. Il compare la solitude de moine bien assumée du religieux à nos solitudes à deux, souvent invivables, « hormis chez Bourbon-Busset », exception de bonheur conjugal qui lui demeure décidément suspecte. « Car avant de prétendre vivre à deux, propose-t-il, il me semble qu'il faut être capable d'exister seul. »

L'homme-prêtre — Carré mon ami — qui a choisi depuis toujours un Compagnon d'Éternité dont seuls le cœur et l'esprit savent la présence, ne regrette pas le chemin solitaire emprunté, au contraire. Il rayonne d'une foi témoin de la joie qu'il reconnaît d'ailleurs présenter, dans toutes ses prédications, et bien qu'assortie de quelques rudes exigences du Christ, comme une *religion du bonheur*. Son dernier ouvrage, beau pendant à ce *Bonheur* qui nous vient d'Angleterre, parle pourtant de quêtes identiques, de respect et d'amour. « *Je n'aimerai jamais assez,* pourquoi avoir choisi ce titre, mon Père ? lui dis-je. Comme si vous regrettiez de ne pas avoir assez donné, comme si vous ne vouliez jamais vous arrêter d'aimer ? »... Ma question le surprend, je crois bien qu'il hausse les épaules : « Ben, il ne manquerait plus que ça ! Que je dise maintenant, à mon âge, allez, j'ai assez aimé les autres, je prends ma retraite ! On n'est jamais quitte avec l'amour ! »...

Avec la même expression espiègle, colorée de tendresse, le père Carré m'avoue... qu'il vouvoie son chien...

Respect des bêtes, mais aussi... *respect de l'intelligence* : c'est l'arrivée de Jean d'Ormesson, grand admirateur de Zeldin et de ses œuvres, qui entraîne la discussion sur cette particularité dont paraît-il, nous, Français, devrions nous targuer. L'historien d'Oxford ne va-t-il pas jusqu'à reconnaître : « Pour avoir une bonne conversation, il me faut aller à Paris » ?... La remarque est flatteuse mais ne séduit pas l'encore jeunot de l'Académie : « Il est bon d'être de Paris, je vous l'accorde. Reste à savoir si les Français sont très intelligents et là, je n'en suis pas si sûr. Quant au lien qui pourrait exister entre l'intelligence et le bonheur, foutaise... N'avons-nous pas inventé chez nous la formule " imbécile heureux " ? Non, je ne crois pas qu'il y ait un lien. »

Je reconnais aussitôt le d'Ormesson fervent de Jules Renard, à qui n'a pas échappé l'idée que « la fausse modestie, c'est déjà très bien », et dont les « à-propos » ne demandent qu'à saupoudrer le débat. Pourtant, nous resterons graves. Pas la moindre démonstration du fameux humour anglais de la part de notre interlocuteur venu d'outre-Manche — à moins qu'infiniment élégant, il ne rie sous cape...

Interrogé d'ailleurs sur d'éventuels rapports entre le bonheur et l'amour, le bonheur et l'accumulation des plaisirs, le bonheur et le sexe, Zeldin observe, imperturbable, que « tout cela n'est pas suffisant »... Un paragraphe de son livre démontre même comment « les humains ont compris le sexe tout de travers... Le sexe n'amène pas de changement, au contraire, il tient le monde tel qu'il est, n'autorisant que des variations limitées sur le thème du couple, du triangle et du cercle... »

Totalement différent de l'homme traditionnel, l'homme moderne s'ennuie très vite des paix immobiles et, dans cette quête insatiable du « toujours plus » où le but recule à mesure qu'on avance, Zeldin se borne à constater qu'« il est très difficile de trouver la femme capable de changer en même temps que soi ». Ce n'est pas un hasard si, dans son livre, il a choisi une femme pour héroïne : « De tout temps, les femmes, plus révolutionnaires que nous, ont essayé de repenser l'existence et le bonheur. De leur place assignée au sacro-saint foyer et dans la famille, où quelque chose manquait, elles se sont mises au travail comme les hommes ; mais quelque chose manque toujours. Peut-être ne sommes-nous plus à leur hauteur ? En tout cas, la solution qu'elles cherchaient n'était pas dans le MLF. Je prévois un deuxième mouvement féministe où elles essaieront d'inventer des moyens d'épanouissement différents, en apprenant aux hommes à agir autrement. » Je m'aperçois que dans sa thèse de médecine, Céline avait déjà lui aussi ce pressentiment qu' « alors, les femmes, patientes, plus subtiles, moins logiques, plus mystiques, en somme *plus vivantes*, sortiront du silence et nous conduiront à leur tour avec plus de bonheur sur un autre chemin...

Plus vivantes... Au fil des pages de Zeldin et comme en écho, cette autre phrase : « Être véritablement vivant est la chose la plus difficile de l'univers, plus difficile que d'être riche, célèbre, aimé ou redouté »... Jean d'Ormesson sursaute.

Pour l'heureux auteur de différents bonheurs à *San Miniato* ou *Sous une ombrelle trouée* — dont il n'est pas faux de penser qu'il est précisément riche, célèbre, aimé et sans doute redouté à la fois —, une espèce de dilemme fait de mille contradictions tout à coup surgit. Il suggère une série d'interrogations tout en sachant bien qu'il n'aura pas les réponses : « A propos, le bonheur est-il derrière nous, ou au contraire devant nous ? Dans le passé et la nostalgie ou dans l'utopie et le futur ? Dans la quête permanente ou dans des temps suspendus de sérénité ? Savez-vous qu'il m'arrive quelquefois de me dire : “ Ah comme je serais heureux si je n'étais pas obligé d'écrire ! ” »... Le bonheur selon Zeldin reste à trouver...

Petite suite au bonheur, cette observation de Jorge Luis Borges : « J'ai remarqué, au cours des ans, que la beauté est chose fréquente. Pas un jour ne s'écoule sans que nous ne vivions, un instant, au paradis. »

Je musarde encore dans le Journal de Julien Green, ce magnifique *Arc-en-ciel*. Il écrit : « Un Magritte, gros rocher entre la mer et le ciel sous un nuage blanc, c'est moi. » C'est nous. J'aime ce tableau, il est accroché à mon musée imaginaire et il porte un titre qui va jusqu'à ma source, *Château en Pyrénées*. Des gens qui se connaissent mal peuvent se rejoindre par admirations interposées, on n'a plus à souffrir ainsi de banales relations humaines. Green, dans ce même ouvrage, cite l'un de ses amis, le père Donceel, qui l'amuse en donnant une définition du savant et du philosophe : « Le savant sait presque tout sur presque rien, le philosophe sait presque rien sur presque tout. » Or ce mot est de Malraux, il l'avait crié au cours d'une *Radioscopie* et je me souviens encore d'une dizaine d'auditeurs qui m'avaient immédiatement appelé pour condamner cette arrogance. Qui a copié l'autre ?

Mes rencontres avec Gustave Thibon remontent à une vingtaine d'années. Je me souviens de la première qui fut un éblouissement. Rapidité du trait, bon sens, clarté, culture, mémoire. Affolement de citations, évidence de l'analyse, justesse des commentaires. Je n'arrive pas à croire aux difficiles commencements de cet homme né paysan et qui n'eut pour école que sa curiosité : « Lorsqu'on est autodidacte rien ne doit échapper à l'œil et à l'esprit. Il faut grimper sur tous les arbres de la connaissance. » Nous nous retrouvons dans ce Paris qu'il déteste et regarde en ethnologue venu des pures profondeurs de la terre : « Comment peut-on résister à cette vie artificielle, comment peut-on penser ? Il est normal que dans ce bourbier les décideurs déraillent... » Il a quatre-vingt-six ans, une oreille fugueuse et un pas orgueilleux qui me rappelle mon père. Des élans aussi, des enthousiasmes, pas de feux mal éteints, des flammes : « Je me sens de plus en plus capable d'admiration, ce qui m'évite peut-être de verser dans la sénilité... Voir chaque être comme si c'était la première fois... De telle façon qu'on arrive à préférer l'autre à soi-même. Pour ne pas devenir gaga, il faut être baba. Il y a pour tous l'éternelle espérance et je vous demande de bien inscrire cette recommandation de Victor Hugo : " sentir l'être sacré frémir dans l'être cher "... Je m'amuse à le lancer dans ses expéditions coutumières, à lui ouvrir des mondes. Il déroule alors des textes à n'en plus finir. L'écouter dire des poèmes en grec, en anglais, en allemand est un privilège. Jamais la moindre hésitation.

A tel point qu'il m'arrive parfois de croire qu'il invente. Je connais peu de mécaniques aussi parfaites. Il s'enflamme au seul mot de *politique* : « Voilà l'alibi le moins convaincant. Le mot lui-même est quotidiennement assassiné, il fait vivre des tas de pauvres types qui exploitent la bêtise du monde. On accorde aujourd'hui plus d'importance à un singe qu'à un savant, c'est affaire de grimaces, on abuse à tout instant de l'expression " idées généreuses " ! Ça ne veut rien dire, chacun rabâche à son tour... Parlons plutôt de sentiments généreux qu'on met au service d'idées justes. Les plus simples ont cette nécessaire conduite d'honnête homme, ce sont les prétendus intelligents qui faussent la course... J'aime pourtant notre siècle, même à cause de ses maux, parce qu'ils appellent des remèdes. »

Il ne sortait jamais, craignant le moindre faux pas, et pourtant il rêvait d'éblouissements, il économisait sou à sou, jamais je ne le vis offrir le verre le plus simple au café d'en face, il préparait ses vieux jours qu'il voulait idylliques. Il est mort tout à l'heure d'un rétrécissement du cœur, bouffi d'argent, ivre de bonheurs à venir, seul dans sa petite chambre — qui n'était même pas un repaire — de l'avenue Matignon. Il avait quarante ans et le droit de se vouloir stupide mais je l'aimais et je me désole de l'avoir si peu aidé. J'aurais dû trouver la faille. Peut-être me souvenir de la phrase d'Heidegger qu'il avait toujours en tête : « L'être humain à peine né est déjà assez vieux pour faire un mort. » Salut Patrick.

Avec les ordinateurs, ces triomphantes machines des temps modernes, on n'a même plus le bonheur d'attendre, nous voilà privés de frissons ! A 20 heures précises, sur toutes les télévisions, les fourchettes piquent les tartes électorales, tuent le suspense, ridicule *érotisme* de la joute politique. Comme prévu, François Mitterrand est donc en tête au premier tour de ce « remake » des présidentielles. Banale, conventionnelle, plutôt franchouillarde, bien de chez nous : la gauche monarchiste a toujours épaté le bourgeois, le nouveau riche, le capitaliste honteux. Tels sont les serviteurs du roi. Fier artilleur — loin, de l'arrière —, le président retrouvé a tiré tous les marrons de tous les feux, et la France chic est toute chose. Le compte des voix, à ce dîner de têtes, n'est pas celui que l'on supposait mais le dérapage n'est pas d'importance. On parle du coup de tonnerre provoqué par l'avalanche Le Pen. « Effet de surprise », écrit-on dans les gazettes ! C'est faire peu de cas des prévisions de l'ambassade américaine à Paris qui annonçait, il y a déjà deux mois, un étonnant 15 % côté Front national. Créé de toutes pièces par un socialisme balnéaire, une droite burlesque, une intelligentsia apeurée, le phénomène « Jean-Marie » éclabousse les partis traditionnels torturés par les magouilles. Le Pen n'a pas gagné, ce sont les autres qui ont perdu. Chagrin et pitié. L'euphorie dans un camp, le doute en face. Les rassembleurs brandissent les étendards, font risette. Jacques Chirac et Raymond Barre fument le calumet de la paix sous la tente du Sénat. Surréaliste ! André Lajoinie s'effondre et n'en est même pas triste. Le parti communiste, en miettes, n'a plus la moindre réaction, Moscou ne bronche pas, l'obéissance veille. Tout cela n'a plus aucun sens ! Le navire coule mais le pacha triomphe... « Nous ne changerons pas de ligne », crie Georges Marchais à toutes les vagues. L'eau entre par les écoutilles, le PC s'étouffe, aux machines les vieux mécanos s'échinent à colmater les brèches. Il est formellement interdit de restaurer la passerelle, non au renouveau, oui à la permanence. Sublime salut à la bêtise, fierté de l'erreur. Jojo sombre avec le bateau, debout, attaché au grand mât pour n'être pas dépossédé du martyre. On se souviendra de lui, l'irremplaçable. Il avait la voix forte, le teint rougeaud, la syntaxe douloureuse, le vocabulaire gai et fugueur. Il s'imitait à un point tel qu'il fut toute sa vie caricature. Mais il existait. Échoué au profond d'un banc de sable il bouge encore.

1988

Mai

Je le sais, il est heureux. Sur ses terres nouvelles, Lino Ventura juge, toujours bougon et tendre, que nous avons fait de la bonne ouvrage. Continuité assurée. Nous venons d'inaugurer à Ogeu, en Béarn, la dix-septième Maison *Perce-Neige*. Un petit bijou. L'ami Jean Salet, compagnon de toutes les audaces, a réalisé une magnifique résidence de vie. Nous faisons bloc autour d'Odette, nous les mousquetaires — Jean-Claude Brialy, Michel Drucker, Pierre Tchernia, moi. Le souvenir, l'émotion, la joie du partage, la nostalgie de l'absent. Pour « nos enfants », différents des autres, c'est l'aube d'une existence, nous avons imaginé le gîte, déjà ils construisent le nid pour aller jusqu'au bout du chemin. Je me souviens de ce mot du général de Gaulle sur la tombe de sa fille Anne : « Maintenant, elle est comme tout le monde. » Les nôtres sont mieux que (presque) tout le monde. Les voilà normalement traités. De leur vivant.

Je me souviens d'Ivo Pogorelich à sa première arrivée à Paris, je l'avais accueilli au cours de l'*Échiquier* consacré à Didier Pironi, il fut une révélation dans Chopin. Je le trouvai brillant, spectaculaire d'allure, d'un romantisme un peu trop fabriqué mais si puissant à son clavier, modelant à son gré dans l'épaisseur même du son. J'aimai vite ce pianiste surdoué, béni des dieux musicalement et physiquement, je ne savais pas encore qu'il serait prisonnier d'un environnement exécrable. Je l'ai perdu de vue, il fait ses tours du monde et je me demande s'il reviendra un jour à lui-même. J'y pense ce soir parce que j'ai découvert son double qui a la chance de posséder en supplément un tempérament de bon vivant. Cet autre est aussi grand mais plus souple, aussi séducteur mais plus remuant, pareillement athlète mais davantage endiablé. Il est à l'image de ce que l'on peut vraiment aimer : vif, drôle, convivial, disponible, généreux et surtout éclatant dans ces *Douze études d'exécution transcendante* de Liszt qu'il m'offre pour fêter la rencontre : Tzimon Barto est le magnifique espoir de cette fin de siècle. Il a le talent vrai de ceux qui ne font pas de dentelle autour de leur art. Tout coule de source — « même mes erreurs », dit-il —, son piano est pur, la manière qu'il a de l'approcher naturelle, évidente. Il arrive, il se pose, il joue. Pas une seconde de concentration, il n'a pas le temps de sacrifier aux coquetteries du recueillement, il lui faut des univers nouveaux, il part pour ses ailleurs comme un pilote de formule un. Arthur Rubinstein aurait apprécié son indépendance, son désordre, sa fougue, lui qui me confiait au petit matin d'un dimanche neigeux de décembre : « Il y a dans le monde cent pianistes bien meilleurs que moi mais je suis le premier. Parce que je suis le piano. »

A l'excellent Yannick Noah qui n'a pas en ce moment la raquette facile, j'adresse par pli recommandé cette réflexion de Tagore : « L'adversité est grande, mais l'homme est plus grand que l'adversité. »

Ils sont très rares ceux qui, au plus vrai, au plus difficile du direct, peuvent faire de la bonne télévision, porter une idée, offrir sans ennui un enrichissement. Il est plus aisé de se croire critique.

Enfin un long fleuve d'eau claire dans l'habituel marécage, le bleu le plus beau dans la grisaille des jours, le bonheur, rien que le bonheur, la joie prise à plein cœur après trois ans de marches forcées à l'intérieur de soi-même, de mois interminables passés à faire le compte de l'horreur et du mépris : Carton, Fontaine et Kauffmann sont enfin revenus. Et paradoxalement, du moins au premier regard, *rajeunis* ! Une phrase toute simple du fils de Jean-Paul dit bien l'essentiel : « C'est le plus beau jour de ma vie. » Michel Seurat hélas ! n'est pas du voyage. Tous y pensent, Kauffmann avoue en garder l'amertume mais la vie continue. Plus un mot. Un moment comme celui-là se laisse goûter.

Dans certaines grandes maisons de Genève, l'essentiel des nourritures est plutôt sur les murs que dans les assiettes, ce qui abîme le palais et réjouit l'œil. Cela n'a donc pas de prix. J'ai rarement vu — sauf à Los Angeles où la plupart sont faux — autant de tableaux de maîtres amoureusement rassemblés. De Manet à Delacroix en passant par Chagall, Balthus, Léger, Picasso, c'est une incroyable profusion de trésors qui ne semblent pas émouvoir leurs propriétaires : la richesse est pour certains une compagne sans importance. Ils se sont tellement habitués à elle qu'elle leur paraît banale. Et ces privilèges ne les rendent même pas heureux. Étrange et rassurant !

Je me suis enrichi d'enfance au cœur des Pyrénées, éclaboussé d'adolescence aux bouts du monde, j'aime encore à me laisser surprendre, je refuse que l'on trace pour moi un avenir. Au confort je préfère la tourmente, je me veux libre, j'attends 1990 avec impatience, je tiens à reprendre la route. Des îles m'attendent et je dois y courir avant qu'il ne soit trop tard. Vite, arrêtons le massacre du temps, délivrons-nous de cet orgueil qui nous fait indispensables au monde. Sur mes notes « retour au sources », j'ai déjà inscrit Angkor, Hong Kong, Shanghaï, Bahia, Dubrovnik. On largue les amarres.

La dernière histoire que l'on raconte à Tel-Aviv : selon Ovadia Soffer, les Israéliens ne seraient pour rien dans l'attentat contre Abou Jihad à Tunis. Pour ceux qui ne regarderaient pas la télévision, précisons qu'Ovadia est l'ambassadeur d'Israël en France.

Les petites phrases tremblées de Claude Roy : « Il pleuvait tant que je me suis mis à pleurer pour tenir compagnie à la pluie. »

Toujours Claude Roy dans le minuscule studio 151 de France-Inter : « La littérature, me dit-il, est une chose trop importante pour la laisser aux critiques et aux idéologues. » J'ajoute sur le même ton : les vrais intellectuels ont été perdus par la fausse intelligentsia.

François Mitterrand réélu président de la République dans le fracas d'un écart insurmontable. C'est la retraite de Russie. Le parti communiste est défait, la droite est blessée, les révisionnistes du socialisme sont rentrés dans le rang, les courtisans s'entassent dans les officines. Le Pen galope sur les terres du troisième tour. Il n'y eut jamais dans l'histoire de la nation plus brillant iconoclaste que le sage de Latche. La nouvelle monarchie est en place, les petits marquis seront demain au lever du roi, le comte de Paris offrira le spectre volé aux Bourbons, le prince Jean rêve déjà d'un avenir de dauphin. Faubourg Saint-Honoré, Monsieur de l'Élysée tisse ses revanches pour les hivers douloureux d'après-demain, aiguise sa plume qu'il a belle pour la sublime chronique du règne. Les Français, qui n'ont pas de mémoire, le retrouvent d'un coup loin des abîmes, près des orages désirés, dans la sérénité d'une longue traversée réussie. Pour raconter en peu de mots l'ascension du prophète, Claude Imbert emprunte au cardinal de Retz : « L'homme public ne monte jamais si haut que lorsqu'il ne sait pas où il va. » Machiavel a désarçonné le fougueux cavalier de Corrèze.

Ma chère Bigorre en est remuée : tout un peuple sportif vote aujourd'hui pour Tarbes qui a choisi de faire banquet au paradis. A Lyon, le superbe XV de Philippe Dintrans a crucifié Toulon par un 31 à 12 sans appel. Nous voici en finale ! Je suis triste pour Jérôme Gallion mais tellement heureux pour Philippe enfin revenu de ses enfers. Maintenant l'ivresse est à sa portée.

Ouverture et fermeture dans la même journée. On fait semblant de rêver d'une union des Français mais on prend les mêmes et on recommence. Triomphe de l'audace, chef-d'œuvre de la pensée politicienne. Proclamé Premier ministre, Michel Rocard, brillant, diamant blanc-rose-rouge du socialisme, annonce un dérapage au centre... parfaitement incontrôlé. Dans le rugby de chez nous, on dirait que la balle n'est pas sortie de la mêlée. A refaire si le ciel passe au clair. Ce gouvernement de mai 88 n'ira pas en finale. On rapetisse Rocard en le grandissant, on le tue en le couronnant. Le voilà prisonnier de la cour, lui qui souhaitait en devenir le maître. La vengeance est totale. Et d'autant plus sournoise qu'elle est amicale. En politique toutefois, on n'est jamais sûr de rien.

Hôtel du Cap, Antibes, à quelques encablures du Festival de Cannes. Des voitures à cocardes, un impressionnant service de sécurité : Jack Lang est redevenu ministre, sa femme aussi. D'une fenêtre du premier étage, la nouvelle duchesse de Valois, fière de sa deuxième légitimité, inspecte l'horizon et se fait présenter le domaine. Hauteur de vue. Sur la pelouse, en bas du grand escalier, son valeureux époux met la culture en selle. « Il reprend contact », me dit Bernard-Henri Lévy. Jamais la gloire ne le fit si leste. A la vérité, François Léotard n'aura fait qu'un intérim. Lang a du prestige et sait en jouer.

La gauche et la droite racolent dans l'empire du milieu, les sans-âme de toutes les sauteries politiques sont à vendre, les législatives font la ronde. C'est partout la danse du centre.

Laurent Fabius a mal et le dit à Anne Sinclair. Son visage d'enfant est d'un blanc tragique, même pas une veine rose pour habiller sa peine. L'Auguste du grand cirque socialiste a tout perdu en une seule journée mais l'échec le grandit. Débarrassé de quelques guenilles idéologiques de circonstance, il redevient lui-même : « C'est dur, très dur. » La couronne de premier secrétaire s'est posée sur une tête plus sage, plus sûre. Les vénérables sont de toutes les distributions de prix. Mauroy noueux, Fabius fragile. La tradition contre la modernité, le peuple contre la bourgeoisie, l'astuce contre l'intelligence, le compagnonnage contre l'imagination. La nuit des longs couteaux a duré six heures, le PS a sorti son Robespierre de pacotille, un certain Emmanuelli qui serait presque de chez moi, pauvre Béarn. Le grand méchant traître a hurlé avec les loups. « On peut hériter d'une Aston-Martin, pas d'un parti. » Estocade assassine, lutte de classe mais chance inespérée : Fabius n'est pas de ces gens-là. Une amie a su le réconforter : « Laurent... patience... Et s'il fallait en passer par là ! » Il est des phrases sans queue ni tête qui, d'un coup, vous réchauffent le cœur et ouvrent l'avenir.

Le dépaysement n'est jamais total. Quelques problèmes personnels m'ont rejoint à Buenos Aires où j'arrive aujourd'hui. Henri Calet avait bien raison d'écrire : « Ce qui rend les voyages à peu près inutiles, c'est que l'on se déplace toujours avec soi... »

Encore une riche soirée avec le professeur Jean Bernard, sommité du monde médical et scientifique, universellement apprécié pour ses découvertes dans le domaine de l'hématologie. Je l'écoute me raconter les prochaines victoires de l'homme sur la maladie et ses propres bêtises. Quel privilège de l'avoir à moi si longtemps.

Marcel Bleustein-Blanchet, élégant, raffiné, coquet, tout juste ridé comme il convient à un octogénaire glorieux, m'accueille dans son pigeonnier des Champs-Élysées qui semble conduire droit au sommet de l'Arc de triomphe. Les sapins sont à leur place, la pelouse tondue, la réussite en ordre... « Deux hommes m'ont séduit, me dit-il. Le premier, Stendhal, qui a ainsi défini la vocation : " Bonheur d'avoir pour métier sa passion ", et Pascal qui a écrit : " Il n'y a qu'une chose au monde importante, c'est de bien choisir son métier ". » Au café, Marcel me rappelle le mot d'Einstein : « L'imagination est plus importante que la connaissance. »

Colère généralisée des vrais meneurs de Mai 68 : « Nous avons réussi la fête, manqué la révolution, enfanté de prétendues stars qui vivent de cette nostalgie. » Comme dirait Aragon, il faut juger alors avec les yeux d'alors.

Désordre complet dans la politique française. C'est le vent qui commande et non pas le capitaine.

Je ne suis pas allé sur la tombe de Louise de Vilmorin mais Julien Green m'a dit qu'elle y avait fait inscrire cette épitaphe :

Au secours
LOUISE

Il n'est pas de plus émouvant appel, de plus beau résumé de vie. C'est signer une espérance de recommencement au-delà du visible. Le dire aussi simplement touche au génie.

Le système médiatique est pervers : les intermédiaires y sont plus populaires que les créateurs. Il faut donc passer par le superficiel pour atteindre le nécessaire.

1988

Juin

Il paraît plus important à beaucoup de désirer que d'entreprendre.

Toute la tristesse d'une foule qui se veut joyeuse. Des cris de fête sur de pauvres battements de cœur. L'aéroport de Lourdes-Ossun est aux couleurs du Stadoceste tarbais, les drapeaux se sont mis naturellement en berne, il pleut et les gouttes sont banales. Pas le grand orage, l'averse superbe qui lisse la montagne. Un temps à rentrer en soi-même, je hais ce dimanche. Une rumeur, pas une explosion : « Les voilà. » Les cadets passent les premiers, ils sont champions de France. Une chance d'avenir. Et puis, désespérant de tout son désespoir, Philippe Dintrans : « J'ai pleuré comme un gosse, on a fusillé mon rêve. C'est fini, il n'y a plus de combat dans le rugby, on n'a pas pu jouer, il y avait seulement un enjeu. Ce n'est pas le résultat qui me trouble, peu importe l'échec : c'est la manière. Nous n'avons pas été mousquetaires, le cardinal-arbitre nous a privés de tous nos moulinets, le moindre galop nous était interdit, j'en demande pardon au public. » Philippe me parle doucement dans un coin, près de sa femme, de sa petite fille, loin des autres, déjà absent : « Tarbes est venu nous accueillir et curieusement je n'ai rien à dire. Il y a des jours comme des fins de monde. Je n'arrive même pas à me réjouir d'être allé en finale. Dubroca a tout réussi cette saison. Dintrans s'est tué à se perdre, le ciel pour lui, l'enfer pour moi. » A la vérité Agen a gagné un match qui n'a pas eu lieu...

Toute l'érudition de Vladimir Jankélévitch dans ce livre d'outre-tombe, *La musique et les heures.* Trop savant exercice pour le simple mélomane que je suis mais, en exergue, ce rappel éblouissant d'une réflexion d'Erik Satie : « Le soleil s'est levé de bon matin et de bonne humeur. »

Appel tardif de Rabat, minuit, l'heure des mauvaises nouvelles. Trois interlocuteurs pressés pour une annulation inattendue : Basri, ministre de l'Intérieur, Guedira, premier conseiller du royaume, et Benani, secrétaire particulier du roi, me demandent de reporter le *Grand échiquier.* Là-bas, tant mieux pour eux, tant pis pour moi, les événements se précipitent. Après douze années de rupture, le Maroc et l'Algérie ont décidé ce lundi de rétablir leurs relations diplomatiques rompues en 76 lorsque Alger avait reconnu la République arabe sahraouie démocratique. Il est évident maintenant que le Maroc participera le *8 juin* au « sommet arabe extraordinaire » consacré au drame que vivent les populations des territoires occupés de Gaza et de Cisjordanie. Or l'émission avec Hassan II était prévue depuis longtemps le même jour. Les retrouvailles maghrébines — pour ce qui nous concerne — ne pouvaient pas tomber plus mal. Il me faut prendre immédiatement deux décisions : changer d'abord d'invité, j'ai choisi Montserrat Caballé et le Palais de la musique à Barcelone, trouver vite un moment pour rencontrer le roi et fixer notre nouveau rendez-vous sur l'écran. Je partirai sans doute demain pour Rabat.

Je crois honnête de dire qu'une idée m'a traversé l'esprit... à la vitesse d'une flèche... Et si l'on me faisait grief d'avoir accordé toute une soirée au quarantième anniversaire d'Israël ! « Parfaitement inexact, m'a-t-on répondu, c'est la situation actuelle qui bouleverse nos plans. D'ailleurs Sa Majesté vous attend pour proposer une autre date. » Nous la trouverons.

Dans le concert des droites, Stéphane Denis fait une distribution de pupitres : Chirac bat le tambour, Giscard joue de la clarinette et Barre du violoncelle. Tout compte fait, les frères ennemis font du violon mais si mal, si faux, que cela fait musique contemporaine en diable. Inécoutable.

Pierre Jakez-Helias, l'auteur bienheureux du *Cheval d'orgueil* — dont je fus avec Marcel Jullian le premier lecteur —, m'a fait cadeau ce matin d'une confidence de Gaston Bachelard : « Je suis impatient d'arriver au gîte de mes grands songes. »

Finies les grandes querelles, adieu cinglants articles d'autrefois écrits au lance-flammes, néant absolu, inquiétantes obsèques du talent pamphlétaire ! Sur les récentes élections, pas une insolence de l'intelligentsia endormie... ou alors de tous côtés, une adhésion imbécile, des genoux en sang. La gauche fait son lit dans les quatre-étoiles et n'a plus de ciel, la droite se croit encore l'héritière de pauvres privilèges, la tradition ne lui est plus une nécessité, elle s'enrichit de tout ce qu'elle déteste. Il n'y a plus à l'étalage de piques affinées, seulement de la piquette à vous dégoûter de l'ivresse. Les philosophes se sont recroquevillés en leur nombril, les états d'âme personnels ont gommé le débat d'idées, Sartre et Camus, Mauriac et Laurent n'auront pas eu de véritables héritiers. Pour les doctrinaires de l'an 2000 sonne comme une fin du monde, les idéologues sont aujourd'hui caméléons, qui va donc nous amuser ! Le grand cirque de la pensée universelle a perdu ses joyeux lurons. Adversaires déclarés, remarquables bretteurs, ces gens-là, toujours en guerre, s'estimaient. Maintenant c'est la jalousie qui monte en ligne.

Antoine Vitez chez Molière, Jérôme Savary au pays de la *F*olle. La Comédie-Française et le palais de Chaillot ont touché leurs nouveaux princes. Il eût été difficile de faire plus vite rue de Valois. Jack Lang n'a pas les hésitations de ses prédécesseurs. C'est qu'il est homme de théâtre avant de se croire ministre et fort habile. Ces nominations auraient été joliment reçues au temps du Roi-Soleil. Cet excellent doublé est acte de monarque.

Une mise en scène pour un florilège d'été. Que devient Francis Huster dans tout cela ? Lang est affirmatif, il me le jure : « Je lui donnerai un grand théâtre. » Lequel ?

Premier tour des élections législatives. Pas le moindre intérêt. Si le temps de la magouille politicienne se prolonge, il n'y aura plus bientôt que des candidats-députés et des électeurs absents. Les militants sacrifient encore à une discipline de tradition mais qu'en sera-t-il demain ? Sans doute faudra-t-il respecter les règles évidentes de l'honneur et s'en tenir à l'essence même de la démocratie qui interdit le vol des voix errantes : les responsables de la Nation ne devront plus s'imposer, c'est-à-dire se vendre, mais le peuple aura à cœur de les choisir, de les désigner lui-même. L'homme qui s'en va à la quête d'un bulletin fait à tout coup des promesses, s'offre et s'endette. Il est dès lors fini. Prisonnier de ses engagements, condamné à rembourser, il entre définitivement dans le jeu des concessions et des complaisances. Il ne représente plus ceux qu'il a forcés dans leurs repaires de tranquillité, il assume la permanence de sa situation nouvelle devenue simple emploi, presque métier. Faisons plutôt confiance aux fous : le Parti des Abstentionnistes pourrait être au crépuscule de ce siècle la farce tranquille d'un monde décadent et de ce fait la chance d'une renaissance.

Le temps des schismes et l'ardente fascination de quelques hommes pour ce qu'ils considèrent... leur mission ! Dans des chapelles différentes, pour des dieux opposés, le ciel et le pouvoir, monseigneur Lefebvre et Pierre Méhaignerie provoquent le désordre, sèment la tempête. Le prélat d'Écône, champion de la tradition, intégriste forcené, traqué dans sa foi et ses obstinations, se déclare prêt à violer la légitimité. L'Église lui est contraire et la menace précise : s'il ordonne des évêques le 30 juin, il sera excommunié. Tout cela vous a un goût de scandale mais est-ce tellement important ? Les grandes crises ont ceci de rare qu'elles inventent des commencements ; elles ont déjà donné naissance à l'orthodoxie (1054), à la Réforme (1517), à l'anglicanisme (1534). Quelle fièvre nouvelle allumera l'entêtement de Marcel Lefebvre ? L'histoire décidera et retiendra peut-être sa supplique : « Laissez-moi désobéir au pape pour obéir à Dieu. » Méhaignerie, lui, plus terre à terre, définit un tout autre dogme : participer à l'ouverture, c'est accepter sans condition la politique de Mitterrand. Donc, combat à outrance avec l'opposition afin d'identifier clairement les hommes et les femmes du centre. Il n'y a plus d'union de la droite, les intégristes de l'UDF iront peut-être faire demain leurs séminaires à Écône, ne serait-ce que pour éprouver la force de leur propre schisme. Les voilà les uns et les autres, en apparent état de grâce, aux portes de l'enfer qui ouvre étrangement leur paradis. Alléluia !

Dans une publication du Centre des recherches sur le surréalisme, j'ai noté ce conseil d'André Breton : « Ne pas alourdir sa pensée du poids de ses pensées. »

Le mot vient vite au cœur : *dignité*. Il colle au visage défait, meurtri, secoué de tiraillements nerveux. Dire le courage, la souffrance de Jean-Paul Aron n'est point suffisant. C'est la désespérance qui le pousse à traquer son sida dans la vitrine offerte de notre télévision. C'est vrai, s'impose l'exigence de ne plus dissimuler... Mais il a d'autres immédiates nécessités : tant de phrases douloureuses lui accordent encore de vivre, il faut faire vite : « Je ne vous cache pas que j'envisage la mort comme inéluctable et dans des délais relativement rapprochés. » Son calme n'est qu'apparent, la tristesse fait une immense brume sur ses yeux douloureux. Je le crois en attente de ce qui peut le délivrer. « La fin est inéluctable. » Et cette phrase que je murmure à sa place, que je lis sur son front si haut, elle vient d'un coup, pesante, banale. *« J'en ai marre. »* Tout est dit. Je voudrais lui tendre la main, je me souviens de nos combats sur l'antenne de France-Inter et me brûle les lèvres cette question qui n'est pas de circonstance : A-t-il encore le goût de griffer ses semblables, les intellectuels qui ne sont pas de sa chapelle, les « modernes » ? Il le faisait avec talent, d'une phrase, par dandysme, cette « apothéose de la différence ». Aron avoue publiquement son homosexualité mais sans voyeurisme, il paye le prix de « cette maladie honteuse » qui le mine, il rompt le silence pour que les autres, ses frères de malheur, n'aient pas à rougir de ce qui les tue. Je le sais au supplice mais il ne se lamente pas, l'esthétisme de l'irréversible lui fait parure. Cette élégance me plaît, cette distance qu'il prend avec lui-même me porte à sa rencontre, je m'imagine du voyage, sa singularité lui aura été imposée pour mieux témoigner au dernier acte. L'approche de la mort nous lave de bien des scories : cet aveu fait à Élisabeth Schemla est une leçon de vie. J'ai dit mon émotion à Sylvie Genevoix, responsable de cet espace de confidences sur Antenne 2. Puis j'ai ajouté sans me rendre compte : « Puis-je aller le voir ? »

Un visage de chien battu, attendrissante et burlesque, des lunettes lourdes sur des yeux qui passent les verres, aux aguets, un soupçon de rouge aux lèvres, seule concession à la coquetterie, un col roulé vert sous un gilet noir, des couleurs médiatiquement harmonisées, un modulé de la phrase, Marguerite Duras a un art de paraître à ce point confirmé qu'elle semble bavarde lorsqu'elle ne dit plus rien : le silence est alors une réponse. Notre dame-censeur a soigné la mise en scène de ce savoir-faire. Tout claque avec une lente distinction de vieille aristocrate d'autrefois, les mots, les colliers, les bracelets, les mains doucement frottées l'une contre l'autre : la lumière d'un projecteur discret caresse les brillants de ses bagues. Marguerite — qui visiblement souffre d'avoir eu Yourcenar avant elle — ne permet à personne d'affirmer que son œuvre est importante ; elle a pris l'impérieux parti de se glorifier elle-même, à l'entendre ce n'est plus le doute qui rend fou c'est la certitude. Elle a tellement tardé à s'afficher en gros plan — faute d'invitation — qu'elle se trouve forcément encanaillée de toutes les futilités non encore évacuées. Elle a voulu des noirs entre deux images, deux phrases essentielles, pour en souligner la grâce et la force. Un soupir : « La beauté est anonyme. Quelqu'un qui est beau c'est personne. » Le chef-d'œuvre du non-dit, on va s'extasier dans les culs-de-basse-fosse du postmodernisme, voilà un beau sujet pour le prochain bac ! Une confidence maîtresse dans ce face-à-face-monologue : « J'ai perdu du temps... au lit. » Enfin la fièvre du lundi soir, l'illustration perverse de ce conte inachevé de Luce Perrot. Mais l'ivresse retombe vite, comme un soufflé trop gonflé. Elle n'a que mépris pour ses amants trop nombreux. Je crois entendre les gens de chez moi... « Elle se vante. » Au lit ? Non vraiment on ne peut pas y croire. Duras parle évidemment de son film, avec Jean-Luc Godard : « C'est un ratage génial. » Comme cette émission sur TF1.

Notre chère langue française se dit aujourd'hui en liberté surveillée... Il y a d'un côté, et tant mieux, les spécialistes qualifiés qui régulièrement poussent les cris d'alarme nécessaires au respect et à la sauvegarde du bon usage des mots, de l'autre les maniaques d'un certain purisme, acharnés à censurer, à crier « haro » sur ceux qui jettent un peu de lest pour donner de l'air à nos phrases. Jacques Laurent s'en prend à tous ces fétichistes qui font courir de vrais périls à notre communication première. Dans *Le français en cage*, le plus anticonformiste de nos académiciens débarrasse son monde de toutes les camisoles de force qui sont l'obsession de quelques experts en mal de talent. Honte aux geôliers... qui emprisonnent la langue sans la protéger. Honte aux faux modernes qui l'abîment sans l'enrichir. Laurent n'est pas de ceux qui traitent notre langue comme si elle était morte, il la voit vivante, il la sent vivace. Il sait utiliser avec amour ce dictionnaire-monument, le Littré, et ne pas en être esclave. « Des jugements justes au XIXe sont erronés au XXe. Exemple, *dévisager* : “ Déchirer le visage avec les ongles ou les griffes. ” » C'est clair, nous nous faisons aujourd'hui une autre idée du sens à donner à ce verbe... « Nous croirions à une coquille, écrit Laurent, si nous lisions dans un journal qu'une amante passionnée est jugée aux assises, accusée d'avoir dévisagé sa rivale... » Le langage est un tapis non volant mais roulant, et l'on aurait mauvaise grâce à prétendre qu'il se renie dès qu'il se modifie. Le français sort ainsi de sa cage et l'écrivain qui l'en délivre est vraiment cette fois-ci de l'antique Coupole. On a pu sourire de le voir se commettre auprès des Immortels, gens éphémères, nous devons nous réjouir de constater qu'il a pris en chasse ses territoires de mots à seule fin de réhabiliter ses collègues à bicorne. J'apprécie son humour à décortiquer notre vocabulaire, le français de cette fin de siècle. Encore un exemple : *sandwich*. Que dire d'autre, ce serait vraiment trop compliqué de demander un assemblage architecturé de pain, de beurre et de jambon... La faute est préférable à la stupidité. Jacques Laurent, on le sait, est enclin à accepter, quand elles lui semblent opportunes, « l'entrée d'un mot nouveau dans notre vocabulaire ou l'accession d'un mot ancien à un nouveau sens ». Cet essai pourrait être un bréviaire.

Après la Haute Autorité, la Commission Nationale pour la Communication et les Libertés, voici le Conseil Supérieur de l'Audiovisuel mijoté à grand feu par sept experts indépendants. A quand la prochaine Commission de Censure...

Nous nous sommes souvent rencontrés, plusieurs fois chaque année depuis 1968, en Argentine, en Uruguay, à Paris, je le regardais de si près qu'un autre en eût été gêné, et jamais je ne pus croire que ses yeux éteints ne laissaient percer la moindre lumière. Jorge Luis Borges me paraissait, au contraire, voir le monde du plus profond de lui-même, son regard me fascinait, il n'avait rien d'opaque, plutôt des éclats que je m'inventais sans doute. J'entends ses mots et ses silences. *Océaniques* sur FR3 nous donne à réfléchir sur une conférence qu'il avait donnée au Collège de France avant son échappée belle au pays des esprits. J'étais près de lui ce jour-là, il nous avait parlé au souper de ce qu'il appelait le « vol final »... « L'âme est immortelle, la mort du corps est tout à fait insignifiante, mourir est un événement nul. » Il répétait cette phrase comme pour s'en convaincre, les ombres lui avaient déjà tissé un monde, je ne le savais pas si vivant.

Les vieux textes, les vieilles images, les vieux souvenirs, les vieilles impressions, quel bonheur ! A les retrouver, à les brasser, on s'enrichit. Il faut des greffes aux vieux arbres, de beaux arrosages aux tendres pousses. Il n'est plus possible de faire génération à part, il n'est pas interdit non plus de se répéter. La jeunesse ne bouge pas assez, il faut lui glisser des fourmis dans le cœur.

Mes courses autour du monde me ramènent toujours à l'origine, à la source, au pays. Le vagabondage, les chemins buissonniers — que je les aime ces mots — sont nécessaires à qui veut tenir sa ligne droite. Il semble sans curiosité, celui qui regarde à longueur de vie le même horizon. Si près de lui, si loin de tout. Les fuyards ne partent jamais : ils s'inventent des mirages dans leurs propres déserts et peut-être ont-ils raison de vivre ce temps immobile ! Les voyages sont des explorations qui ne me font jamais oublier la seule crête qui compte : mes Pyrénées. Partout, les petites lumières du cœur me signalent les étapes où l'on revient à chaque aube nouvelle. Partir n'est pas abandonner. Vivre sa terre n'est pas seulement l'écraser de soi, c'est aussi l'épanouir de l'absence, en comptant mentalement les sillons et les arbres, frissonner au souvenir des saisons familières qui vous manquent. C'est d'Ailleurs, au plus lointain, que l'on dessine bien les contours d'un paysage d'enfance. Là-bas, l'accoutumance, l'habitude ne pervertissent plus la tendresse. L'emmuré se regarde dans son miroir de prison. Toute quête est arbitraire et illogique. Je revendique l'exil (choisi) pour me retrouver chez moi, j'ai besoin de me disperser pour me reconnaître. Le trop-plein de démagogie régionale a tué la région, l'ignorance a recouvert l'histoire. Si l'on ne sait pas comparer, on ne peut pas comprendre, si l'habitude vous prend, il faut l'évasion.

C'est au Viêt-nam — où j'aurai tout de même passé huit années de mon existence — à Phnom Penh, Pékin, Tokyo que j'ai entendu vraiment mon Lavedan natal ; les battements de mes émotions étaient bien rythmés, à peine barbouillés par un folklore de circonstance, les petites jalousies de clocher bêtement entretenues par les moins doués, ces gardiens du médiocre. Ayant été privé de lui trop longtemps, je sens mieux mon pays, je l'aime maintenant différemment, avec plus de force, plus de profondeur. Il est probable que la Bigorre n'est pas la plus belle des provinces françaises, elle est simplement ma Bigorre. Il y a sans doute un peu de folie à vouloir retenir une enfance, mais la folie c'est ce qu'il me reste de lucidité.

Le professeur Jean Bernard, rencontré à la Sorbonne, me rappelle ce soir l'une des meilleures définitions de l'homme. Elle est de Jean Rostand : « Cet arrière-neveu de limace qui rêva de justice et inventa le calcul intégral. »

Cette vie est-elle la seule acceptable, faut-il d'évidence en chercher une autre, ce que nous aimons ne devrait-il pas s'effacer devant ce que nous désirons, n'est-elle pas banale cette existence, prisonnière d'habitudes ? J'ai rangé mon micro, Rostropovitch a posé son violoncelle, nous n'avons plus pour nous dégourdir les lèvres que deux petits verres de l'eau la plus plate. Offense à l'ivresse ! Slava me provoque : « Si tu veux que l'on parte ensemble au bout du monde, il importe de se connaître encore mieux. Alors je te propose une soirée où nous aurons pris l'engagement de boire, chacun, deux bouteilles de vodka. » Je transige à une — et là encore comment pourrai-je —, il ne veut rien entendre... « Deux est chiffre magique, *un* est signe d'égoïsme. Ni un, ni trois, deux ou quatre, tu choisis. » Ne changeons rien à ce qui est demandé, il sera toujours temps de tromper l'ami à l'heure des agapes, il n'est plus possible de contourner l'obstacle, on ne dit pas non à un boyard en quête de nostalgie... « Comprends bien, ajoute Slava, que l'alcool n'est pas l'ennemi, il est plutôt source de fraternité, le partage n'a jamais eu rien à voir avec les beuveries. » Rostro a repris son masque tourmenté, la bouche qui fait mille pirouettes ressemble à une barque qui tangue, l'œil sous la lunette s'est figé, je le sais déjà ailleurs...

— Tu as disparu pendant quelques secondes. Où t'es-tu réfugié ?

Ma question ne le surprend pas...

— C'est vrai, j'ai souvent des absences, je fais d'immenses voyages en quelques battements de cœur. Je n'ai plus de pays, alors je m'invente un monde... Tu ne peux pas imaginer ce que c'est que d'être rejeté par les siens. Partir n'est rien, ne pas avoir envie de revenir est une horreur.

— Tu as la musique.

— Je suis sûr qu'elle au moins ne me trahira pas. On m'en a voulu de la servir avec tant d'amour, de la préférer aux idéologies imbéciles, je lui dois mon exil et ma fortune. Rappelle-toi ce que je te disais à notre première *Radioscopie* et qui a été repris partout dans le monde : si un jour on refusait de me payer pour mes concerts et si à ce moment-là je me retrouvais sans moyens d'existence, je deviendrais chauffeur de taxi ; tu peux témoigner que je conduis remarquablement bien. Engagé dans ce nouveau métier, je n'aurais plus dès lors qu'une seule ambition, faire des économies et les consacrer à payer ceux qui me feraient l'amitié de venir m'écouter jouer. Privé de spectateurs je ne suis rien, la musique est une fête.

Slava s'est levé, il est allé immédiatement vers son violoncelle qu'il caresse doucement, il me regarde et son œil est encore plus fureteur que d'ordinaire.

— Puis-je te poser une question, peut-être un peu indiscrète ?

Je l'encourage.

— Tu n'aimes pas faire partie d'une bande, tu es bien avec moi, je le sens, tu te plais avec nos amis, mais sans plus, tu ne voudrais pas perdre la plus petite part de liberté. T'arrive-t-il de t'ennuyer avec nous ?

Je m'attends à tout avec Slava mais cette interrogation me laisse pantois. Et s'il y avait réflexion à cela ! Évidemment ce n'est pas d'ennui qu'il s'agit, comment peut-on ne pas être réjoui aux côtés d'un tel personnage, peut-être suis-je à certains moments trop réservé, trop pudique, trop secret, sans doute n'ai-je pas le goût des grands rassemblements coutumiers où le faux des échanges devient vite insupportable.

Slava poursuit son idée : « Nous aurons bientôt notre *magnifique* soirée vodka. »

L'ignoble guerre nous avait touchés le même jour. Lui au Tonkin, moi en Cochinchine. Les hasards nous avaient conduits au même hôpital, dans la même chambre, dans le même état, et nous avions le même âge, celui que l'on dit mineur. Il portait un beau nom de France, mais c'est la souffrance maîtrisée qui l'anoblissait. On ne nous donnait pas beaucoup de jours à vivre, son corps était désarticulé, j'étais dans le noir. Il y eut un soir plus terrible que tous les autres, après une suite douloureuse de soins. Au matin il mourut, c'était du moins ce que je croyais. En réalité, il était dans le coma et je m'accordais à ce silence. Cela dura une bonne semaine puis une nuit il m'appela doucement, j'imaginais une visite, pas du tout, la voix venait du lit d'à côté, distincte, naturelle : « Il me faut te raconter mon voyage, dit-il, j'ai visité un pays merveilleux bâti sur des lumières, plein de chants d'oiseaux de toutes les couleurs, de musiques. Que c'est triste ici. » Pendant des heures, il me fit le récit de ses rencontres ; les médecins et les infirmiers se relayaient pour constater le miracle et surtout entendre les bonnes nouvelles. A la fin de la journée, nous nous retrouvions seuls, nous pouvions alors nous confier quelques secrets, puis il concluait de la même manière : « Attention j'éteins la lumière », comme s'il attendait de ma part une révélation. Nos nuits étaient bavardes, le jour on nous promenait sur de vieux fauteuils roulants, aussi handicapés que nous, il me faisait le bilan de nos promenades, je voulais tout savoir de la beauté des filles, de la nature du ciel. Je demandai, un midi où le soleil était moins fort : « N'est-ce pas le paradis ? » Il y eut un cri étouffé, plutôt une plainte : « Ne parle pas de paradis. Ce pays-là est ailleurs. Je n'arrive pas à m'habituer, ce que je vois sur terre me rend triste, tout est banal, rien ne sera jamais aussi beau que là-bas, pardonne-moi mais il me faut repartir. » Il demanda à rejoindre sa chambre et aussitôt dans son lit — raconta la jeune fille de garde — il ferma les yeux. A mon retour il s'était endormi, les plus raisonnables parlèrent de sa mort, je le savais en chemin. Je pense souvent à lui et aujourd'hui plus particulièrement, je vois parfois ses parents qui ignorent tout, je suis étrangement persuadé que nous nous reverrons.

On me dit parfois : « Tu hais la politique. » Pas du tout, c'est bien plus simple, je n'aime pas l'ennui qu'elle tire de sa médiocrité.

Les fautes les plus graves ? Les fautes d'amitié. L'ai-je déjà dit ? Qui l'a dit avant moi ?

1988

Juillet

Raymond Moretti me rappelle cette réflexion de Raymond Radiguet : « Il faut contredire l'avant-garde. » Le jeune écrivain était assez fou pour ne pas être dupe du conformisme de ceux qui craignent toujours d'être en retard d'une mode et de ce fait, installent le n'importe quoi à hauteur de chef-d'œuvre. Il n'est rien de plus triste qu'un faux décideur.

Le temps est venu, la Carte du Tendre est déployée sur l'or de la moquette, le parcours semble parfaitement dessiné, voici l'heure des vendanges, le mois des folies, de l'usure du corps, de l'enrichissement de l'âme, le beau juillet, l'appel du Tour. *La Fête.* Le lyrisme va tenir la dragée haute vingt-deux jours durant à la une des gazettes, c'est le mauvais côté du paysage, la rançon de la gloire ! Il y aura heureusement pour vinaigrer les pages trop fades quelques colères glorieuses, des saillies de bonne coterie, d'élégantes insolences. Il importe de délivrer cette course superbe de la nostalgie des anciens, prêts à s'accommoder de tout : la complaisance n'est pas affaire d'amoureux. Je ne me prépare d'aucune façon à ce jamboree très particulier, pas d'entraînement spécial, pas le moindre accord secret, mais il est vrai que je rêve souvent de cette croisade à travers le pays, de cette poursuite enfiévrée, de ces joutes magnifiques dans l'éclair des roues, le multicolore des tuniques, l'envolée du peloton, le soleil et la pluie des campagnes. Vagabonder ainsi à 35 kilomètres à l'heure est un privilège. Je roule au plus près des champions, je sais leurs joies, leurs souffrances, j'entends leurs confidences et je me souviens... J'étais enfant, je partais vers minuit à bicyclette, conduit par mon père qui avait un sacré coup de pédale, la route était bombardée de milliers de petites lumières semblables aux nôtres. Lanternes accrochées au guidon, au garde-boue, nous roulions ensemble jusqu'au sommet des cols, souvent le Tourmalet, parfois l'Aubisque. Nous nous plaisions à changer d'itinéraire d'une année l'autre, nous parlions, chantions, faisions bombance à la porte des granges, partagions les musettes, et nous offrions de la camaraderie pour quelques heures, au coude à coude, au rythme des gens de rencontre. J'ai totalement oublié les fatigues des montées difficiles, j'avais toute l'inconscience de mon âge, sa pureté, son abandon plutôt, je me pressais au festin du Tour de France, il nous fallait arriver à l'aube pour profiter de tout, du jour qui naît, des brumes épaisses qui courtisent le soleil, de la rosée sur l'herbe, des premières clochettes des bêtes réveillées. Je me demande aujourd'hui si les préparatifs, l'approche de la montagne, l'attente, n'étaient pas plus importants que la course elle-même, épisode si fugitif ! Maintenant, comme Antoine Blondin je me réjouis d'être dans cette caravane qui décoiffe les filles, soulève les robes, pétrifie les gendarmes et transforme les palaces, parfois les chapelles, en salles de rédaction. Le Tour est devenu cité ambulatoire, parlement itinérant, délirante Babel. Trois mille personnes s'y disputent le droit d'aimer ou de haïr dans un même cercle de marche, le gigantisme décuple les maux, les intérêts demain pourraient tuer la convivialité, il faudra compter bientôt avec les compromissions, la bêtise de quelques-uns, la gourmandise des moins doués. Il n'empêche qu'il n'est pas au monde de spectacle plus grand, de sport aussi dur. Les terres à visiter sont belles, un monde commence, j'aurai bientôt les yeux chavirés d'images.

Et d'abord la tempête. La mer déchaînée, les femmes estivales, les enfants en grappes tournoyant sur eux-mêmes dans des hôtels désuets. Premier ourlet de la grande boucle : La Baule. Côte d'Amour, Loire-Atlantique, la plus longue plage d'Europe selon les dépliants, 9 kilomètres de sable fin, on rêve d'Ipanema cher à mon ami disparu Vinicius de Moraes. Ici tout est raffinement, sublimes vieilleries. Ambiance haute époque, des cerceaux dans le hall, des nurses et au loin des cabines de plage à toile rayée. Face à l'Océan des villas 1900, maisons à canotier, fausses tours, palaces cossus noblement inconfortables. Y aura-t-il ce soir des soupirs dans les boudoirs, un mort au casino, une vertu à séduire ? La rumeur berce des noms qui semblent d'autrefois : Pornichet, Pouliguen, Croisic. J'ai pris un thé près du manège à chevaux balayé par les vents. J'imagine mal cette station sous le soleil. Seule la pluie peut lui offrir des étincelles. Orages désirés !

Le Tour de France 88 s'ouvre sur une aimable tricherie. Une épreuve en forme de préface — préfarce ont écrit les Belges — qui n'a aucun sens, burlesque à souhait : Pornichet-La Baule contre la montre... et les eaux qui déferlent des vagues hautes. Un peu plus de 2 000 mètres, un sprint par équipe de neuf. Une répétition générale pour les chronométreurs, les sponsors et les fabricants de vélos. Les coureurs, eux, ont vite compris qu'il s'agissait d'une plaisanterie. Mais on les paye aussi pour ça !

J'ai glissé une bibliothèque dans mes bagages d'errant (une valise de polos et de pantalons, une autre de chemises, vestes et gilets, un sac vierge pour le linge sale à venir). Je ne dérange jamais l'ordonnance de ces armoires de campagne, je prends les vêtements, un à un, par le haut, au jour le jour, plus paresseux que soigneux. Trois semaines sur les routes représentent un abandon total. Dans les hôtels nous sommes passants, marins d'occasion, attendant chaque soir, fourbus, des aventures au port. A l'instant je trouve mon repos — et beaucoup de plaisir — dans un ouvrage publié aux Éditions Actes Sud, *Écrits sur le sport*, de Per Olov Enquist. Mon confrère suédois raconte les jeux Olympiques de Munich et la Coupe du monde de football au Mexique. Il a tenu à mettre côte à côte ces deux reportages « parce que Munich n'est pas le Mexique mais aussi parce que tout a vieilli de quinze ans, en bien ou en mal, que le sport est plus vieux de quinze ans »... Et sans doute qu'il n'est plus le même... D'ailleurs c'est longtemps après que l'on reçoit le véritable écho d'une actualité. Rien de plus fragile que le très chaud d'une information. De ces trois cent cinquante pages, j'ai seulement retenu le récit simple de la blessure d'un oiseau. Loin de ses terres scandinaves, au Mexique, Enquist se souvient tout d'un coup de Copenhague... « Une fois dans ma vie, ce devait être en 1983, j'ai vu une image qui, si j'avais réussi à la fixer avec un appareil photo amateur à peu près correct, aurait fait de moi un photographe célèbre... ou au moins m'aurait enrichi... C'était au milieu de l'horrible pont de la Paix à Copenhague.

Au-dessus du pont couraient deux câbles, minces, à environ 7 ou 8 mètres de haut. Un cygne est passé, venant d'Österbro, il avait franchi l'île aux oiseaux. Il avait réussi à voler si exactement entre les câbles que son corps était passé librement mais que ses ailes étaient restées bloquées, brisées au milieu. Maintenant, il attendait suspendu là-haut, dans un équilibre parfait, accroché par ses deux ailes blanches, immobile, tournant seulement son long cou, perplexe, comme si aucune douleur n'existait. Rien qu'une image calme, presque comique, émouvante... image d'un oiseau infiniment beau, bloqué non pas dans le pétrole... ni dans la glace mais justement, en l'air, dans un envol, les ailes rognées pour toujours, mais reposant encore haut dans son élément.

« Un camion-grue était arrivé sur les lieux. On s'apprêtait à le dégager. Mais pour l'instant il restait suspendu là, très haut, complètement libre sur fond d'espace, et son cou de cygne balançait lentement vers nous, comme interrogateur. C'est dommage quand quelque chose de beau se termine. » J'ai pensé à mes cygnes libres sur les eaux de mon étang pyrénéen. Quelle émotion quand quelque chose de beau commence. En partant, demain, j'abandonnerai ces *Écrits* à ma chambre de passage. Je fais ainsi de tous mes livres sur la route du Tour...

Nantes enfin, le vrai départ, le décor coutumier, le cirque immense dans sa totalité. Cecil B. de Mille n'eut jamais semblable figuration, un producteur astucieux trouverait ici ses plus beaux extérieurs et la faune la plus convenable. J'ai souvent rêvé d'un film qui aurait pour fil rouge le Tour de France — Dustin Hoffmann aussi mais rien ne fut réalisé. La ville est enfiévrée et son blason claque au vent. « Neptune favorise les voyageurs. » Le football est ici très présent mais les notables préfèrent parler du plus illustre des corsaires, Jacques Cassard, du navigateur Tabarly, de Cambronne et de Jules Verne. On revendique partout les meilleurs de ses enfants. Refusant les agapes matinales, très riches, très chargées, j'ai pris le chemin de la cathédrale toute proche, sur les pas de Frédéric Lodéon le violoncelliste et de Gérard Voisin le sculpteur. Admirable monument. Nous nous attardons près du tombeau de François II et de Marguerite de Foix, mère d'Anne de Bretagne. Sur le vitrail d'à côté, elle porte, ce qui me touche, la couronne de Bigorre. Chaque élément nous éblouit, voici le grand porche intérieur, l'escalier superbe des grandes orgues. « On monte ! » s'exclame Frédéric, et j'entends immédiatement une voix : « Allez-y, faites-nous ce plaisir. » La chance, le dieu Hasard ont voulu que l'organiste du lieu fût aussi de la visite. Je m'installe sans crainte devant l'instrument aux six mille tuyaux, des pieds je caresse maladroitement les pédales mais je suis si sûr du volume des sons déclenché par l'énorme soufflerie qu'une fausse note n'a point de valeur, elle est aussitôt avalée, effacée dans le vacarme. Lodéon s'amuse de mon impertinence, de mon audace, j'ai honte de me croire soliste, il se prend au jeu, je lui cède ma place ; 20 mètres plus bas les quatre statues — la Force, la Tempérance, la Prudence, la Justice — nous tournent le dos. Et Gérard les regarde, on dirait même qu'il les écoute. D'artiste à modèle, il y a au-delà des siècles une étonnante complicité. Il est des cœurs de pierre mais les pierres, elles, ont un cœur. J'observe notre cher tailleur et je pense à ce qu'un ministre de Louis-Philippe écrivait à propos de Chateaubriand : « J'admirais en lui cette capacité de s'émouvoir sans jamais rien ressentir... » Plutôt sans jamais le montrer. Gérard Voisin que je ne connaissais pas, est l'un des solides compagnons de Frédéric, musicien sans doute, mais aussi et surtout expert en amitiés choisies, rabelaisien en diable, amoureux passionné de ce qui est bon et beau, vivant à en mourir. J'ai découvert ce paradoxal violoncelliste à ses débuts, décelé la nature des génies qui l'habitent et parfois le blessent, j'avoue avoir pour lui une tendresse excessive, je suis persuadé qu'il fera un jour quelque erreur fatale mais je préfère cet engagement désordonné à la sinistre platitude d'autres solistes mieux armés pour les mondanités musicales. Rostropovitch m'a souvent dit entre deux coupes de Pommery : « Frédéric a un plus... » L'estime que j'ai pour ce fou m'a vite rapproché de son copain d'escalades verbales. Voisin a des siècles de poésie dans sa tête et vingt-cinq ans de sculpture. « J'étais fondeur à l'usine, j'accède maintenant au difficile degré de l'artiste. » Il est barbu et ses œuvres sont lisses : des maternités, des têtes d'enfants, de paysans, un buste de Gauguin et puis des formes nouvelles volées à des monstres de métal. Gérard Voisin s'est pris de passion pour les poutres d'un poète qui surent lui parler. Aux Halles de Paris, il a sauvé un peu de la maison de Gérard de Nerval et maintenant, dans une hallucination tranquille, il organise des fêtes agitées autour de ces bois arrachés aux démolisseurs et recomposés dans son atelier... « Sculpter, c'est creuser des silences dans un vide habité. Toute passion est prière. Je me suis pendu aux cordes de Frédéric, enfin je respire, j'entends la musique. » Nous n'avons pas eu besoin de pauvres mots pour prendre rendez-vous, l'accord était dans le sourire...

Nantes-Le Mans : 215 kilomètres. Une étape longue. Comme je les aime. Une cathédrale au départ, une autre à l'arrivée. Sur le lieu de rassemblement, des confrères spécialistes s'échinent à comparer les cent manières de choisir un braquet. Je ne me plais pas à ce genre d'exercice, j'apprécie en revanche la conversation des coureurs, nous regardons ensemble le dessin de la route, ils se confient, je suis sensible à leurs peurs. J'ai déjà désigné mes deux mascottes, Henri Abadie et Éric Boyer : ils ont moins de vingt-cinq ans, je les crois promis à un très bel avenir, leur humour est décapant, leur intelligence sûre, ils sont inconnus. Jean-François Bernard l'était aussi lorsque nous l'avions choisi il y a deux ans. Laissons faire le mois.

Si la femme de chambre de l'hôtel Concorde au Mans n'a pas fait main basse sur eux, mon successeur à la 212 trouvera sur la table de chevet les trois minces volumes des *Écrits secrets* de Marcel Jouhandeau. J'ai souvent dit ce qui m'opposa un temps à ce vieux libertin qui se voulait mystique et qui fut plus naïf que fripon. Je me réjouis parfois de l'avoir réconcilié avec ses mensonges. Jouhandeau serait centenaire cette année, je lui dois bien ce supplément de lecture. Les Éditions Arlea publient donc trois textes — *Le voyage secret, Carnets de Don Juan, Tirésias* — que, de son vivant, l'incroyable galopin « s'était épargné le souci subalterne de signer ». Je ne suis pas sûr qu'ils ajoutent à la gloire de Jouhandeau, j'ai même voulu croire un moment qu'ils n'étaient pas de lui, ce qui eût été amusant, et puis je me suis laissé aller à parcourir cette litanie de confidences insensées. Non pas pour m'y frotter à une sorte de sensualité excessive, maladive, mais pour m'éblouir d'une écriture à certains égards unique, inimitable. Peu m'importent ses effusions contrariées d'homosexuel, ses ridicules pantalonnades devant les jeunes garçons, sa condition d'esclave tragique... mais quelle phrase, quel style, quelle subtilité pour dire l'innommable. J'espère que mon héritier d'un soir a choisi *Carnets de Don Juan*. Voilà le texte le mieux réussi.

Le Mans par un matin de grand soleil. La caravane du Tour sacrifie aux cérémonies habituelles : petit déjeuner en groupe, pronostics du jour, conversations espiègles et, pour chaque journaliste — nous sommes mille —, relecture de son propre article. Jacques Goddet m'appelle, je le vois au loin sur la première marche de l'escalier qui monte à la cathédrale, je le sais fureteur, curieux, toujours en quête de sensations nouvelles. Il faudra un jour s'attarder à raconter cet homme. Pierre Assouline pourrait être l'auteur d'une telle biographie. Témoin privilégié du XXe siècle, compagnon des héros de notre temps, gentilhomme de plume, le créateur de *L'Équipe* poursuit inlassablement sa mission de rassembleur, d'ambassadeur de l'empire cycliste, et s'il n'est plus officiellement aux affaires, nous nous accordons tous à penser qu'il est encore secrètement le patron, le père spirituel. Dégagé des responsabilités immédiates dans l'écrasante direction du Tour, il se donne maintenant l'élégance de ne rien souhaiter mais de tout entendre de ce qui lui est confié. J'ai pour lui du respect, une immense tendresse. A la fin de la boucle 85 il m'a fait sur les Champs-Élysées un sacré signe d'amitié... « Maintenant on se tutoie... »

— Tu viens ? Nous n'avons qu'une trentaine de minutes.

Jacques m'entraîne vers le vieux Mans que personne n'aura vu et qui est pourtant à deux pas de la ligne de départ. Remarquable restauration de tout un quartier, admirables demeures du XVIe et du XVIIe siècle. Derrière la muraille gallo-romaine la cathédrale Saint-Julien, l'image de la ville, son phare, un monde venu du IVe siècle, tout un gothique flamboyant. Beauté des vitraux du fond de la nef, celui de l'Ascension date de 1140, tombeaux du comte du Maine, de Guillaume du Bellay, cousin du poète Joachim. Dans les rues une suite de trésors, la maison du poète Scarron à la tourelle polygonale, l'hôtel du Grabatoire où a séjourné Marie de Médicis en 1614, la maison (dite) de la reine Bérangère, construite au XVe siècle : l'épouse de Richard Cœur de Lion, morte en 1230, n'a jamais habité là mais son gisant est visible à l'abbaye de l'Épau à quelques kilomètres de la ville... « Ce ne sera pas pour aujourd'hui, crie Jacques en courant déjà... Le départ est dans deux minutes. » Nous avons juste le temps de nous frayer un passage au milieu des coureurs remarquablement alignés, et de sauter dans nos voitures. Nous sommes attendus à Évreux : 158 kilomètres et deux côtes de quatrième catégorie.

Évreux, Liévin, Wasquehal, Reims, Nancy, Strasbourg... Je fais le point, le Nord n'est pas forcément détestable, le champagne français n'est pas toujours bon, la place Stanislas n'est pas évidemment la plus belle. Les clichés ont jauni depuis longtemps. Je m'arrête sur le bord des routes, j'écoute les spectateurs qui me parlent immédiatement de télévision. Il n'est pas de meilleure *étude* de sondage ; celle-ci n'a rien de mathématique, elle ne subit pas la froideur d'une analyse structurelle, elle n'appelle pas l'avis des différentes couches de société choisies, elle n'obéit pas à des sensibilités de générations : elle est simplement vraie, abrupte, coups de gueule et coups de cœur mêlés, passionnante. Une fille de quinze ans, jupe courte, corsage blanc, longs cheveux blonds, ravissante — sa mère aussi a un charme fou — me demande la permission de donner son opinion...

— Pouvez-vous m'entendre, monsieur ?

La question est si justement posée, le verbe si bien énoncé, avec une telle race, que grands et petits, autour d'elle, font vite silence.

— On aime ou on n'aime pas. Si on aime, on s'éblouit de ce que l'on reçoit, si on déteste on change de chaîne. Pas plus difficile que ça. Dans leur majorité, les Français vantent les qualités d'émissions qu'ils ne regardent jamais. En revanche, ils se vautrent dans le plus vulgaire avec d'infinies précautions. Dans mon école, nous avons fait une enquête auprès des habitants de tout un quartier de Paris, le XVIIe. Tout le monde trichait. Certains que je connaissais disaient par exemple... « Nous aimons Pivot. » Or à la même heure ils étaient avec Sabatier. Les sondages sont une calamité, les jeunes qui n'ont pas d'autre horizon que le rock sont stupides, les vieux qui s'abrutissent dans des séries guimauve ne valent pas mieux. L'honnêteté consiste à dire le clair de son cœur, nous devrons apprendre demain à mieux choisir dans ce qui nous est offert. Nous sommes responsables tout autant que la télévision ».

Elle a dit tout cela sans élever le ton, avec une voix douce mais remarquablement timbrée, les pieds bien posés sur une grosse pierre qui lui fait dominer la situation.

Strasbourg dans la grisaille presque lumineuse d'un matin qui s'annonce beau. Près de mon hôtel, l'église Saint-Pierre-le-Jeune qui porte allègrement ses neuf cents ans. Ici, les voûtes résonnaient autrefois de toutes les beautés du chant grégorien, le silence à cette minute est total mais je crois entendre quand même le bruit prolongé des prédications du « pur évangile ». De grandes familles ont leurs tombeaux dans le sanctuaire de cette église luthérienne. Impossible aujourd'hui de s'attarder, nos petites manœuvres quotidiennes commencent tôt, les envahisseurs sont en place dans cette ville qui peut revendiquer deux millénaires de sombre et glorieuse Histoire : après les Romains, les Huns, le Roi soleil, les sans-culottes, les Allemands, les libérateurs, les touristes, voici le Tour de France ! Il est temps de partir, nous serons tout à l'heure à Belfort, au cœur de la forteresse dessinée par Vauban. J'irai peut-être serrer la patte au lion et rendre grâce ainsi à Bartholdi.

J'ai semé quelques livres au hasard de mes étapes, les tables de chevet sont des autels. J'y dépose mes cadeaux. Ainsi, ce mardi, c'est un petit ouvrage de Proust, plutôt une préface qui accompagnait autrefois la traduction de *Sésame et les lys* de John Ruskin. Une publication d'Hubert Nyssen et la simple célébration du 10ᵉ anniversaire d'Actes Sud, sa maison d'édition exemplaire. Beau texte « sur la lecture ».

« La lecture est une amitié. Mais c'est du moins une amitié sincère et le fait qu'elle s'adresse à un mort, à un absent, lui donne quelque chose de désintéressé... Dans la lecture, l'amitié est souvent ramenée à sa pureté première... Les livres sont des amis... Ces amis-là, si nous passons la soirée avec eux, c'est vraiment que nous en avons envie. Eux, du moins, nous ne les quittons qu'à regret. Et quand nous les avons quittés, aucune de ces pensées qui gâtent

l'amitié : Qu'ont-ils pensé de nous ? — N'avons-nous pas manqué de tact ? — Avons-nous plu ? »

Toutes les interrogations de Marcel Proust s'assemblent en troupes inquiètes et l'angoisse est si grande que l'on peut raisonnablement admettre qu'il n'eut pas d'amis ou plus précisément qu'il ne *fut pas ami*, ce qui est toujours élan du cœur, nécessité de l'âme, bondissante traversée vers l'autre, mais aussi sacerdoce et danger. Il n'y a pas d'amitié tranquille, il est des fraternités heureuses.

Lorsque Proust se torture ainsi, je doute de sa franchise car il ne fut partageur en rien et nous aurions mauvaise grâce à lui en tenir rigueur. Pour un grand écrivain seule compte son œuvre, seule importe la part d'éternité qu'il se donne, son unique obsession, c'est le livre à venir. *L'égoïsme total.* Et c'est le talent qui impose ce sacrifice. Flaubert fut monstre en ce domaine mais le résultat est là. Le génie n'est acceptable que mort.

Belfort-Besançon et le goût amer de ce qui ne sera plus. Jean de Gribaldy, le vicomte à l'élégance discrète, est (avec Jacques Anquetil) le triste abandonné de notre périple de juillet. Je faisais il y a dix ans encore des gammes de vieil enfant sur sa propre bicyclette. Il me semble entendre au petit matin ses mots ourlés de tendresse, sa bonne voix d'aristocrate du peuple. Dans un monde où la vulgarité fait ses traces, il était agent de finesse, lui qui n'avait aucune maîtrise. La liberté était sa dame, il portait ses couleurs avec une fantaisie qui ne fit jamais offense à personne. Ses coups de gueule, il les avait au cœur. Et Besançon est ce soir ville belle parce qu'elle était la sienne, qu'il y fut protégé par l'ignorance de ceux qui d'ordinaire courtisent le médiocre. Jacques Goddet m'a dit en confidence : « Je l'appelais le Bisontin futé. » A propos de Goddet je pense à cette plainte de Paul Morand dans ses admirables *Venises* : « Je n'ai plus rien à faire ici-bas, sinon à faire de la place. » Cette phrase est comme une exigence de la politesse mais elle ne va pas à l'ex-patron du Tour. Nous avons encore tant besoin de lui, de son éthique surtout...

Les montagnes hautes dans toute leur majesté... Morzine, l'Alpe-d'Huez et puis Grenoble, Villard-de-Lans... Un chassé-croisé de côtes et de cols, le Pas-de-Morgins, le Corbier, la Madeleine, le Glandon. Le grand soleil comme une apothéose et des paysages à vous couper le regard. Les touristes en recherche d'itinéraires devraient retenir ceux du Tour qui sont remarquables. Une échappée sentimentale dans cet écrin des Alpes : la Bergerie de Morzine. Depuis dix jours nous allions chez les autres, ce soir chez Paule et Claude Marullaz, nous sommes chez nous.

Le plus beau départ de ce 75e Tour de France, un décor de film à grand spectacle mais mieux encore une réalité, une lumière éblouissante, le bel espace, des mastodontes en enfilade, l'Airbus dans toutes ses gammes — 300, 310, 320 — le Concorde, une légende de plein ciel. Des noms qui rôdent, Jean Mermoz, Didier Daurat, Dewoitine, Latécoère, une épopée : celle de l'Aérospatiale, l'honneur de notre pays. Blagnac devrait être décrétée « ville la plus haute du monde ». Ce matin est différent des autres et ce ne sont pas les Pyrénées tout au bout qui mettent du sensible, du piquant aux nouvelles arabesques. Il me semble que plus simplement nous sommes heureux, fiers, de nous trouver en ce lieu où tant d'ouvriers, de talents anonymes, font si noblement la promotion de la France à travers le monde. Admiratifs, les coureurs oublient un instant que dix cols leur font des pieds de nez : Guzet-Neige, Luz-Ardiden, diaboliques arrivées.

Michel Serrault, Michel Drucker et Pierre Tchernia nous ont rejoints. Incroyable Serrault qui gesticule sur sa petite reine d'un jour, une pauvre bicyclette empruntée à je ne sais qui ! Drucker pour son *Champs-Élysées* spécial Toulouse l'a fait champion de la fameuse marque « Z » de Roger Zanier, révélation du Tour. Rien ne peut effrayer l'acteur. Tout à l'heure, accablé de crampes imaginaires, il a demandé à une gendarmette de le masser à la farine dans une boulangerie. Et elle s'est exécutée avec un humour dont je tiens à porter témoignage. On ne résiste pas au burlesque de cet homme qui aurait été l'un des plus grands de son siècle Guignol si la rigueur avait eu quelque emprise sur son génie.

« Avec sa face de bouledogue triste, la petite Mari-Barbola paraît presque moins laide et boulotte dans ses nouveaux atours. »

Depuis quatre ans, grâce à John Brealy, le fameux restaurateur britannique, les *Ménines* de Vélasquez ont repris leurs teintes originelles. Au musée du Prado, la sombre cour du roi Philippe IV d'Espagne est maintenant délivrée de toutes les saletés, la férocité du peintre, diluée pendant des siècles dans d'épaisses couches de vernis, surgit enfin. Les spécialistes ont salué cette renaissance, le bleu du foulard de Mari-Barbola est maintenant éclatant, la gamme argentée de Vélasquez est enfin retrouvée, les personnages du géant de Séville n'ont rien perdu de leur souverain ennui.

On comprend qu'un écrivain ait eu l'idée d'entrer dans le tableau, de croquer la naine du premier plan, de se laisser guider par elle et de réveiller les vieux mythes toujours recommencés. Pierre Veilletet, qui nous avait déjà régalés d'une excellente *Pension des nonnes*, s'affirme grand styliste dans ce nouveau roman « *Mari-Barbola* », l'une des meilleures productions de la dernière décennie. Bel hommage à Vélasquez trois cent trente-deux ans après, déclaration d'amour à l'Espagne, à ses rites, à la tauromachie, au soleil, à la marginalité, sublime rencontre. Comment ne pas être fasciné par cette « naine de cœur », cette bouffonne personne douée du seul vrai pouvoir : celui de ne pas vieillir, cette malheureuse qui sublime ses maux. On savait la place insistante faite aux nains et aux monstres dans l'œuvre de Vélasquez. Mari-Barbola en trois siècles a mis en scène un mystère, mais c'est Veilletet qui lui donne enfin la parole, qui l'offre vivante aujourd'hui encore, qui la trahit en la révélant. Il la traîne de musée en corrida, la promène à travers l'Europe, lui donne des compagnons apitoyés. Splendeur et misère des courtisanes ! Puissance de l'imaginaire qui pousse l'auteur à faire écrire son héroïne en lui permettant de sortir du cadre : « Je me rassure en me répétant que personne ne voit rien dans les musées. Ce sont des prisons et je n'affirme pas cela parce que j'y suis détenue, le vocabulaire usuel s'en charge : gardiens, dépôt, guichets, alarmes, rondes... Pires encore que les musées sont les foules qui se ruent dans les musées. » Mari-Barbola selon Veilletet est éperdue de reconnaissance pour Vélasquez : « Le regard que mon maître a posé sur les " monstres " de la cour est exempt d'ironie comme de pathétique, il n'est pas davantage altéré par la pitié, il n'est pas neutre non plus... » Une honnête façon de reconnaître la différence. Ce mot encore de la naine : « Je nomme un maître celui qui vous grandit. »

J'aime le tout de ce roman, admirable à chacune de ses pages, je le voudrais promis à l'éternité, je lui souhaite trois cent trente-deux ans de vie et ainsi Vélasquez aura du moins vécu sept siècles. L'aveugle de l'ouvrage peut ici conclure : « Il ne faut poser les yeux que sur des choses dont on est certain de pouvoir se souvenir avec bonheur lorsqu'on a perdu la vue. » Je sais le lumineux de cette phrase.

Mari-Barbola est depuis ce matin la pensionnaire de ma petite chambre de Saint-Girons. Heureux celui qui la volera.

Me voilà sur mes terres d'enfance, les noms et les chemins me sont familiers, l'odeur même immédiatement perceptible, un mélange de foin coupé et de résineux, les montagnes sont à ce point enjouées qu'elles ont ôté leurs bonnets de neige pour saluer le monde, le ciel est au soleil, le vert à la prairie, la pureté au cœur ; je n'ai jamais ressenti cette particulière impression de légèreté de l'air, de calme, de fraîcheur. Sans doute s'agit-il là d'une sérénité gagnée au berceau et maintenant retrouvée par les petits miracles de la seule nostalgie. Mais il doit y avoir plus encore, un sentiment de totale appartenance, une volupté du retour, l'expérience d'autres univers et cette chance unique de pouvoir comparer. Sans esprit de clocher je prétends que les Pyrénées ont un supplément d'âme, une belle propension à l'abandon, à la solitude, une sorte de réserve qui tient à l'éloignement entretenu par l'histoire au cœur des siècles, à l'indifférence ancestrale des nantis de la plaine. Les millions de visiteurs d'aujourd'hui n'y font rien, la pollution n'est qu'extérieure, la nature des sources n'a point changé. Il faut être né ici, être plante de ce sillon pour cultiver pareil amour. Ceux qui se choisissent un espace — et nous le leur cédons volontiers — ne peuvent avoir nos exigences. J'en veux pour preuve les nombreux ouvrages écrits sur mon pays par des plumes de passage. Ce ne sont que fiches techniques, propos d'archives répétés à l'infini, recopiés studieusement de livre à livre, sans bonheur, de façon professorale. A toutes ces notes retenues par des plumes bienveillantes et qui croient bien faire au creux de leurs loisirs, je préfère le peu de pages des grands écrivains qui nous firent le cadeau d'une éclaircie littéraire : Victor Hugo, George Sand, Taine, Chateaubriand et même Delacroix (entre autres). Un jour, quelqu'un de chez nous devra oser le grand œuvre, composer le vrai récit de nos origines, de nos fiertés, de nos stupidités, de nos alliances, philosopher sur l'esprit de chapelle, incurable maladie de nos provinces, sans esprit partisan, avec une âme et un œil ouverts sur toutes choses qui ont façonné notre identité. Mais peut-être sommes-nous trop vaniteux pour écrire sur nous-mêmes... en dehors de quelques futilités.

Les géants sont en place, cols en litanie, attentifs, impressionnants, prêts au massacre : Portet-d'Aspet, Mente, Peyresourde, Aspin, Tourmalet, Ardiden. Hallucinantes grimpettes. Le Tour a ce quelque chose d'inhumain qui fait sa légende et l'étape pyrénéenne lui est garantie d'étonnements. Sur cette sinusoïde, on peut juger du talent des acteurs et de l'invraisemblable de la situation. Les triomphes et les échecs sont à ce stade de même nature : imprévisibles. Laurent Fignon n'a point attendu ce mauvais pas pour s'absenter, le corps l'a lâché trop tôt et la tête s'est mise à chercher un commencement d'explication. Comme si l'on pouvait facilement comprendre les dérèglements d'une mécanique comme la nôtre. Je suis sans cesse ébloui par les performances des coureurs, leur faculté de récupération, leur tendance à fraterniser avec la souffrance, leur pudeur. Laurent est exemplaire en ce domaine, orgueilleux sans doute, hautain même, apparemment indifférent, mais si vrai, si fragile aussi sous des airs de seigneur, tellement en accord avec l'éthique du champion qui ne doit se soucier que de son art. S'il paraît distant, c'est qu'il pousse la discrétion jusqu'à un certain degré de solitude, un effacement qui convient à sa nature. On le dit aujourd'hui perdu pour les longues courses à étapes, je ne me souviens pas qu'on l'ait donné gagnant à la veille de ses grandes victoires. Il est très différent des autres, secret, et sans doute porté par des forces intérieures incontrôlables qu'il dissimule et qui le heurtent. Il peut être demain, avec la même veine, champion du monde ou retraité. J'aime que l'on ne puisse pas voir clair en lui. Fignon reste toutefois le seul à prendre le risque — s'il le décide — de créer de vrais problèmes à un peloton. Autrefois, il eût été mousquetaire ou samouraï... et un peu kamikaze. Disons, pour être dans l'air du temps, suicidaire.

Jean-François Bernard est fait d'une eau plus limpide et par là même plus courante. Il a le talent, lui manque le mystère. Le voici, en ce 18 juillet, qui s'effondre dans les rues de Luchon au plus confus d'une foule qui l'acclame, puis se tait, et cela ne lui ressemble pas de mourir à midi. Il y a dans sa tête depuis le départ de vilains crabes qui s'attardent et griffent ses meilleures intentions. D'où lui vient cette angoisse, cette peur de vaincre, ce complexe subit d'infériorité. Non, je n'arrive pas à croire qu'il s'agit d'une méforme, du souvenir trop violent des chutes anciennes, c'est plus grave, c'est en lui, inexplicable, comme c'est parfois en nous mais ici où tout est visible la rumeur s'en mêle immédiatement. On sait mon amitié pour ce garçon vite enlevé à l'ombre, il fut ma mascotte, nous sommes proches, accordons-lui la chance de sortir de sa forteresse murée que l'illustre Buzzati, en littérature, ouvre sur le désert des Tartares. Les ennemis sont là qui l'attendent. Qu'il force la porte et l'éparpillement se fera.

Les grands champions à panache sont si rares depuis Coppi, Bobet, Anquetil, Hinault, qu'il faut s'y prendre à mille fois pour inventer une mythologie nouvelle. Des noms suscitent une espérance folle — Delgado, Rooks, Theunisse —, mais ne sont-ils pas les beaux fruits d'une seule saison ! Vive l'aventure belle après des essais concluants : Éric Boyer et Henri Abadie pourraient être notre chance d'avenir. Ils possèdent force, tranquille assurance, lucidité, intelligence, autant de qualités qui font le coureur d'exception. Ils y ajoutent l'humour, l'ironie, un brin de cruauté... et avec ça une joie qu'ils savent faire partager, une fierté de bretteurs. Il y a aussi près d'eux avec d'autres atouts, moins de finesse, un peu plus de rouerie, Ronan Pensec, Denis

Roux, Marc Madiot, Jérôme Simon, Thierry Marie, Jean-Claude Colotti et Charly Motet qui est une énigme, un passant génial et désespérant. Que seront-ils en 89 ? Feront-ils la révolution sur les routes de France ? Je ne les imagine pas pour l'instant prenant des bastilles...

Après deux années dérisoires de brumes épaisses, de désespoirs accumulés, le plein soleil est enfin sur Luz-Ardiden la miraculée. Foules énormes, massifs illuminés, beautés offertes à l'œil... et aux caméras. L'audace a payé. Claude Massoure a eu raison du ciel, a tué ses enfers pour entrer au paradis. Le Tour de France parade de façon visible sur ses terres d'élection, sa station préférée est aujourd'hui reine en Pyrénées, c'est le difficile combat (gagné) d'un maire, d'un conseiller général mais mieux encore d'un amoureux. A sa hauteur ou plus bas dans les plaines, ses collègues s'épuisent encore dans des batailles de nains, font de la politique de pacotille et se perdent dans une démagogie de bas étage. Tout cela serait sans importance s'il n'y avait en parallèle des régions à défendre, une jeunesse à porter, un patrimoine à protéger. Demain n'est plus aux mini-notables enfoncés dans leurs médiocrités de tradition. C'est l'initiative qui donne des ailes à un pays et non pas l'engourdissement. Lorsque les petits freluquets de la joute électorale auront compris que les chasseurs de lièvres dans les grands espaces déserts ont moins de grâce que les joueurs de golf, un immense pas sera fait dans l'enrichissement d'une terre. Car c'est ainsi dans les communes françaises, les intérêts du plus grand nombre sont souvent sacrifiés à l'insistante habitude de quelques-uns. La bêtise, en certaines situations, aurait-elle plus de poids que l'intelligence ? Je crois en effet à sa lourdeur imposante.

Tarbes-Pau-Bordeaux. Le jour de la plus longue traque, l'étape la moins glorieuse, le souvenir d'un gâchis. Triste traversée, naufrage d'un système — le dopage, — chute d'un champion : l'ennui nous guettait et voici que s'allument les feux de l'affaire Delgado. Un enfer pour l'éthique, pour l'honneur, pour le sport. Je crois l'homme plus victime que coupable, sincèrement, je sais en revanche, près de lui (et des autres), le poids douloureux du commerce assassin. J'assume totalement ma responsabilité, c'est vrai, je suis « celui par qui le scandale est arrivé », selon la formule d'un plumitif qui met encore un petit braquet dans le déroulé de ses phrases, je me trouve à l'origine de cette actualité mauvaise, ou plutôt de la renommée qui lui est accordée. Que l'on n'attende pas de moi un signe de délation, je m'étonne que trois confrères aient eu l'impudence de me demander mes sources, vraiment notre métier n'est plus ce qu'il était. Disons toutefois pour l'histoire du Tour que l'information me fut donnée le mardi 19 juillet à 7 heures du matin dans le soleil de mes Pyrénées. Ajoutons pour gommer toute ambiguïté que je n'avais pas à craindre une erreur de diagnostic, le fil qui tenait la nouvelle était de première qualité. Je n'oublierai pas de sitôt mon étonnement, la révélation faisait déjà tempête dans sa simple expression... « Le maillot jaune a triché, Pedro Delgado est déclaré *positif*, le laboratoire est formel. » J'ai demandé :

— Pourquoi moi ?

— Parce que vous aurez le courage, seul dépositaire, d'aller jusqu'au bout, c'est une question de crédibilité, le prestige de l'épreuve est en jeu. Il y a une autre raison : vous aimez ce monde du cyclisme mais par chance vous n'êtes en rien mêlé à ses rites les moins heureux, vous n'en êtes pas non plus le complice, vous n'avez pas eu à obéir à la loi du milieu.

Il n'est pas facile de garder pour soi une telle communication, j'interroge mon ciel au-dessus du Vignemale, il n'est pire solitude que celle-là — on vous dit tout, vous n'avez personnellement aucune preuve tangible, la vie professionnelle d'un homme est en danger et il vous faut agir ! Je me suis vite souvenu de la pensée de Pascal : « Le silence est la plus grande persécution. » J'appelle immédiatement Gérard Holtz et Patrick Chêne sur notre radio de bord — « Portons-nous très en avant de la course » —, nous nous retrouvons au kilomètre 45, l'endroit est heureusement désert, les longues lignes droites des Landes nous sont favorables. Sans préambule j'annonce la situation, j'en dis la gravité, je ne fais pas la moindre allusion à ma « taupe » du matin, mes amis ont l'élégance de ne rien demander, simplement il s'agit de tâter le terrain de façon habile dans les plus brefs délais. Deux indices confirment dans l'heure la réalité du problème. Patrick, qui est allé vers les Espagnols, n'a pas de mal à deviner le tourment du directeur sportif de Delgado ; Jean-Pierre Courcol, directeur général du Tour, a le masque des mauvais jours. De sa voiture, il me lance une petite phrase, comme pour s'alléger : « C'est un début de semaine difficile. » Il ne peut pas savoir que je sais. Je dis le plus naïvement du monde : « Le maillot jaune semble bénéficier d'une bonne préparation scientifique. » Je devine juste un battement de paupières mais le coup a porté, le silence surtout fait le bruit que j'en attendais.

Toutes les questions se bousculent alors dans ma tête. Quel besoin Delgado a-t-il de se doper ? Comment peut-il commettre pareille erreur puisque sa situation l'expose quotidiennement à l'analyse ? D'où vient ce défaut d'intelligence ? Qui trouve intérêt à le dévoyer ? A qui profite la « charge » ? Faut-il révéler la faute, faut-il se taire ? Ici la réponse ne s'expose pas à un temps de réflexion et j'en donne la raison. La voix qui au petit matin m'a fait confidence de ce secret a vite ajouté ceci, qui est d'importance :

— Les scrupules que raisonnablement vous devez avoir ne résistent pas à l'immédiate réalité. Nous sommes mardi, l'affaire peut éclater ce soir au cours de votre émission. Si vous avez l'honnêteté de *dire*, vous sauvez Delgado et le Tour. L'homme et l'organisation pourront en effet contre-attaquer chacun dans son domaine. Autrement vous ferez subir à l'épreuve les attentes habituelles. En clair, si vous vous taisez aujourd'hui sachez que *tout* sera quand même officiellement *dénoncé* vendredi dans la soirée. Or le Tour arrive dimanche. Le maillot sera singulièrement jauni et la course passablement écorchée.

Dès lors notre décision était prise, il fallait, après enquête, faire exploser la situation pour espérer un peu de bleu aux Champs-Élysées. Le cyclisme est physiquement le plus dur et le plus exigeant des sports, il ne peut donc se satisfaire de ce qui est l'essentiel de l'époque : l'indifférence. Dans ses heures les plus pénibles, les plus « stupéfiantes », il prend le parti de la clarté. Il ne s'est jamais vanté de produire des innocents mais à la différence de bien d'autres mondes, le journalisme compris, il n'a jamais dissimulé ses turpitudes. Le cyclisme pousse loin ses sincérités, j'en veux pour preuve cette déclaration d'autrefois de Jean-Pierre Danguillaume : « Pour faire face à ce qui nous est imposé, vous ne croyez tout de même pas qu'on marche à l'eau minérale ! » Nous n'avons donc, les uns et les autres, aucune illusion, mais dans le cas présent je voudrais tout de même quelques certitudes et je ne peux les trouver que dans les mots peut-être désordonnés du présumé coupable. A Bordeaux, j'interroge donc Delgado, en direct :

— Êtes-vous certain, Pedro, d'aller jusqu'à Paris en jaune ? Ne craignez-vous pas l'inattendu, une erreur fatale ?

Delgado me regarde, amusé : « Plus rien à redouter, c'est gagné. » J'épie son œil fureteur et faussement doux, il a comme toujours le propos léger, l'ironie féline, une exceptionnelle maîtrise. La probénécide a-t-elle gommé chez lui les traces d'anabolisants ? Je trouve d'un coup cette interrogation stupide. Et s'il était ignorant de tout, du bruit qu'il fait, de la faute commise ? Et s'il était victime de son propre environnement, de ceux qui pour le protéger et l'enrichir l'accablent ? Je pousse un peu plus loin la curiosité : « Rien à vous reprocher ? » Pedro sourit encore : « Absolument rien, cette année tout est parfait. » J'en arriverais presque à douter, le champion espagnol est serein, il semble à cent lieues de tout drame. L'un des siens s'est subitement approché, me parle à l'oreille : « L'information est exacte mais *lui* ne sait pas encore. » Les choses vont très vite. De la rumeur nous passons à la réalité, les langues se délient, les spécialistes de l'onction pharmaceutique font le rappel de leurs fantasmes anciens, les arguties se développent en épouvantables dentelles, la danse des pipettes devient carnaval ; au seul bruit du scandale, les lâches font déjà des courbettes à la morale, toute une comédie humaine se met en branle, les fantômes réapparaissent, la poudre blanche et le grotesque, les petites vanités froissées et la jalousie féroce d'une certaine faune papivore qui aurait fait sa gloire d'une telle *information* alors qu'elle est ma tristesse. Les chasseurs d'exclusivité ne s'en remettront pas, ils n'ont pas été les hérauts de la nouvelle, le scoop leur a échappé, la désolation burine déjà leurs petites têtes. Les vrais journalistes, eux, cherchent à comprendre, ne sacrifient pas à la chronique facile, au mouvement d'humeur, s'étourdissent des pirouettes d'un ancien coureur : Raphaël Geminiani poursuit ses chasses pédagogiques à l'ombre de Pierre Chany qui le charge de toutes les drôleries de circonstance. Dans les intervalles de tragédie les clowns ont un devoir de diversion.

Ne pas se compromettre avec ceux qui font du silence complice l'arme de la malhonnêteté est un véritable réconfort. L'angélisme perfide, la peur, la démagogie ambulatoire ne résistent pas aux coups de la rigueur, fût-elle tonnerre. La drogue vole bas, les frileux rasent les murs, les coupables ratent leurs dernières cabrioles, deux ou trois journalistes perdus réinventent l'information qu'ils n'ont pas eue. Ceux-là ne se défoncent jamais : ils dorment. Même la foudre n'arriverait pas à stimuler leur combativité, les sillons de leurs colonnes d'écriture sont si profonds qu'ils s'y trouvent ensevelis. Ils font des chroniques lointaines — tel Gérard Edelstein — pour masquer leur absence sur le terrain. L'anti-presse à l'état pur ! Ils n'ont pas de talent, mais tout de même, reconnaissons-le, le souci.

Clochemerle a laissé des traces. Le pipi de Delgado fait déborder les flacons, l'ivresse s'en mêle et la politique. Nous sommes à deux doigts de la guerre entre l'Espagne et la France. Abandonnant Madrid en plein Conseil, le ministre des Sports de là-bas s'en vient tenir querelle à Paris. « Qui oserait nous priver d'une pareille victoire ? C'est une insulte au roi. Allons sur le pré s'il le faut. » Notre imprudence n'a pas de limite. Imaginez, nous pourrions perdre un marché ferroviaire de 5 milliards. Diable de vélo : Delgado se charge, c'est un fait divers, Cocteau s'époumone sur ses pipes d'opium, c'est un genre littéraire. Le monde a changé.

L'abus des médicaments n'est pas une nouveauté. Le Tour de France a chaque année ses fièvres. Dans son dernier livre, *L'ironie du sport*, Antoine Blondin consacre un chapitre à l'affaire des poisons. Mme de Sévigné écrit à Mme de Grignan sa fille...

« ... Savez-vous ce que c'est que “ se charger ” ? C'est la chose du monde la plus stupéfiante... Les champions qui rivalisent dans ce tournoi se dorent, paraît-il, la pilule... Le Tour de France tout entier s'est transformé en entreprise de sorcellerie ! Il n'était point d'équipe où l'on ne se livrât à de mystérieuses messes noires... Les soigneurs, les suiveurs même, n'étaient point exclus du soupçon de complicité : j'en tirai de délicieux frissons : c'était, aujourd'hui, la journée des Drogues. »

Blondin heureusement ! Les potions n'ont pas de *secret* pour lui et l'amitié est forte, stimulante, l'appel secourable, je voulais m'arrêter à Bordeaux, quitter la grande compagnie défaite, honteuse. Il a suffi d'un télégramme : « Je t'attends à Limoges. Antoine. »

De Nantes à Paris, quel envol de pages dites provinciales. Je constate la puissance à peine reconnue des grands titres de la presse, je m'amuse de ce qu'on appelle encore, avec condescendance, *décentralisation*. La France est peut-être le seul pays qui puisse s'offrir, aussi nettement marquées, une capitale et une province. Un journal tirant à 50 000 exemplaires à Paris est appelé national alors qu'un autre vendant dix fois plus en province ne peut être que régional. On ne sortira pas de cet enfer à deux brasiers. Tant mieux pour nos régions, elles sont moins fumeuses.

Didier van Cauwelaert a les désinvoltures d'un mousquetaire délivré de toutes ses rapières, la plume lui est plus légère. Il a le dilettantisme travailleur et une manière nouvelle de faire mille choses dans la paresse. Je découvre à l'instant les bonnes feuilles de son dernier livre, *L'orange amère,* l'histoire d'une Jeanne, fille de garde-barrière, qui s'interroge sur son père. Est-ce le châtelain local ou le peintre animalier ? L'état de bâtarde prédispose la jeune fille à l'effronterie. Je retrouve dans cet univers cocasse l'impertinence parfaitement maîtrisée de Nimier, de Déon, de Laurent, de Blondin (évidemment). Un écrivain qui dénonce la balourdise des autres sans être lui-même ridicule mérite une belle considération. Je laisse mon *Orange* à Bordeaux. A voler au plus vite.

Ce qui vieillit un homme, ce ne sont pas les rides du corps mais celles de l'âme : Antoine Blondin n'est donc pas accablé. Les pénibles petites moisissures ne l'ont jamais égratigné au plus profond, son visage est seulement dessiné par les étrangetés de la vie. Grave et frivole, plus anarchiste que réactionnaire, non pas de droite mais exemplairement offert à la droiture, vagabond jusqu'à se perdre, plus mousquetaire que hussard, joyeux et désespéré, il promène d'amitiés en bistrots une irrespectueuse courtoisie qui le fait inaccessible à ceux qui croient être ses proches. C'est une sinuosité rectiligne. La littérature et la camaraderie sont pour lui les deux seules choses qui comptent, tout le reste est mirage, illusion. A la première seconde de nos retrouvailles ce soir à Limoges, après la coupe de bienvenue, Roger Nimier occupe déjà toute la place, il a son tabouret près du comptoir, nous lui avons commandé un verre de lait, c'est affaire de couleur, le bar est noir : « Roger possédait l'art de ne pas faire de la vie quotidienne une vie de tous les jours. » Antoine a murmuré la phrase, ces mots ne sont que pour quelques-uns, mais ils font office de détonateur, immédiatement la boîte aux souvenirs explose : « Tu te souviens, Jacques, de nos soirées à La Bourdette ? » C'est près de Toulouse, Kleber Haedens y tenait retraite et nous y faisions étape. Entre deux verres, dans une éclaircie, Kleber nous parlait de la destinée et citait régulièrement le propos de Malaparte à qui Mussolini demandait : « Qu'auriez-vous fait si vous vous étiez appelé Bonaparte ? » Malaparte répondit : « J'aurais perdu à Austerlitz et gagné à Waterloo. » C'est ce que fait aujourd'hui Blondin.

Passager de ses rêves et de ses fièvres dans un monde qui s'amuse de la marginalité mais lui accorde peu d'importance, Antoine, si j'en crois Jacques Laurent, est tout de même « l'un des rares auteurs contemporains qui pratique le français comme une langue maternelle ».

— Hélas, je n'écris plus du tout.

On pourrait croire qu'il s'en plaint. A la vérité son « hélas » n'est que délicatesse.

— Depuis que je n'écris plus, on me donne des prix, alors, pour en avoir le plus possible, j'écrase toutes mes plumes. J'attends le Nobel en 2050.

Je lui fais observer qu'il aura réussi auparavant son entrée à l'Académie française. Blondin en vert, l'Institut en délire, les bicornes comme un vol de gerfauts, on rêve. « Impossible, me dit-il, il y a cinq bistrots entre chez moi et le quai Conti, je n'y arriverai jamais. » Il vit dangereusement et cela fait aussi partie d'une légende que sans y prendre garde il installe. « Mes journées sont longues, je me couche à 8 heures du matin, je me relève à 9 heures, je ne dors que soixante petites minutes qui me paraissent un siècle... Tu t'étonnes ? Je vais dans un café où je retrouve des amis... J'emporte du travail, je le pose sur une table et tout de suite je l'oublie, le zinc m'accapare. Je suis le singe en hiver. » Je ne le pousse pas, il a besoin de me raconter ses fredaines, sa petite jouissance quotidienne et aussi l'ordonnance qu'il donne à ses journées.

— Peu d'hommes sont organisés comme je le suis, la société ordinaire n'a plus ma rigueur. Il y a des gens qui font les trois-huit, Françoise, ma femme, et moi nous faisons les deux-douze.

Je me saoule de 8 heures du matin à 8 heures du soir, elle va dans le même rythme de 8 heures du soir à 8 heures du matin. On se serre la main entre les deux.

— Ça te coûte une fortune.

— 800 000 francs par mois... anciens... on me fait des prix. C'est Françoise qui paye avec mon argent.

Contrairement à ce que l'on pourrait croire et qui serait vrai pour d'autres, Antoine Blondin n'a rien à voir avec l'alcoolisme. Il est en voyage et ses courses, moins mouvementées qu'autrefois, le font entrer dans des ailleurs où l'imaginaire est encore plus aléatoire que notre pauvre réalité.

1988

Août

La vanité n'est rien, c'est la bêtise qui corrompt les affamés de puissance.

La saison qui vient portera témoignage sur les demains de la télévision, il importe d'affirmer nos intentions, nous avons obligation de faire nos petites révoltes au plus vite sans pour autant perdre notre âme. Six chaînes ne sont pas un programme si les mêmes situations, pour cause de démagogie, sont à l'affiche. La chance et le danger tiennent aujourd'hui à la différence. Je reste persuadé qu'Antenne 2 saura éviter le gâchis que les affairistes préparent, nous obéissons depuis longtemps à une éthique, nous avons les exigences d'un service public. Je suis personnellement serein puisque nous sommes convenus de ne point nous écarter d'un objectif de qualité. La fidélité à cette maison où je suis arrivé avant qu'elle ne fût officiellement née m'est totale nécessité, elle ne se discute pas. Les sirènes de l'an passé ont chanté faux à mes oreilles.

Dandy de l'intelligentsia française, plus accoutumé à Byron qu'à Descartes, Jean-Paul Aron restera dans l'histoire pour avoir le premier, sur un écran de télévision, brisé la loi du silence. Il a démythifié le sida, tué la honte qui s'attache cruellement à ce mot. Il m'avait dit au téléphone : « Je m'en vais sans doute un peu trop tôt mais serein et tout de même triste : mon testament aura fait plus de bruit que mon œuvre. J'ai manqué ma vie, j'ai réussi ma sortie. »

Cette résurrection je n'aurais su la prévoir, cette lettre je ne l'attendais plus, c'est comme une explosion du passé, le jet soudain d'une source que l'on croyait tarie. Je pourrais douter mais les mots que j'ai là sur cette feuille légère, jaunie, ne viennent que de lui, ce qui est évoqué avec précision, mes autres amis l'ignorent, cette écriture un peu fatiguée est bien de mon complice d'adolescence, ses expressions surtout. Ce petit paquet — car il y a aussi une boîte de jade à mes initiales — m'a été apporté ce matin par un Vietnamien, discret, qui semble appartenir au pouvoir en place et qui n'est que de passage : « Vous ouvrirez seulement après mon départ. Il n'y a aucune réponse à donner. C'est une lettre d'ami. » Je ne reverrai jamais ce messager inattendu, j'ai été maladroit de trop d'indifférence à son égard, j'aurais dû l'inviter à dîner, prévoir l'importance de ce pli, j'ai maintenant tant de questions à poser. Mais les choses devaient être ainsi, j'ai mon mystère en poche. Ce n'est pas un très long récit, juste une cinquantaine de lignes serrées, l'essentiel pour refaire un monde : « Jacques, le hasard qui fut toujours notre providence m'a remis il y a une heure à peine dans ton sillon... On m'a fait le dessin de tes routes, tu es, paraît-il, connu, tu appartiens à la nomenklatura de l'audiovisuel, tu te fourvoies dans une forme de célébrité, tu es entré dans la norme et cela ne ressemble en rien à nos promesses d'il y a trente ans... Nous nous étions juré de ne rien perdre de notre exigence, nous ne devions pas nous laisser corrompre par la facilité, nous avions obligation de rester loin du monde pour composer une œuvre qui ne serait à personne... J'ai tenu bon, je suis du côté de Locninh en pleine jungle, couvert de femmes que je ne touche pas, je n'ai même pas vécu les affreuses suites de cette guerre d'Indochine, Saïgon m'est devenue ville étrangère, je hais toujours autant les sales idéologies, il me reste quelques tigres à regarder, des traces de gaurs, un éléphant à élever et le Cambodge tout proche à attendre. Je t'offre la preuve de notre résolution d'autrefois. J'ai un bon millier de toiles que je crois belles et qui n'iront jamais en galerie, que j'enterrerai sans doute, parce que nous nous sommes engagés à ne point paraître... Si tu ne veux pas te trahir tout à fait, viens demander le pardon, quitte tes guenilles, l'amour, l'abondance, la réussite, tu me trouveras. J'ai pour domicile un temple en ruine où nous avons été un soir superbement accompagnés... Les deux icônes que tu aimais, qui représentent Victor Hugo et Jean Cocteau, ne m'ont jamais quitté... A demain. Guillaume. »

Étrange rappel des années-désordre, émouvante recomposition d'un temps que je n'oublierai jamais et qui est mon Moyen Âge, celui de nos propres constructions de cathédrales. J'ignore si Guillaume a lu *Tant qu'il y aura des îles*, cet ouvrage où je parlais de mes fous du lointain Orient. Je souhaite que non, je l'avais oublié et c'est curieux car on ne peut rencontrer dans une vie plus belle démence que la sienne. Peut-être l'ai-je réservé pour une plus longue histoire, plus tard. Nous avions à peu près le même âge, il était insensé, fantasque, j'avais fait près de lui, à fond de cale, l'interminable voyage sur les mers, de Sète à Saïgon. Il avait la beauté du diable, une tête d'archange, des cheveux blonds, des yeux noirs immenses, un corps d'athlète et surtout une attitude souveraine, une indifférence à tout. Ce qui n'était pas lui, il le trouvait insupportable. J'ai cru d'abord qu'il était affligé d'une vanité maladive, les autres l'auraient boxé volontiers s'il n'avait donné cette impression de force, il paraissait si particulier que c'en était une condamnation. Il allait seul dans les coursives, sur le pont, à la proue, mais peu à peu je devinai une faille. Ce garçon était blessé et mon interrogation au passage de la mer Rouge le laissa désemparé. Une seule petite phrase dans son silence : « Quand t'arrêteras-tu de saigner ? » Il eut un regard de noyé, je l'abandonnai vite à ce qu'il paraissait aimer le plus : lui-même. Le lendemain qui était jour de tempête, il vint vers moi, je ne connaissais pas sa voix, celle, rapprochée, de la conversation, elle était douce : « Acceptez-vous de m'écouter ? » Il disait *vous* à tous mais acceptait le tutoiement, il n'en fit du moins jamais reproche. Nos soirs furent dès lors d'interminables bavardages, je m'apercevais qu'il était déjà à dix-huit ans personnage de roman et peut-être me faudra-t-il dans un livre aller jusqu'au bout de son aventure. Il avait choisi la Légion étrangère à l'heure où tant d'autres balbutient des professions improbables. Il n'avait qu'un nom qui lui servait de prénom : Guillaume. « Un cadeau que je me suis fait, j'ai déjà oublié qu'on m'appelait Paul. » Il se voulait victime des purges de 1789. Deux siècles ne l'avaient pas calmé : « Notre château fut pris par un révolutionnaire du coin qui en fit vite sa propriété... Bien plus tard, par lâcheté ou par indifférence, mon ancêtre n'eut même pas l'idée de le reprendre. Il se trouvait bien dans son refuge, une ferme au fond des bois où il pouvait vivre enfin avec une jeune paysanne qu'autrefois on lui refusait : il s'était donné sa propre liberté. Quarante ans après, l'habitude du lieu aidant, notre voleur, ancien maquignon, s'était également entiché de notre titre. Ses descendants ont poursuivi l'ascension, ils sont comtes et portent mon véritable nom le plus légalement du monde. Ainsi va la Révolution et je ne dois pas être le seul dans ce cas-là. » L'histoire est exacte, j'ai pu la vérifier ; par un étonnant concours de circonstances j'ai même eu l'occasion d'avoir officiellement affaire à l'héritier lointain de l'usurpateur, un snob que la Collaboration a également enrichi. Le nom qui est très beau lui va mal, mais cela n'a pas grande importance.

Guillaume était né aux voyages, à l'inattendu, il était fils du vent, rien ne le retenait. Sauf l'Asie. Un après-midi aux Terres-Rouges, sur les plantations de Jean de Beaumont, on annonce le marquis de La Palkei, c'était lui, sa dernière invention. Je demandai : « Pourquoi cette couronne ? » Il sourit : « Puisque partout on vole, on pille, je pille, je vole, mais j'ai tout de même l'honnêteté de ne léser personne. Et puis c'est, paraît-il, une question d'étiquette. Une amie m'a fait remarquer que Guillaume seul faisait triste dans une présentation ! Légionnaire Guillaume ? Trop simple, un brin guerrier. Il fallait nom et prénom pour faire bonne figure. Alors je me suis déguisé comme nous le sommes tous à des titres différents, je me donne du marquis, et La Palkei est à ton adresse mon signe d'amitié. » C'était en effet le nom d'un rendez-vous de chasse en forêt, une maison sur pilotis entre Viêt-nam et Cambodge, où nous allions imprudemment, surveillés de très près par les maquisards du Viêt-minh. Incroyable chemin buissonnier ! Guillaume, qui semblait être le seigneur de toutes les provinces où il passait — cela tenait à sa distinction naturelle et aussi à un peu de mépris pour le genre humain — fut un jour par amusement, par ennui, l'époux d'une jeune beauté de Huê, princesse disait-elle, nièce disait-on de l'empereur Bao Dai. Il eut dès lors une sorte de palais de bois et quelques éléphants du côté de Xuan Loc. Ce n'était pas la chasse qui l'appelait mais la solitude de l'immense jungle, vivante à cette époque des plus beaux animaux sauvages. Il n'avait autour de lui que des serviteurs, si nombreux qu'ils lui faisaient une cour, chacun à son poste, il leur avait imposé des rôles, maréchal, chambellan, aides de camp, valets, il les chargeait d'occupations tant et si bien que ce désert paraissait fourmilière — « Mes sujets vont par milliers, ce sont les bêtes de la forêt ». Et c'était vrai. Il y avait dans son monde totalement inventé un bruissement d'existences. J'étais l'invité permanent, le seul qui savait et pouvait être accueilli, jamais je ne me fis accompagner, je respectais l'ordre. Les journées y étaient courtes, nous avions tellement à faire : nous avions même commencé une cathédrale en rond où chaque religion avait son coin, son autel — nous disions : sa boursouflure. Pour les catholiques, les orthodoxes, les juifs, les musulmans, les protestants, les bouddhistes. Un même lieu, une foi sincère, des manières différentes. « Qui viendra ? » Il me répondait : « Toujours l'inattendu, le merveilleux hasard. Nous ferons vite églises combles avec les singes, les tigres, les buffles, les gaurs, les cerfs. » Il ne souriait pas, il était persuadé qu'il pourrait rassembler l'univers. Nous avions mille promenades : les éléphants de leur pas lent et sûr nous offraient, sur leur dos large, un poste d'observation privilégié. Le soir, après le dîner servi comme à Versailles, à la lueur des torches tenues par les « gardiens du tableau », Guillaume, muni d'une longue gaule-pinceau, continuait sur les murs de bois de sa salle des gardes une imposante fresque qui racontait les mille épisodes de vie d'un *homme sans but* — « Il ne faut surtout pas croire que l'on va quelque part », précisait-il à chaque occasion. L'œuvre était belle, le peintre avait un sacré talent, une infinie délicatesse du trait, une manière gracieuse de ne pas faire crier les couleurs. Point de figures abstraites, des paysages, la France et ses maisons de province, ses tuiles, mes toits d'ardoise, la mer, des barques en perdition, les temples de l'Inde, des pagodes, des bonzes en prière, pas un soldat, la paix et au plafond un soleil harassé de nuages, du rouge, du bleu, du gris. La perfection d'un artiste du XIVe ou du XVe siècle. La beauté absolue.

Notre vie était roman et au moment du grand départ — je regagnais la France — je n'osai rien dire. Je fis comme d'habitude : « A vite. » Mais la voix devait être différente, moins assurée... « Ce ne sera pas, dit-il, le mois prochain, peut-être pas l'année prochaine. » Il n'y eut pas d'autre interrogation. Il ajouta simplement : « Ne te plie pas au monde, ne te mêle pas de vouloir l'organiser, ne te donne pas en spectacle. »

C'est fou ce qu'une écriture, un simple rappel de vie peuvent déclencher de mouvements de pensée. Cette lettre est comme une clef de contact : me voilà parti. C'était une autre époque, d'autres cieux, d'autres gens. Je n'ai rien perdu, il suffit de donner un tour de manivelle à la mémoire. Le matin où j'ai quitté le « palais » fut mon dernier bonheur en forêt, je n'ai plus jamais revu Guillaume et il me revient, nullement en miettes, entier, dans ces quelques phrases. L'ai-je trahi, me suis-je trompé ?

J'avais vingt ans, je revenais d'Indochine, j'avais publié un roman (heureusement introuvable) à la librairie Portal, rue Catinat, à Saïgon, j'étais pis que mince, squelettique, on me voulait maître de manège des soirées les plus folles, j'estimais qu'il ne fallait rien prendre au sérieux — j'avais vu trop de massacres —, j'avais encore le goût du mystère, je me croyais multiple, j'étais partout convié, je faisais mon numéro d'aventurier revenu des enfers et je fus vite désabusé : les marginaux qui encombraient les salons, les bars, les bouges parfois, les jeunes les plus dérangeants de la petite société parisienne qui n'a pas repris souffle depuis les surréalistes, ces poètes, ces peintres, ces écrivains — adorables sans doute comme Nimier, Radiguet, Blondin — me paraissaient si sages, comparés à mes fous sublimes du lointain Orient qui s'étaient délestés de tout, je jugeais si confortables et sans risque aucun leurs aventures que je me fis une raison : mieux valait rentrer dans le rang. On est fou à vingt ans, après on triche. Quoique ! J'aimerais, demain, me réserver quelques délires. Peut-être rejoindre Guillaume.

Éric de C. souffre depuis sa petite enfance. A six ans il a perdu ses parents, à quinze ans il est entré au sanatorium, à vingt ans, pas loin de Gia Dinh, au Viêt-nam, une mitrailleuse l'a fauché à 20 mètres : amputation des jambes. On l'a appareillé à son retour en France, il s'est marié — j'étais son témoin —, il a eu deux enfants, ils sont morts écrasés par un chauffard ivre sur une petite route de province, elle est partie. Le cancer l'a piégé à son 50e anniversaire, je suis près de lui, ce matin à l'hôpital. Il me serre la main, il sourit, il est transfiguré par l'approche de la mort qu'il espère.

Le mystère de la télévision reste entier pour ceux qui n'y font rien et la tranquillité — du moins l'alibi — est ainsi assurée. Les ratés involontaires des étranges lucarnes, rêveurs inemployés, désœuvrés prétentieux, critiques exacerbés de tout ce qui n'est pas eux, demeurent persuadés qu'ils auraient pu réussir quelque chose s'il y avait eu appel, signe de reconnaissance, réponse à leur désir. Ils ne savent pas que toute célébrité est d'abord hasard, bizarre configuration des astres, puis travail et constante obstination. Il faut être joueur pour parvenir à ce qui n'a jamais été fixé.

1988

Septembre

Le mensonge peut être une élégance. Nous ne mentons qu'à ceux que nous aimons.

Hassan II du Maroc, que je n'avais pas rencontré depuis quelques années, n'a physiquement pas changé : allure de jeune homme avec dans les yeux un peu du félin, port altier, souplesse et force retenue dans le mouvement, gestes mesurés du seigneur, attentif, aux aguets, roi sans doute mais sans la moindre arrogance. Ce guerrier, à coups de marches vertes, creuse les sillons nouveaux d'une terre nourrie d'histoire. Je le retrouve à Fez, dans le magnifique palais de ses ancêtres, face au minaret où un prince mérénite tué lors des campagnes en Andalousie est enterré. Là, les cigognes viennent se reposer à chaque saison, signe de continuité : « Quand j'ai un coup de bourdon, me confie le souverain, je regarde cette tour du XIIIe siècle et je me dis : elle en a tellement vu que tu peux prendre patience. » Nous avons eu, lui et moi, de longues discussions et chacun se souvient de cette *Radioscopie* fameuse où, sur un ton qui n'autorisait pas la moindre réplique, il avait condamné le laxisme des coopérants français : « Vous savez l'amour que je porte à votre langue : or, elle n'est plus la première, la voilà assassinée par ceux qui ont pour mission de la défendre. » J'avais reçu alors des centaines de lettres de professeurs courroucés, de parents inquiets, de nombreux témoins totalement d'accord avec la déclaration du roi. Ce fut un beau tollé, des enquêtes furent immédiatement exigées au Maroc et ailleurs, la question était partout posée : « Comment enseigne-t-on le français à l'extérieur ? » Je passe vite sur le résultat de cette consultation, il n'était pas à notre avantage, heureusement il y avait (et il y a), en beaucoup de points, les « missionnaires » de l'Alliance française. L'affaire fit le bruit que l'on sait, je n'y reviens pas.

Une sorte de prémonition me pousse aujourd'hui à rejoindre Hassan II. L'homme, me semble-t-il, devra jouer bientôt un rôle essentiel dans les tensions qui bouleversent la géographie musulmane, chrétienne et juive. Il est arbitre et guide. L'héritage de la dynastie alaouite, le souvenir de son père, l'exil, les attentats, la trahison, le respect de son peuple, sa responsabilité spirituelle, descendant du Prophète, Commandeur des croyants, le forcent à assumer jusqu'au bout un parcours dangereux et fier dans un monde livré aux fanatismes, dans un espace religieux déchiré par les pires intolérances. J'avais apprécié qu'il eût assez d'audace pour accueillir Shimon Peres au Maroc : « Il faut mettre Israël devant ses responsabilités. Les Palestino-Arabes qui vivent là-bas sont citoyens israéliens, se marient et ont jusqu'à quatre femmes, ils font donc plus d'enfants que les autres et ils ont les mêmes droits politiques et constitutionnels. Bientôt ils formeront la majorité du pays. Il s'agit de régler au plus tôt la situation des territoires occupés. Mon maître disait : " On peut tout faire avec des baïonnettes sauf s'asseoir dessus. " Israël a entre les mains sa propre survie, il importe que ce pays fasse la paix avec ses proches. » Shimon Peres m'avait amicalement chargé d'une mission évidemment officieuse, fraternelle, auprès du roi, une invitation en Israël : « Pour le moment, non. Le jour où Israël vivra en accord avec ses voisins, pourquoi pas ? » Hassan II n'a jamais caché qu'il aurait aimé pouvoir compter, chez lui, sur les sept cent mille Juifs marocains qui sont aujourd'hui l'une des forces d'Israël. Cette Diaspora que je connais n'a rien oublié de ses origines, elle sait qu'elle peut demain demander asile au souverain et être reçue. On oublie trop souvent qu'en 1940, Mohammed V — accueilli plus tard par le général de Gaulle comme son compagnon dans l'ordre de la Libération — avait refusé purement et simplement d'appliquer les lois d'exception hâtivement promulguées à Vichy, concernant les israélites. Beaucoup ignorent encore qu'au Maroc, les Juifs sont placés, depuis fort longtemps, sous la protection personnelle du souverain. C'est ce qui explique que, dans chaque ville, le *mellah* ou quartier juif se trouve presque toujours à proximité du palais royal.

Pour Hassan II, « le Maroc ressemble à un *arbre* dont les racines nourricières plongent profondément dans la terre d'Afrique, et qui respire grâce à son feuillage bruissant aux vents de l'Europe ». C'est pour moi le dernier rempart de notre vieil Occident, la belle frontière, la bande d'ouverture la plus large, un cercle de mémoire où l'on pourrait trouver solution s'il y avait conflit religieux ailleurs. On aura compris à quel point j'aime ce pays, ce peuple, cette tradition naturellement poursuivie. Je suis de cette terre, par adhésion totale, de cœur, mais avec pudeur, délicatesse, discrétion, n'en connaissant pas la langue qui, surtout dans son rythme littéraire, est, me dit-on, superbe et remarquablement parlée par le roi lui-même, Moulay Ahmed Alaoui, Reda Guedira, d'autres encore.

Hassan II a publié *Le défi* où il fait le point sur la politique de son royaume, mais il ne livrera jamais ce qu'il convient d'appeler des Mémoires : « Non, ce serait trop méchant. J'ai rencontré un nombre considérable d'hommes politiques, j'ai été le témoin d'événements importants, je reste dans certains cas le seul témoin vivant, j'en sais trop... Je n'aimerais pas que ces souvenirs soient publiés... Après ma mort, peut-être. » Nous avons, tous les deux, souvent, parlé d'amitié. C'est un mot doux, c'est un mot fort, c'est une garantie. Mais il y a la face contraire, le mauvais profil, la trahison : « L'amitié est dangereuse. Il y a des trahisons de cœur, il n'est jamais de trahison de raison. Mais toutes les trahisons ne sont rien par rapport à ma mission, sa grandeur, ce que vous devez faire n'a aucune mesure avec ce que l'on vous a fait. Le pouvoir est souvent une solitude. » Complots, tentatives d'assassinat, ce sont les risques du métier. Le roi les assume. Il y a eu Skhirat, le général Medbouh qui souhaitait « neutraliser son maître », l'attaque des mutins préalablement drogués, une centaine de morts... et cette observation du roi notée à la page 167 du *Défi* : « Nous sommes à présent une douzaine confinés dans deux pièces — Hassan II et ses proches, en pleine fusillade, désarmés, se sont réfugiés dans la salle du trône du palais d'été —, j'ai autour de moi mon Premier ministre, Ahmed Laraki, Ahmed Snoussi, ministre de l'Information... L'homme en civil qui guette au vasistas n'est autre que le ministre de l'Intérieur, le général Oufkir. » Cette dernière petite phrase est lourde d'accusation. On devine qu'un mot a été oublié : *« déjà »* — « Qui, *déjà,* guette au vasistas » — car Oufkir sera aussi l'homme de l'autre trahison, celle du 16 août 1972, un an après Skhirat. Cette fois-ci, c'est l'avion du roi, au retour de Paris, qu'il faisait attaquer. Hassan II aime à rappeler cette complainte de Shakespeare :

Souffle, souffle, vent d'hiver
Tu n'es pas aussi cruel
Que l'ingratitude des hommes

L'ingratitude d'Oufkir n'eut pas de limite : « J'avais placé en lui ma confiance, reconnaît le roi. Il la trahit de la manière la plus pitoyable et cette façon d'agir de la part d'un homme que je croyais fidèle, dévoué, qui m'avait donné des preuves indiscutables de loyalisme, m'affecta, je l'avoue. Je ne pouvais croire à tant de perfidie. » La trahison est l'un des risques consentis de l'homme d'État, encore faut-il savoir l'affronter et n'en point faire une tragédie personnelle. Dans nos discussions, Hassan II n'évite jamais le sujet mais il n'est tout de même pas sa préoccupation. Ce qui pourrait l'inquiéter, aujourd'hui, c'est l'intolérance, partout dans le monde : « Inacceptable. » Et pourtant les vagues intégristes sont déferlantes, dangereuses : « Il n'est aucune cause au monde qui me ferait déplacer un seul soldat du Sahara, dont l'existence me reste sacrée. Aucune cause sauf, cependant, une seule, si jamais le malheur voulait que les lieux saints fussent l'objet d'une occupation hérétique... »

Notre bavardage coutumier aura duré cette fois-ci plus de deux heures. Le minaret, en face de nous, de l'autre côté des splendides jardins, me paraît être à cette seconde le sage gardien du temps. Une dernière question, comme une prière que l'on fait debout, au moment du départ :

— Quand donc donnerez-vous toute la liberté aux enfants d'Oufkir qui *eux* ne sont coupables de rien ?

— Beaucoup est déjà fait... Rendez-vous bientôt... Je suis toujours en ordre pour ce qui tient à l'honneur.

L'épitaphe est déjà retenue, elle est de lui, il lui a donné du sang et de l'âme : *« André Chouraqui, mort de joie. »* Il aimerait, mais ne le dit pas, que les vivants de passage sachent s'attarder sur sa tombe. Ce n'est pas de l'immodestie, plutôt un petit reste de pédagogie : « Apprenez à vivre. » Génial pour tout ce qui touche à l'essentiel, debout au pire de ses existences, cet homme est d'abord un frère qui a sublimé l'optimisme. Notre complicité est faite de rendez-vous ratés, d'imprévisibles rencontres, d'alliances imaginées ailleurs. Écrivain d'expression française, Chouraqui est célèbre pour ses essais, surtout pour ses versions originales de la Bible, des Évangiles, pour sa francisation intégrale des textes sacrés, écrasant travail : « Il me fallait revenir aux sources, conquérir toute mon identité, être juif tout à fait, mais aussi chrétien et musulman. Je suis l'illuminé qui a trouvé le chemin de notre commun trésor spirituel. J'ai soudé mes trois routes en chevauchant trois cultures. Né en Algérie j'ai rallié la France pour m'enraciner à Jérusalem. » Je suis à chaque fois touché par l'intelligence sereine, la brillance naturelle, la bonté de ce sage qu'en d'autres temps on aurait appelé prophète, j'ai cru longtemps qu'il serait celui par qui la paix arrive et se maintient : « Israël n'existe pas encore mais c'est un rêve presque réalisé. Mon pays ne pourra naître qu'au lendemain de la paix avec nos voisins. Il n'y a pas d'avenir sans rapprochement des communautés. » Aux frontières de tous les mondes, André Chouraqui pousse l'utopie jusqu'à l'impossible quête. Je me demande ce qui serait arrivé s'il avait accepté, en 1978, de prendre la présidence de l'État. Pardon, André, mais il n'y aurait quand même pas eu miracle. La politique n'est pas l'affaire d'un tel philosophe, il lui faut pour dessiner l'espoir son bâton de pèlerin : « Le ciel m'a voulu boiteux au lendemain d'une poliomyélite soufferte à l'âge de six ans. Depuis, je danse mes pas, je twiste en marchant. Je n'ai pas l'âme d'un combattant, ma prière est plus forte que les armes. J'ai refusé l'honneur de diriger par faiblesse : je ne suis qu'un errant. » Mort de joie... J'aime bien cette idée de la vie, l'épitaphe d'André est une recette. Mort, non pour s'anéantir mais pour renaître, cantique des cantiques. A demain à Jérusalem, au mur, à la mosquée, au Saint-Sépulcre...

Il s'était inventé un monde, celui des mots, aussi réel pour lui que la nature. Il en avait fait un itinéraire et je l'avais suivi jusqu'aux gorges du Loup où il m'ouvrait sa porte sans jamais rien perdre de ce qu'il considérait comme sa « sphère intime ». Francis Ponge, maître d'atelier de l'outil poésie, avait cette phrase d'accueil à chaque rencontre : « Vous êtes occitan, je suis huguenot, nous ne sommes pas loin d'être cathares. » Il se plaignait : « Je finis par m'éloigner de ceux que j'aime. Peut-être suis-je ombrageux ! » Il avait subi trop de coups, pleuré trop de ruptures ; au milieu du « torrent de sa vie » il avait analysé la fragilité de ses engagements : « Les vagues du surréalisme et du communisme m'avaient fait toucher le fond... Remonter fut une épreuve. » Il ne lui fallait plus l'illumination mais simplement un peu de lumière et la « rage de l'expression ». J'apprends qu'il est mort ce samedi d'août, à l'âge de quatre-vingt-neuf ans, j'irai bientôt au cimetière de Nîmes. Sans doute va-t-on le découvrir maintenant qu'il est parti et le célébrer dans des termes qu'il eût aimés de son vivant. Retrouvons dès à présent son *Grand Recueil* et sa manière simple de dire. Lorsque Francis Ponge parle des *oiseaux* (par exemple) la musique est différente : « Il est probable que nous comprenons mieux les oiseaux depuis que nous fabriquons des aéroplanes. Le mot oiseau contient toutes les voyelles. Très bien, j'approuve, mais à la place de l'*s* comme seule consonne, j'aurais préféré l'*l* de l'aile : oileau. » Bon vol, poète.

Être en chemin c'est aller vers soi et grandir et se transformer et mûrir. C'est fixer un but et se donner les moyens d'y parvenir, c'est tuer l'habitude, c'est partir : le point de départ, me disait Aurobindo, est la prise de conscience de la séparation, l'unique chance de se rencontrer.

On me demande d'*affirmer* mon appartenance à Antenne 2. Ma fidélité, je le redis, n'est point autre chose qu'un réflexe spontané. Avoir eu la chance de participer auprès de Marcel Jullian aux joutes qui ont précédé la création de cette chaîne suppose une adhésion totale. Je suis de la famille et toute autre considération serait vulgaire. Une filiation ne se discute pas, c'est un problème d'*éthique*. A l'heure pénible des sollicitations désordonnées il n'y eut pas, pour ce qui me concerne, une seule minute d'hésitation. Pléonasme donc cet affichage de sentiments particuliers. Les chaînes publiques sont le supplément d'âme de l'audiovisuel.

Quelques rencontres affligeantes, des hommes et des femmes en mal d'eux-mêmes, affolés par les gouffres de l'âge. Je pense à

Jacques Brel qui chantait : « Mourir cela n'est rien, mais vieillir, ô vieillir. »

Une petite phrase simple de Jean Boissonnat dans *La tribune de l'expansion* : « La gauche au pouvoir a retrouvé ses meubles mais a perdu ses idées. »

Quel plaisir de revoir *L'affaire Caillaux* sur Antenne 2. Chance de rediffusion lorsque le sujet est d'importance, la réalisation et l'interprétation de qualité. J'ai regardé Marcel Bozzuffi avec d'autres yeux ; les désordres de la vie ordinaire nous font aveugle, la mort excite le cœur et l'esprit. Cet acteur valait au moins les hommages que l'on adresse souvent à la médiocrité. Je veux croire que le silence, à son départ, fut l'une des bonnes manières de le saluer. Je ne le connaissais pas, cette œuvre de télévision de Yannick Andréi — lui aussi disparu — me le rend très proche. Bozzuffi tient le rôle de Joseph Caillaux président du Conseil dans les années 1911. Les phrases de ce temps pourraient être reprises aujourd'hui au Palais-Bourbon : « Lorgner les progressistes tout en faisant de l'œil aux conservateurs, en politique, ça s'appelle loucher... » Autre réflexion qui pourrait passer pour un mot d'auteur : « La calomnie a toujours meilleure presse que la vérité. »

Juste un peu d'histoire pour corriger la nostalgie. Les dates sont les bornes d'un parcours : *1968...* Un après-midi de septembre comme celui-ci, je dis pour la première fois *Radioscopie*. *1982...* Quatorze ans plus tard, volontairement, après avoir mûrement réfléchi, je donne congé, malgré les pressions, j'arrête *Radioscopie*. Cela me paraît être une nécessité. *1988...* Le retour. Avec ce chiffre 88 (le 8 doublé) en forme de recommencement. Je n'ai pas su résister à Ève Ruggieri. Elle n'a pas eu à insister. J'ai dit oui, comme s'il s'agissait d'une fidélité. Je n'ai pas oublié en effet qu'elle fut ma collaboratrice au premier jour de cette aventure. Je reprends donc *Radioscopie*. Même heure, même espace, même indicatif. Comme d'Artagnan vingt ans après.

Ils se perdent et nous épuisent de toutes leurs querelles : les hommes politiques ne comprendront jamais rien à l'audiovisuel.

Claude Roy m'a fait tout à l'heure cette confidence : « Ne donner que ce qu'on a, quelle pauvreté. »

Minh, que je n'ai pas vue depuis trente ans, me téléphone de New York : « J'ai pu quitter Saïgon, je voulais te dire que je suis vivante. » Mieux qu'une déclaration d'amour.

Je retrouve à l'instant le mot à mot écrit de ma conversation avec Jean-Paul Sartre dans *Radioscopie*. J'y découvre cette phrase que je n'avais pas entendue, l'oralité n'étant que de passage : « Je souhaitais devenir un grand écrivain, un homme de théâtre qui compte, et je l'ai été. Je voulais rencontrer la gloire et elle m'a dépassé. Et puis je désirais aussi ardemment autre chose, mais je ne savais pas quoi, et ce merveilleux *plus*, je ne l'ai pas eu. » Ce que les uns et les autres, nous n'aurons jamais.

Sur les étranges lucarnes, la course à l'audience ressemble aujourd'hui à une chevauchée fantastique défrisée par le désordre et enlaidie par le déshonneur. Les dérapages sont multiples, les lâchetés grandioses, les peurs bêtement vulgaires. Partout le même cri de guerre : « Assurons la part du marché. » La plus belle âme, le document le plus étonnant ne résistent pas dans ces temps de décadence aux loufoqueries de circonstance. Ainsi ce mercredi de septembre 88, Ursula Andress a tenu le haut de l'écran et poussé Charles de Gaulle à des heures plutôt nocturnes. Étonnante télévision qui privilégie le superficiel avec les meilleurs sentiments du monde, persuadée de faire ainsi le bonheur des spectateurs « qui ne méritent pas plus ». Absurdité et mépris. Ignorance baroque proclamée souvent par des responsables lourds de très longues études ! De Gaulle en a vu tant d'autres, en a tant fait, qu'une brimade comme celle-là ne saurait là-haut le bouleverser, mais c'est dommage pour ceux qui, à un moment plus convenable, auraient pu être les témoins attentifs d'un tel document, remarquable en tous points. Car il s'agissait là d'une sorte de dramatique, ourlée par Jean Lacouture, sur la défaite, l'Occupation, la Résistance, la reconquête, un vrai programme grand public qui aurait valu qu'on en parlât le lendemain dans les écoles. Je ne prétends pas que le plus difficile doit venir sur les récepteurs familiaux aux meilleures heures. Je dis même le contraire, assuré de ce que je sais, de ce que j'ai fait à la création d'Antenne 2. Et pour une raison d'importance : on ne tue pas une émission en l'imposant à des gens qui ne la regarderont pas. La ligne de programme est l'image d'une chaîne, elle doit être confiée à des amoureux et non pas à des technocrates froids. La télévision de demain devra avoir des amants et non plus des maris transis dans leurs charentaises. Les gens de la Une ont sans doute estimé ce soir qu'Ursula Andress apporterait un peu de folie dans leur grille, ils auraient dû savoir qu'un demi-siècle après, c'était encore de Gaulle le « rebelle ». D'une manière générale, on devrait mieux résister aux pressions de l'argent...

Mes courses autour du monde me ramènent toujours à l'origine, à la source, au centre. Au pays. Les chemins buissonniers sont nécessaires à qui veut tenir sa ligne droite. Il semble sans curiosité celui qui regarde à longueur de vie le même horizon. Si près de lui, si loin de tout. Les fuyards, à la vérité, ne partent jamais : ils s'inventent des mirages dans leur propre désir et peut-être ont-ils raison de vivre ce temps immobile ! Les voyages sont des explorations qui ne me font pas oublier la seule crête qui compte : *mes Pyrénées*. Partout les petites lumières du cœur me signalent les points d'eau où l'on revient à chaque aube nouvelle. C'est d'Ailleurs, au plus lointain, que l'on dessine bien les contours d'un paysage d'enfance. Là-bas, l'accoutumance, l'habitude ne pervertissent plus la tendresse. L'emmuré se regarde dans son miroir de prison. Toute quête est arbitraire et illogique. Je revendique l'exil (choisi) pour me retrouver chez moi, j'ai besoin de me disperser pour me reconnaître. Le trop-plein de démagogie régionale a tué la région. L'ignorance a recouvert l'histoire.

Si François Archiguille devient l'un des peintres les plus chers de ce siècle — certaines de ses toiles valent déjà 300 000 francs —, je serai donc passé bêtement à côté de la fortune. Il me souvient de l'avoir vu brosser, spécialement pour moi, par simple amitié, des décors immenses pour une soirée russe dans un gymnase pyrénéen qu'un peu de folie m'avait poussé à transformer en palais tsariste. Trente magnifiques panneaux de 20 mètres sur 10 avaient ainsi illuminé la salle la moins glorieuse du département... Une seule nuit hélas car au petit matin, des camions avertis déménageaient à la fois les miettes des agapes et le travail de l'artiste. « Archi » m'avait dit : « C'est pour toi. » Ce fut pour quelqu'un d'autre que je connais et qui bientôt saura négocier la totalité de l'emprunt. Il y trouvera son compte ; j'ai en effet le souvenir d'une suite de compositions picturales tout à fait remarquables, fortes, agressives ou douces, souvent lourdes du rouge et du noir des velours, du blanc des colonnes impériales. Rien à voir avec les « transfigurations » qui sont l'invention et la préoccupation première de l'Archiguille d'aujourd'hui, sa recherche obstinée. L'abstrait l'emprisonne plus que jamais dans une révolution de signes, de coups de pinceau, de trous dans la toile, d'angoisses diverses. Il y a du panache dans tout cela, une fureur, mais j'en suis resté au temps des portraits, admirables, du génie du trait. On ne peut s'opposer à un artiste, lui demander de changer de genre est outrageant, l'obliger à d'autres thèmes maladroit, mais il me semble pourtant que l'œil de l'autre, s'il est tendre, a une singulière acuité. Je sais le pouvoir de François, son talent, son doute, je le retrouve à Genève vingt ans après, inchangé, aussi fou, mal accordé au monde qu'il veut apprivoiser, en déséquilibre parfait, c'est-à-dire en route, prêt pour les grandes solitudes qui sont lieux de création. Sa Rolls est un artifice, il m'en fait le passager jusqu'à l'aéroport. Je lui demande : « Et demain ? » Il griffonne alors ce mot : « Chaque chose vient à son temps et naît de son propre besoin. » C'est de Gide dans *Les nourritures*.

J'aime bien ce message de Jacques Chaban-Delmas aux hommes politiques : « Veillez à réagir au moindre signe tendant au mépris de l'être humain, à réagir vite pour que d'un signe, on ne fasse pas une contamination. » Nous irons un peu plus loin sur ce chemin la semaine prochaine à Bordeaux où le maire le plus sportif de France m'attend pour saluer l'aube de sa 41e année à l'hôtel de ville. Octobre 47. Octobre 88. Une vie.

Son nom c'est Zao, son prénom Wou-ki... Ses racines patriciennes remontent à la dynastie Song, 960 de notre ère ; il a quitté la Chine en 1948, il n'a plus revu son père mort en 68 de l'arrogance perverse des gardes rouges, de la monstruosité d'un monde en turbulence. Ses tableaux sont aujourd'hui accrochés dans les plus grands musées, l'Orient et l'Occident s'enchevêtrent dans sa tête. Il n'a point d'autre pays que sa peinture. Je l'avais aperçu une fois, il y a des années, j'aimais déjà dans ses toiles la juxtaposition des formes, la lumière, la clarté, le souffle de l'air sur le calme de l'eau, la courbe du vent. Nous nous rencontrons enfin. Nous parlons longtemps, il me raconte le Pékin des années 30, sa famille de grands lettrés, son arrivée à Paris : « En Chine je ne passais pas pour un timide mais j'ai été frappé ici par l'effronterie du regard des femmes. Elles m'ont fait beaucoup rougir et je ne suis pas encore rassuré. » Je m'étonne ! « Le Sud-Est asiatique a d'étranges battements, nous sommes à la fois réservés et féroces, nous baissons les yeux et nous levons des poignards. » Zao Wou-ki n'a pas vécu la Révolution culturelle qui a martyrisé les siens... « J'ai souvent été tenté d'en dénoncer les outrances et les injustices mais, finalement, j'ai préféré me taire car Mao a rendu aux Chinois, avant tout, la dignité que leur avaient fait perdre la misère économique et les occupations étrangères. » Difficile pour un Occidental de s'adapter aux critères de raisonnement d'un tel peuple... mais nous aurions tort de juger. Notre vieille Europe a commis bien d'autres crimes. Wou-ki me remercie de l'avoir « pensé » à sa place. « Je ne veux traduire que l'amour, l'amitié, la paix. Mes gardiens de beauté s'appellent Michaux — il m'a découvert —, Soulages, Vieira da Silva — nous sommes voisins, à Paris et à la campagne —, Claude Roy, Paul Klee et surtout Matisse, Cézanne. Mes dialogues avec eux tous n'ont pas de limites, il n'y a plus de temps, plus de vie, plus de mort, simplement l'éternité de l'extase. » Sur son visage — comme dans ses toiles — il y a toute la pureté de l'enfant qu'il est resté à soixante-neuf ans.

Tout être au plein de sa vie s'amuse à concevoir l'idée d'un tableau qui rassemblerait son expérience. Nous avons tant mémorisé sentiments, impressions, passions, étonnements, colères, rencontres, que nous souhaiterions parfois rapprocher les pièces du puzzle. Georges Perec s'y est essayé — a réussi — dans *La vie mode d'emploi.* En dix ans de recherches appliquées, il a gommé la façade d'un immeuble pour montrer en coupe les appartements de devant, la loge de la concierge, la cage de l'ascenseur, les escaliers, et l'on communique soudain avec les gens qui y vivent, on entre dans l'histoire de ceux qui y ont vécu. On remonte le temps. Le monde est à découvert. Perec pénètre, voyeur délicat dans l'univers des hommes, tente l'impossible pari.

Nous sommes nous aussi ces curieux en quête de petits mystères et de grands secrets. Nous ne pouvons demeurer en égoïsme, terrés dans nos conforts, apeurés puis rassurés par le semblant de lumière que nous jetons dans nos tanières. Nous nous devons d'être au contact des autres. Je me tiens personnellement attentif à toute forme de parole pourvu qu'elle soit sincère et j'ai du moins appris, en écoutant beaucoup, que nous ne devons pas être, au plus serré de nos relations, des étrangers.

L'aventure du monde n'est pas qu'intérieure. Il nous faut reconnaître ceux qui passent et ce qui nous presse. J'ai toujours été frappé par l'apologue du savant américain Carlos Castaneda. Celui-ci écrit et Jacques Attali me le rappelle : un homme est confronté à plusieurs ennemis dans sa vie. Le premier c'est la peur. Cet ennemi vaincu, on en rencontre un second qui est la clarté — c'est-à-dire le sentiment de savoir. Mais croire qu'on sait confère une sorte de supériorité très grave qui vous empêche d'avancer. A ce moment-là on dépasse, si l'on est assez fort, ce second ennemi pour en reconnaître un troisième qui est le pouvoir. Alors, sachant qu'on ne peut douter, on a l'impression d'une toute-puissance. Quand on a vaincu ce nouvel ennemi, vient à nous le quatrième dont on ne peut que retarder la victoire, c'est la mort.

L'illustre anthropologue oublie que nous avons un autre adversaire : le *temps*. Plus redoutable encore parce que compagnon maladroit de chaque instant. Il y a la prière : « Donnez-moi du temps », et la plainte : « Je n'ai pas le temps ». Qui se peut disponible, là tout de suite, qui sait s'offrir le luxe de briser le sacro-saint programme du jour pour une rencontre, un ailleurs, autre chose, n'importe quoi, pour rompre justement avec ce bonheur du travail accompli, cette tranquillité qui n'est qu'une malhonnêteté de l'âme ? Cruelle et double inquiétude d'avoir tout fait aujourd'hui, oui, et tout manqué, peut-être, à force d'abréger, de renoncer, d'éviter, de remettre à bientôt, à l'année prochaine, à jamais. Hafiz, le poète persan, s'en inquiétait déjà il y a des siècles... « Puisque se fier au destin est une erreur et une faute, pourquoi renverrai-je à demain le plaisir qui s'offre aujourd'hui ? » Qui s'est perdu faute de temps ? Mitterrand, qui est d'abord un écrivain, qui s'enchante de sa plume, brocarde, romantise, pourfend ? Vous, moi ? Nous sommes nos propres fournisseurs de barbelés ; me suis-je bien mis en cage ? Aurons-nous un jour « ces hauts visages ouverts et clairs d'hommes libres » qu'aimait à reconnaître Jean Guéhenno à la première page des œuvres de Montesquieu, Nietzsche ou Voltaire. Difficile sérénité ! Jean-Paul Ier, patriarche de Venise, aurait demandé à un enfant : « Prie pour moi que je ne sois jamais pape. » Peut-être est-il mort de l'avoir été. Les hommes souvent, au sommet de leur réussite, regrettent d'être allés si loin, si vite. Ils n'ont pas eu le temps de dire non. Ils n'ont pas su. On les croit intouchables et ils ont peur.

Nous manquons nos rendez-vous. J'ai vu des visages par milliers, rencontré des êtres, et je n'ai pas toujours eu le loisir d'approfondir des conversations pourtant prometteuses. Nous lisons beaucoup, j'ai beaucoup lu, parfois rapidement, mal, très mal sans aucun doute. Je me rassure, tout reste à conquérir et tant mieux d'autant que l'âge n'est pas atteint. Longtemps, j'ai cru qu'il suffisait d'être jeune. Nanti de certitudes, on joue alors à tout ou rien... du moins on joue. Le temps est venu d'espérer, d'apprendre, de constater qu'on a fait très peu de chose. Vive l'illusion... à ce point exemplaire qu'après Rousseau, on ne peut toujours pas mesurer la distance qu'il y a entre l'homme qu'on est et l'homme qu'on peut devenir.

Poursuite confuse du bonheur ? De la vérité ? Les problèmes des hommes nuisent à l'accomplissement de l'homme. La culture vraie n'est qu'une accession aux plus grands problèmes que pose la vie et un effort pour les résoudre. Et plus encore et plus simplement c'est le beau résultat d'une curiosité. Jeune écrivain de dix-neuf ans, plus avide que respectueux, Yves Dangerfield *(Les petites sirènes)* m'avait dit : « Je me donne le temps d'assouvir ce monde de désirs qui est en nous, de le dépasser, j'accumule les expériences, je réfléchis. J'apprends dès à présent à vieillir. »

Au rythme de la phrase de Malraux : « Les Musées sont des temples où rôdent de vieux désirs », j'écris à mon tour : les Maisons sont des autels où passent nos reliques.

Les traîtres tuent un temps leurs amis mais s'assassinent au tournant.

Il voulait réussir à tout prix, il s'est raté pour rien.

La jalousie et la bêtise font carrosse.

« Deviens qui tu es », exige le philosophe. Et Jean-Pierre Foucault l'est devenu. Nous l'avons vu frétiller dans ses atours d'audience, les poussées de l'audimat, au cœur de toute une camelote de sondages, l'œil allumé sur la robe rouge de la gracieuse et très sereine Catherine Tasca, nouvelle gardienne-ministre de l'Audiovisuel. Jean-Marie Cavada les avait installés — direct, plein écran — sur un terrain glissant, dans une *Marche du siècle* paradoxale, pour évoquer avec quelques autres, sur le mode de la langue de bois, les nécessaires missions de la télévision. Le plus banal, évidemment, a été évoqué, on a vendu la bimbeloterie de circonstance mais personne n'a su dire l'essentiel : c'est le système qui est malade, ce sont les réformes mal faites qui l'ont contaminé, c'est la politique qui le perd et aussi le manque d'enthousiasme de ceux qui en ont la responsabilité. Avec un peu plus d'amour, nous aurions de meilleures chances... mais l'amour est un cadeau du ciel. Il n'y a place aujourd'hui que pour l'argent, il est l'étalon, l'urgence, l'ardente malédiction. Nous sommes un certain nombre à ne plus pouvoir composer avec cette trop apparente vulgarité et pourtant, nous savons l'importance des moyens, nous nous devons d'être lucides. Françoise Giroud a raison de dire : « On peut faire de la mauvaise télévision avec de l'argent, mais on ne peut pas faire de la bonne télévision sans argent. » Ce qui manque le plus, c'est la manière. Ainsi lorsque Cavada oppose cruellement Pivot à Foucault, il est pénible d'entendre ce dernier assumer tranquillement — avec la componction qu'impose le succès commercial — qu'il n'est point besoin de suivre toute son émission : « Allumez simplement l'écran pour les cinq dernières minutes. » Ce sont justement celles qui donnent le véritable éclairage de *Sacrée soirée*, les divines qui distribuent la manne attendue, la fameuse coquette somme de fric que personne n'a méritée mais que le bienheureux hasard dispense. Je vais finir par croire que nous ne sommes pas du même monde.

A la vérité, je ne retrouve plus le gentil Foucault de l'adorable principauté. Forcé au combat par des mercenaires aguerris, il croit installer le feu et c'est du napalm qui le brûle. Je le connais assez pour assurer qu'il en a conscience. Peut-être, encombré d'une gloire qu'il n'attendait plus, se moque-t-il de lui-même ? Système oblige.

Comme Gabriel Matzneff, l'ami de jeunesse, j'ai mes autels en mille lieux, des jardins aux quatre coins du monde et des mondes à découvrir, comme lui je pense que le choix est le nom philosophique de la mutilation et je ne veux renoncer à rien.

1988

Octobre

Mourir n'est rien mais penser que c'est la seule finalité est pure grossièreté.

Dans ses campagnes, Alexandre Le Grand emportait avec lui, à titre de génie protecteur, une statuette de 55 centimètres de haut représentant Héraclès, nu, tous attributs dehors, mollement appuyé sur un rocher. Cette œuvre de Lysippe — l'un des plus grands sculpteurs de l'Antiquité — dont les archéologues se faisaient une idée mais que l'on croyait disparue, vient d'être reconnue sur l'étagère déjà lourde d'objets d'un collectionneur genevois. Et cela m'amuse car je l'ai vue, sans évidemment lui porter grand intérêt. Est-ce la pièce elle-même ou la copie d'époque romaine — ce qui ne serait déjà pas si mal —, allez donc savoir ! Mais une chose est sûre, la découverte passionne les esthètes. Je ne suis pas autrement étonné d'apprendre qu'une telle chinerie ait eu pour boutique l'hôtel particulier de mon ami Pierre Sciclounoff, qui a mille cordes à son arc et assez de mystères pour toujours nous surprendre. Le bon Sciclou avait acheté cet Héraclès à Londres il y a vingt ans, pour rien, par goût, dans une vente aux enchères. Et depuis, le « Barbu » s'ennuyait au deuxième étage, au milieu de cent objets disparates. Encore une facétie de ce dilettante, sans doute avocat, chevalier de Malte, mais surtout fine gueule et fier copain.

A la première page de ses *Mémoires d'éléphant*, Gérard Oury inscrit cette supplique d'Ève Curie : « Il est poli d'être gai. » Et cela lui ressemble.

Il allait parfois à pied de Vézelay à Compostelle (1 700 kilomètres) avec son ami Gurgand. Il aimait le vieux bois, les outils, j'ai vu chez lui des rabots, des varlopes pareilles à celles de mon père. Il était touche-à-tout, passionné de littérature, de presse, de radio, assoiffé d'amitié, d'aventures, de vitesse, et fin et discret et tendre : Pierre Barret n'aura pas connu la fin de l'automne. Toujours cette saloperie de cancer.

A la radio, Claude Lévi-Strauss me rappelle l'une des phrases clés de *Tristes tropiques* : « Le monde a commencé sans l'homme, il s'achèvera sans lui. »

Exceptionnelle puissance du son, de la voix, incroyable force des ondes, étrange pouvoir. La radio est mieux armée que la télévision dans les combats pour l'essentiel. Lorsqu'elle installe de bons pilotes aux commandes, elle s'avère irremplaçable. Les exemples ne sont pas si nombreux mais leur rareté appelle justement le meilleur de nos plaisirs. Avec *Écran total* sur France-Inter, Marcel Jullian s'est fait une nouvelle vie en osant enrichir la nôtre... et sur une idée très simple : il suffisait de donner quotidiennement une suite radiophonique au programme télévisé de la veille. Depuis une saison on peut vérifier l'excellence du procédé : certaines émissions inscrites tard le soir, à la rupture de la nuit, ont maintenant plus d'auditeurs que de téléspectateurs. C'est le triomphe d'un sacré pari. Que nous voilà loin enfin de tous ces robinets d'eaux tièdes qui coulent doucement, à longueur d'année, sur des micros que l'on voudrait rajeunis et qui ne sont que rouillés. Démagogie des bavardages soi-disant branchés, plutôt accablés des banalités d'usage. On nous dira qu'il faut de tout pour faire un monde — on aura raison —, mais j'assure quand même qu'on pourrait s'offrir l'économie de quelques vulgarités.

Oublions le dérisoire qui n'est pas le futile — lui tout à fait nécessaire — et revenons à Jullian qui reçoit ce matin Jean Guitton et Bernard Pivot. Le vieux philosophe, qu'aucune mode ne saurait changer, qui n'a jamais douté de sa foi, a un compte à régler avec *Apostrophes* : « On ne m'a pas laissé parler, j'avais beaucoup à dire, je souhaitais aller un peu plus loin, raconter mon parcours, j'avais même préparé des anecdotes — on m'assure en effet que Pivot n'aime que ça — et puis rien, j'ai été interrompu à tout moment. » Il module toutes ses phrases, haut perché, dans le contre-ut ; j'entends le souffle de Bernard, son impatience, le couperet tombe : « Pour les anecdotes, je ne suis pas d'accord, vous êtes très mal conseillé, vous n'auriez pas dû écouter Charles Ronsac. » Guitton ne peut pas nier, c'est bien Ronsac... qui a cru bien faire ; il a donné en toute honnêteté des conseils d'éditeur, de prétendu spécialiste de la communication, et comme beaucoup d'autres en ce domaine il s'est fourvoyé, car contrairement à ce que l'on pense, ces émissions ne sont pas des mises en scène, les personnages valent pour ce qu'ils sont, il serait stupide de leur demander de jouer un autre jeu. De Guitton on n'attend pas des anecdotes — si elles viennent naturellement pourquoi pas ! —, on espère plutôt des saillies, des cruautés travesties en délicatesses, une réflexion sur une vie qui refuse le doute et le déchirement. Son dernier livre de Mémoires, ce *Siècle* qui est la méditation d'automne d'un penseur catholique, nous permet de découvrir un grand philosophe, un homme de l'esprit, un enfant bienheureux qui à quatre-vingt-sept ans paraît sans âge mais en quête d'éternité. Comme dit Laurent Theis : « Jean Guitton est une manière de Montaigne touché par la grâce, un Pascal qui n'aurait pas besoin de parier. » Il est à la recherche de ce qui demeure au-delà de ce qui change. A l'entendre, on le sent touché par la symphonie des *hasards* dirigée par le chef d'orchestre des univers. Il donne une définition très personnelle de l'amour : « Un hasard auquel le cœur a cru. » Il n'admet pas que l'on puisse égratigner le pape, une fois pour toutes il a choisi son camp. Il me semble transparent, entier, dans l'une de ses phrases : « L'automne est le printemps de l'esprit. »

Le monde a tellement peur de la vérité qu'il se réfugie maintenant dans le faux. Plus rien ne résiste à l'interrogation, à l'inquiétude, à la rumeur. Un petit bruit sans importance lancé à la volée vous fait aujourd'hui d'invraisemblables ricochets. Dites n'importe quoi, on le répétera, ce sera amplifié, les ignorants s'en mêleront, le faux deviendra vrai vraiment ! Même désinvolture dans le sens contraire. Ainsi, tout peut être affirmé ou contesté. Drame d'une époque qui se vautre dans la banalité et s'amuse de ses sinusoïdes. Un jour oui un jour non. La vieille polémique à propos du *Verrou* de Fragonard est à ce titre exemplaire. Des marchands et des témoins à charge en refusent l'authenticité : l'œuvre serait due au pinceau de la belle-sœur de l'artiste, Marguerite Gérard. Incapable de juger, je me garde d'entrer dans la querelle mais je fais totalement confiance à Pierre Rosenberg : « Ce tableau est incontestablement de Fragonard. » De toute manière, il est un point plus essentiel que le doute évidemment possible : j'ai vu cette toile au moment de la rétrospective Fragonard qui s'est tenue au Grand Palais ; je l'ai aimée. Faudrait-il donc que mon impression fût contraire parce que d'étranges âmes crient au faux !

Déclaration de Ruggero Raimondi rencontré ce matin : « Un Français, c'est un Italien qui a perdu son humour. »

Difficile de croire Henri Lefebvre né avec le siècle. Son appartement de la rue Rambuteau est celui d'un jeune universitaire : fauteuils en osier, abondance de livres sur rayonnages blancs où la poussière philosophique est priée de ne pas se prélasser. Ici le philosophe Lefebvre, quatre-vingt-huit ans, encore s'active, scrute et repense notre XXe finissant. Témoin sa table de travail, simple plateau posé sur tréteaux, chargé de dossiers, notes et documents qui serviront tout à l'heure, lorsque j'aurai fini d'accaparer le maître. Un maître de très fière allure, droit, beaux cheveux blancs, qui me présente une toute jeune et jolie femme, sa compagne. Lorsqu'il m'expliquera, plus tard, qu'à la différence de Jean-Paul Sartre, il a le sentiment, lui, d'avoir été un « vivant », tout sera dit, ou presque : « Je ne me suis pas perdu dans la recherche absurde de l'immortalité, je n'ai jamais été comme Sartre fou de gloire posthume, j'ai croqué chaque minute de l'existence en épicurien convaincu, en sage très exigeant, j'ai des envolées superbes, regardez ce beau visage de la femme que j'aime, elle n'a pas trente ans, c'est tout de même autre chose que Simone de Beauvoir... » Un chat-roi vient distraire les présentations. Il a tous les droits, le philosophe et sa ravissante conquête consentent à ses facéties, entre eux passe un étonnant courant de connivence et de naturel. On se prend à imaginer que peut-être, passé l'heure des admirations éperdues survenues du côté de Nanterre où le magistral Lefebvre l'aurait immanquablement éblouie, l'élève, après le génie, aurait rencontré l'homme. Puis ancré ici un bel équilibre des choses...

Nanterre ! On dit que c'est dans la classe de Lefebvre, souvent « chaude » de quelque deux milles élèves, qu'est né Mai 68... « Tout de même, les événements auraient pu mal tourner ! dis-je au philosophe... — Oui, mais ils ont failli bien tourner aussi ! corrige-t-il, un brin d'ironie dans la voix. J'ai vécu mes heures les plus extraordinaires de Mai 68 à Mourenx, dans le Béarn — non loin de Navarrenx, où j'ai une maison, pas si loin de chez vous, nous sommes pyrénéens tous les deux. Un jour, arrivant là-bas, j'ai appris que tous les ouvriers et les prolétaires de Mourenx avaient envoyé des colonnes de camions sur Bordeaux, Toulouse, Pau, Auch, en vue de fermer les entreprises qui ne faisaient pas encore grève. Voilà un exemple de l'immense espoir révolutionnaire qui régnait alors, et un souvenir que je n'oublierai jamais. »

Aujourd'hui, on devrait être fier, flatté, à Navarrenx, d'avoir le personnage Lefebvre, cet enfant du pays, pour illustre voisin, lorsqu'il vient séjourner une partie de l'année dans le village maternel. Le grand homme ne se fait pas d'illusion. On connaît bien mieux Marcel Amont dans le coin : « Je ne crois pas qu'on sache très bien qui je suis. Je peux revenir des États-Unis, du Japon, on peut me fêter dans les grandes universités du monde... A Navarrenx, je suis le petit monsieur qui passe inaperçu. »

Je risque alors la question : qui, de l'« inclassable » Lefebvre, présent à tous les carrefours de l'aventure du siècle — marxisme, surréalisme, communisme et le reste... une fois qu'il en fit la somme, en 1958... — qui, d'Henri Lefebvre ou de Jean-Paul Sartre, sera le plus connu, au XXIe siècle ?

Mon interlocuteur a l'hésitation courtoise (« Être trop célèbre, de son vivant, n'est pas une bonne chose »), mais le jugement sans pitié : « De Sartre, il restera un peu de son théâtre, même si ses pièces ne sont pas très bonnes. Son œuvre philosophique, elle, est déjà enterrée. Quant à son œuvre romanesque, je ne sais pas, je n'ai jamais pu en lire plus de trente pages. L'insolent succès de cet homme est l'une des plus scandaleuses ambiguïtés de ce siècle. C'est une stèle sans grâce sculptée par une intelligentsia sans génie. »

Plus soucieux de ses libertés d'homme que de vertiges médiatiques, Lefebvre aura su préserver ses amours multiples. Du moins — n'exagérons pas — en privilégia-t-il trois : le parti (une idylle qui dura trente ans), la philosophie (toujours la même passion) et l'amour. Cette incomparable félicité « d'être aimé », « d'être accompagné », qui, des trois réalités, reconnaît-il, est bien celle qui l'a le plus comblé : « Un homme qui n'a pu être caressé par les terribles vents de l'amour, qui n'a qu'indifférence pour une femme, est une moitié d'individu. Je ne lui fais pas confiance, il y a doute sur sa personnalité. »

La jeune femme, qui assistait silencieuse à notre entretien, s'est levée, est passée rapidement dans une pièce voisine. Elle réapparaît. Ce petit verre de vin qu'elle lui tend, il l'attendait. Il déguste, absorbé, tout à son plaisir : « J'ai besoin d'ivresses. »

Par facilité, les politiques et les autres n'aspirent qu'à un totalitarisme inspiré. Et je n'oublie pas ce que me disait Raymond Abellio : « Le fascisme est un dévergondage passionnel, le communisme un dévergondage intellectuel, la démocratie un dévergondage sentimental. »

Mac Avoy ! Retrouvailles.

Il a quatre-vingt-quatre ans et n'entend pas « collaborer avec la vieillesse », comme dirait Céline. Il a lancé son nom d'une voix si impériale au micro de ma *Radioscopie* que je ne peux m'empêcher de lui demander d'où il la tient. « De mes origines cévenoles et protestantes. Cela donne des gens qui n'abandonnent jamais ! me répond-il avec la même autorité. Ainsi, à la manière de mon vieil ami Somerset Maugham, disons que j'ai quatre-vingt-quatre ans et que j'en profite ! »

Je l'écoute énumérer quelques préceptes bien simples auxquels il obéit : travailler neuf heures par jour mais à certaines conditions, comme se coucher tôt, ne pas boire, respecter une relative austérité de vie. Il constate, à l'apparence ravi, qu'il en fait beaucoup plus aujourd'hui qu'à l'âge de vingt ans.

J'insiste, l'homme va bien avouer une faille, reconnaître qu'à présent on n'a tout de même plus l'œil aussi aigu pour regarder les femmes. Édouard Mac Avoy me rappelle qu'il est peintre, sa vue va bien merci, et que c'est en peintre qu'il continue de regarder les femmes : « Toujours amoureusement et cruellement à la fois, dit ce prince du portrait de notre fin de siècle. Prenez Degas, il n'y a pas plus cruel, et il faut être aussi méchant, aussi avare du moindre trait inutile. Le beau dessin doit être un constat sévère, un acte d'accusation, et non une œuvre de complaisance. C'est pour ça que je déteste le XVIIIe ! » Le ton est sans réplique. Qu'on le sache, Mac Avoy est aussi irlandais — par son père.

Lorsqu'il me raconte qu'il est devenu peintre parce qu'il n'était pas doué pour la peinture, le voilà prêt à convertir son paradoxe en règle de vie : « Oui, je crois qu'il est préférable de faire ce pour quoi on n'est pas doué. Le don est très dangereux, il incite à s'en satisfaire. Ne pas en avoir vous oblige à un terrible effort. » Et lorsque je m'étonne que, doué pour le chant, le théâtre, il ait encore aimé les phrases et les mots en publiant *Le plus clair de mon temps*, son commentaire ne fait qu'un tour, édifiant et superbe : « J'aime la forme en toute chose. Quand je laisse un billet à ma femme de ménage, je mets la ponctuation et les virgules parce que, comme le disait Montherlant, quelqu'un qui ne met ni la ponctuation ni les virgules ressemble à un adulte qui ferait pipi au lit. »

Restons dans les formes... et passons maintenant à tous ces portraits, ces visages qu'il a scrutés, appris et sus par cœur. Fallait-il aimer le visage, mais quoi, précisément, dans le visage ? Solennel, Mac Avoy me regarde, je me sens à cet instant presque « peint » à mon tour : « J'aime la vie qui y est inévitablement inscrite. J'ai écrit dans mon carnet : “ Le portrait n'existe qu'à partir de soixante-dix ans ", et Mauriac aussi le prétendait qui avait déclaré : " Mac Avoy peint ces visages dont, la soixantaine passée, on est responsable ". Dans ma vie, savez-vous, j'ai vu des gens très ordinaires que la hauteur, la qualité de leurs préoccupations a rendus nobles et beaux à leur vieillesse. A l'inverse, j'ai connu aussi des visages nobles et beaux dans leur jeunesse que la vie a avilis. »

Mac Avoy ne me cite personne mais peu importe, j'ai seulement envie qu'il me parle un peu des grands de ce monde qui ont posé pour lui. De Picasso, par exemple : « Ah, Picasso s'est comporté comme une religieuse, il me stupéfiait. Pour un artiste qui accrochait un œil là où ça lui faisait plaisir, il prenait tout à coup des précautions incroyables : " Mon tee-shirt est un peu sale, tu sais, ça ne te fait rien ? " Quand on change de camp, on devient profane... Lorsqu'il a vu le portrait terminé, il a été fou de joie. Mais c'était un homme déroutant, excessivement mal élevé, qui avait de grands engouements : les courses de taureaux, les femmes, sa bouteille de whisky par jour... En dépit de ses trente mille œuvres, il aura perdu beaucoup de temps, entre autres à bêtifier. Un jour il se déguisait en Tyrolienne à grandes tresses blondes pour faire coucou du haut d'une fenêtre du château de Vauvenargues. Une autre fois — c'était en vue d'une photo mais elle a raté, la pellicule était blanche —, je l'ai vu surgir avec Cocteau sur la pelouse de Santo Sospir, la tête ornée de deux carottes enrobées de papier d'argent en guise de cornes, Cocteau, lui, jouait les toréadors. Prodigieux ! Les êtres purs sont toujours des gamins. »

Du personnage de Guitry, celui qui était « contre les femmes, tout contre », Mac Avoy ne semble pas avoir gardé d'impérissable souvenir, hormis celui « d'un esprit parisien de pacotille fort incommodant ». Je rallume son intérêt au nom d'André Gide : « Mon premier, et le plus difficile de tous ! C'était une commande de l'État, dans la série des " Grands personnages de notre temps ". Gide voulait poser et m'avait fait cette recommandation : " Surtout, mon cher Mac Avoy, faites en sorte que je demeure irrésolu. C'est ce que j'ai d'indécis qui est le meilleur de moi. " Or, le portrait, c'est justement une résolution. Il s'agissait donc de résoudre l'indécision, et ce n'était pas simple. Je crois avoir fait sept épreuves successives, auxquelles j'ai cru tour à tour, jusqu'à tenir enfin la bonne version qui est à Beaubourg : le personnage cerné de solitude. »

Devant ce portrait de Gide, Roger Martin du Gard avait soulevé cette question, on se souvient : « Que dira-t-on dans quelques siècles ? Portrait de Gide par un inconnu, ou portrait d'un inconnu par Mac Avoy ? »

« On dira portrait de Gide par un inconnu, tranche Mac Avoy sans l'ombre d'une hésitation. Car outre l'écrivain qu'il était, Gide a été aussi un écrivain “ à message ”. Un message qui a retenti et qui, par ricochet, retentit encore sur la jeunesse d'aujourd'hui. Gide a mobilisé les jeunes du monde entier. On ne se rend même pas compte, lorsque à quinze ans, fille ou garçon, on peut se donner à présent l'allure qu'on veut, prendre son sac à dos et partir, qu'on est tout simplement petit-fils ou petite-fille d'André Gide. Toute cette indépendance, c'est Gide. Il a ouvert la grande porte très large — pour le bien ou pour le mal. »

Dans sa série personnelle des « Mémorables », c'est Cocteau que Mac Avoy placerait au rang de Gide, je le devine au vibrato qui continue de l'animer à l'évocation de leur « complicité absolue ». « Je cherche encore un personnage de cette envergure, de ce délire ! » dit-il.

Et de Gaulle ? Là, je m'attends à quelque confidence inédite... Pendant ses longues heures de pose, un modèle parle, raconte. Il est même obligatoire, si j'en crois le portraitiste, que, pour éviter l'ankylose, on le tienne sans arrêt en haleine. Alors, de Gaulle, avec son génie des petites phrases, en a bien réservé quelques-unes à son dévisageur ? Pas la moindre, et Mac Avoy semble même regretter ce qui ne fut qu'une « pénible histoire » : « Malraux était là et lui parlait tout le temps... »

Je suggère alors une revanche avec un autre homme d'État. François Mitterrand ? « Non, il est trop tôt et je trouve que la politique souille un peu tout ce qu'elle touche. J'aurai très envie de faire François Mitterrand quand il ne sera plus président de la République. Nous nous attendrons donc tous les deux. »

De Gaulle a vogué vers les États-Unis, et si l'on n'a jamais vu, parmi les soixante autres Mac Avoy qui se promènent à travers le monde, un seul autoportrait, une seule peinture de sa femme ou de ses trois enfants, c'est que l'artiste veut se ranger du côté d'un certain anonymat de l'art. Pour lui, dans le portrait, il faut être deux. Éviter, comme Modigliani, de mettre « plus de Modigliani dans le portrait qu'il n'y a du portrait lui-même » — le « dessin » est clair. En ce cas, quel est le portrait absolu ?

« Celui de M. Bertin par Ingres, où vous avez totalement Ingres et totalement M. Bertin. Je cite souvent le cas de David, assez sale bonhomme mais merveilleux artiste, lorsqu'il a peint

Mme Récamier : voilà la pureté, la simplicité même ! Elle ne porte pas le plus petit bijou. Et on a le droit de penser, à la voir ainsi étendue, dans sa robe blanche, sur sa méridienne Empire, qu'elle devait être comme ça. Autre exemple : quand cette horrible Mme Morel de Tangry est venue poser pour lui, elle est arrivée laide comme un pou avec ses fanfreluches, ses rubans, ses camées, et ses deux filles immariables de laideur elles aussi. Eh bien, David a assumé les camées, les rubans, et tout le bazar de la vieille dame. J'eusse fait la même chose. Moins bien mais je l'eusse fait. »

Qu'on soit beau, qu'on soit laid, tout l'art est donc d'assumer, de traquer l'âme secrète sous les rides du rire, les rides des larmes, et j'aime entendre encore le maître décrire l'étude de cette géographie patiente et complexe : « Les défaites, les victoires, tout est imprimé sur un visage. Il faut l'apprendre à la manière dont un acteur apprend son rôle. C'est seulement quand il le possède et le connaît parfaitement qu'il est prêt à le jouer. Moi aussi, je ne peux attaquer mon portrait qu'en “ sachant ” à fond mon modèle. Picasso savait Gertrude Stein par cœur au moment de commencer à la dessiner. A tel point que lorsqu'elle a voulu renoncer au séjour sur la Côte d'Azur qu'elle comptait faire à l'époque — “ Puisque tu fais mon portrait, il faut que je reste ” —, Picasso lui a dit : “ Au contraire, fous le camp, te regarder m'empêche de te voir. ” Il avait raison. Devant son modèle, on est dans la déroute, alors que face à son dessin, on peut être dans une relative certitude... »

David, Ingres, Picasso... mais aussi Gauguin, Cézanne, Matisse, Bonnard, Braque, aucun musée digne de ce nom ne saurait ouvrir sans ces incontournables, et devant moi tout à coup c'est un Mac Avoy en colère qui se dresse. Président du Salon d'automne qui justement a donné ceux-là au monde, il enrage qu'on se soit permis de critiquer ledit Salon, d'avoir osé dire qu'il ne servait à rien pendant que, non loin, la FIAC brille de tous ses feux. Au mot FIAC, et sans doute à la seule idée des extravagances qui ont l'heur de la séduire, il fouette sec : « Je ne reconnais pas la tentative actuelle, dérisoire et plutôt triste, de proposer encore l'agression et la provocation. On a déjà fait tout cela, en mieux, entre 1911 et 1922. Une corde nouée sur une planche de bois, moi, ça ne m'intéresse pas. Chez les dadaïstes, c'était plus drôle... » Nouer une corde sur une planche de bois ne me paraît pas non plus témoigner d'un acte génialement impulseur de nouveauté, mais je fais remarquer à

Mac Avoy qu'il reprend souvent la phrase de Cocteau : « Tout ce qui s'accomplit de grand l'est par désobéissance. » « Exact, réplique-t-il, l'interprétation de l'artiste désobéit peut-être à l'ordre de la nature, mais elle est complètement dans l'ordre de l'art. »

Étrange faiblesse des petits chefs en quête de notoriété : la note de service corrosive. Inventée pour faire tomber les têtes, elle n'abat que des arbres. Et d'un coup, la forêt couchée couvre leur désarroi.

Me revient à cette minute la petite musique de ma première arrivée à Saïgon. J'étais à l'âge où l'on se croit Rimbaud, où l'on se veut aristocrate parce que les femmes se plaisent aux couronnes, où l'on s'oblige à la gravité parce que la légèreté est trop évidente, où l'on passe ses nuits à dire des vers à des belles qui ne savent même pas écouter. J'étais à l'âge où l'on est con et sublime à la fois.

La télévision a toujours été perdue par ceux qui souhaitaient y faire carrière. Elle ne réussit qu'aux amoureux.

La recherche de la réussite est une névrose dangereuse. Pour avoir voulu devenir célèbres à tout prix, certains personnages du petit écran ont créé leur propre anonymat. Il n'y a plus aujourd'hui que quelques rares animateurs capables d'assurer une prise d'antenne de grand style à 20 h 30. Catastrophique pour demain.

J'ai revu ce matin le *Saint Thomas* qu'avec beaucoup de Français, une nuit de générosité, nous avons racheté à l'ordre de Malte. Étonnant l'itinéraire de ce beau tableau de Georges de

La Tour, découvert par une vieille dame, dans un tiroir secret de son château et immédiatement offert à l'une des œuvres les plus charitables. Nous ne pouvions laisser partir cette toile pour les États-Unis où elle était trop ardemment désirée. Il nous fallait 32 millions, j'étais sûr de les trouver, je n'avais pas la méfiance de l'apôtre portraituré qui avait besoin, pour croire, de voir de ses yeux ou de toucher de ses mains. L'aventure avait son grain de folie, elle en devenait donc plus belle, pour la première fois nous lancions, avec Antenne 2, une souscription-sauvetage. Deux chèques, vite envoyés, le premier de 5 millions, l'autre de 2 millions, nous avaient assurés de la possibilité de réussite d'une telle opération. Nous pensions que les petites sommes allaient faire la différence. Nous avions raison ; les billets de 50 francs, libellés par des amoureux de l'art, firent qu'en peu de temps nous avions décidé de l'architecture la plus sûre. Un monument d'amitié pour un chef-d'œuvre retrouvé. Cette soirée de chaude participation fut à la vérité un enfer de froidure. Nous nous étions installés en direct au dernier étage de l'Opéra Bastille, au milieu des échafaudages et des grues, plein vent, dans le désordre du chantier, par moins 5 degrés. Le bonheur d'ouvrir un théâtre qui n'avait encore ni portes, ni dalles, simplement une voûte monumentale et une succession de précipices, s'accompagnait d'un espoir de succès total, partagé par ceux qui avaient eu le courage de se porter aux premières lignes d'une magnifique et inattendue action de mécénat. En tête, Michel David-Weill que nous ne remercierons jamais assez et puis aussi Maurice Rheims, mon complice, Olivier Chevrillon, Pierre Rosenberg, Christian Pellerin, Henry Racamier, Alain-Dominique Perrin, Antoine Guichard, Denis Defforey, Pierre Sciclounoff. Grâce à eux et aux milliers d'anonymes, le mot impossible perdit d'un coup tout son sens. A la fin de la nuit nous étions sûrs que le *Saint Thomas* irait au Louvre et non pas à New York, le pari était réussi. Michel David-Weill avait eu raison de dire, au cours de l'émission : « La beauté existe, elle est nécessaire et chacun y a droit. » Alain-Dominique Perrin avait eu la parole heureuse en déclarant : « L'art d'apparaître désintéressé n'est pas sans intérêt. » Provocation sans doute qui devrait persuader les grands patrons d'une meilleure participation de leurs entreprises au respect de notre patrimoine. En regardant saint Thomas dans son cadre je me demandais tout à l'heure : « Est-il bien sûr maintenant que tout est possible ?... »

Au milieu de ma route, je demande encore mon chemin ; c'est une manière d'avancer.

La mémoire est une immense galerie aux *portes* innombrables. Il suffit d'ouvrir l'une d'entre elles pour que s'offrent de nostalgiques espaces de vie. Encore faut-il avoir les bonnes clefs !

Bernard Pivot est bien celui que l'audiovisuel aura le mieux ciblé dans ses chasses multiples. Parce qu'il n'avait pas l'obsession de l'écran, il s'y est remarquablement installé, presque par hasard, mais avec une science instinctive de journaliste aux aguets, évitant les dérapages de ceux qui veulent à tout prix s'illustrer. Panoplie du vainqueur : ses rondeurs, sa droiture.

« Il faut être de son temps », disent les précieux. C'est l'une des mille manières d'en être l'esclave.

Voyager c'est lire à cœur ouvert, l'œil fureteur, l'oreille au vent, c'est se donner du grand large et le bonheur de comparer.

Il avait si peu d'idées qu'il devint idéologue.

Les gens qui courtisent le pouvoir sont partout à exclure. Ils n'ont que lâchetés en tête et n'en sont même pas coupables. Le ciel, dans sa bonté extrême, leur a donné ce poison qui les tue.

Michel Tournier porte chez lui le béret des paysans de chez moi ou la calotte moyenâgeuse des moines errants, contemplation oblige. Ses ennemis pensent qu'il n'a plus qu'une seule obsession : sa mort, ou plus précisément son éternité, disons sa postérité. Faux et vrai. Faux si l'on considère qu'il s'agit là d'une mise en scène de l'écriture, vrai si l'on s'en tient à sa détermination : durer au-delà du temps. J'ai lu tous ses livres, nous avons eu de longues conversations à la radio, à la télévision, je connais bien son presbytère de la vallée de Chevreuse où il a vue sur les tombes et où passait autrefois Aragon, je l'ai même entraîné dans ma maison des Pyrénées et j'ai pu vérifier au lycée d'Argelès-Gazost le pouvoir immédiat qu'il a sur les enfants. Il n'est pas de conteur mieux écouté, de professeur aussi tendrement accepté, l'accord est étonnant, je comprends tout à coup ce qu'il m'a dit un jour : « C'est en sixième que je veux enseigner la philosophie ; mes contes sont de la philosophie de contrebande. » Son meilleur public se situe au-dessous des quinze ans. *Vendredi,* deux millions d'exemplaires, vingt-quatre traductions, édité en braille par l'Institut des jeunes aveugles, est le thème magique de cette génération pour laquelle il écrira bientôt un énorme volume sur ses visites dans les écoles. Titre : « Un écrivain dévoré par les enfants. » On y trouvera cette question : « Croyez-vous en Dieu ? », et sa réponse : « Oui, parce que Jean-Sébastien Bach m'y oblige. Je l'écoute chaque jour et la foi est inhérente à sa musique. »

Michel Tournier se donne égoïstement des quartiers de solitude — « La femme aime la fidélité, l'homme adore la liberté » —, et se veut moins garnement qu'autrefois. « L'autre nuit je suis tombé sur un entretien de France-Culture. Gaston Bachelard, mon vieux maître, était interviewé par un petit con qui lui coupait la parole. On a annoncé le nom : c'était moi. » Il ne permet plus aux « affairistes » de tricher avec son art : « Raymond Barre n'aurait jamais dû parler littérature à la télévision. Qu'il s'en tienne à la musique. Il a perdu l'élection présidentielle le jour où, à *Apostrophes,* il a fait un massacre de poètes. » Je relis aujourd'hui *Le Médianoche amoureux* où il entremêle diaboliquement tous les thèmes : la communication des couples un peu anciens dans *Les amants taciturnes.* Que se dire après vingt ans de vie commune ?... La relation adulte-enfant, particulièrement dans *Lucie.* L'enseignant idéal ne doit-il avoir aucune relation affective avec ses élèves ? On se souvient de l'affaire Gabrielle Ruffié... La fonction de l'écrivain dans la société... La manière d'échanger : pour recevoir, il faut autant de générosité et de richesse que pour donner...

Michel Tournier connaît l'orgueil et la modestie du conteur : « Ce qu'il raconte est d'une beauté et d'une richesse incomparables, mais il n'en est que le messager. C'est sans doute ce que Perrault et Homère auraient dit si on les avait interrogés sur les contes du premier et L'Iliade du second. »

Je verrais bien Tournier ambassadeur de littérature et de légendes auprès de tous les enfants du monde.

Échec total du simulacre politicien, flop grossier dans les eaux de la Nouvelle-Calédonie. Comment pouvait-on s'attendre à une adhésion pour une mise en scène pareille à une mascarade. Le Parlement qui n'a pas de grandes ambitions, aurait dû faire à la France l'économie d'un référendum. Michel Rocard a raison : « L'approbation des accords de Matignon a été trop chichement mesurée. » Les abstentionnistes représentent aujourd'hui le plus grand parti de France, ils devraient avoir leur groupe à l'Assemblée. Si la stupidité persiste et signe, il n'y aura plus personne demain devant les urnes. La démagogie n'est pas la philosophie du peuple.

Selon Machado, grand éditeur brésilien, « l'Argentin est un Italien qui parle un mauvais espagnol parce qu'il est anglais ». Ce portrait couramment brossé à Bahia et Rio de Janeiro entraîne une réplique assassine du côté de Buenos Aires : « Les Brésiliens ? Des singes qui pensent qu'ils sont des hommes. » On ne peut mieux illustrer le mépris qui oppose ces deux peuples.

Le prince Charles est attendu à Paris et me revient en mémoire cette prédiction de Farouk d'Égypte : « En l'an 2000, on ne connaîtra plus que cinq rois, les quatre du jeu de cartes et... le roi d'Angleterre. »

1988

Novembre

Je ne sais rien de Barcelone mais j'ai la chance d'épouser immédiatement les lieux que je sens pouvoir aimer. Accablée de soleil, grouillante sur les ramblas, encombrée d'échoppes où chantent dix mille oiseaux en cage, la ville s'épanouit de vanités en cette veille de 92 : l'Europe, les Jeux Olympiques, le cinq centième anniversaire des errances de Christophe Colomb, le millénaire de la Catalogne suffisent à son prestige mais elle y ajoute par coquetterie sa bande de galopins : Gaudí, Picasso, Miró, Tapiès, Lorca, Bofil. Ici, la sardane piétine le flamenco. Barcelone est un perpétuel défi au pouvoir, un continuel bouillonnement artistique. Une matinée qui pourrait être banale et me voici devant les *Demoiselles d'Avignon* revenues pour une semaine en hommage à Picasso, face aussi au *Jeune homme à la blouse rouge* de Miró. Les intellectuels sont ici les nouveaux grands d'Espagne, Morand et Kessel m'en parlaient. Un rire m'accueille. L'éclat, la griserie. Imposante dans ses atours de reine, cheveux noirs en rotonde, Montserrat Caballé me fait les honneurs du théâtre de la Musique. Elle est sereine, lucide : « Rien n'est plus éphémère que la gloire, mais heureusement, le réel, c'est le désir. » La voix a changé, le souffle a ses limites, mais quelle science, quel timbre, quelle maîtrise. Ses ambitions d'aujourd'hui ? « Regarder une étoile, voir un arbre pousser. » Sans doute y a-t-il là une brise de nostalgie mais Montserrat est millénaire comme son pays.

1988

Novembre

Il m'a été demandé de faire compliment ce soir à Barbara Hendricks qui reçoit le prix Grand-Siècle créé en 1965 par Bernard de Nonancourt. Je crains de devoir en dire trop, d'éparpiller la parole. Choisissons l'écriture, une *lettre* passe mieux dans les interstices du cœur.

Chère Barbara,

Les moments d'amitié, les minutes de partage, la nécessaire attention à l'autre sont l'essentiel de votre vie. A votre premier cri sans doute, de ce premier chant vous avez tué l'indifférence, affreux mot qui triompherait à la Bourse s'il était officiellement coté...

Le talent n'est rien s'il ne s'accompagne d'une générosité exigeante, exacte, forgée au cœur et à l'âme, naturelle. Vous ne faites pas de bonnes actions de circonstance, propres à enflammer l'imagination promotionnelle. Vous êtes — et c'est un privilège de la naissance — constamment vous-même. L'illustration parfaite de la parole du philosophe : « Deviens qui tu es. » Ce ne sont pas des fleurs, ces phrases de tendresse, pas même des points d'orgue, simplement d'impérieuses gourmandises, la plus évidente étant de dire la stricte vérité.

On ne comprendrait pas votre succès si on ne lui donnait pas pour accompagnement votre épanouissement de femme. Je vous connais assez pour ne rien travestir, je vous aime juste

ce qu'il faut pour ne pas en souffrir. Je sais ce que nous devons — vous et moi — à Martin, votre mari, pour ce qui touche à l'alliance de l'art et de sa transparence. Le monde du lyrique qui souffre de clichés, d'images toutes faites, s'est depuis longtemps embrasé au seul cri de *Diva*... appellation peu souvent contrôlée et que nous gommons immédiatement puisqu'elle ne convient pas et ne vous fut jamais donnée. La musique, le chant, la passion, le *mariage* vous ont inventée citoyenne du monde ; par le jeu d'une rencontre et d'un accord parfait, l'Américaine est devenue suédoise.
Choisir c'est renoncer. Mais partir ce n'est pas oublier. Il y a toujours, dans la petite musique du souvenir, les negro spirituals des églises du dimanche, la présence de votre père, pasteur méthodiste, et les battements de l'Arkansas des années 50 secoué par le racisme. Une blessure qui tient l'âme fragile et la fait forte. A ce degré de nostalgie, comment ne pas penser à Jennie Tourel, votre professeur à la Julliard School de New York, comment ne pas être reconnaissant. Elle vous enseignait à servir la musique, plus encore, à ne pas vous en servir. Je ne vous ferai pas subir le tir croisé des superlatifs, mais je crois quand même que Mozart vous a prise un jour par la main après avoir composé pour vous. Je pense qu'il doit y avoir une raison aux attendrissements que vous suscitez. J'ai été très frappé il y a quelques années par l'attitude d'Herbert von Karajan à votre égard. C'était à Vienne. J'ai dans l'œil tout le décor, l'orchestre, les chœurs, le maître et vous quatre : Placido Domingo, Ruggero Raimondi, Katia Ricciarelli, Barbara Hendricks. Vous enregistriez *Turandot*. Et c'était magique et c'était gênant. Vous aviez chacun un rôle à tenir, et bizarrement, Karajan se partageait entre l'amour et l'indifférence, à l'instant de vos départs successifs. Pour Placido on devinait vite l'affection, Ruggero l'énervait, Katia l'agaçait et vous, Barbara, vous étiez sa petite lumière, sa favorite. Elle était si visible, cette tendresse, que les autres en étaient meurtris. J'ai demandé : « Pourquoi montrez-vous de façon si évidente votre penchant ? » Et Karajan m'a parlé de votre style sûr, de votre voix précise, de votre vie accomplie. Il avait raison mais je vous en ai un peu voulu d'avoir attristé les autres.
Nos souvenirs personnels sont multiples et les meilleures de nos rencontres ont été magnifiées par des naissances. D'abord la vôtre au commencement du chemin, ensuite celle

de Sébastien — Sébastien Amadeus — qui aura sept ans le 6 décembre. Je me souviendrai longtemps de ce premier *Grand échiquier.* Vous m'aviez fait la surprise d'une grossesse et je rêvais d'un accouchement en direct. J'ai presque concrétisé mon espoir et ceci n'est pas une formule. Dans les coulisses des Buttes-Chaumont, nous avions installé une cellule médicale avec médecin, sage-femme, infirmière, nous avions même une ambulance, prête pour le départ, les sœurs Labèque avaient répété le *Happy Birthday.*
Sébastien a donc suivi l'émission aux premières loges... à l'avancée... Pour votre premier récital à la Scala de Milan, Sébastien — toujours lui — était cette fois vraiment là. Il avait deux mois ; on n'avait jamais vu pareil spectacle : vous sortiez à chaque tonnerre d'applaudissements pour l'allaiter. Nous avons eu les mêmes émois à la naissance de votre fille Jenny il y a quatre ans, lorsque, pour une nouvelle soirée, vous m'avez fait l'amitié de rassembler tous vos amis de l'école de chant et les musiciens de l'Orchestre de Suède placé sous la direction de Ezza Peka Salonen. Vos enfants, Sébastien et Jenny, sont la vraie réussite de votre vie, l'éclat de deux civilisations. Fous ceux qui pourraient croire encore que tous les Suédois sont blonds.
Dans votre métier, il vous faut vous décider vite pour ne point vous perdre. Ainsi, vous avez refusé le rôle d'Elvire, trop lourd, de *Don Giovanni.* Ainsi, vous êtes bien plus préoccupée de concerts, de récitals, de disques, que d'opéras. C'est un choix, votre priorité. Il n'empêche que *Les noces de Figaro* vous appellent à Vienne en décembre, à New York en janvier, à Milan en mars, et que Gilda sait vous séduire. L'an prochain, au Bolchoï, vous prendrez le risque — vous l'Américaine de Stockholm — de chanter en italien un livret que vos partenaires donneront, eux, logiquement en russe. Voilà toute la magnificence de votre vie paradoxale et éminemment cohérente.
Et je ne puis oublier *La bohème,* le film de Luigi Comencini. Je rends grâce ici à Daniel Toscan du Plantier qui a voulu cette œuvre, qui s'est battu pour elle, contre ceux qui s'étonnaient d'une Mimi noire, qui craignaient une telle fragilité. On ne sait pas assez ce que sont les luttes de la création. Il n'est pas inutile de faire parfois la litanie des malentendus et des problèmes. Et nous pensons, Barbara, à notre ami José Carreras. Il devait être près de vous. Il avait enregistré préa-

lablement toute la bande sonore et c'est sa voix que l'on entend dans le film. Mais au moment du tournage, une terrible maladie l'a fait absent et c'est Luca Canonici qui lui a prêté son visage. José va mieux, vous le verrez le 28 novembre dans l'*Échiquier* consacré à Montserrat Caballé.

Je me souviens d'avoir dit haut et fort, il y a une dizaine d'années, qu'il ne fallait pas *vous écouter seulement quand vous chantiez*... Vous avez à dire, à insister, à clamer, à bouger le monde. Pour cela, pour vous permettre de hausser davantage la voix, l'ONU vous fait ambassadrice et ce n'est pas le titre qui compte, plutôt la mission. Les causes humanitaires ne vous appellent jamais en vain, vous précédez souvent la demande. Vous n'ignorez rien des détresses des exilés, des réfugiés, des bannis de toutes confessions, de toutes nationalités. A Marrakech, nous avons aussi 486 enfants cassés à leur premier souffle. Je crois pouvoir dire — et vous ne m'en voudrez pas — que le malheur vous occupe bien plus que votre métier. C'est peut-être le ciel qui vous a donné cette vocation nouvelle, l'appel de l'autre, cette urgente nécessité de lui tendre les bras.

Ce que vous faites professionnellement dans les grands combats de votre art n'est pas minimisé, mais il me semble que vous avez aujourd'hui installé le plus lumineux de votre force... ailleurs. Pour vous, Barbara, les causes humanitaires ne sont pas les bonnes œuvres que l'on accroche à une biographie. Elles vous collent au cœur de la manière la plus simple. Et puis, vous savez que l'on peut militer pour les droits de l'homme, au plus proche de son environnement, à sa porte. Les enfants malheureux ne sont pas seulement du bout du monde et vous avez assez d'oreille pour les entendre. Et nous avons assez de cœur pour t'aimer.

1988

Décembre

Apprenant la mort déchirante de son ami Rimbaud, Verlaine fit cette déclaration : « Il vit en moi comme un soleil qui ne se couchera jamais. » J'ai dans mon bureau l'image du cher Arthur : un beau fusain de Marie-France Nollet. Tout l'ailleurs est dans les yeux du poète.

J'attendais une victoire, nous avons été battus mais ce n'est pas l'échec. La France du football est ainsi : elle ne se magnifie que dos au mur, dans l'ultime match, lorsque tout semble perdu fors l'honneur. Il lui faut souffrir pour se croire heureuse. Ce dérapage sur le tapis vert de Belgrade n'est pas honteux et si la Yougoslavie a logiquement gagné, nos petits Bleus n'ont pourtant pas succombé. Il leur est venu enfin un grand souffle qui les pousse, les fouette et peut les porter jusqu'à la Coupe du monde : Michel Platini est ce beau vent, inattendu, réconfortant, propre à défriser les vieilles habitudes d'une Fédération un peu bourgeoise, étriquée dans ses comportements, frileuse dans le chaud des dramaturgies tricolores. Le sélectionneur nouveau prend le risque d'une politique ambitieuse, joue le panache, se fait mousquetaire, se met en danger, seule manière de passer l'obstacle. Il y va de notre bonheur et de son avenir : sa reconversion personnelle — quoi qu'il arrive — prend enfin un sens.

Il n'y aura plus désormais de gaulliste historique aux sommets de l'État. Le départ de Jacques Chaban-Delmas, homme raffiné, tolérant, avant-gardiste de l'ouverture, sonne le glas d'un monde qui a occupé un demi-siècle de tragédies et de bonheurs. Le perchoir de l'Assemblée s'est donné un nouveau coq qui chantera sans doute en socialisme mineur. Laurent Fabius, dans un style différent, n'est pas tellement éloigné de l'univers convivial de son prédécesseur. Il lui faudrait peut-être un peu plus d'exaltation pour le sport et l'amitié par exemple, un peu moins d'embourgeoisement dans ses contours familiers. La démagogie phagocytée par quelques-uns de ses courtisans lui fait des ombres, qu'il s'en délivre et la passe de trois n'est pas impossible. Après Matignon, Lassay, pourquoi pas l'Élysée ! Un peu de patience et nous le retrouverons au centre... des préoccupations du XXIe siècle. La politique n'aura plus alors la moindre importance. Seules resteront les trahisons d'habitude... Il saura choisir les siens.

Le bonheur complet. Itzhak Perlman dans la somptuosité du *Concerto* de Brahms. La beauté du son, la vertu du timbre, la magnificence du violon, un phrasé, pas la moindre brutalité. Et puis avec l'Orchestre de Paris dirigé par Daniel Barenboïm, le bel échange, le partage de minuit.

Un peintre sans âge, si vieux, si jeune, devant un chevalet sans grâce, m'arrête au passage et me crie sa colère : « Pourquoi donner tant d'argent à un mort appelé Van Gogh, à un mourant nommé Balthus ? » Il ne se demande pas encore s'il a du talent, ce sera pour plus tard. Peut-être vendra-t-il une toile de son vivant, comme Van Gogh. Je lui rappelle une réflexion de Freud : « C'est un bon exercice d'être sincère avec soi-même. »

José Carreras ose parler maintenant du mal qui l'a frappé en 1987. Il a dépassé le stade du choc, de la pleine souffrance. Il y a un an encore, à Barcelone, il n'arrivait pas à dire le *mot*, il ne l'avait pas prononcé une seule fois au cours de notre longue conversation au Palais royal. Montserrat Caballé, qui nous accompagnait, m'avait dit à l'issue de l'entretien : « Vous voyez, il ne peut pas, la blessure est profonde. » Aujourd'hui, revenu sur scène, il répond presque fièrement : « Oui *j'ai eu* la leucémie », et il se bat contre elle. Il parcourt le monde, s'exhibe, fait campagne pour trouver des fonds et alimenter ainsi la Fondation qui porte son nom : « Je veux aider les malades, participer à la recherche, à la création des banques de moelle épinière qui permettent les transplantations indispensables. » Carreras est en croisade, un homme nouveau se sait en quête de plaisirs différents, un monde a basculé, une planète plus grande darde ses soleils, sa voix n'a pas changé. Nous serons ensemble ce soir à Madrid où j'accompagne Jacques Delors.

« Il n'est pas impossible que tu puisses rencontrer Cioran, m'a dit ce matin Gabriel Matzneff, je vais t'arranger un rendez-vous, mais il faut le temps. » Je souhaite lire dans les yeux de cet écrivain qui se cache la désespérance que révèle son œuvre. Pour me persuader que le malheur n'est pas seulement pour lui une clause de style, une charge d'écriture, son opium. Je ne sais pas si j'aurai un jour la chance d'un entretien mais je me prépare à l'entendre. Je voudrais que nous allions au-delà de quelques phrases notées au hasard dans son traité du pessimisme bizarrement intitulé *De l'inconvénient d'être né* :

« Si le dégoût du monde conférait à lui seul la sainteté, je ne vois pas comment je pourrais éviter la canonisation. »

Je vais avoir du mal à le persuader de mon intérêt pour les curiosités de l'univers. Je n'ai pas la prétention de croire que notre entrevue pourrait lui apporter un brin de fantaisie, ne me fais aucune illusion et tiens pour preuve cette question et cette réponse, toutes les deux de lui :

— Que faites-vous du matin au soir ?

— Je me subis... il faut souffrir jusqu'au bout, jusqu'au moment où l'on cesse de croire à la souffrance.

Plus je suis attristé et plus j'ai envie de le voir, ne serait-ce que pour tenter de *comprendre* le vrai sens de cet abominable constat : « Il n'est pas de position plus fausse que d'avoir *compris* et de rester encore en vie. »

S'il fallait aujourd'hui demander à Goya d'offrir à l'Espagne deux portraits nouveaux, je pense que le roi Juan Carlos et Felipe González devraient poser tout de suite. Ils sont, à des titres différents mais en complémentarité, l'image exacte de leur pays. Jacques Delors me donne l'occasion de rencontrer le second ce matin à Madrid. On m'avait parlé de son élégance. Je suis sensible surtout à sa courtoisie. Cet homme, longtemps mis en question au temps cruel du Caudillo, connaît les vrilles du soupçon, on le devine à quelque chose de grave dans le sourire, à une réserve. Il a parfois encore, mais c'est à peine perceptible, des attitudes de fuite, le vieux réflexe de la traque. Les femmes le regardent mais il s'adresse aux hommes, sans doute pour ne pas céder à cette séduction dont on le pare et l'agace à chaque instant. Je suis frappé par la dureté, souvent retenue, de l'œil. Il semble craindre un trop bel abandon aux sentiments, le temps est venu pour lui de ne rien montrer, il a une Espagne à faire, il lui faut, après tant de tutoiements militantistes, vouvoyer la démocratie. Nous parlons de l'Europe bien sûr et le plus simplement du monde, mais c'est dans un bistrot qu'il me plairait de le retrouver. Au cœur des 3 B peut-être, dans sa forêt basque, dans le Béarn de Delors, dans ma Bigorre. Demain ?

Où aller ? Quelle route prendre ? Je me souviens de ce que me disait un soir, chez lui, le philosophe Emmanuel Levinas après une *Radioscopie* : « Faites l'expérience... Vous voilà dans une pièce où sont amoncelés des trésors. Leur lumière est si forte qu'on est par eux vite aveuglés, on ne voit alors que la porte du fond et cette porte ouvre sur un autre espace également éclatant de richesses à ce point éblouissantes que l'on ne distingue que l'autre porte ouverte sur une troisième pièce encombrée de merveilles et les portes succèdent aux portes... C'est cela l'infini. » C'est aussi la route et l'inaccessible.

Yvan Audouard, toujours prompt à dire ingénument ce qu'il pense, se tait soudain à la question de savoir si les dieux lui ont été réellement favorables tout au long de sa vie... Puis il se lance (mais attention, la tirade ne saurait être lue sans imaginer l'exquise quinte de rire dont Audouard ponctue régulièrement sa conversation) : « Oh vous savez, chez nous dans le Midi, on est pudique, on ne se montre en public que lorsqu'on est montrables. Voyez Hervé Bazin, mon ami du Goncourt. D'un infarctus il fait un livre. Moi, j'en ai eu deux et je n'emmerde personne !... »

Toujours la même interrogation au creux de décembre : « Quel est le plus grand homme politique de l'année ? » Depuis bientôt une décennie et quoi qu'il arrive, je réponds inlassablement : Jacques Delors. Parce qu'il a l'honnêteté chevillée au cœur, que son discours est clair, qu'il ne varie point. Sa force de frappe est son idée : il n'est pas d'autre avenir pour la France que l'Europe. Le contraire d'un petit casanier. La plupart de ses confrères entretiennent des carrières, lui a un destin. C'est fâcheux pour les médiocres qui n'en peuvent plus de ses accélérations...

Confidence pour le moins inattendue d'un ami retrouvé : « J'étais là lorsque tu es mort. » Incroyable rappel ! Je ne me souviens pas de cette présence, je peux en revanche reconstituer le décor sonore du « réveil ». Des chants d'oiseaux, une musique criarde avec accompagnement de gongs venus de la pagode d'à côté, la rumeur sourde d'un hôpital, celui de Gia Dinh, à la sortie de Saïgon. Sur cette « mort » heureusement interrompue, j'ai des sentiments divers, des impressions multiples et une certitude : ce n'était pas atroce, bien au contraire, plutôt apaisant ; j'étais persuadé que je n'abandonnais rien ; je ne quittais personne, j'entrais presque familièrement dans un univers ouaté, appelé par tous ceux que j'avais aimés... Il me semble que ce passage à l'ailleurs n'a plus de secrets pour moi.

François-René Duchable dans les *Variations* de Brahms. Pureté, lumière des notes, perfection du jeu pianistique. J'aime cet interprète qui va de façon permanente au-delà de son art, qui nous donne dans le même soir deux *Polonaises* de Chopin, un Liszt, l'*Impromptu* de Schubert puis, en privé, bénévolement, un récital complet devant un millier d'enfants handicapés. Richesse intérieure, rayonnement de l'homme, grâce de l'artiste.

L'ai-je déjà écrit ou l'ai-je entendu ? Lorsqu'on dit d'un homme qu'il est singulier, on peut immédiatement en déduire que sa vie est plurielle.

Tôt ce matin m'est revenue cette rêverie de Jules Renard : « J'ai bâti tant de châteaux que les ruines m'en suffisent. » Je n'arrive plus à m'en défaire.

Je ne saurais mieux le dire que Robert Escarpit : « Astérix n'est pas mon grand-père. Je suis gascon et si j'ai des Gaulois dans mes ancêtres, ou des Ibères, ou des Basques, ou des Wisigoths, ou des Arabes, ou des Juifs, c'est que nous autres, Gascons, sommes la plus pure race de bâtards qui ait jamais existé. » Bâtards d'accord, nous gens de la Bigorre, mais du plus beau bleu de cette pureté. Les montagnes et les millénaires nous ont appris que le métissage est un phénomène heureux.

Genève, où la neige, cette nuit, est tombée sans crier gare. On n'y verra plus Ella Maillart circuler à bicyclette. « Faire de la bécane », comme elle dit. A quatre-vingt-six ans, elle a décidé qu'il était temps de « raccrocher ». « J'offre l'engin à une œuvre de bienfaisance. »

Dans le petit salon de son appartement où nous sommes installés, *Radioscopie* peu ordinaire. J'étais venu pour faire la sienne, celle d'une femme d'exception, d'une étonnante voyageuse, elle fait la mienne, d'autorité, à plusieurs reprises. Charmée, curieuse, dès lors que j'avoue avoir bien connu, mais trente ans après elle, deux ou trois de ces régions du monde inscrites à ses fabuleux itinéraires d'exploratrice.

— Ah, vous étiez à Pondichéry ? Et en quelle année ?

Comment se dérober. Ella Maillart, exactement comme à l'âge où elle désobéissait à son père en abandonnant ses études pour des quêtes plus à son goût, fait ce qu'elle veut. Elle accepte de me raconter son « Turkestan-vélo » à condition que je lui dise mon Indochine. Le pari m'amuse, me plaît. Hors micro, ravis, nous échangeons des noms, des lieux, mots de passe complices. Elle était réticente, la dame du Turkestan, de « Pondi », mais aussi de l'Afghanistan sillonné en juin 39 dans la vieille Ford d'une amie, à l'idée d'évoquer des temps héroïques maintenant « loin derrière ». Relatés déjà dans ses livres, comme *La voie cruelle*, récemment réédité. C'est que, chargées d'émotions rares et originales, les malles d'Ella Maillart répugnent quelque peu à desserrer leurs verrous.

— A l'heure des charters et du Club Méditerranée, que voulez-vous que les gens comprennent à mes voyages ! Ne faites surtout pas tourner votre « truc », là... Ça s'appelle comment ça... Un magnétophone ?

Elle bougonne, irrésistible dans son chemisier turquoise, spontanée, si authentique, encore belle d'une plénitude de vie ardente. Elle me parle de ses lectures d'enfance, Fenimore Cooper, Jules Verne, Conrad, Jack London. Il est clair qu'il faut enregistrer tout de suite. Elle n'est pas dupe de mon jeu, mais pas le moindre tremblement de l'œil qu'elle a pourtant vigilant. Elle accepte la situation.

— J'étais en révolte. Gamine, sous la guerre de 14-18, à Genève, j'en voulais à l'Europe, je me disais qu'elle était fichue ! Avec Miette de Saussure, une amie qui avait les mêmes dégoûts que moi, nous ne voulions pas devenir des grandes personnes. Alors, nous passions notre temps à naviguer sur le lac. Du lac, je gagnais mon lit, où je lisais comme une forcenée. Écœurée de tout, de moi-même sur ce lit, et des autres. Personne ne pouvait répondre à mes interrogations : que faisons-nous donc, ici-bas ? Où allons-nous, comme dit le tableau de Gauguin ? Parfois, je lâchais mes livres — des récits de guerre, *Le déclin de l'Occident* de Spengler, la vie des Indiens Peaux-Rouges — pour étudier des cartes. Tout à coup, je posais mon doigt sur un point : Samarkand ! C'est là qu'il faut aller !... Assez de livres, il fallait partir, aller voir !...

— Voir quoi, Ella ?

— J'avais envie de trouver des tribus heureuses, et je voulais les regarder vivre, correspondre à ce bonheur. J'appelle ça : « Être ce que l'on dit », « Devenir ce que l'on est ».

Le bateau, le ski, les amitiés genevoises cèdent bientôt la place à la véritable aventure. Suivre l'intrépide Ella va devenir difficile et du reste, elle partira seule, très souvent — les amis se marient. Trois mois en Crète, d'abord, où elle participe à des fouilles. Peu après, c'est Moscou, pour six mois, avec 150 dollars en poche.

— Nous étions au début des années 30. Je prenais de simples notes, j'étais hantée par ce qui se passait en Russie. Le seul fait de partir m'avait éblouie d'émotions. Partir c'est tout recommencer, le voyage m'a toujours donné mieux que n'importe quoi l'impression de la liberté. Près des peuples simples, au bout de la terre, la vie retrouve son équilibre. Ainsi dans le Turkestan russe, près des Kirghiz primitifs, j'ai retrouvé le secret des hommes droits qu'un ciel clair rend heureux... En vérité j'ai eu les mêmes rêves que tous les enfants du monde, seulement moi je ne les ai pas étouffés.

Je songe à la phrase de Léon-Paul Fargue : « On ne nous changera pas, nous sommes trop vieux ; nous avons mille ans. » Comme Alain Gerbault et Henry de Monfreid, rescapés des tropiques et de la mer, Ella Maillart a ses jungles profondes qui n'ont plus d'âge. Elle devait être, à ses premières aventures, la longue déesse aux yeux brillants que ses amis racontent, chevelure solaire, visage clair, riante, coléreuse, assoiffée déjà de solitude, héroïne sans vanité, simple jusqu'à la grandeur. Je l'imagine ainsi à vingt ans et je m'aperçois qu'elle devine le sens de mes cogitations...

— Vous avez raison de le croire, j'étais en effet très belle et merveilleusement folle... A propos, nous parlions de Moscou, il paraît que vous revenez tout juste de là-bas ? Racontez-moi.

Je raconte. Il est midi. Ella Maillart m'accorde encore les péripéties de son « Caucase à pied », de l'Afghanistan dans la Ford de son amie Christina. Las ! nos chemins se croisent une nouvelle fois, au sud de l'Inde. A Pondichéry précisément.

— A Pondi ? Vous étiez à Pondi ?

— Pardon, Ella, c'est moi qui suis venu aujourd'hui vous poser des questions. Qu'êtes-vous allée faire en Inde ? Toujours à cause du « Deviens ce que tu es » ?

Elle ne me répondra, incorrigible, qu'après avoir obtenu mes impressions personnelles sur les sages dont elle avait là-bas essayé de recueillir les lumières, et qu'à mon tour, bien plus tard en 1949, je pus aussi approcher : Sri Aurobindo, Mère... « Comment avez-vous réagi à Mère ? » bondit Ella, l'œil presque féroce. Je devine que ma réponse l'enchante : « Serrons-nous la main, je suis entièrement de votre avis. » Non, ce n'est pas auprès de Mère qu'Ella Maillart trouve ce qu'elle cherchait, pas plus que je n'ai cru moi-même au personnage. J'ai préféré cent fois la délicatesse, l'absolue sérénité de Satprem, le disciple, aujourd'hui ermite dans un creux de rocher au Cachemire.

— Mon séjour en Inde a tout de même vu la fin de ma quête, reprend-elle. J'ai rencontré successivement Rahmana Maharishi, Ramdas, Swami, Mère, et c'est chez Rahmana que je me suis arrêtée. J'ai bien fait, j'ai eu ma réponse. Je ne vous la dirai pas, bien sûr, car chacun doit trouver la sienne. Dommage que tant de gens cherchent, se dispersent, au lieu de se laisser guider. Tenez, tout à l'heure, j'avais besoin de quelqu'un pour m'aider à sortir ma bécane du garage, puisque c'est justement aujourd'hui que les Œuvres l'embarquent. Je croise un jeune homme en bas, dans le hall de l'immeuble, et je lui dis : « Qui cherchez-vous ? » Il me répond : « Ella Maillart... — Eh bien, monsieur, cela ne peut mieux tomber, moi aussi je vous cherche. Voudriez-vous m'aider... » C'était votre technicien.

Il est 15 heures, il neige encore, elle passe sur ses épaules hautes un pull-over de grosse laine, rouge, jaune, vert. « Je vous invite au bistrot du coin, on va casser une croûte. » J'ai rendez-vous au Théâtre de Genève avec Hugues Gall. Je lui dis mon regret.

— Toujours pareils, les hommes. Vous faites trop de choses, vous minutez bêtement vos emplois du temps, vous engorgez vos journées, vous n'êtes que des esclaves, moi j'ai toujours été libre... Si j'avais mes vingt ans d'autrefois vous ne m'auriez pas dit non...

Il me tarde vraiment de dire oui à ses quatre-vingt-six ans d'aujourd'hui. Ella observe et elle s'observe avec détachement. « Je reste spectatrice de moi-même. » Elle doit être, comme le disait son amie Christina, immorale et cynique. Je lui jette en partant la petite phrase de Saint-Exupéry : « C'est le temps que tu as perdu pour ta rose qui fait ta rose si importante. »

Il y a chez cet homme une vertu, une humilité, une convivialité heureuse, qu'accompagne une élégante discrétion. Je le respecte pour ce principe qui manque le plus aux êtres de qualité : l'humanisme. Longtemps, le professeur Jean Bernard a étudié les sentiments, les comportements des enfants condamnés, et cela pour les aider de son mieux. Toujours il s'est gardé de donner trop d'espoir. A un journaliste qui lui demandait : « Verrez-vous la guérison des leucémies de votre vivant ? », il fit près de moi cette réponse raisonnable : « Je ne sais pas quelle sera la durée de ma vie. » C'était il y a quelques années, aujourd'hui, il est bien plus optimiste, moins frileux dans ses propos. Je l'ai rencontré tout à l'heure et j'ai immédiatement noté ce qu'il m'affirmait avec une assurance réfléchie : « La victoire sur les quatre grands fléaux sera acquise dans les trente-quarante ans qui viennent : les *malades du cœur et des vaisseaux* — 220 000 morts l'année dernière — ne résisteront pas aux travaux des hématologues. Pour la première fois, voilà un schéma très sérieux d'espoir et de prévention...

« Les *cancers* sont vigoureusement combattus. On est actuellement à 45-48 % de guérison, on va passer en 2020 à 75-80 %...

« Les *maladies de l'esprit* — un des domaines les plus importants — sont attentivement suivies. Si j'avais le bonheur d'avoir vingt ans, je me consacrerais aux neurosciences, aux problèmes du système nerveux. Nous sommes là en plein essor, en grand développement.

« Les maladies génétiques enfin entrent dans une ère nouvelle. Tout va changer dans les trois décennies qui viennent. *Vos enfants myopathes seront guéris en 2020.* »

Je ne pensais pas que des phrases comme celles-là seraient dites un jour par un savant d'ordinaire si réservé.

Pour décrire l'évolution de la médecine, il conte l'apologue de trois médecins endormis...

Un médecin de 1900, endormi par quelque sortilège, s'éveille en 1930. Transformation totale. Des tracteurs, des automobiles, des avions. Les empires se sont écroulés mais la médecine a peu changé.

Un deuxième médecin, assoupi en 1930, est tiré de sa léthargie en 1960. Il ne reconnaît plus rien. Les méningites aiguës, la méningite tuberculeuse, les tuberculoses aiguës, les broncho-pneumonies évoluent vers la guérison. Les chirurgiens ouvrent les cœurs et les cerveaux.

Que trouvera, en 1990, un troisième médecin endormi en 1960 ?

Toute la médecine dominée par la biologie moléculaire.

L'avion glisse dangereusement sur la fine couche de neige qui déjà recouvre Moscou. Mitraille de gros flocons dans la lumière des projecteurs. Blancheur des pistes, pénombre des salles. L'aéroport ne brille que par panneaux publicitaires — américains — interposés ; le duty free est à sa place et le rouble déplacé : obligation de payer en dollars. Sinistres toutes ces pièces étouffées par des plafonds trop bas. Aucune vie sur cette étape d'accueil, une attente passive, des gens sans enthousiasme. Dehors il fait triste, froide est la route dans la tempête. Enfin, après 20 kilomètres, les palais des tsars, le Kremlin, la place Rouge, les cathédrales et les immeubles communautaires. Beautés d'hier, laideurs d'aujourd'hui. C'est mépriser le peuple que de lui montrer dans une même et immédiate exploration du regard ce qu'il a tué et ce qu'il a conquis. Je ne crois pas plus aux vertus de maintenant qu'aux bonheurs d'autrefois mais il manque singulièrement à ce premier contact un rien d'émotion. Il me semble que l'âme russe est atrocement embrumée, je ne juge pas, je sais au contraire le degré d'imprudence de pareilles impressions, j'éprouve seulement un malaise, jamais je ne me suis senti à ce point étranger dans un pays qui n'est pas le mien. Et pourtant les hommes et les femmes que je rencontre sont aimables, courtois, le souffle contraire vient d'ailleurs, d'une contrainte, d'une oppression, d'un étouffement consenti, d'une pesanteur naturelle fixée par un demi-siècle de perversions politiques.

La neige est si douce, les bulles des coupoles de Basile si « tartes à la crème », les flèches des églises tellement effilées que j'ai le cœur à vouloir aimer à tout prix cette terre mythique. Il doit y avoir des espérances dans cette foule alignée devant le mausolée de Lénine, j'observe ces visages multiples nés d'un immense empire, enfants de l'Occident, de l'Orient, de l'Extrême asiatique, j'admire un groupe étrange de magnifiques vieillards que Gengis Khan a sans doute conduits à passer les siècles : la grande Catherine retrouverait là tous les siens, esclaves, errants, affamés d'éternité.

Nous sommes logés à l'hôtel Rossia, énorme bâtisse sans grâce où veillent des matrones alanguies : il nous a fallu attendre une grande heure pour obtenir le droit de pénétrer dans nos chambres et nous ne saurons jamais quel long chemin ont parcouru nos passeports, subtilisés à la première seconde. La ville à cette pénible arrivée nous eût paru détestable s'il n'y avait eu l'attendrissante bienvenue de Frédérique et Ulysse Gosset, correspondants permanents de Radio-France et de TF1 en Union soviétique. Sublime dîner caviar-vodka surtout arrosé d'amitié. Mais le temps n'est pas au repos, nous sommes en plein drame, la nouvelle vient de tomber : un tremblement de terre a fait tout à l'heure des dizaines de milliers de victimes en Arménie, pays déjà touché par les luttes tribales, raciales. La télévision d'ici a immédiatement réagi et c'est un événement : les images sont atroces, villes anéanties, habitants enfouis ou à la dérive, tragédie des décombres. Et d'un coup, mon opinion change, je me sens de ce peuple malheureux, je voudrais aller à sa rencontre, nous marchons dans la rue où il n'y a personne après minuit, je retrouve la froideur de l'hôtel, son étonnante observance de l'ennui. Dans l'une de ses salles pourtant un millier de jeunes fêtent la naissance d'un groupe rock de Leningrad. J'ai soudain le sentiment qu'une fin du monde ne saurait troubler une société comme celle-là : elle est déjà accablée.

Première nuit dans la capitale des Républiques soviétiques... Matinée du lendemain paisible. Toujours la neige, encore des milliers de fidèles au chevet de Lénine sur la place Rouge, nous sommes seuls Denis Morlière et moi dans cette foule digne, respectueuse... Il est temps de rejoindre les citadelles de la radio et de la télévision. A trente minutes du centre. Ici, immédiat changement de décor, l'atmosphère est différente, ambiance occidentale, femmes élégantes, confort évident. Russie des privilèges ! On imagine ce que peuvent être les datchas des dirigeants du Soviet suprême, des hauts fonctionnaires de l'administration, la sinistrose, nous dit-on, n'y est pas de circonstance, les socialistes du sommet sont à leur tour devenus des princes. Personne ne nous parle de cataclysme, des cinquante mille morts d'Arménie, pudeur sans doute ou bien délicatesse : il faudrait évoquer tant d'autres drames moins visibles : « Le malheur est notre affaire », a murmuré à mon oreille une jeune femme. Son français était excellent.

Nous sommes venus à Moscou pour décider des futures coproductions franco-soviétiques. Il y a une forte demande et je ne pensais pas que l'urgence était telle. Les responsables des programmes musicaux qui nous accueillent dans leur immense bureau dominant la forêt souhaitent réaliser avec nous une suite de *Grands Échiquiers,* attendent que nous leur apportions orchestres et interprètes. Ils veulent de leur côté nous faire connaître les nouvelles générations de solistes qui rassemblent déjà dans les salles de concert et sur les écrans de la télévision des millions de spectateurs. Je suis ébloui par le temps qu'ils accordent à la musique : 1 235 heures chaque année, 65 % réservées au répertoire classique. Entre eux et nous l'accord est facile, il y a concordance d'idées artistiques, même nécessité de découvertes. Je voudrais faire entendre l'Ensemble symphonique de Leningrad avec Émile Tchakarov, mon ami, l'un des jeunes chefs les plus prestigieux d'aujourd'hui, ils préfèrent Iouri Temirkanov qui dirige officiellement cette formation. Diplomatie oblige, j'accepte. Je dis mes souhaits, ils annoncent les leurs et, surprise, je prends au vol cette phrase inattendue : « Nous aimerions inviter Slava Rostropovitch. » Petite minute de silence, ils s'amusent de mon étonnement, ils s'éblouissent de leur audace, ils apportent vite la correction d'évidence : « C'est un problème politique, nous pourrons peut-être le résoudre avec les plus hautes autorités, nous serions heureux de réussir. » Ils attendent ma réaction. Ils savent l'amitié qui me lie au grand violoncelliste, connaissent parfaitement notre émission, plusieurs *Échiquiers* ont déjà été diffusés en URSS — pas celui de Slava —, et voudraient être, eux aussi, ceux par qui la réconciliation arrive. Je leur dois de dire vite mon bonheur et la vérité. Qu'il me serait agréable d'accompagner Rostro pour un tel voyage, de l'accueillir chez lui dans mon propre programme, c'est inespéré, un rêve fou, et pourtant la possibilité est là, je ne veux pas la laisser passer, je tiens à me battre pour un tel projet. Évidemment la proposition n'est pas faite à la légère, elle est sans doute le fruit de longues réflexions, elle est *pensée*, elle a mûri dans l'esprit et le dialogue de beaucoup de gens. C'est une main, un archet tendus. Le bonheur donc mais aussi la vérité à affirmer. Je ne puis dissimuler ce que je sais, ce qu'il m'a dit : Slava ne reviendra que si Soljenitsyne est également convié aux agapes, si l'on tire un trait sur les offenses, si l'on soigne les déchirures, si la nationalité russe leur est rendue. Ils s'attendaient à ma réplique, elle les fait attentifs, énigmatiques, mais nullement inquiets. Et c'est là un comportement nouveau, une transformation totale des mentalités qui pourraient demain installer l'Empire dans des normes différentes, dans une perspective d'ouvertures tous azimuts. J'ai posé cent questions à tous ceux que j'ai eu la chance de croiser. Même réponse : « Notre prochaine révolution est enfin accordée à la liberté. » J'avoue n'avoir pas fait confiance tout de suite à Mikhaïl Gorbatchev, trop malin à mes yeux, trop libéral, trop subitement mondain, trop conciliant. Je l'imaginais plutôt grand stratège habilité par ses élégances à tordre le cou du monde et à tuer d'amour sournois son propre pays pour le triomphe unique du parti. J'aurais dû me souvenir d'un dîner en 1981 chez Gilbert Salomon avec Marcel Jullian et Jean-Baptiste Doumeng. Ce dernier, entre deux défenses admirables de Dieu et du Diable, nous avait alors lancé de sa voix de rocaille : « Retenez ce seul nom : Gorbatchev. Il fera le bonheur de la Russie. » Peut-être avait-il raison ? Son incantation était-elle prémonitoire ? Nous y verrons plus clair bientôt. Personnellement, je ne plaisante plus avec ces mots devenus à la mode partout sur la planète, souvent moqués : *perestroïka* et *glasnost*. Ils me paraissent maintenant appropriés et c'est ce voyage à Moscou, toutes ces rencontres, ma curiosité qui m'ont porté à m'approcher d'eux. La *réforme* et la *transparence* ne sont pas les nouvelles formules alibis d'un langage politique fabriqué de toutes pièces. Il importe de s'obliger à la réalité. Ce peuple devra choisir demain entre la *refonte* ou la *révolte*. Il y a crise, il peut y avoir rupture. Soixante-dix ans de communisme sont aujourd'hui remis en cause et Gorbatchev ne ressemble en rien à ses prédécesseurs : il a jugé qu'il fallait dire et montrer, ne pas craindre d'affirmer que le système économique de son pays était délabré, que les fanatismes se réveillaient, que le nationalisme gagnait du terrain, que la diversité des peuples de l'Empire devait être considérée. Il frappe si fort et si vite que les esprits les plus ouverts, les disciples les plus avertis s'inquiètent déjà : « Nous voulons la réforme et la transparence mais il nous faudra du temps pour oser nous croire libres... » « Cette recherche d'un monde à l'occidentale nous inquiète... » « Nous devons nous préparer à la démocratie, nous ne sommes pas dignes d'elle... » « Nous cherchons quel visage a la liberté, elle nous fait peur... » « Nous sommes avec les États-Unis les premiers sur le plan militaire... tout le reste est faiblesse, la force nous opprime... » « Vite le dialogue pour tuer la prochaine révolution... » *Révolution* est encore l'autre maître mot, il serait criminel de le mettre aux oubliettes. Nombreux sont, dans les administrations, dans les petits bureaux dirigistes, les staliniens qui rêvent de revenir au délicieux temps de leur célébrité, ces coupeurs de têtes imaginent de nouvelles moissons, la première pique étant réservée à Gorbatchev lui-même. Il ne fait pas de doute que cet homme est en danger de mort, je le crois sincèrement et ce n'est pas Georges Marchais qui me démentira. « La *perestroïka,* a-t-il écrit, n'est pas forcément un exemple. » Voilà comment de nos jours s'insinue la menace, Staline a toujours ses hérauts : il y a deux mois un jeune juge a intenté à Moscou un procès en diffamation contre l'État soviétique « coupable selon lui de ternir l'image de cet homme, de ce sauveur glorieux entre tous ». Et immédiatement, comme on pourrait le faire d'Hitler demain, des gens de bonne compagnie se sont répandus en déclarant « qu'il n'y avait pas que du mal chez ce chef d'État, qu'il avait accompli de grandes choses dont on devrait tenir compte ». Le sillon d'accueil est préparé par quelques-uns qui ne s'inquiètent pas de piétiner encore soixante millions de victimes. Ce que craignent les Soviétiques de ce temps en mouvement ? Le retour de l'horreur. Ils n'osent pas espérer l'entrée de la liberté. L'ambiguïté est en cette affaire une possible prochaine tragédie guerrière. Et la souffrance de l'Arménie ne fait qu'ajouter à l'imbroglio. Au-delà de la mort, c'est le scandale, la désorganisation complète de tout un pays, l'impossibilité qu'il a de se mobiliser pour la paix, pour le secours des siens, les luttes intestines qui développent dans l'armée et les conseils régionaux un marasme angoissant, une force d'inertie propre à devenir complot. Tout cela est dit aujourd'hui en Union soviétique et je l'entends ici à Moscou. On ne voile plus le malheur ou la honte, les commentateurs de la radio et de la télévision ont choisi eux aussi la transparence, ils dénoncent le fanatisme et s'en prennent violemment aux « fous de Bakou, en Azerbaïdjan, qui manifestent pour se féliciter du châtiment qu'Allah a infligé aux Arméniens ». L'obscurantisme s'est trouvé de nouvelles places fortes.

19 heures à Moscou (17 heures en France). Rendez-vous dans les studios de la Gostéléradio où, en direct pour *Radioscopie*, je vais apprendre à peu près tout d'un personnage dont

je sais seulement qu'il est géorgien et philosophe. En d'autres temps, eût-il pu arriver jusqu'à moi ? J'en doute. Ulysse Gosset, qui me l'a recommandé, conseille de taire son nom jusqu'au dernier moment. Nous risquons fort de nous trouver face à une liaison russe non raccordée, non accordée.

Mais la *glasnost* joue... et c'est à dix-sept heures moins une que les techniciens soviétiques informent nos studios à Paris qu'ils sont prêts à diffuser.

Il était « moins une » aussi que mon invité géorgien ne ralliât jamais Moscou ni son rendez-vous avec la France. Pour des raisons bien éloignées de nos expectatives à tous.

Cette nuit, la maison de Mérab Mamardachvili, non loin de l'épicentre arménien en folie, a violemment tremblé sous ses pieds. D'une secousse encore jamais ressentie de toute sa vie à Tbilissi, pourtant habituée aux effets sismiques.

— Et voyez les liens mystérieux entre les événements, entre le bonheur et le malheur : pendant que notre terre, ailleurs, subissait le cataclysme, raconte Mérab, j'étais en train de partir pour l'aéroport. Sous un ciel... bleu, comme vous ne pourriez l'imaginer ! Transparent, sans un nuage. Et par 20 degrés en plein mois de décembre !...

L'inouï, c'est aussi que se vérifie l'adage selon lequel « un malheur n'arrive jamais seul ». Enchaînement des drames : dans une des villes, anéantie à 70 %, venaient de se réfugier des milliers d'Arméniens fuyant les troubles interethniques de l'Azerbaïdjan voisin. Mérab Mamardachvili recourt de nouveau à l'idée du lien étrange : « Ou c'est une punition, dit-il, ou c'est l'issue de la situation. Cela peut d'ailleurs être les deux. Cette fois, les souffrances et le prix à payer sont si forts que, sans doute, nous pourrions aller vers quelque chose de mieux qu'auparavant ?... »

Les micros sont ouverts. Calé dans son fauteuil — stature de colosse, âme fragile —, mon invité répond maintenant sans trouble apparent à mes questions. Par exemple, lui le Géorgien, appartenant à la Russie soviétique, se sent-il soviétique ?

— Le mot appartenance n'est sûrement pas le bon, me répond-il. Pour moi, il contient une idée de rapport charnel et, en ce sens (il rit), on n'a pas du tout envie de lui appartenir...

Rire-dérobade, rire-thérapie, bien slaves. Si Mérab Mamardachvili ne veut pas du mot « appartenir », veut-il des mots « liberté », « indépendance » ?

— Ah oui, voilà le grand rêve, le vieux rêve de la Géorgie : être indépendante. Encore faudrait-il mériter les mots que vous avez avancés, se hisser à leur niveau, avoir la force utile pour les pratiquer. Malheureusement, je crois qu'en Géorgie domine surtout le rêve, et pas tellement l'énergie. Réaliser la liberté ne se fait pas dans l'anarchie ou à l'aide de beaux cris romantiques ! Sans la véritable dignité civique, sans le courage et la vertu, on reste à l'antichambre du mot. Il sera long, le chemin qui délivrera les Géorgiens de leur passé presque féodal, qui développera une conscience civile, une conscience politique et la capacité d'être des citoyens modernes. Aussi long que pour leur voisine la Russie, au retard non moins considérable, et dont le malheur est d'avoir l'Empire. A côté du nôtre — qui est de chercher l'indépendance politique et étatique —, le malheur de la Russie est d'être... freinée, bloquée par le reste de l'Empire. Et ainsi tournons-nous en rond, ainsi rien n'est-il normal !...

— *Vous parlez d'empire. Vous n'êtes pas loin de prétendre qu'il y a encore aujourd'hui un tsar.*

— Non, je ne dis pas cela. Je dis qu'il subsiste de beaux restes de charisme et de forces historiques dont les influences sont beaucoup plus fortes que celles émanant des programmes, des partis ou des idéologies du moment !

« Ce que l'œil est à l'homme, le tsar l'est au peuple », dit un vieux proverbe, ici. Oui, éternelle question de la soumission du peuple russe, qui se dérobe à toute analyse ! Ulysse Gosset rapporte les termes d'une lettre adressée récemment à un journal par un artiste (russe) : « C'était il y a quelques mois, en pleine *perestroïka,* en pleine *glasnost,* donc reconstruction et transparence, souhaitées par Gorbatchev... L'artiste écrivait : “ D'accord, chers camarades, Mikhaïl Gorbatchev nous propose de démocratiser la vie politique. Mais n'avez-vous pas l'impression d'être un peu comme ces oies — oies dressées, oies de ferme — auxquelles on demanderait de rejoindre un vol d'oies sauvages ? Quoi d'étonnant dans leur hésitation à s'envoler avec les autres ! ”

« Alors, la grande interrogation, poursuit Gosset, est bien celle-là : cette soumission du peuple russe est-elle inéluctable ? Bon nombre d'entre eux pensent que oui. Personnellement, je n'ai pas de réponse... »

Ulysse, piéton de Moscou plus ancien que moi, est bien sûr très frappé lui aussi par l'opinion du Moscovite moyen. Dix fois, vingt peut-être, en mon court séjour, les commentaires dans la rue me seront donnés avec le même leitmotiv : « Nous ne sommes pas prêts à une liberté pour demain !... » Pas prêts.

L'aveu est difficilement compréhensible pour nous, Occidentaux, nantis de siècles de démocratie.

— Alors, puisque le peuple n'est pas prêt, enchaîne Mamardachvili, on gouverne comme on a toujours gouverné. Des malheureux, il ne faut pas exiger la perfection ! Patience, ce n'est pas pour demain, ni après-demain, car la tâche est énorme et comprend différentes étapes. Que, d'abord, ceux qui prônent la réforme balaient devant leur porte ! S'il faut préciser, le premier effort à faire incombe aux gens qui nous gouvernent, il me semble, et supposerait pour eux de se mettre à apprendre en quoi consistent les droits de l'homme, puis à les respecter. Relâcher l'oppression sociale conduirait déjà à un meilleur dialogue, permettrait peut-être au peuple de se ressaisir, de recomposer ses valeurs morales et spirituelles en s'initiant, lentement, à la pratique du « self-government », comme disent les Anglais. Lentement, parce que se défaire de cette « conscience d'esclaves » ne sera pas simple. J'appelle conscience d'esclaves celle d'un peuple qui n'a jamais eu à assumer une autonomie, des responsabilités ou des risques, obsédé depuis toujours par l'image d'un père auquel il fallait obéir en attendant bienfaits ou malheurs de sa part. Malheurs qui venaient obligatoirement, car « toi, tu es coupable » !...

Un peu de musique géorgienne, sur cet état des lieux parfaitement lucide de la fatalité galopante russe, est tout à coup la bienvenue dans le studio, mais la technique emmêle l'ordre des disques : c'est la voix rauque et chaude de Vladimir Wissotzky qui nous parvient.

La méprise ravit Mérab, pour qui le nom de Wissotzky est symbole d'air libre, que chez lui aussi en Géorgie, me dit-il, on a besoin de respirer. Nous évoquons ses funérailles nationales extraordinaires, et surtout Marina Vlady, qui le rencontra à Moscou et devint sa femme. Une belle histoire...

— Un rêve de mariage, surtout, corrige Mérab. Qui était celui de millions et de millions de jeunes ! Chacun de nous voulait se marier avec Marina Vlady, cette femme belle, mystérieuse et étrangère ! Rien d'érotique ou de sensuel dans ce rêve-là, bien sûr, et peu importe aussi les origines de Marina, elle représentait, précisément, l'arrivée de l'air libre en question. Et Vladimir réalisait le rêve. Une des grandes voix de la Russie et de sa poésie tragique, qui écrit des vers sur la neige. Malheureusement, la neige fond...

Mérab a une véritable passion pour notre langue, pour le mot exact qu'il traque et caresse. Il a rédigé cette année tout un essai sur Descartes, directement en français, et devant cette virtuosité, je m'attends presque à apprendre qu'il a passé quinze ans à Paris. Pas du tout, il n'a même pas pris de cours, mais l'a étudié tout seul, dans sa chambre. Notre rendez-vous s'achève. Pourtant, j'écoute encore un instant ce Géorgien de Tbilissi me donner... cette leçon édifiante, à nous Français, qui nous obstinons à traiter notre langue avec la désinvolture à la mode :

— C'est grâce à ma rencontre avec la littérature et la pensée philosophique françaises, très présentes dans le monde, que tout a commencé pour moi. Vers l'âge de quinze ou seize ans. J'étais en quête d'une certaine forme de spiritualité, d'une étincelle. Et c'est en Montaigne, Rousseau, Stendhal, que j'ai reconnu mes guides. Je les lisais en russe. Plus tard, l'envie m'a pris d'apprendre le français. Alors, je m'y suis mis, par amour, j'ai lu, relu, puis martyrisé sûrement mes amis français pour corriger ma prononciation. Descartes, c'est donc ma dette d'amour envers la France et ses philosophes. Et à propos d'amour, il y a justement, dans ses carnets de jeunesse, cette formule très heureuse qui ne m'a jamais quitté : « Calor amorem luminum connucionem... » « La chaleur de l'amour est la lumière de la connaissance. »

A Moscou c'est le grand blanc, la neige ne se donne aucun répit : « Ce sera ainsi pendant trois mois », précise notre guide. Le vent souffle par rafales violentes, il fait bon se laisser fouetter par le froid sur la place des cathédrales. Je n'ai depuis hier qu'un pays en tête, l'Arménie, et je me passerais volontiers de cette maxime absurde : « Dieu réserve la peine ou le malheur à ceux qu'il aime. » Qu'on en finisse avec ces singeries de bénitier. Ulysse Gosset est formel : « On annonce cinquante mille morts : mais il y en a cent mille. » Difficile d'accepter la fatalité.

Retour à la télévision soviétique. L'immense studio où l'on m'entraîne est devenu forêt de sapins. Je suis avec Igor Moisseiev, l'invité des fêtes de fin d'année. J'apprécie cet homme qui a fondé voilà cinquante-trois ans l'une des plus brillantes compagnies de danse du monde, j'aime son élégance de coquet octogénaire et cette manière qu'il a de parler notre langue, imparfait du subjonctif compris. Nous avons nos cadeaux, lui ses danseurs, ses étoiles — cent vingt personnes au total —, moi mes cassettes. J'ai choisi de présenter au public russe une vingtaine d'extraits de nos *Échiquiers* : l'Orchestre national de France dirigé par Lorin Maazel, Jessye Norman, Luciano Pavarotti, Barbara Hendricks, Maurice Béjart, Placido Domingo, Arthur Rubinstein, l'École de danse de l'Opéra de Paris... « Vous avez oublié Vladimir Ashkenazy », me fait remarquer avec un brin d'ironie l'un des responsables musicaux. Il faut rappeler que ce grand pianiste est un dissident révolté qui dans notre émission a parlé haut et fort... et chacun ici le sait. Tout se dit par petites touches qui sont autant d'éclats de pure diplomatie.

Sur l'aéroport de Moscou, à l'instant du départ, j'observe de plus près le nez du Tupolev qui nous porte à Paris. Ce qu'un ami russe m'avait dit est facilement vérifiable : il y a là deux petits trous et une paroi transparente. Dans les petits trous, on peut glisser des canons de mitrailleuse et installer juste derrière l'homme qui les manœuvrera. Ces avions de tourisme sont donc appelés à devenir en peu de temps des machines de guerre. Il fait subitement encore plus froid.

Entre Moscou et Paris, plein ciel, je retrouve un papier froissé, des notes en vrac. Et parmi celles-ci, confiée par Igor Moisseiev, une réflexion de Churchill : « En Angleterre tout est permis sauf les choses qui sont interdites ; en Allemagne tout est interdit sauf les choses qui sont permises ; en France tout est permis même les choses qui sont interdites ; en Russie tout est interdit même les choses qui sont permises. »

Le plus beau d'un concert c'est la répétition qui le précède. Instant privilégié, minutes rares, partage, complicité. Émotion, cadeau seulement offert à quelques-uns : Isaac Stern dans le *Concerto en ré* de Beethoven. Un feu d'artifice, une force de tout le corps, de l'invention, une incroyable variété de sonorités, une recréation totale de l'œuvre pourtant archiconnue, archi-jouée. L'âme au-dessus du cœur, Isaac nous fait témoins et participants de son dialogue intérieur, de sa propre histoire d'amour avec son violon. Je vois la fulgurance de l'archet, la lumière de l'œil, l'épanoui du visage et l'amitié efficace de Daniel Barenboïm à la tête de l'Orchestre de Paris. Toute la beauté de la musique. L'accord final, le silence, et puis des applaudissements timides. La grâce ne peut être rompue. « Tu as aimé ? » On n'a que de pauvres mots pour répondre à une pareille question. Mais c'est alors une expression, une attitude qui vous délivrent et parlent. Isaac a vite compris que j'étais heureux.

— Pour qui jouais-tu ?

— Jacques, retiens ceci : on ne joue que pour soi. Ma force vient du trac qui est le fruit de la concentration, ceux qui n'ont pas le trac sont les enfants et les idiots. Je ne suis ni l'un ni l'autre.

Je me demande parfois à l'issue d'un concert : qui faut-il remercier ? Stern a l'immédiate réplique : « Le compositeur d'abord, c'est lui le génie. » Je ne suis pas totalement d'accord mais pourquoi troubler une telle sincérité. Mon plaisir à cette seconde est double : j'ai entendu une œuvre, je retrouve un compagnon. Notre première rencontre est ancienne, notre alliance est récente, de nouvelles saisons commencent : « Je promets de faire mes adieux avec toi, à quatre-vingt-dix-neuf ans. » C'est noté. Dans trente ans nous serons donc encore ici à Pleyel.

Nous avons fait tant de choses ensemble, nous nous sommes rencontrés sur tant de terrains d'amitié, nous nous connaissons si bien que l'inattendu — semble-t-il — ne saurait nous surprendre. Mais il suffit d'une petite phrase pour ouvrir d'autres mondes : Jean-Michel Folon me parle maintenant de la peinture d'une manière différente : « Il importe de mélanger le noir et le blanc pour inventer une troisième couleur... Tous les peintres, depuis le commencement du monde, ont fait cela, mais ils ne savaient pas aux origines qu'ils créaient au bout de leur pinceau leur propre lumière, une vérité, un superbe métissage qui est la seule pureté de l'art. De grâce, tenons compte de la nécessité de ces accords dans notre immense espace d'humanité, appelons au brassage des peuples, mêlons les noirs et les blancs, la divine couleur d'un visage nouveau viendra vite. » Il n'est pas de manière plus douce de combattre le racisme, notre survie est affaire de palette.

Beau raccourci de Denis Defforey qui me parle ce soir de Valéry Giscard d'Estaing : « Pour lui, il est vulgaire de ne pas avoir de l'argent, et commun d'en gagner. »

Vava Chagall se promène dans Beaubourg telle une reine sur un territoire nouvellement conquis. L'épouse est devenue veuve, on la disait abusive, la voilà sereine, fière de un milliard de francs noblement hérités. La dation est en place, le meilleur de la production du peintre appartient aux musées français, les œuvres les plus personnelles sont affaire de famille. Le bleu est partout accroché, Vava est au ciel, Marc aux cimaises.

Signe du temps, on accueille aujourd'hui les faussaires au même titre que les génies. Tout se confond, même les assassins et les victimes. Ce monde est en miettes.

Peu avant Noël, coup de fil de Jean-Jacques Brochier qui souhaite ma collaboration au numéro « spécial Albert Cohen » de son *Magazine littéraire* prévu pour janvier. J'ai déjà beaucoup raconté mes rencontres avec l'auteur de *Mangeclous,* mais Brochier tient à mon témoignage, que compléteraient notamment quelques extraits de *Radioscopie* — pour la précieuse « voix écrite » du maître.

Las, un voyage à Moscou grève soudain mon emploi du temps de quatre jours, et il ne me paraît guère possible de remettre à Jean-Jacques l'article urgent qu'il attend. Je suis sur le point de le rappeler lorsque Monique Alié, mon « homme de confiance », suggère de débroussailler la matière Cohen pendant mon absence, en puisant à la fois dans ses souvenirs personnels (elle était de notre voyage à Genève), les miens, déjà en partie évoqués dans *Tant qu'il y aura des îles,* et les enregistrements de *Radioscopie.*

De retour de Russie, je « rassemble » Albert Cohen sur le nombre de pages demandées par Jean-Jacques Brochier qui les reçoit en temps voulu.

Les fêtes passent. Hier, avec ses vœux, Brochier m'écrit : « Mon cher Jacques, pardonne-moi de n'avoir pu passer ton entretien, intéressant, excellent, avec Cohen. Pour une raison stupide, mais imparable : Bella, dont tu connais la jalousie avec laquelle elle veille sur le fantôme du grand homme, me l'a formellement interdit. Et il paraît qu'elle en a le droit, puisqu'il y a changement de support et de forme, de l'oral à l'écrit, de la radio au journal. Dieu nous préserve de laisser des veuves. Elles sont acharnées (sauf deux, en tout et pour tout, sur toutes celles à qui j'ai eu affaire : Henriette Nizan et Élisabeth Vailland). Crois que je suis bien désolé. Mais je garde le papier pour le moment où je pourrai enfin l'utiliser.

« Bien amicalement. »

Brochier n'a pas tort de se méfier de ces monstres abusifs et souvent sans grâce que sont les veuves des grands hommes. Elles ont tellement souffert à l'ombre de leurs lumières qu'elles en ont gardé une épouvantable nausée. Bien sûr elles étaient près d'eux, liées à leur succès, saluées, couvertes de fleurs, convenables en société, mais leur drame fut toujours d'être accompagnées et non point honorées, servies mais peu comblées, plus imposantes que nécessaires. Elles prennent aujourd'hui leur revanche. La mort de l'époux — maudit parce que trop choyé — leur a donné la liberté, elles vivent enfin à visage découvert, seules vraies héritières du nom (et de la fortune), habiles à ne pas se souvenir du bien qui leur fut fait, assez perfides pour abîmer la mémoire de l'autre par touches mouchetées, parfaitement exercées à se croire géniales à leur tour : à la vérité, elles gèrent un fonds de commerce.

Vraiment, je regrette la décision prise par Bella Cohen, protectrice mal inspirée. Il n'était pas dans mes intentions de nuire quelque peu que ce fût à cette dame possessive. C'est d'Albert qu'il s'agit, seulement de lui et de nos complicités ardentes. Sans doute a-t-elle été vexée par le portrait que je fais d'elle dans *Tant qu'il y aura des îles.* J'écris en effet (et je complète) : « Effacée, efficace, habillée de noir, apparemment soumise, plus gouvernante qu'épouse, Mme Cohen s'épuise à se faire discrète dans cet intérieur petit-bourgeois qui ne ressemble en rien à l'univers des héros de *Belle du Seigneur*. La cambuse après les cathédrales. »

Évidemment, je me souvenais de mes entretiens avec Albert Cohen, je savais surtout que je l'avais vu souvent, que nous avions parlé comme des pies et plaisanté, j'avais en revanche oublié le plus essentiel de ces dialogues et j'avoue, en les réécoutant, y prendre beaucoup de plaisir. Puisqu'elle m'y contraint, j'ai la faiblesse de révéler à Mme Cohen qu'une heure de conversation intime, enregistrée, en dehors des *Radioscopies* officiellement diffusées — et celle-là conservée par moi — lui était totalement consacrée. Soixante minutes d'Albert très exceptionnelles, d'une confession particulière, décapante, orageuse, que j'aurai le bon goût de ne *jamais* publier. Il me suffit de savoir. Avec Monique Alié, nous regardons maintenant ce que nous avons préparé pour Brochier : « Le manuscrit interdit », me dit-elle en plaisantant. Je le donne ici en hommage au grand écrivain. Un peu d'encens dans les espaces pollués, ça ne fait jamais de mal.

Prisonnier à Genève de son modeste appartement, volontairement arrêté et pourtant en marche, cap sur l'îlot des nonagénaires, c'est Cohen. Il me tend la main... « Bientôt les bras », me dit-il. Il a passé son uniforme, robe de chambre en soie d'Orient à motifs rouges sur un tricot blanc de blanc. A ses doigts un chapelet turc en ébène qui sera plus tard de nacre et d'ambre. Et un sourire d'enfant sur un visage de sage, d'halluciné, de bienheureux. Maître Albert ne me laisse pas le temps d'un bonjour : « Enfin, vous voilà. J'attendais. Pour l'instant, je ne suis pas déçu, je vous imaginais ainsi... »

Admirable personnage déjà installé dans le lointain des choses. Cohen veut l'éternité à condition qu'il puisse y vivre. Et il a un tel souci de purification qu'il reste en enfance. Il échappe à toutes les coteries, mondaines et littéraires, il est seulement obsédé par la beauté, la fuite des jours, la pauvreté... Plus encore par lui-même. Il s'aime, cet homme. Mais n'est-ce pas la seule manière d'aimer ! Il me regarde de plus près, m'observe très attentivement. Un véritable examen. J'attends le verdict : « Vous devez avoir un don de sympathie... Oui je crois que, bientôt, vous serez dans la grappe de ceux, très rares, qui me sont nécessaires. Mais attention, ne me décevez pas !... »

A quatre-vingt-trois ans, il s'époumone à devenir Solal, le héros de tous ses livres, le fringant séducteur, le tendre récitant des amours vécues ou imaginaires. Il se sait dans quelque chimère, sa splendide vérité. Il vit le monde dans sa chambre et le réinvente et nous laisse désemparés, imbéciles, nous les témoins. Il n'apprécie que son « monde de voix errantes », mais il a assez de curiosité pour recevoir deux ou trois fois l'an ceux qui donneront un mouvement nouveau à sa vie, qu'il accorde d'ordinaire à une belle qualité de silence : « Vous imaginez, à mon âge, parler cinq heures à des millions de gens qui ne me connaissent pas ! Une fois à la télévision avec Pivot, une autre fois à la radio avec Chancel ! »... Il a une tête de père prieur, une voix douce qui berce et nourrit, un teint de bébé qui pourrait être source de pureté et puis, dans les yeux, des lueurs d'ironie qui prouvent à l'évidence qu'il n'est dupe de rien. Nous nous sommes assis l'un en face de l'autre, autour d'une table où traînent des paquets de cigarettes :

— Vous fumez trop, monsieur Cohen...

— Vous n'allez pas vous y mettre vous aussi ! Je vous en prie. Laissez-moi vivre. Nous sommes tous des condamnés à mort, et dans cette griserie, je cherche ma résurrection. Ne me parlez plus de cigarettes ou je vais entrer en colère, très en colère, et vous aurez une piètre opinion de moi... En fait, le méchant est un pauvre qui se défend. De quoi allons-nous parler ?

— De vous, des femmes et des Juifs...

— C'est vrai que dans mon existence et dans mon œuvre les femmes et les Juifs sont intimement liés. Je me répète mais tant pis, je le redis. L'amour peut rendre une femme philosémite...

Il avise sous mon bras quelques-uns des ouvrages que j'avais emportés pour notre entretien et je lui demande si, comme beaucoup d'auteurs, il a une tendresse particulière pour l'un d'entre eux : « Oui, j'en ai pour *Le livre de ma mère* et peut-être aussi pour *Ô vous, frères humains*. Mais l'amour m'intéresse tellement plus ! L'amour-passion bien sûr. Voulez-vous que je vous dise ce qu'il y a de plus beau dans l'amour ? Ce ne sera pas long... Ce n'est pas quand on est avec Elle, mais c'est quand Elle se prépare... Parce qu'Il arrive ce soir à 9 heures... Les plus grandes joies que donne l'amour ne tiennent pas tellement au fait d'être en présence de sa bien-aimée. Tout savoir l'un de l'autre, tout imaginer, tout se raconter, sont aussi de grandes et belles heures...

« Et il y a autre chose de plus subtil encore : c'est lorsqu'Il est parti, quand Elle se raconte ce qui s'est passé... ou qu'Il va revenir, et qu'Elle se raconte ce qui se passera. Et puis écrire. Et attendre des lettres. Oui, les plus grandes joies sont peut-être celles-là. Elles sont même dans les jalousies. Tout finit toujours tellement bien. Tout est tellement renouvelé, vivant !... J'ai bien fait de vous raconter cela, non ?... »

Il y a un homme redoutable dans l'arrière-boutique de ce séducteur. Un tyran que je devine à d'imperceptibles signes. Un jaloux, un rusé, un combattant, un pervers. J'ai vu les lettres qui lui sont adressées (« De jeunes femmes me font la grâce de m'aimer vraiment d'amour » !), qu'il note et classe comme de vulgaires archives, suppliques tendres, prières au roi pour partager sa couche. Oui c'est ainsi et c'est étrange. J'ai lu d'un peu plus près afin de mieux situer l'égarement et je crois avoir compris. Les missives ardentes, câlines, longues, complimenteuses, lourdes de mots choisis, ne sont que les copies de ses propres discours, la parodie emphatique et sinistre de ses textes à lui. Ces admiratrices, nombreuses, prêtes, semble-t-il, à s'offrir, se sont identifiées à leur dieu de la manière la plus ordinaire, la plus fréquente et la moins enviable... « Vous pensez donc qu'il y a là plus de courtoisie que de passion... » Il n'est pas nécessaire de convaincre le Maître, il sait, il en rit, il joue, il chasse encore, l'admirable félin. Et puis il a tellement triché, tant menti qu'on ne peut en vouloir à celles qui épousent ses tics. Qui saura un jour l'expliquer ? Il échappe à toute analyse, il glisse entre les doigts, se sauve, se perd, vous retrouve et se reprend. Pour d'autres pirouettes... « Savez-vous ce que j'ai raconté à Françoise Xenakis ? » Son œil s'est allumé. « Je lui ai donné la vraie fin de *Belle du Seigneur*, après que mes héros se furent empoisonnés pour ne pas souiller leur amour de lassitude. Elle, vous vous rappelez, elle est morte, il la pose sur le lit et s'étend à côté. Il attend de la suivre... mais la porte s'ouvre à temps sur le valet de chambre qui va le sauver... On ne peut pas laisser ainsi un homme mourir d'amour, nous sommes des éternels. »

Je m'irrite de cette conclusion et lui en fais reproche : « C'est faux, cruel, et d'une certaine manière, c'est vous. — Pourquoi cette fin ne serait-elle pas plausible ? L'ignoble, c'est aussi cela la vie ! J'avoue toutefois humblement que j'ai voulu agacer notre amie. »

Cohen est ainsi. Totalement collégien. Et bizarre et lointain, inaccessible et toujours férocement tendre, mêlant le meilleur et le pire. Au terme de nos cinq heures d'entretien radiophonique, il aura dispersé les mots, à plaisir, en prodigieux conteur, parlé avec mépris de toutes ces Belles du Seigneur que sont les femmes, tout en leur chantant les plus fous hommages. Je me suis étonné de sa haine pour Marguerite Yourcenar (« Pas besoin de lire... Il suffit de voir sa photo. Lorsqu'on est ainsi, forcément on écrit mal... Rien ne peut sortir de ce corps affreux. Cette femme si laide, si grasse, pourrait écrire ? Non, non, du reste, je ne l'ai pas lue »), mais j'ai cru comprendre qu'il se défendait d'ajouter un compliment à tant d'hommages et qu'il devenait grossier une bonne fois pour bien marquer sa distance.

Après le scandale — quelques milliers de lettres étaient arrivées à mon adresse — Cohen s'explique : « Il s'agit là d'une foucade absurde. Je me suis trouvé comme un enfant qui voulait faire rire son petit camarade Chancel... Une méchante rigolade de gosse au détriment d'une femme que je connaissais peu, Marguerite Yourcenar. J'ai un peu honte. Cette honte me démange depuis. J'ai péché contre la " tendresse de pitié " à laquelle je crois plus qu'à l'amour du prochain. J'ai un peu de gêne aussi car, depuis, j'ai lu un merveilleux livre, *Les mémoires d'Hadrien*. Ne serait-ce que pour cette œuvre, Mme Yourcenar a réussi sa vie... »

A dire vrai, je suis heureux que les choses se terminent ainsi. Cohen a enfin découvert Yourcenar ! Je mets donc un point final à l'aventure. Nous aurons, pour l'éternité, Albert et moi, cette épine qui nous tient lieu de chaîne.

C'est le soir, il est tard, le vieux prophète aurait souhaité que nous parlions encore, jusqu'aux petites heures de l'aube. Il me le dit, il insiste pour que je passe trente jours, pas moins, avec lui.

Nous prenons l'ascenseur, allons jusqu'à la voiture où nous rangeons le matériel d'enregistrement. Pendant ce temps, là-haut, derrière sa fenêtre dont il tient le rideau blanc, Albert Cohen ne nous quitte pas des yeux. Je le vois agiter sa main jusqu'au premier virage qui désormais me le cache. Et j'entends sa petite sonate nocturne : « Je suis là devant ma table, à écrire avec mes doigts incertains, je suis là à attendre que ça finisse. »

UN PEU DU MOT À MOT DE NOTRE
ENTRETIEN. RETROUVONS-NOUS :

JACQUES CHANCEL. — *Ainsi, c'est ici, dans cette pièce, que vous recevez. Tout à l'heure, votre femme me disait : « Lorsque Albert va dans le salon, il est déjà à l'étranger »...*

ALBERT COHEN. — Oui, et chez elle aussi je suis à l'étranger...

J. C. — *On vient souvent vous voir ?*

A. C. — Beaucoup de gens viennent me voir. De partout. Ils viennent me remercier pour le bonheur que je leur ai donné ! Surtout des femmes qui, après m'avoir quitté, après avoir vu ma moustache blanche et mon crâne dénudé, m'écrivent des lettres... Des lettres que je ne peux pas appeler autrement que des lettres d'amour !

J. C. — *Vous les rencontrez ces femmes, vous les écoutez ?*

A. C. — Ah oui ! Je les aime tellement !

A. C. — *Elles vous ont rendu cet amour ?*

A. C. — Je me suis arrangé pour qu'elles n'aient pas à me le rendre, parce que je suis fidèle à ma femme...

J. C. — *Lorsqu'on a parlé de vous pour le prix Nobel, vous avez été heureux ? Il vous aurait fait plaisir ?*

A. C. — Beaucoup, beaucoup. Pour ma femme.

J. C. — *Pour vous aussi un peu, non ?*

A. C. — Si j'avais vingt ans de moins, oui... Mais je sais, je sais que dans deux ou trois ans, je serai raide ! Impliable !... sous terre !... Il y a eu la demande de Mme Simone Veil, celle de François Mitterrand...

J. C. — *Du cardinal Marty, aussi ! Le juif soutenu par le catholique...*

A. C. — C'est beau ! Et puis il y a eu des gens comme Maurice Genevoix, Joseph Kessel, Maurice Druon, je ne sais qui encore...

J. C. — *Vous venez de parler d'âge... Comment l'acceptez-vous, cette vieillesse ? Faut-il vous croire lorsque vous écrivez : « Je vieillis que c'est un plaisir » ?*

A. C. — Oui, et j'ai des colères contre ceux qui m'enterreront, parce qu'ils ne me mettront sûrement pas le plus beau de mes costumes ! Ils prendront celui qu'on peut bien mettre dans un cercueil, un costume un peu râpé... alors que j'en ai de si beaux !

J. C. — *Vous choisiriez lequel ?*

A. C. — Un gris léger...

J. C. — *En tout cas, ce ne sera pas la robe de chambre.*

A. C. — Non, non.

J. C. — *Qui est venu vous voir, récemment ?*

A. C. — J'ai le souvenir d'une jeune femme, qui d'ailleurs était avec son fiancé. Le lendemain de sa visite elle m'a écrit une lettre, que j'ai encore... Vous voulez que je vous en lise un passage ?

J. C. — *Oui...*

A. C. —... « Monsieur, tout à coup, au sortir de chez vous, je me suis rendu compte qu'avec cette volonté si ferme d'aller vers vous, je me suis donné une nouvelle raison d'être triste et de sentir plus précisément que je suis seule et que je manque de quelqu'un... Aujourd'hui, je me demande s'il n'y a pas quelque chose de blasphématoire à vouloir que se plaquent des images sur les mots que vous avez écrits et qui font le plus grand texte d'amour. Je suis passé de l'amour de ces lignes à... pardonnez mon insolence, à l'amour de vous... »

J. C. — *Elle devait avoir une trentaine d'années. Et vous en avez quatre-vingt-quatre. Comment recevez-vous ces hommages ?*

A. C. — Comme des lettres d'amour ! J'en ai beaucoup d'ailleurs...

J. C. — *Et elles vous plaisent...*

A. C. — Elles plaisent moins à ma femme. Je suis allé lui demander tout à l'heure si je pouvais vous lire cette lettre. Elle a accepté, sans enthousiasme particulier...

J. C. — *Vous vous amusez à la rendre jalouse ?*

A. C. — Absolument pas. Et quand je lui lis ce genre de lettre... je suis comme un enfant, content de montrer « à sa maman » son premier prix de grammaire ou de récitation, c'est tout !

J. C. — *Pourquoi les femmes aiment-elles tant vos livres ?*

A. C. — Sans doute parce qu'elles se retrouvent dedans, comme elles sont ! Béla m'a raconté les confidences de ses anciennes collègues du Bureau international du travail. C'était : « Mais comment sait-il ces choses-là, ce que nous faisons, ce que nous pensons, comment nous aimons ? »... Je suis entré dans le royaume des femmes parce que... quand une femme aime, elle oublie, elle cesse complètement d'être antisémite... Ma première vraie femme — j'avais quinze ou seize ans — était cantatrice, très belle. J'avais réussi à obtenir un rendez-vous et le jour dit, après avoir demandé 20 francs à ma mère (c'était une somme !), j'arrive dans cette grande pâtisserie de Marseille, que nous avions choisie. A mon étonnement, ma belle n'était pas seule, mais avec sa sœur, mariée... J'ai été au-dessous de tout ! Je l'ai regardée beurrer les tartines et mettre de la confiture dessus... L'Oriental que j'étais n'y comprenait rien... Du gras confituré ! Chez nous, la confiture se mange comme ça, sans gras dessous ! Elles me regardaient, avec des fous rires... J'ai dit à Amélie : « La prochaine fois, venez seule »...

J. C. — *Quel jeune homme étiez-vous ? Vous faisiez du sport ?*

A. C. — Du sport ? J'ai toujours eu horreur de la force physique, de l'admiration pour cette force physique et aussi pour la force sociale ! La force, qu'est-ce que c'est ? En fin de compte, c'est le pouvoir de tuer ! de nuire ou de tuer ! Je n'aime pas ça. J'ai gardé un souvenir si affreux de la manière « infirmière », douce, heureuse, avec laquelle les attachés de cabinets tamponnent d'une main « infirmière » la signature de leurs chefs ! Les sourires ravis de la reine d'Angleterre inaugurant un bateau, je trouve ça affreux... Les bains de foule ! Les chimpanzés ont des bains de foule ! Quand le général, ou le président le plus grand, vient prendre un bain de foule... tous se mettent en position féminine de réception sexuelle, manière de dire : « Nous sommes tes serviteurs, tu es le grand, tu es le beau, tu es le puissant ! » J'ai horreur de l'amour de la force sur la femme. Que de fois j'aurais voulu, simplement, au lieu du sourire cruel qu'elles aiment, leur apporter le petit déjeuner du matin ! Mais non, ça leur aurait déplu, elles auraient perdu une espèce de mystique... C'est affreux de vouloir toucher la main, le bras du puissant !

J. C. — *Pourquoi avez-vous choisi Genève ?*

A. C. — Je suis venu à Genève à cause de Sophie, que j'avais rencontrée un jour à Divonne... Pour pouvoir la retrouver j'ai dit à mes parents qu'il y avait une très bonne université à Genève...

J. C. — *Il y a toujours une femme...*

A. C. — Oui, après Sophie, ce fut la comtesse de Fornszek née Almachi. Celle-là, alors que j'avais dix-neuf ans et encore rien fait, me disait : « Tu verras, on parlera de toi, un jour »... Elle a été un peu ma mère, m'a appris l'occidentalisme et toutes les bonnes manières dont je manquais... Un jour, elle est repartie en Hongrie. Elle attendait que je la rappelle mais j'étais pris par quelqu'un d'autre... Elle m'avait envoyé sa photo, c'était touchant, elle s'était faite belle, la plus belle possible... J'aime les femmes, j'aime beaucoup les voir, j'aime beaucoup leurs petits gestes, leurs petits ridicules ! J'ai une tendresse pour leurs faiblesses, j'aime leur « vouloir-plaire ».

Ma première femme était la fille d'un pasteur protestant genevoix. Notre mariage a duré très peu de temps. Elle m'a donné une fille et puis elle est morte d'un cancer... Quelques années plus tard, il y a eu une seconde femme, très belle, de type nordique, blonde, athlétique, folle des montagnes. Son bonheur aurait été de gravir l'Everest. Nous n'étions pas faits l'un pour l'autre. Lorsqu'un autre homme est arrivé qu'elle a cru aimer, nous avons décidé de divorcer. Plus le divorce approchait, plus elle m'écrivait, je me rappelle cette phrase, par exemple : « Et dire que j'ai abandonné un prince en humanité pour écouter les braiments d'un âne » *(Cohen braie le braiment)*.

La troisième, c'est Béla. Je l'ai connue à Londres, alors que je cherchais quelqu'un pour taper à la machine. Ma fille m'a dit : « Je connais une petite jeune fille très gentille, elle s'appelle Béla. » Et Béla est venue. Elle a été ma secrétaire, puis elle a été fonctionnaire supérieur, rédactrice d'un très bon niveau, au Bureau international du travail...

J. C. — Vous ne croyez pas qu'elle s'est totalement dévouée à l'écrivain que vous êtes ?

A. C. — Complètement ! Vous savez, *Belle du Seigneur,* elle l'a retapé quatre fois ! Chaque fois qu'elle me le rendait j'ajoutais... Mon idéal, j'ai honte un peu de le dire, aurait été de continuer. A en remettre, à en remettre, jusqu'au bout de la vie ! Cela aurait fait le livre de toute l'humanité !

J. C. — *Béla vous corrige un peu ?*

A. C. — Non... Dans *Belle du Seigneur,* elle avait été contre le passage où Solal fait des scènes de jalousie à Ariane. Mais s'il en faisait, c'était pour mettre un peu de vie dans un amour en train de mourir ! C'est par bonté qu'il faisait ces scènes, pour lui donner les « toboggans » qui réveilleraient la passion ! Bella aurait voulu que j'enlève ça...

J. C. — *Vous avez également écrit pour le théâtre...*

A. C. — Oui, mais je ne le ferai plus. Dans le roman, on est maître à bord, on fait ce qu'on veut. Au théâtre, on dépend des acteurs...

J. C. — *Jeune, vous saviez que vous deviendriez écrivain ?*

A. C. — Non, non. A Genève, j'avais écrit sur une trentaine de pages une vision d'un bar de nuit, et Gaston Gallimard a voulu m'avoir tout de suite... Il m'aimait bien. Quand je lui ai donné *Solal* et que je me trouvais à Paris pour surveiller les répétitions de ma pièce *Ézéchiel*, j'avais trouvé la capitale si belle que je lui ai dit : « Ah que j'aimerais rester ici, on est si bien. Mais je suis obligé de rentrer... » Gaston Gallimard m'a répondu : « Mais je peux vous faire une rente ! » Il m'en a fait une, convenable, que bravement, chaque mois, je me contentais de recevoir. De 1930 à 1938, je ne lui ai rien donné. Un jour, Gaston est tout de même venu me voir à l'hôtel Lutetia et m'a dit : « Écoutez, nous n'allons pas attendre votre mort *(rire)*... Donnez-nous quelque chose ! » Alors je lui ai donné *Mangeclous,* que j'ai écrit très vite, en neuf mois.

J. C. — *En fait,* Mangeclous *vous l'avez fait pour Gaston, pour la rente...*

A. C. *(rire)* — Pour la rente, oui.

J. C. — *Et votre ami Pagnol, vous deviniez qu'il allait devenir célèbre ?*

A. C. — Oui, oui, je me rappelle avoir dit à ma mère que Marcel serait membre de l'Académie française... J'avais un grand respect pour l'Académie à ce moment-là.

J. C. — *Vous auriez eu envie de le rejoindre, sur les bancs ?*

A. C. — Combien de fois Marcel m'a dit : « Mais pourquoi es-tu allé te faire naturaliser suisse, imbécile ! Tu serais depuis longtemps avec moi ! » Et moi je lui demandais : « Mais qu'est-ce que vous y faites ?... » Il riait : « Oh, on est une bande de vieux c... qui ne savons plus rien faire, tu sais. Ils aiment ça... »

On s'aimait avec Marcel. Il insistait : « Viens à Paris, tu auras une chambre, une salle de bains, rien que pour toi. Et s'il le faut, j'engagerai une cuisinière juive pour que tu aies ton frichti préféré. » Il croyait que je suivais les enseignements...

J. C. — *Vous ne les suiviez pas...*

A. C. — Absolument pas, malheureusement. Mais je vais à la synagogue, quelquefois... J'aime bien ce peuple. J'aime ses défauts...

J. C. — *Lesquels ?*

A. C. — Ils acceptent trop vite l'offense. Ils marchent mal... Les très authentiques marchent le dos courbé, costume noir, chapeau noir. Ils ne sont pas brillants... J'ai peur pour eux. Peur qu'il arrive des horreurs pour eux. Peur de la Russie et presque... de la douceur française. Une attitude davantage pro-américaine serait nécessaire de la part de l'Allemagne et de la France. L'Afghanistan n'est qu'un commencement. Ils sont une espèce née du malheur. Ils ont la bénédiction du malheur, qui fait en même temps de grandes choses. On y a gagné Einstein.

J. C. — *L'Académie, les ors, les décorations, vous aimez ça ?*

A. C. — Oui, oui, j'aime bien la rosette, ça montre que je suis respectable...

J. C. — *Vous n'en avez pas besoin, tout de même !*

A. C. — Et les gens qui ne me connaissent pas ?... A la gare, tout ça, ça sert ! Pour les chauffeurs de taxi, tout ça, c'est bien, et puis c'est joli ! Pas le ruban, mais la rosette, c'est joli !

J. C. — *Vous avez su vous moquer de vous-même ?*

A. C. — Ah oui, combien de fois j'ai savouré mon ridicule, les moments où j'ai gaffé, où j'ai voulu faire l'intelligent, l'important, le perspicace !

J. C. — *Quelle idée vous faites-vous des écrivains ?*

A. C. — Si je vous le disais, je me ferais hu-er !

J. C. — *Voyons...*

A. C. — Huer, je vous dis ! Bon, je ne vous donne qu'un exemple parmi d'autres... *(solennel)* : le chichi affreux qu'on a fait pour André Gide, qui est un écrivain mineur, je n'ai jamais pu le comprendre. Que cet homme soit considéré comme une espèce de roi *(suffoquant)* dans la littérature française, c'est lamentable ! C'est un pauvre petit écrivain, plein de lui ! Entre autres parce qu'il était riche, qu'il pouvait faire ce qu'il voulait...

J. C. — *Alors, quels écrivains avons-nous, en France ?*

A. C. — Vous avez Proust. Proust, le concierge de génie *(rire)*. J'ai vu, j'ai lu, il y a Proust. Mais tous les autres, franchement, qu'est-ce que c'est ? Enfin, il y a peut-être Céline, que je n'ai pas lu, je ne sais pas...

J. C. — *Vous n'avez pas envie de le lire ?*

A. C. — Non.

J. C. — *Quelles sont vos dernières lectures ?*

A. C. — Je ne lis plus... plus du tout.

J. C. — *Alors c'est peut-être un peu facile...*

A. C. — Et puis je suis devenu riche ! Je paie des impôts ! 50 000 francs suisses ! Ça m'ennuie de payer tant ! J'ai aussi les lettres de mes lecteurs et lectrices, chaque jour, auxquelles je réponds. J'ai des formules : « Votre lettre est là, sur ma table, émouvante... » Ah mes lectrices ! Je suis triste s'il n'y en a pas au moins une, au courrier du matin, ma journée semble vide.

J. C. — *Il y a Béla... Une barrière.*

A. C. — Une chère barrière ! Mais tout de même, je vous envie, Jacques Chancel. Moi, je manque tant de choses ! Elles sont là, elles sont là, à ma disposition !...

J. C. — *Vous voudriez, mais attention, c'est le péché, ça !*

A. C. — Je sais. Pourtant, le roi David a pris une maîtresse ! La femme de son général. Et quand même, il y a les psaumes, si beaux...

J. C. — *Au moment d'écrire* Belle du Seigneur, *à qui avez-vous pensé ?*

A. C. — Je vais vous confier un petit secret, j'ai pensé à une jeune femme que j'aimais beaucoup. Elle était orpheline, comme Ariane, dans sa très belle maison... Je peux vous montrer sa photographie, je l'ai toujours. Mais je n'ai absolument rien raconté de ce qui s'était réellement passé avec elle. C'est toujours pour une femme que j'écris un livre. Avec une femme, on a un contact tellement étroit, et puis, elle admire tellement !

J. C. — *Mais tout ne se passe pas toujours très bien. Comme dit Solal : « Du joli, la passion de l'amour ! Si pas de jalousie : ennui »...*

A. C. — Si pas de jalousie, ennui. Si pas de méchanceté, ennui. Enfer bestial. Oui, ça peut aller jusque-là, jusqu'à ce que Solal fait avouer à Ariane. Oui, elle avait connu un autre homme, un musicien, un chef d'orchestre. Alors, la joie vengeresse de Solal : « A quelle heure allais-tu à la saillie ? »

J. C. — *L'esclave et la brute. Vous êtes une brute, vous ?*

A. C. — Mais non, je devine, j'invente ! Les romanciers ne disent jamais ! Est-ce qu'une fois Tolstoï nous a dit qu'Anna Karénine était constipée ? Jamais. Or, j'affirme qu'elle l'a été et qu'elle a pris de l'huile de ricin ! Moi, je proposerais qu'on écrive sur tous les murs des métros que « les amants vont aux cabinets » ! On ne dit jamais tout ça... Au lieu de : « Du bo du bon Dubonnet », que « les amants ont quelquefois la diarrhée » ! L'amour tel que le voient les romanciers en général se passe dans un monde faux, un monde de comédie ! Il est possible qu'Anna Karénine ait eu des flatulences, déguisées du mieux qu'elle a pu, en parlant très fort, en essayant de couvrir le bruit... En réalité, je suis le vertueux fils de prophète qui a voulu montrer à quel point la bestialité règne dans l'amour !

J. C. — *Tout le monde a considéré* Solal *comme un très beau roman d'amour.*

A. C. — C'est un pamphlet passionné contre la passion. Cette passion que j'aime et pour laquelle je continue de me tromper, tout en connaissant la vérité. Vous rendez-vous compte qu'il n'y a pas un roman où l'héroïne urine ? Moi, je suis le premier qui ait fait uriner Ariane à la fin de mon roman...

J. C. — *Que pensez-vous de la littérature féminine ?*

A. C. — Je suppose que c'est toujours mauvais... Est-ce qu'il y a une « femme Dostoïevski » ?... *(long silence)...*

J. C. — *Une « femme Victor Hugo » ?*

A. C. — Non plus ! Les pauvres, elles ont peut-être un génie qui a été abîmé par l'attitude des hommes pendant des siècles, c'est possible...

J. C. — *Et Béla ?*

A. C. — Elle me soigne ! Elle s'occupe beaucoup de moi et mon égoïsme y trouve son compte, c'est vrai. Je la respecte parce que c'est une femme sans mensonges, une puritaine. Elle a toujours été le soldat, prêt. Quand j'ai eu une sciatique, elle couchait par terre, là... Bella est un vrai miracle !

J. C. — *Vos femmes étaient toutes des chrétiennes...*

A. C. — Oui, sauf ma femme actuelle, ma première juive. J'ai toujours été attiré par une grâce qu'ont les chrétiennes — davantage que les juives —, par une poésie, menteuse d'accord, mais tellement irrésistible. Elles sont les filles d'une race heureuse, et par là, incomparablement supérieures à toute juive. Elles sont les plus beaux produits du christianisme.

J. C. — *Vous dites que les femmes admirent sans raison...*

A. C. — Ah j'ai dit ça ! Oui, mais parce que je me revoyais

jeune homme, avec mes défauts, mes faiblesses, qu'elles ne voyaient pas ou ne voulaient pas voir...

J. C. — *Pourquoi en voulez-vous tant aux vieilles ? « Vu dans la rue tout à l'heure, cette vieille sémillante et barbue, avec un insigne religieux sur son revers, qui chantait sur sa bécane. Une de celles qui, immanquablement, viennent s'asseoir près de moi dans l'autobus... Je suis le traqué de ces vieilles qui me recherchent dans les autobus !... »*

A. C. — Et qui se signalent peut-être l'une à l'autre *(rire)*... En me vengeant d'elles, je me venge peut-être aussi de moi, qui n'ai plus vingt ans, plus trente ans...

Incroyable Cohen, sacré personnage qui me disait chaque jour pendant notre semaine de bavardages : « Chaque mot est signe de vie, chaque phrase est volupté », admirable écrivain qui pourtant n'eut jamais le Nobel de la littérature, pas plus que Borges, Yourcenar ou Amado : les honneurs suédois sont bizarrement attribués ! Fils des patriarches, fils des prophètes, juif comme Dieu et heureux de l'être, le faux archange Albert n'eut jamais pourtant la moindre tentation pour Israël. Comme beaucoup des siens il l'aimait, mais de très loin.

On l'appelle « l'Africain », on le dit tiers-mondiste, on le sait soucieux de l'axe Nord-Sud, je le crois en avance sur la manière nouvelle de regarder la carte du monde : ses préoccupations seront demain le souci des hommes d'État occidentaux. Hervé Bourges me paraît autant passionné de politique universelle que d'audiovisuel français. Je le reçois aujourd'hui à *Radioscopie* où nous abordons les deux sujets. Il connaît son Sud de la manière la plus parfaite ; comme lui — depuis longtemps, depuis mon retour d'Asie —, je pense qu'il faudrait revoir toute notre stratégie orientale et africaine. Les risques sont de ce côté mais aussi la chance d'une anticipation sur les événements. La télévision lui est également familière, sa victoire aux commandes de TF1, passée maintenant au privé, l'a glissé dans le camp des vainqueurs dont on se sépare toujours à l'heure de la distribution des prix : « Compte tenu du désordre actuel, on n'échappera pas à une nouvelle réforme de l'audiovisuel qui permettra de réunir en une seule société Antenne 2 et FR3... Nous aurons là deux chaînes complémentaires : l'une, grand public, capable de concurrencer TF1 sur d'autres terrains — ce sera A2 —, l'autre, FR3, susceptible de devenir culturelle sans toutefois sacrifier à l'élitisme... » Nous voici dans cette fin décembre de l'année 88. Quelles seront les grandes manœuvres de la télévision nouvelle ? Bourges sera-t-il entendu ?

A Londres, ce jeudi de décembre, la cloche de Big Ben sonne la charge de mes imprévisibles galops. C'est l'une de mes aventures les plus cahotantes. Courant le monde, il m'est arrivé d'être ballotté par les événements mais ici, divine surprise, je suis poussé par une tempête, une sorte de colosse qui s'accorde tous les droits, joue avec un raffinement étudié sur les notes désaccordées de la suffisance et de la courtoisie : Robert Maxwell est l'une des images types de ce XXe siècle ébouriffé, une véritable machine de guerre armée pour des charges héroïques, pour la conquête immédiate du pouvoir. On ne l'imagine que roi ou clochard. Libre en tout cas, décidant de chaque chose, entretenant une légende qu'il a su se construire. Le personnage n'a pas emprunté les routes convenablement fléchées : né à Solotvino, dans les forêts de la Ruthénie qui a souvent enjambé les frontières de cinq pays — Hongrie, Roumanie, Pologne, Tchécoslovaquie et Union soviétique —, Maxwell a expérimenté très jeune les difficultés de son identité juive et vite compris les dangers de son siècle. Voilà l'homme — controversé, admiré, adulé, haï — que je rencontre.

L'accueil est chaleureux. Entrée superbe dans l'immense territoire qu'il charge de ses plus efficaces conquêtes — le *Daily Mirror* entre autres. Hôtesses, moquettes, colonnes de marbre creuses, fleurs, arbres de Noël, petite musique de Mozart.

« Bienvenue, me dit Maxwell, vite on commence. » La voix est forte, assurée, la phrase rapide, tendue, le corps est immense, l'attitude fière, faussement décontractée, l'impatience le guide, il ne sait pas la brider. Nous prenons un petit escalier. Un technicien de la BBC s'est installé dans l'appartement privé de notre hôte, confortable, cosy, encombré de fauteuils profonds, de tableaux anonymes. Nous sommes dans les temps, tout le monde est parfaitement à l'heure, ces soixante minutes de *Radioscopie* se présentent bien.

C'était trop beau.

Une ravissante jeune femme surgit, tremblante. On attend M. Maxwell à l'autre bout de Londres... Affaire urgente, grave même. Je comprends vite qu'il s'agit d'un problème social...

— J'ai quelques ennuis avec mon futur journal *L'Européen*. Puis-je partir une petite demi-heure ?

— Et si je vous dis non !

— Évidemment je pars quand même.

Sur le visage de Maxwell enfin un sourire d'enfant.

L'hélicoptère fait déjà tourner ses pales juste au-dessus de nous. Nous sommes au dixième étage. Quelques marches, la piste. Citizen Kane est le seul autorisé à poser son appareil sur un toit de Londres. Je l'accompagne : « Je suis obligé de rattraper les erreurs de quelques incapables. J'ai des journaux, des radios, des télévisions, des imprimeries partout dans le monde, j'ai des collaborateurs, mais je dois être sur tous les fronts. Un patron ne domine son affaire que par sa présence. A une certaine altitude, on ne délègue plus, on fait croire simplement que l'on a confiance et on vérifie tout. » L'incident de *L'Européen* paraît réglé. Nous revenons au poste de commandement, l'entretien peut commencer. Enregistrement. A peine ai-je lancé ma première phrase qu'une sonnerie retentit. Tous les postes ont été décrochés... sauf celui des urgences, le téléphone rouge. Il s'agit de revoir la première page du *Daily Mirror* (quatre millions d'exemplaires chaque jour) : cent morts dans un accident d'avion. « On change tout le journal. Annoncez une édition spéciale. » Maxwell, cette fois-ci, n'a même pas le temps de s'excuser. Il rejoint ses troupes.

J'ai déjà dit que la communication conduit à l'incommunicabilité. J'aime les preuves. Je reconnais les défauts de cuirasse. Richissime, Maxwell n'arrive plus à sortir de sa prison dorée. Les milliards lui font des bosses, la puissance l'étouffe, sa boulimie l'empêche de vivre. Il n'est plus que le jouet de sa réussite, un robot manœuvré par les doigts de Guignol. Il revient (une fois encore) comme il est parti : en courant. « Comme je vous aurai fait attendre ! » Il est gêné, sincère, il n'y peut rien. A ce stade du succès, on fait cruellement ses comptes : « Ce que je vais vous dire sera peut-être mal compris mais c'est l'exacte vérité : au début de ma vie, mon immense richesse aura été ma désespérante pauvreté. Je ne rêvais que d'une vache et d'un pré, d'un peu de confort : un lit, des draps blancs. Jamais je n'aurais pu imaginer que je serais à la tête d'un empire. C'est le hasard qui est bienheureux. La réussite, elle, est magicienne. Que les jeunes s'obligent à ne point rechercher le succès, ils ne le trouveront pas. Qu'ils travaillent, qu'ils jouent de leurs dons et l'inattendu leur est alors accessible. » Robert Maxwell a fermé toutes les portes, débranché le téléphone rouge, exigé de ses proches un peu de répit. Nous parlons d'Israël : « Mon inquiétude » ; de Mitterrand : « Un ami que j'admire, un humaniste » ; de la *reine* : « Les Anglais ont une tendresse critique pour la famille royale » ; des mots qu'il aime, « *vaincre,* surtout » ; de la notion d'*héritage* : « Délivrons les enfants de ce boulet » ; de l'*ambition* : « Il faut être orgueilleux » ; de l'*avenir* : « J'ai soixante-cinq ans, je corse l'aventure, j'achète, je vends, je jongle, j'irrite, je me réinvente, j'oublie que la vieillesse est au bout. »

Robert Maxwell me fait remarquer que nous n'avons pas été dérangés une seule fois au cours de ces quarante dernières minutes. C'est sa plus belle victoire : « Il faut savoir de temps en temps couper les ponts. Maintenant je ne voudrais pas vous faire rater le dernier avion pour Paris... Mon commandant vous attend. A très vite. »

L'hélicoptère tourne. Je m'installe. Jean-François Remonté — mon réalisateur — est du voyage. Nous plongeons dans Londres, avec la bénédiction des autorités. Le pilote a du panache : nous passons juste au-dessus de Buckingham, Westminster, Wimbledon, Windsor. Voie royale pour un aéroport.

1989

Janvier

L'avenir se dessine au présent. Ceux qui croient inventer les magnifiques moissons du futur sont à la vérité incapables d'assurer la simple quotidienneté, souvent périlleuse. Ne craignant pas d'être démentis, ils sont d'une audace prodigieuse. Je les aime pour leur superbe insouciance.

1ᵉʳ janvier 1989. Si le cycle des évocations continue à ce train d'enfer, dans un tel déploiement de clichés, nous allons vite en avoir assez du bicentenaire de la Révolution française. D'une émission l'autre, dans une seule petite journée, la folle citoyenne médiatique a déjà bégayé de vieilles balivernes et ennuyé son monde. A la fin de l'année, à ce rythme, tout un peuple pris à contre-emploi sera devenu monarchiste. On attendait un hommage, c'est l'overdose. Tous piqués !

Écran total sur France-Inter. Toujours le même intérêt et cette permanente disponibilité de Marcel Jullian pour l'inaccessible. Toute confrontation avec le téléspectateur est une leçon de choses, toute intervention du producteur, du réalisateur ou de l'animateur mis sur la sellette pour donner un prolongement à l'émission de la veille est passionnante. Mais il y a aussi chaque jour l'analyse critique, philosophique et simplette de ceux qui, dans des tourbillons de phrases souvent mal tressées, viennent nous raconter la télévision qu'un pays comme le nôtre se devrait de posséder. Hélas, la plupart du temps, ces gens-là ont tout raté dans nos domaines et leurs conseils sont le pâle reflet de leurs échecs. Je connais même des souffleurs d'impressions, je les entends, qui proposent clairement ce qu'ils n'ont jamais su faire. Ignorent-ils donc que la communication heureuse est un métier, comme l'ébénisterie ou la maçonnerie !

Un visage sans beauté, des lunettes de myope, un petit chapeau noir ridicule, une redingote de deuil et cette démarche saccadée, lente, désespérante, composition offerte depuis les origines à un peuple sensible aux courbettes, à de vieux courtisans parcheminés, cassés par les prosternations. Voilà Hirohito tel que je le vis un jour dans sa citadelle, défiguré par les mythes et les légendes, statufié dès son enfance, demi-dieu, pis, moitié d'homme. L'empereur s'est choisi ce matin calme d'autres jardins. C'en est fini : quatre-vingt-sept ans de vie, soixante-deux années de règne, quatre mois d'acharnement thérapeutique, des millénaires de traditions, le soleil pour ancêtre, le pouvoir, le supplice de la rigueur, le désordre, l'humiliation, la reconquête, l'effacement. Comment peut-on supporter tant de courants contraires, le monarque a-t-il pu oublier le prince qu'il était, son éducation, tant d'inhumanité, tant de solitude ? Je ne le pense pas, ceux qui l'aimaient le plus affirment qu'il n'aura été toute son existence que la marionnette d'une armée de samouraïs. Je me souviens de la question assez naïve que je lui avais posée lors de notre rencontre à Tokyo et à laquelle il avait répondu comme on fait offrande à un étranger peu au courant du protocole des dieux. J'avais dit ceci :

— Lors de votre couronnement à Kyoto en 1928, vous avez sacrifié à une coutume de votre pays : le « banquet divin ». Vous vous êtes enfermé dans une cabane pour y partager votre repas avec votre ancêtre invisible, la déesse du soleil. Vous vous souvenez de ce face-à-face ?

Je vois encore, trente ans après, l'épouvante de ceux qui m'accompagnaient et le sourire doux de l'empereur :

— J'ai été ébloui.

S'ils avaient osé, les courtisans européens présents à l'entretien auraient applaudi, mais, gens de palais, ils savaient d'expérience comment un regard sait parler et leurs yeux crépitaient de bravos.

J'observais cet homme et je lisais sur son front desséché toute une histoire qui appartient désormais aux conteurs. Avec lui, c'est un monde de traditions qui s'émiette. Il était la dernière fleur fanée d'un grand arbre à terre, le vivant témoin des éclats de son royaume : Hirohito avait eu pour tuteur officiel à l'âge de deux ans le maréchal Nogi, premier samouraï de l'empereur Meiji son père. Lorsque Nogi et sa femme apprirent la mort de leur maître, ils se purifièrent selon les rites du shinto... Après quoi Nogi, en grand uniforme, s'ouvrit le ventre... sa femme se perça le cœur. Cette fidélité n'a plus cours aujourd'hui. Seul, Mishima, et pour d'autres raisons !

J'avais posé une autre question : « Qu'est-ce que le courage ? — L'impassibilité », m'avait répondu l'empereur.

Toutes les biographies sont des évasions, elles ouvrent des portes, éclairent d'autres mondes, installent le rêve autant que la réalité et *surtout* offrent à beaucoup ce cadeau rare : la vie vivante par personnes interposées. Dans mes premières années, j'ai ainsi sillonné la Russie au fil des pages de Troyat et approché la Chine dans les feuillets dispersés de Victor Segalen. J'avais des graines pour mes moissons d'après. Ces livres sont des bibles, des guides imparfaits qui autorisent toutes les corrections dès lors que nous nous donnons la chance d'aller vérifier sur place. Les massacres du temps nous imposent de ne point tenir rigueur de quelques légèretés, d'inexactitudes criantes inventées par le lyrisme des auteurs et le lointain de l'aventure. Pierre Assouline, lui, a voulu nous faire témoins d'existences plus proches ; ses bons sujets appartiennent pleinement à ce siècle, ils nous sont familiers : Marcel Dassault, Gaston Gallimard, Jean Jardin, Kahnweiler, Antoine Blondin, Albert Londres. Ce dernier nom sonne à la façon d'un mythe, il parle de grands reportages, il est noblesse du journalisme, il reste l'*exemple* : c'est un peu à cause de lui que je suis parti si jeune pour les bouts du monde. Ses écrits qu'un vieil oncle — autrefois abonné du *Matin* et du *Journal* — me donnait en vrac, m'avaient vite persuadé de la nécessité de fuir ; une petite phrase avait immédiatement déclenché l'alerte : « L'humanité se divise en deux catégories : ceux qui ont des meubles et ceux qui ont des valises. » Mon choix était fait, ce furent d'abord des sacs. Merci Albert Londres. « Il n'était ni vraiment unique, ni vraiment exceptionnel, écrit Assouline, simplement parfait aventurier. La seule langue qu'il pratiquait, d'expérience, avec une certaine habileté, c'était l'étranger. » Je me retrouve dans ce raccourci, « l'étranger » est une parole que seules la curiosité, la tolérance, la délicatesse affinent. Je revendique cette langue qui, même dans des pays difficiles d'approche, m'accorde le privilège de très riches conversations : les yeux et la manière sont de fabuleux interprètes. Être reporter, pour Albert Londres, c'est être soldat. Écrire, c'est se battre. Et être grand reporter, ce n'est pas suivre l'événement, mais le précéder. Beau livre que celui-là, du vif-argent, un style rapide, de la liberté dans les mots et l'invitation au voyage, toute une vie brossée avec amour par Pierre Assouline, les étonnantes traversées d'un gentleman à la bougeotte absolue, mort en 1932 à l'âge de quarante-huit ans, ou plutôt disparu dans un naufrage, celui du paquebot *Georges-Philippar* dans des circonstances bizarres au large du cap Gardafui, au retour de Shanghaï. Énigmatique plongée dans l'inconnu. Le feu était à bord, on lui demande de sauter, il ne le veut pas, il ne sait pas nager. Est-ce la raison ? « Noyé ou brûlé, Albert Londres a disparu... Il y avait sept cents personnes sur le bateau... soixante-sept manquent à l'appel. » Tout a été dit — « Qui a tué Albert Londres ? Un court-circuit ou une organisation politique ? Un attentat ou un accident ? » Assouline manque d'éléments pour éclairer le mystère... On sait seulement que le héros de sa dernière biographie avait dans ses bagages des documents compromettants pour les fascistes, les bolcheviks... Autant de spéculations sans preuve. Et si c'était le destin, simplement !... Une chose est certaine : cet homme a réalisé quelques-uns de ses rêves ; il a donné à des générations de journalistes mille raisons d'enthousiasme, il a fait de telle sorte que l'on peut distinguer encore les confrères en chambre des reporters en course, il a magnifié la note de frais qui est le viatique de nos errances. Au *Petit Parisien* il rédigeait ainsi la sienne...

Acheté un cheval : 1 200 francs.
Revendu le cheval : 400 francs.
Total : 1 600 francs.

Voilà au moins un journaliste qui avait le génie de mettre un peu de poésie dans ses vulgaires démêlés avec les services comptables !

Encore un zeste de Blondin. Avec le temps, Françoise, sa femme, a appris à veiller avec un soin délicat et circonspect sur les mesures à ne pas dépasser. Non qu'elle soit inquiète, le miracle s'opérant quasi régulièrement lorsque son Antoine, tard dans la nuit, effectue la traversée d'un boulevard Saint-Germain encore vrombissant pour rentrer. C'est dans les cas où, appelée dans sa famille de province, elle se voit contrainte de l'abandonner quelques jours qu'un problème d'importance surgit. Comment, en effet, équilibrer — et non rationner — le plus honnêtement possible les visites au zinc quotidiennes du cher Antoine, zinc sur lequel il peut laisser sans sourciller et indifférent aux zéros des coupures, tout l'argent qu'il a dans ses poches ? « J'ai trouvé, m'a raconté Françoise, et Antoine a été d'accord sur l'idée. Pour lui éviter de tout dilapider dès le premier soir, je répartis des billets dans différents ouvrages de notre bibliothèque. Si bien que dès le lendemain de mon départ, Antoine est obligé de m'appeler. “ Où est-ce, aujourd'hui ? — Cherchez dans le tome III de *La recherche du temps perdu*, mon ami. Amusez-vous bien et à demain !... ” »

Le surlendemain, Antoine, que ce tendre stratagème amène aussi à donner de ses bonnes nouvelles à sa femme, retrouvera un nouveau billet dans un Barbey d'Aurevilly... Bientôt ce sera Paul Morand ou Michel Déon. Au gré de l'humeur de Françoise ; les livres étant source de vie, nourriture, il ne m'étonne plus qu'ils fassent aussi office de banque. C'est tout Blondin.

Elle est folle-dingue cette petite Bombardier (Denise), pensez, elle s'occupe de l'âme. Elle lui consacre 210 pages de sa meilleure écriture québécoise qui est le bon français délivré de ses miasmes. Courageuse, en rupture avec la mode-fin-de-siècle elle assassine le mot *efficacité* qui impose sa tyrannie et regrette que de plus en plus de gens pratiquent l'économie de leurs émotions. « Nous dorlotons, dit-elle, nous soignons nos corps pendant que notre âme esseulée crie au secours... Nous sommes malades de tous nos sentiments étouffés... La fatigue a remplacé la tristesse, la source des malaises est à l'intérieur, la consommation des tranquillisants est ahurissante, Temesta bonjour. » Du vrai dans la plainte : ce monde est en fuite, l'audace est absente, le confort est le but suprême, une galaxie d'assistés étend ses ombres, déroule ses cortèges de paumés, l'indifférence est au goût du jour et la suffisance et la méchanceté. Les plus venimeux de nos contemporains ne vengent que leur solitude, leurs échecs, leur médiocrité. Pauvres raisonnables qui ne surent jamais être fous ! Denise Bombardier tente donc l'impossible exploit : la réhabilitation de l'âme, mot devenu suranné, séditieux même puisqu'il évoque la sensibilité, la conscience, la morale et au bout du compte le trouble. Elle a choisi pour ce livre un très beau titre, *Le mal de l'âme*. Encore un problème d'époque.

Claudio Arrau dans la vieille maison de son neveu aux portes de New York. L'homme est extraordinaire, comme échappé d'un autre monde, étranger aux mesquineries du quotidien : « Je n'ai jamais été à la mode, je passerai donc les siècles. » Il n'a plus d'âge depuis son premier concert à l'âge de cinq ans, c'est du moins ce qu'il me dit : « Je me souviens, je ne pouvais pas atteindre les pédales de mon piano, on me faisait des grâces, j'avais des admirateurs, c'était stupide. Je suis devenu vieux dès l'enfance qui est pourtant une bénédiction. Menuhin, lui, est encore un bébé. Je ne ressemble pas aux autres, je suis d'un autre univers, ce que je joue est plus important que ma propre vie. » Je lui demande quel est à son avis le plus grand défaut des hommes : « Leur stupidité à vouloir plaire à tout prix. » Claudio Arrau sera nonagénaire en 1993. Il s'approche du piano : « Puis-je vous offrir un peu de Liszt ? »

Tant de grâce dans un corps si lourd. Raymond Devos en ses terres d'absurdie n'a pas d'ancêtres, n'aura pas d'héritiers. Il est le créateur d'un genre qui ne lui survivra pas. Faiseur d'arabesques, il n'aime rien tant que ses figures clownesques, philosophe de simple naissance, il n'est fou d'aucune certitude. L'illogisme est sa ligne de crête, son arbre, son équilibre. Sa devise : un ange passe, le doute plane. Au Palais-Royal où je le vois ce soir, il est *unique*. Et ça ne se discute pas.

Je sais mon privilège — ce bonheur des rencontres —, je n'ignore rien non plus de ses limites. Que de fois j'ai souhaité prolonger un bavardage au-delà des micros ou des caméras. Mais, bêtement, presque toujours, on se croit indispensable ailleurs. J'ai eu quand même quelques vraies grâces : mes splendides matins de Ville-d'Avray chez Jean Rostand, cinq ou six visites à Louis-Ferdinand Céline au plus violent de sa haine du monde, des balades dans Buenos Aires au bras de Jorge Luis Borges, des soirs d'amitié à Bahia dans la belle maison de Jorge Amado, d'autres moments aussi de très grande joie et si je pousse la nostalgie de cette manière à la seconde précise c'est qu'un regret me hante : Georges Schéhadé est mort tout à l'heure, nous passions de longues journées ensemble au Liban il y a une vingtaine d'années et je ne l'ai pas revu. Il me téléphonait, nous prenions des rendez-vous qui ne furent jamais tenus, il avait écrit *Le voyage*, le voilà parti. Dans un tourbillon de rêves qu'il avait su illustrer, « nageur d'un seul amour », cet homme courtois, délicieux, discret, beau serviteur de la langue française, poète au plus haut sens du terme, me parlait autrefois d'André Breton et de Saint-John Perse. Quel tremblement a été le sien au dernier souffle ! Il a dû revoir Beyrouth, sa ville martyre, son cauchemar.

Gilbert Salomon m'a confié ce matin un petit papier froissé. Un poème...

> *Maudit soit à jamais le rêveur inutile*
> *Qui voulut le premier dans sa stupidité*
> *S'éprenant d'un problème insoluble et stérile*
> *Aux choses du* commerce *mêler l'honnêteté.*

Évidemment il y a imposture. Le vrai texte de Baudelaire est : « aux choses de *l'amour* mêler l'honnêteté ». Le remplacement d'un mot par un autre a été voulu par Jean-Baptiste Doumeng qui s'amusait, bretteur infatigable, à mettre les rieurs de son côté au plus douteux d'un contrat. Il esquivait ainsi les coups de l'adversaire, et d'une pincée de bonne humeur changeait les données de la partie. Je me souviens de lui, élégant et grossier, à première vue primaire mais fin lettré, communiste et inquiet de Dieu, éclaboussant de vie, brillant, jamais brouillon, tortueux, fastueux, visionnaire et surtout malheureux d'être abandonné dans le désordre d'une idéologie mal perçue. J'ai toujours pensé que ses milliards agaçaient ses certitudes.

De Lawrence dans *Les sept piliers de la sagesse* cette réflexion qui est d'évidence pour les chercheurs d'âme : « Quand une chose était à ma portée, je n'en voulais plus. Ma joie était dans le désir. »

Le journal intime est cette manière de flâner, de rêver dont parlait Amiel... Le bréviaire du temps qui passe, l'utile litanie des secousses d'une vie, pour certains le nécessaire écho des joies et des tristesses. Matthieu Galey avait l'impérieux besoin de s'accrocher à sa plume, à ses feuilles, à sa quotidienneté qui était au fond sa seule véritable compagnie. Il ne respirait qu'au rythme égoïste de ses solitudes accompagnées. Mais il faisait inconsciemment une œuvre : le second tome de ses perfides indiscrétions est pur enchantement et je dis *pur* pour bien marquer l'honnêteté du propos, les beautés d'invention, car il n'est pas douteux que souvent il improvise pour donner du talent aux réflexions de ses sujets. Ce tableau ultime est une fabuleuse galerie de portraits. Bonheur du style, méchanceté, férocité du détail, lucidité, désespérance. C'est son incroyable courage aux limites du supportable qui me touche, m'émeut, me porte à le lire de plus près. Son apparente frivolité est d'une exigence assez rare. La mort est proche et deux années de sursis n'épuisent pas sa veine. Ce mal terrible qui le ronge, la sclérose latérale amyotrophique, impose des pages admirables. Il se sait condamné, il a tout compris au premier diagnostic mais n'en continue pas moins d'écrire son journal, ce « morceau du temps retrouvé » — selon Jean-Louis Curtis — et de la vie volée. Il y a sans doute plus de détachement dans le récit de ses rencontres, mais l'observation est aussi cruelle qu'autrefois. Et son regard, s'il est souvent voilé, n'a pourtant rien perdu de sa poésie. Il dessine sa campagne de Guillon : « Toute une journée dans le cerisier, à disputer les fruits aux oiseaux. Les jardins sont comme les êtres : ils ont des états de grâce, imprévisibles... »

Les événements se précipitent... Quelques impressions prémonitoires, celle-ci, datée du 10 août 1983... « J'attaque mon second demi-siècle, qui ne se laissera pas faire comme le premier »... Et puis l'accélération. *24 janvier 84 :* « Visite au professeur M. » *25 janvier :* « Le mort tire le rideau, le suicidé claque la porte. » *27 janvier :* « Après le pied, atteint depuis quelques semaines, la paralysie me gagne à présent la main droite, à la vitesse d'un incendie intérieur. » *29 février :* « M.G. Né à Paris, le 9 mai 1934. Condamné à mort à Marseille le 29 février 1984. Un 29 février ! Le destin fait de l'humour noir. Je n'aurais jamais imaginé que l'ange exterminateur serait un petit médecin malingre, plutôt sympathique, avec l'œil vif et le teint vert. Il a eu le courage, lui, de me dire la vérité... Je sais désormais le nom de mon mal et qu'il est incurable. » *1er mars :* « Au fond ce qui m'a le plus étonné, c'est d'avoir payé 150 francs mon acte de décès. » *29 mars :* « J'ai voulu savoir à quelle sauce je serais frit ; je le sais. Rien de plus facile. Il suffisait d'entrer chez Dunod et de tomber en deux minutes sur un ouvrage intitulé *Les maladies dégénératrices du système nerveux*... Il me reste deux ou trois ans au maximum. » *23 octobre :* « On dit mourir à petit feu. A l'étouffée serait plus juste. » *29 décembre :* « La voix commence à me quitter. Je vire au muet et bientôt je basculerai dans un silence irrémédiable. » *3 mai :* « “ La maladie de la mort ” est un sacre. Foutu, on vous traite avec la déférence qu'on réserve aux grands de ce monde. Mon propre père me cède son fauteuil avec empressement, et je l'accepte. » *24 mai :* « A la radio, ce matin : “ Après plusieurs semaines de coma, la comédienne Chantal Nobel a pu enfin sourire. ” La voilà tirée d'affaire. Nos chemins se croisent : elle revient de loin ; j'y vais. » *11 juin :* « ... L'inconvénient de survivre : il faut répondre soi-même aux lettres de condoléances. » *31 octobre :* « Ce soir j'ai perdu deux orteils du pied gauche. On dirait le journal d'un lépreux... » *2 janvier 1986 :* « Platon, “ Le corps est un tombeau ”. Le mien est une momie, avec des yeux vivants. » *23 février :* « Dernière vision : il neige. Immaculée assomption. »

C'est fini.

Matthieu savait depuis les commencements que le désespoir est un manque d'imagination. Il se voulait donc désespéré joyeux. Le lent récit de cette mort annoncée est un document très exceptionnel car tout ici obéit à l'humour, à la cruauté souriante de l'analyse. Cette autobiographie en lambeaux est un portrait sans complaisance. *Une œuvre littéraire unique.* Le décapage absolu. Du vitriol pour tous et d'abord sur lui-même. Une écriture, une audace, une volonté de mourir vivant. Un *stoïcien,* ce bel écrivain de notre fin de siècle. Matthieu m'avait dit un jour : « Il te faudra témoigner de mes désinvoltures. » J'applaudis simplement à sa politesse. Voilà un homme qui sait dire au revoir. Et avec quel panache ! Quatre jours avant sa mort : « Faute de remède ils m'achètent une télé pour m'oublier... Le progrès ! »

Jean-Denis Bredin au téléphone : « Pardon, Jacques, mais je viens de refuser. » Triste nouvelle, dommage. Il ne sera donc pas président du Conseil supérieur de l'audiovisuel (CSA). J'avais pourtant insisté, je lui avais dit : « Acceptez », deux heures seulement avant son entrevue avec François Mitterrand. Il eût été l'homme de la situation, la passerelle sûre, la voix incontestable. Il n'en a pas eu le courage : « Je ne me vois pas à la tête d'une telle assemblée, condamnant ou distribuant des bons points, encore un effet de ma timidité. » Son goût de l'indépendance le protège, tant mieux, sa délicatesse nous l'enlève, tant pis. A sa place nous aurons un carriériste-demandeur d'emploi. Le cirque continue.

Je n'en fais pas une histoire... Simplement une précision : dans son Journal, Matthieu Galey se plaint amèrement de Marguerite Yourcenar qui le bat froid. Ils ont réalisé ensemble un livre d'entretiens, *Les yeux ouverts*. Un succès... qui n'éblouit pas pourtant la future académicienne : « C'est votre œuvre, lui dit-elle... Je me suis contentée de répondre à vos questions. » Matthieu écrit : « Elle dit que c'est “ mon livre ”, qu'elle n'y est pour rien, que l'émission de Pivot *Apostrophes* doit lui être consacrée à elle seule et non à la littérature annexe. » Matthieu explose. Il a publié son ouvrage au Centurion et Marguerite est de l'écurie Gallimard. C'est l'affrontement de deux maisons d'édition, David et Goliath. Il s'interroge sur la conduite à tenir et me met en scène : « La colère de ne pouvoir placer le Chancel à leur catalogue à cause de moi irrite Gallimard. » Cette petite phrase mérite un minimum d'explication. Et tant pis si je me répète. J'ai brièvement évoqué cette histoire au début de ce Journal. Maintenant, je dis le tout. A mon retour de Mont-Désert, après une première semaine de *Radioscopie* consacrée à Marguerite Yourcenar, j'avais reçu la visite de Claude Gallimard dans mon bureau d'alors, rue de Montessuy. Il souhaitait publier le texte intégral de nos émissions, j'avais demandé : « Qu'en pense Mme Yourcenar ? » Il avait immédiatement conclu : « Elle est ravie, elle souhaite que vous acceptiez, elle voudrait même aller plus loin avec vous afin de pouvoir développer certains sujets, la nature, les animaux, les Indiens entre autres. » J'avais donc dit oui. Quelques jours plus tard, coup de fil de Matthieu : « Puis-je te voir ? » La rencontre eut lieu le soir même au Fouquet's. « Je travaille sur un livre d'entretiens avec ta Marguerite, me dit-il. Est-il vrai que tu vas faire paraître la totalité de tes conversations radiophoniques avec elle ? » Je confirmai. Il fut alors affolé. « Ce bouquin est pour moi très important, je suis déjà très avancé, je sais que Yourcenar préfère ta collaboration à la mienne mais je dois réagir vite. Si ce " spécial *Radioscopie* " est édité je n'ai aucune chance, moi, d'aller en librairie. Tu as la radio, la télé, la presse, puis-je te demander de renoncer à ce projet ? Tu comprendras plus tard l'importance d'une démarche qui m'humilie. » J'acceptai immédiatement. Voilà l'affaire toute simple. Je ne savais rien alors du mal qui allait l'emporter et dont j'ai repris plus haut les étapes. C'était pure camaraderie, avec un zeste de paresse...

Admirable correspondance André Gide-Jacques Copeau, exceptionnelles pages d'amitié à peine déchirées par mille incompréhensions, panorama complet des années 1913-1949. Tout y est : fâcheries, ruptures, retrouvailles. Époque bénie : le téléphone n'avait pas encore tué l'échange épistolaire, on s'écrivait pour un rien, on se disait tout. Avec des formules étonnantes. Ainsi, de Gide, en guise de salutation : « Très frémissant et vôtre. » Copeau parle de ses angoisses d'homme de théâtre. Le Vieux-Colombier c'est lui : « Pour Claudel, voici. J'ai déjeuné il y a deux jours chez les Berthelot. Mme Berthelot revenait de Francfort. Elle m'a donné très bon espoir, me disant que Claudel était un enfant, facile aux influences, qu'il s'agissait surtout d'être auprès de lui... qu'il était d'ailleurs fort bien disposé pour moi... Elle pense bien qu'il me donnera *L'Échange* et peut-être même *Partage de midi*... » Les détails abondent sur cette première moitié du XXe siècle et sont source d'informations. Sur les deux guerres, l'Amérique, la littérature, la foi, les querelles idéologiques. Mais le meilleur tient à l'amitié qui survit aux épreuves. Le 28 août 1939, Jacques Copeau écrit à André Gide : « Je n'ai rien trouvé, tout au long de ma vie, ni qui vous vaille, ni que j'aime mieux. » Et Gide répond : « Votre dernière lettre m'a fait fondre le cœur et venir les larmes aux yeux. » On n'oserait s'exprimer aujourd'hui sur ce ton : trop de pudeur sans doute ou trop d'indifférence.

Déplorable polémique sur les « affaires » Pechiney et Société générale, scandaleux magouillage. Le bateau de l'État prend eau de toutes parts, les vagues sont hautes mais l'horizon n'est pas bouché, la plage sera bientôt accessible. La politique, sur le terrain des affrontements, a ses bottes secrètes, le silence est d'or. De tous côtés. Encore un petit mois et l'incroyable sera oublié : les bandits de grands chemins sont toujours en liberté, mille petits voyous de la rue seront arrêtés ce soir...

André Breton avait le plus grand mépris pour Molière, Louis Aragon égratignait Proust, Julien Gracq n'aime pas Mozart et Philippe Sollers qui connaît ces querelles a décidé d'ardemment s'aimer pour n'avoir pas à souffrir de la jalousie des autres : ses *Carnets de nuit* sont un hymne à sa propre gloire. Aragon lui disait : « Tu comprends, petit, la seule question sera de savoir si on plaît aux femmes. » Sollers s'est répondu définitivement *oui*.

La sérénité de Kirk Douglas à *Apostrophes*. Et surtout une grâce spécifiquement américaine : le *naturel*. Un professionnalisme ardent, une désinvolture naturelle ; son humour est d'autant plus redoutable qu'il l'accompagne de gentillesse, ses flèches d'autant plus piquantes qu'il a l'habileté dans un premier temps de se prendre lui-même pour cible. Jacques Seguela en a fait les frais : « Non, Douglas n'est pas une star, disait-il... — Bien sûr, confirmait l'acteur, je suis d'abord un écrivain. » Les rieurs avaient choisi leur camp, le bon Seguela qui juge sur tout était démonté, petit voilier perdu en haute mer, la noyade n'était plus loin. Kirk, hilare, y allait d'un dernier coup de pagaie : « Quel est cet homme qui décide seul que tel est star et l'autre pas ! » Les gens sont méchants : personne n'a tendu un gilet de sauvetage à l'ami Jacques qui ne souhaitait pas faire déplaisir à Spartacus mais simplement affirmer sa différence : on se tue parfois à ne plus savoir être soi-même, à fréquenter la mode.

Seul goï parmi les juifs dans cet hôtel particulier du Marais, je retrouve les bienheureux de la Diaspora, les vertueux de l'orthodoxie, les damnés de l'holocauste — qui, eux, savent de quoi ils parlent. La grande question est enfin posée : « Qui est juif ? » Je serais tenté de dire « Moi ». Non pas tant par provocation que par tendresse pour ce peuple. On sait les ravages de l'intégrisme : les religieux veulent en finir avec les infractions insupportables à la loi juive. Deux hommes d'âge moyen, respectables, fortunés, cela se voit, plaident pour un retour à la rigueur, aux vertus essentielles du refus de tout. Je dis : « Partez donc pour Israël. C'est là-bas que ça se discute. » Silence, malaise dans le groupe. Une dame, lourde de brillants, telle une châsse : « Tout a été réalisé, le défi est relevé, le pays est construit, que pouvons-nous faire aujourd'hui pour lui ? — Le défendre, madame. » J'ai répondu un peu vivement. Je n'en peux plus de tous ces gens qui se battent dans les salons les plus huppés. Finissons-en avec l'hypocrisie, les lâchetés. Un combat, pour un juif — ou pour un musulman —, ça se mène sur place.

Je l'aime comme ça : tête de faune, yeux de biche perdue, barbe frisottée aux couleurs incertaines. C'est César revenant d'une de ses nuits d'angoisse : l'hôpital lui a mis du rouge au front, de la vigueur. « Plus je souffre, plus je vis, plus je vieillis, plus j'en veux. » Il s'arme de jeunesse, opte pour une sagesse nouvelle et inscrit le doute au registre des qualités indispensables : « J'ai toujours eu la trouille, maintenant j'affronte : je décide de faire peur à mes peurs. » Sitôt dit, sitôt oublié : « Tu crois que je vais crever ? Tu te souviens de nos discussions ? » Cela se passait dans la cuisine de Brassens : « Qui partira le premier ? demandait César... — Toi, évidemment », répondaient en chœur Georges et Lino Ventura. Et le « petit » s'affolait. « Je ne peux plus rigoler avec ça... Ils m'ont fait le coup de la fuite et je suis tout seul à me parler de la mort. » C'est son sujet préféré, César joue et vit avec elle. Et les joutes qu'il engage déterminent ses humeurs. Sa gaieté ne se déshabille jamais de mille craintes accumulées. Il aime tout à la folie mais l'excitation n'est totale que si une brise mauvaise s'en mêle : un peu de fatigue, une femme qui part, un copain qui souffre. Le voilà immédiatement en quête d'apaisements, à la recherche du médicament miracle. Encore une surprise de la vie qui lui a déjà fait tant de cadeaux. Il aura, cela ne fait aucun doute, l'inattendu. Je prétends sans sacrifier à l'amitié, à la complaisance ou à l'ironie, qu'il est l'un des plus grands sculpteurs de ce siècle. Il en a eu toutes les audaces. S'il écrase, s'il compresse, s'il tord, s'il froisse, c'est par excès de curiosité... Pour l'or, le laiton, l'aluminium, la pierre, le bronze, le cristal il n'a que caresses. Et ceux qui le suivent savent son fabuleux pouvoir de création, son talent de dessinateur. Un petit salonnard écrivait récemment : « César est le Benvenuto Cellini de la ferraille. » Il lui a rétorqué par le *Centaure* — hommage à Picasso — qui est l'une des œuvres maîtresses de ce temps. Ce critique démuni aurait dû — s'il voulait le confondre — lui parler plutôt de ses médiocres qualités de cuisinier. Là, il l'aurait touché plein cœur. Au-delà de son art, César est attendrissant. Longtemps il a rêvé de beauté... « Et je ne suis que laid. J'aurais dû grandir mais j'ai vite compris que tous les petits sont séducteurs. Je ne plais pas vraiment aux femmes, je leur suis sympathique. » De cette sympathie il sait jouer.

Aujourd'hui au studio de l'Élysée, première vraie rencontre avec François Mitterrand. En 1974, à la veille de l'élection présidentielle, j'avais interrogé Valéry Giscard d'Estaing qui fut vainqueur. Pas le moindre commentaire à ce sujet du vaincu d'alors qui a de la dignité et aussi de la mémoire. Nous sommes là tous les deux pour parler du projet Eureka de l'Audiovisuel que je résume en cette courte phrase : « Il importe de ne pas donner aux Européens des programmes américains sur des récepteurs japonais. » Le chef de l'État apprécie ce raccourci. Je vois l'homme de près. Distinction, simplicité, courtoisie, c'est ce qui frappe tout d'abord. Mais l'œil rieur a de bizarres renversements, on sent qu'il peut changer de couleur. L'indifférence de cet homme, si on le provoque, peut être meurtrière, la fidélité à l'amitié, le mépris des traîtres doivent être de même intensité. J'ose prétendre que notre entretien s'inscrit dans un excellent climat, il ne fait pas de doute que nous nous reverrons mais il convient d'ajouter que nous ne sommes pas pressés. Mitterrand a le sens des formules : « Les murs de la séparation ne montent pas jusqu'au ciel. » Il m'avoue avoir trouvé cette expression sur les murs d'une petite église du Bourbonnais, je le soupçonne d'un peu de modestie, elle est forcément de lui. Il me dira plus tard : « Il arrive un moment, si l'on sait s'élever et sans aller trop haut, où l'on finit par se rencontrer. »

Il est né avec le siècle (1901) et s'il n'y avait eu, à Vichy, récemment, ce « déplorable accident vasculaire », il serait encore à quatre-vingt-huit ans le jeune homme tranquille qui fut plus occupé de vie que de notoriété. La paralysie, un changement d'équipage — il a maintenant un fauteuil d'infirme — l'ont rendu dépendant de tout, « esclave » : Henri Sauguet a gardé toute sa tête, il est encore coquet, mais son pauvre corps n'est plus qu'un roseau tordu qui ne tient à rien. Il ne se plaint pas, n'appelle pas les anges pour implorer un coin de ciel. Il a gommé toute révolte et peut être perfide en toute impunité : « J'ai composé six opéras, quatre symphonies, trois quatuors, vingt-six ballets, je n'ai qu'une passion, la *musique*, je veux la défendre : on fait avec elle aujourd'hui des galipettes, le n'importe quoi est devenu un art, les filous du genre contemporain ont inventé une génération d'imbéciles. C'est un scandale. Il n'y a plus que du bruit dans certaines salles de concert, on joue avec des tuyaux d'arrosage, des casseroles, des poubelles, et on veut nous faire croire que ce sont des œuvres. Un délit de non-initiés. » Je tente pour l'éblouir d'imposer le contrepoison, je lance le nom de Pierre Boulez qui depuis de nombreuses années cherche les nouveaux accords de la modernité. Que n'ai-je dit : « Cet homme ne m'aime pas et je le déteste. Il se donne une réputation avec un non-sens. Dénué de tout talent, incapable d'imaginer, plutôt que de construire il casse. Il s'est pris un temps pour Schönberg, et puis pour Messiaen, Dutilleux, aujourd'hui il n'est plus que Boulez. Je l'attends quand même au paradis, je lui jouerai mes opéras, mes symphonies, je lui chanterai *Les forains*, et si Dieu me prête jambes je lui danserai, avec mes amis, Diaghilev, Balanchine, Lifar, quelques-uns de mes ballets. Lui n'aura rien à m'offrir et pour ce rien je lui prêterai toutefois un public : Cocteau l'étincelant, Stravinski l'impossible garnement, Darius Milhaud mon doux compagnon, Erik Satie, Poulenc, Auric et même l'épouvantable Arthur Honegger. Tous mes proches, disparus. Dites-lui que je l'attends. » Henri Sauguet a retrouvé sa fougue, la colère lui donne des forces, son visage n'a plus les terribles contractions qui le défigurent par moments, il est comme défroissé. En partant, il cite Debussy, « le plus grand » : « La musique doit humblement chercher à faire plaisir. »

Grande cabriole chez Laurent Fabius, grosses têtes, petits fours, câlins en tous genres. Un ami m'a raconté les délices du compagnonnage politico-culturel sous les lambris de l'hôtel de Lassay : les précieuses ridicules au sommet de leur art. C'est fou à quel point les célébrités aiment à se fourvoyer avec le pouvoir. C'est perdre toute liberté que de faire promenade dans ces allées, c'est se commettre que d'être commis d'office.

Un câble tendu en travers d'une piste du Colorado a décapité le duc d'Anjou. Terrible, cette mort, et je m'en veux de penser à la fin de Louis XVI. Mais les signes souvent sont d'évidence. Il souhaitait me rencontrer le mois dernier mais par deux fois j'ai annulé le dîner qu'il proposait. Je ne le connaissais pas, je regrette ce rendez-vous manqué. D'une manière générale, on ne devrait pas se défaire de quelques possibilités d'amitiés nouvelles. L'essentiel n'est pas toujours ce que l'on fait de pure habitude.

Il peignait des montres molles, accrochait une paire de moustaches en esses au-dessus, et appelait son tableau *Gare de Per-*

pignan. Il s'autorisait et adorait tous les délires, qui le lui rendaient bien. A quatre-vingt-quatre ans, l'énorme, l'extravagant Salvador Dalí, mort hier à l'hôpital de Figueras, vient de nous abandonner... à notre condition de « crétins mous à têtes hydrocéphales habillés de dentelle avec la bouche qui ne peut pas se fermer »... Le compliment est bien entendu signé du Maître, et lui permettait de rouler les « r » teRRiblement.

Je l'avais reçu le 4 janvier 1971. Nous nous étions revus souvent. Évidemment, nos rencontres, nos entretiens, étaient burlesques, enrubannés d'une folie de gestes, d'une folie de mots. Je me souviens du moment assez exceptionnel que fut notre bavardage radiophonique, dans sa géniale et très décousue mise en scène. L'époque était celle du divin Dalí, qui avait le goût du spectacle, des bruitages et effets de cour spéciaux, indispensables au grand train qu'il menait alors dans son palais parisien, un hôtel de la rue de Rivoli. Là, son royaume était sa chambre. Il régnait, drapé dans sa magnifique tunique de brocart et banderilles aux cheveux, sur un petit monde de courtisans, du bout de sa canne à pommeau d'or. Entre dix appels téléphoniques, vingt recommandations à « ses gens » et cent pirouettes, Dalí me postillonna un portrait de Dalí, tout en points de suspension, accélérations et décélérations. Retouchant çà et là l'hétéroclite ambiant :

— Évidemment, il y a ici des bRRuits, des gens qui RRentrent et qui SSortent... Aucun de vous ne pourra se plaindre sans raison !... Ça, c'est le courrier. Un monsieur m'envoie un chèque de 20000 dollars. Très bien ! (Tout à coup, à mon intention :) peut-être aurez-vous la chance d'assister à la livraison de ce chèque, promise pour 13 heures !...

— *20000 dollars, cela fait 10 millions d'anciens francs !*

— Oui, mais ce n'est rien à côté du prix que vient d'obtenir le grand tableau que vous connaissez — enfin, pas grand, moyen, et même plus petit que moyen — de Vélasquez, le plus grand génie de la peinture espagnole, qui a fait à peu près 6 millions de dollars aux enchères. On m'a demandé, à l'occasion, quelle était la différence entre une photographie, la plus extraordinaire qu'on puisse faire, et un tableau à l'huile. J'ai répondu qu'elle était très facile à calculer : 6 millions de dollars. Et ce n'est pas ce garçon, là, qui est en train de me photographier les postiches, qui me contredira... même s'il fait sa photographie exactement sous l'angle où Vélasquez m'aurait peint, lui. Pourquoi une photographie n'a-t-elle aucune valeur ?

Pourquoi ce garçon, réduit à être photographe, gagne-t-il très mal sa vie ? Pourquoi un monsieur, avec quelques poils au bout d'un pinceau et de la terre, réalisant une chose qui, pour la plupart des mortels, sera absolument identique, va décrocher plus de 6 millions ! Ce qui n'est rien à côté des avions de bombardement, beaucoup plus chers que le Vélasquez en question !

— *Salvador Dalí, le peintre génial que vous êtes n'est-il pas un peu barbouillé par la publicité ?*

— Ah non, ce serait plutôt exactement le contraire. Observez un peu autour de moi, vous remarquerez que c'est la publicité qui est to-ta-lement barbouillée par moi !

— *Vous n'êtes pas un peu ridicule ?*

— Écoutez... Je fais tout ce que je peux pour ça ! Reconnaissez que les êtres les plus sublimes de notre histoire ont été ridicules, à commencer par Diogène. Adolf Hitler, gRRand personnage, a été ridicule ! Moi, je ne fais qu'essayer, mais je ne réussis pas ! Tenez, au lieu de ces deux moustaches, je pourrais en avoir quatre ! J'insiste : deux boucs de chaque côté... de quoi déclencher enfin ce sentiment de ridicule qui est la constante tRRagique de l'Histoire !

— *Vous aimez faire le clown à condition qu'on applaudisse, qu'on s'esclaffe, qu'on entre dans votre jeu. Qui sont ces gens, autour de vous ? Des courtisans ?*

— Oui, mais d'assez mauvaise qualité. Tous ces prétendus amis ne sont finalement que des arrivistes. Ils se collent à moi sans doute pour paraître sur une de mes photos, avec l'espoir de vendre leurs trucs, disques ou photographies. Et ils se font des illusions parce qu'il leur arrive en général ce qui est arrivé à Yul Brynner... Après m'avoir assiégé, suivi quelque temps dans mes bagages, ils retournent à leurs moutons, mais trop tard, leur patron les a mis à la porte !... *Oui ? Entrez !* Voulez-vous, cher photographe, ouvrir la porte derrière laquelle se trouve un visiteur en détresse !...

C'est peut-être le chèque. C'est en tout cas le cirque Dalí qui continue, faisant du garçon tout à l'heure « réduit à exercer la photographie » un domestique. Le visiteur est un admirateur, Dalí donne dans la démesure. Bientôt pantois, l'admirateur aura comme une hésitation : rire ou décamper sans demander son reste ? Je demande au « génie » quel plaisir secret il éprouve à se moquer ainsi de ses « sujets », les prend-il pour ses bouffons ?

— Ah ! jamais je ne me suis moqué de qui que ce soit ! Je suis un personnage dans la gRRande tRRadition tRRagique espagnole, dans la ligne de Philippe II ou de Charles Quint ! Mais j'aime assez être entouré de ces crétins mous à « grosse tête hydrocéphale » dont je vous ai déjà parlé. Les mêmes figurent auprès des rois d'Espagne, si vous regardez bien, dans tous les tableaux de Vélasquez. Ces crétins, très supérieurs à vous tous et à la société de consommation, sont capables de dire de temps en temps des choses sublimes. Tout simplement parce que leur tête, qui contient beaucoup plus de liquide que celle du commun des mortels, est plus en rapport avec le cosmos...

— *Vous travaillez beaucoup, Maître ?*

— Actuellement, j'ai surtout décidé de gagner le plus d'argent possible. Comme je fonctionne à l'envers de la plupart d'entre vous, je trouve que c'est beaucoup plus pratique de gagner de l'argent pour pouvoir travailler que le contraire... Je fais un disque, je parais pour le chocolat Lanvin (trois minutes), pour une compagnie d'aviation sur laquelle je ne vole jamais... On me paie, et avec ces millions, légitimement tirés de la société de consommation, je peux me permettre, si je veux, de passer trois ans à faire un petit tableau...

— *Combien vaut Salvador Dalí aujourd'hui ?*

— Ah ça, ce n'est pas ma spécialité ! Je n'en sais rien et je ne saurais même pas vous citer le nom de ma banque. Je sais seulement que de l'argent arrive avec régularité, comme une espèce de diarrhée tombant du ciel, et tout cela me donne beaucoup de satisfaction avant de m'endormir. Mais je n'ai aucune idée des chiffres !

— *Il a du talent, Dalí ?*

— Dalí, ce n'est pas le talent, c'est le génie total ! Avec un petit talent quand même pour la peinture. A mon grand regret, oui, je considère que je suis assez mauvais peintre, comparé à Vélasquez ou à Raphaël. Mais si je peux modestement déclarer que je suis le meilleur de tous les peintres vivants, c'est tout simplement parce que les autres sont mauvais. Tellement mauvais que bien sûr, à côté, le moindre petit talent se remarque !... *Allô ! Qui êtes-vous ?...*

Deuxième coup de fil — je m'attendais au pire, je suis servi. Tout à l'heure, c'était un confrère, cette fois, c'est l'organisateur d'une salle parisienne qui prie le Maître d'assister à une représentation de *Libres sont les papillons*, une pièce adaptée par Raymond Castans. Alors, faisons à Dalí l'honneur de penser que son numéro est toujours passionnant et écoutons :

— « Libres sont les papillons ? » Moi, je suis contre la liberté, monsieur... Je connais la chose et je peux vous dire en toute confidence que les papillons ne sont jamais libres... D'après mes renseignements scientifiques, comme ils ont un besoin terrible de faire l'amour, ils doivent le faire trente-deux fois par jour, sinon ils meurent ! Vous imaginez l'esclavage, si la chose vous arrivait, à vous, à moi ! D'autre part, je suis aussi contre les fêtes de charité, sauf si l'on m'envoie un très beau cadeau, auquel cas je peux reconsidérer l'invitation. Je vous salue, monsieur, car je suis en train de répondre à une interview... Au revoir !

Dalí raccroche. Je lui fais observer qu'il est très demandé. Il poursuit son idée :

— « Libres sont les papillons ! » S'il y a une chose que je hais, de toutes mes forces, c'est la liberté. Quand j'étais jeune, enfant gâté, libre, pouvant faire pratiquement tout ce que je voulais, c'était l'angoisse perpétuelle ! Voyons... vais-je faire de la peinture ou ferais-je mieux de dessiner ? Au lieu de peindre, je pourrais peut-être faire un poème ? Mais au lieu du poème, je pourrais aussi sortir avec des garçons et des filles, aller au cinéma ou au concert ?... La déroute quotidienne en fait de liberté absolue ! Tout à coup, le gouvernement espagnol m'a fichu en prison et ce fut le délice ! Je n'étais plus libre, j'étais en prison ! Alors, j'ai commencé à me recroqueviller sur moi-même et à savourer la vie comme jamais. Et je me rendais compte que ce qui tue le monde actuel, c'est la liberté. Sans contraintes, adieu structures morales... Aussi, je dirai toujours, moi, que plus la structure sera serrée et éditoriale, plus elle produira des plaisirs à l'homme. La rose pousse dans une prison, la prison de la coupole céleste !...

Démesure du personnage. Je lui disais souvent « Tu es fou », il acquiesçait, mais je ne le pensais pas et si je l'avais cru je me serais grossièrement trompé. Dalí s'est fichu de *tous* mais jamais de *tout*. Il avait pour l'essentiel l'attention la plus sûre. Ses débordements n'étaient qu'un effet de sa pudeur. Encore fallait-il le savoir ! Il s'était inventé clown et jouait son rôle à la perfection.

1989

Février

Par les temps qui courent, les puissants devront s'accorder à la préoccupation de Bergson : « Il faut agir en homme de pensée et penser en homme d'action. »

3 février. Brouillard sur Roissy. Un mur blanc, une banquise qu'une aile d'avion fût-elle cinglante, ne saurait briser. Nous restons à terre, je suis atterré, on m'attend tôt ce soir à Moscou, il est déjà 13 heures. Pas un avion dans le ciel, pas même l'ombre d'un fuselage sur la piste. L'opaque absolu. Une foule de voyageurs perdus, à peine un mouvement d'humeur. Désordre total, la machine n'y peut rien, le progrès est en rade, la nature retrouve toute sa puissance. Parfois, pour briser la monotonie de l'attente, on embarque des passagers et c'est l'émeute joyeuse. Courte durée des réjouissances ; une heure de carlingue et puis de nouveau le retour dans les halls. Comportements de rigueur : chez certains l'angoisse — « Où vais-je coucher ? Quand vais-je partir ? » Chez d'autres, une sorte de bonheur fabriqué — « J'ai vécu cette panique, c'était un vendredi de février, j'y étais. » Tout à coup un appel répercuté par tous les haut-parleurs : « Les voyageurs pour Moscou... Rassemblement à la sortie porte F... L'embarquement est prévu à Orly... Des cars sont à votre disposition. » La nouvelle est d'importance ; nous ne sommes pas sûrs de partir mais nous allons bouger et le mouvement est toujours porteur d'espoir. La route nous fait un temps oublier l'espace.

Dans cet autre aéroport, à l'autre bout de Paris, l'équipage est en place, le ciel paraît ici plus léger mais il va nous falloir attendre encore : le camion qui transporte nos bagages a été arrêté sur l'autoroute pour excès de vitesse. C'en est trop. Avec quelques-uns, j'ai pris le parti d'en rire.

Arrivée à Moscou à l'aube du samedi. Il est 5 heures, le noir va bien à nos teints pâles, il fait bon, pas une trace de neige. La retraite de France n'est plus qu'une farce obligée.

Moscou retrouvée dans le plein soleil de l'hiver au sortir de l'affreux hôtel Rossia, bunker sans âme qui doit être encore une invention de Staline. Et cette odeur très particulière, désagréable, indéfinissable, mélange de naphtaline et de poisson avec effluves d'essence mal raffinée. Je subis à chaque fois cette mauvaise fragrance. Heureusement les belles églises du XVIIe rescapées du massacre révolutionnaire sont toujours là, amputées sans doute mais glorieuses, et nous attendent aussi la place Rouge, le Kremlin, les cathédrales, les mystérieux palais des nouveaux tsars. Devant le mausolée de Lénine, l'habituelle foule de ceux qui vont au « Sauveur » comme d'autres à La Mecque. Je prévois toutefois que le prophète actuel du Soviet suprême aura moins de siècles habités d'amour que le divin Mahomet. Ailleurs, dans les rues, les avenues, larges offertes à des conducteurs fous, les passants, hommes et femmes pressés qui ont un lieu de destination. C'est le plus frappant dans ce pays : il n'y a pas de flâneurs, de curieux en chasse d'irréel, on marche triste, la tête basse, on n'ose croire au miracle, et il est vrai qu'un autre piège s'est refermé il y a soixante-douze ans. Dans *Vie et destin*, Vassili Grossman évoquait déjà la « Russie de Lénine et Staline, avec ses camps et ses mises en relégation... la muflerie triomphante des nouveaux maîtres et l'esclavage, l'humiliation ». Ce poids, notre regard le supporte et mes quatre derniers voyages sur cette terre magnifique, millénaire, m'aident à mieux comprendre. Il y a ici, chez le peuple, malheurs accumulés, fragile espoir, interminable attente d'on ne sait quoi ! Pour tromper le temps, on magouille à corps perdu, tout est troc, combine, marché noir, il faut vivre. 275 millions d'âmes en quête de l'impossible étoile. Quelques-uns croient avoir trouvé : la minorité ardente des privilégiés, les parvenus de l'idéologie marxiste qui renient l'Histoire, leurs propres ancêtres. Ces fossiles devraient écouter Max Jacob : « On ne chante juste que dans son arbre généalogique. »

On ne raconte pas le Kremlin, on s'y invente une route, ici l'imagination prend le pouvoir, c'est un désordre de constructions érigées à des époques différentes, un manque d'unité d'une beauté singulière. Les palais sont labyrinthes de couloirs interminables, spirale d'escaliers inquiétants qui vous jettent dans des cours superbes où d'autres palais plus petits, plus beaux, aux structures plus raffinées encore, ajoutent au mystère. Chacune de mes visites me porte au tout dernier moment jusqu'à Basile le Bienheureux, ce chef-d'œuvre de l'art orthodoxe, véritable hymne à la joie des années 1554 qu'un souverain cynique, Ivan le Terrible, trouva à ce point unique qu'il ne voulut pas d'autre église semblable. Pour s'en assurer — cruauté de tyran — il fit crever les yeux des architectes qui l'avaient conçue. C'était, disent les documents de l'époque, un hommage à leur génie. Leurs yeux étaient morts, les traces du martyre évidentes, mais ils avaient pour l'éternité le respect du maître qui avait osé cet assassinat. On devait penser à la cour que le crime de pur esthétisme est capricieusement vertueux.

Dans cette Union soviétique que je découvre si tard et que je visite maintenant si souvent, je suis quotidiennement affronté aux crimes de Staline qui a décapité tous les « poseurs de questions », j'entends la voix, encore discrète, des plus humbles : « 1917 est au final du siècle une catastrophe »... « La révolution d'Octobre a donné des privilèges et gommé le mot liberté »... « Ce cataclysme fut une réalité, ses promesses un mirage »... « Nous sommes redevenus esclaves »... « Nous venons de perdre notre dernière guerre : l'Afghanistan est un échec »... Peut-être demain Gorbatchev ! »... On se prend à rêver mais on n'en est pas moins inquiet. Wladimir Maximov, le responsable des Éditions d'art Aurora, m'avoue toutes ses craintes : « Vingt millions de soviets d'aujourd'hui se préparent à *assassiner* la *perestroïka.* » Il n'a pas dit Gorbatchev mais il l'a pensé. Et pourtant je reste optimiste. Plagiant Saint-Just, je crois pouvoir assurer que le bonheur pourrait devenir une idée neuve en URSS.

Pèlerinage au musée Pouchkine de Moscou. J'y viens à chaque passage. Pour dire le vrai de l'émotion, il n'est pas d'autre mot qu'*éblouissement*. Le Beau vous provoque au premier pas, c'est une succession d'icônes byzantines, de sculptures, de tapisseries, de Rembrandt, de Cranach, de Botticelli, de David, d'irremplaçables impressionnistes. Il faudrait élever un monument aux collectionneurs Sergueï Chtchoukine et Ivan Morozov qui, au début du siècle, eurent assez d'œil, de goût, d'intelligence pour faire venir jusqu'en Russie le plus éclatant de la peinture française, cette étonnante production d'artistes dont personne, chez nous, n'aurait su prévoir la percée. Vraiment, ces deux hommes mériteraient mieux qu'une mention banale dans les guides et les catalogues. Initiateurs-mécènes, ils sont à l'origine d'un mouvement que l'on peut considérer comme la plus importante recherche picturale de notre époque. L'amour de l'art les poussait même à ouvrir leur propre maison au public, à montrer leurs trésors en toute gratuité, à faire partager aux plus humbles leur passion, et cela vaut grande considération car le meilleur de l'époque était seulement accessible à l'élite ou plutôt aux privilégiés de cette élite. Au contraire des idéologues criminels, ils ont participé, eux, à leur manière, à l'invention de l'*homme nouveau* qui peut prétendre au savoir. Et c'était avant la révolution d'octobre 1917. Les plus étonnantes collections de la Russie d'aujourd'hui sont le somptueux cadeau de ces deux esthètes qui ne furent jamais marchands.

Au musée Pouchkine, j'ai donc fait mon marché ; si l'on m'avait contrôlé au plus profond, on se serait aperçu que j'emportais l'essentiel de la série des *Saltimbanques* de Picasso, le portrait du *Vieux Juif*, le *Samedi* de Derain, le *Mardi gras* de Cézanne, mais aussi le *Pierrot et l'Arlequin*, les *Prisonniers à l'exercice* de Van Gogh, la *Sculpteuse* de Bourdelle, la *Mère et son enfant* de Mary Cassatt, le *Dimanche d'un ouvrier calabrais à Rome* de Renato Guttuso... des Sisley, des Renoir, des Gauguin. Ces œuvres, je les ai définitivement : ne sommes-nous pas tous propriétaires de ce que nous savons regarder !

Moscou-Leningrad. L'incroyable traversée, le voyage qu'il faudrait faire en traîneau pour être enfin associé aux légendes, à la littérature, au passé. Moscou la populaire, Leningrad l'aristocratique, l'autre ville, politiquement pareille et si différente, aux antipodes. Un délire de pierre et de marbre, de ruissellements d'eaux, imaginée et voulue par un tsar qui pariait sur la postérité, se construisait un destin et jamais ne ménagea son raffinement ni sa cruauté. La volonté de Pierre le Grand, en 1703, a favorisé l'épanouissement de tout un monde de palais, de canaux, de monuments fameux, au bout de la Russie, dans un trou pluvieux, un marécage... où la Neva, fleuve large, ouvrait la voie à divers pays et s'offrait comme fenêtre sur l'Europe. Perfection du défi si l'on s'en tient à l'environnement, au chef-d'œuvre architectural, mais par ailleurs atrocités de l'Histoire gorgée de malheurs accumulés. Ici on comprend vite que Saint-Pétersbourg est encore vivant. Les idéologies meurtrières n'arrivent pas à tuer la beauté et le génie des hommes. Lénine voulait légaliser l'horreur — il est mis aujourd'hui en accusation —, Hitler qui souhaitait réduire cette ville en poussière l'avait condamnée au supplice du blocus — neuf cents jours de siège, 1941/1943. Échec total d'un anéantissement annoncé. Tout un peuple s'est offert au sacrifice : les millions de morts de ces temps-là appellent les générations de demain à ne plus se laisser déposséder de la liberté. Et cette volonté est dans l'air, c'est un souffle qui balaye déjà les courants mauvais.

On aime Leningrad comme on aime Venise. Avec un cœur débordant devant tant de merveilles. J'ai mémorisé toute la splendeur des façades, ces ocres, ces roses, ces verts pâles, ce baroque maîtrisé, ce déluge de couleurs qui font cascade. J'ai au coin du cœur la cathédrale Saint-Isaac et sa coupole de 102 mètres, le palais d'Hiver, le Kirov, tous ces lieux sensibles où veillent encore les grands musiciens, Tchaïkovski, Rimski-Korsakov, Moussorgski, Glinka, je regarde sans m'attarder le croiseur *Aurora* qui symbolise les derniers jours de la monarchie, le passage d'une civilisation millénaire à ce qu'un peuple attendait : un avenir heureux dans une dignité chèrement conquise. Hélas ! La nouveauté fut dans le changement de camp d'une même cruauté. A croire que la Russie a son éthique tragique. Mais l'émotion n'est jamais si forte que dans la maison de Pouchkine, l'enfant terrible, le poète blessé, la figure de proue des révolutionnaires d'aujourd'hui. Il me semble que chez lui je suis chez moi. J'aurais voulu m'installer dans son bureau près du canal, sur le quai Moïka, au milieu de ses livres, de sa correspondance écrite en français, pour le mieux connaître et comprendre pourquoi, en URSS, on l'aime à ce point. De cet endroit mythique, chargé d'âmes vivantes, de fantômes, la poétesse Anna Akhmatova a simplement écrit : « Toute la Russie est passée ici le jour de sa mort et elle y est restée. »

A Leningrad, tout conduit à l'Ermitage, à cet extraordinaire palais d'Hiver aux 1050 salles, aux 117 escaliers, aux superbes galeries écrasées de fresques et de symboles : l'Île aux trésors, imaginée par la démence, la vanité, la force du pouvoir, l'incroyable richesse des princes. Trois millions de chefs-d'œuvre appartenant à toutes les époques sont rassemblés dans ce gigantesque espace qui a conservé son unité architecturale. Chacun peut choisir selon son cœur : Raphaël, Léonard de Vinci, Rembrandt, Vélasquez, Monet, Sisley, Van Gogh ou Gauguin. Je me suis attardé au *Portrait d'un jeune homme* de Frans Hals, au *Bénédicité* de Chardin, aux femmes bleues de Picasso — admirables visages, sombres et lumineux à la fois —, aux deux immenses Matisse qui sont un hommage à la danse et à la musique. On se prend à rêver de ce qu'aurait été un pareil lieu s'il n'avait pas été pillé à certaines époques révolutionnaires. Car il y avait plus encore. Les collections soviétiques réunies par les tsars ont alimenté le marché de l'art international. Ne parlons pas des tableaux fugueurs partis au lendemain des troubles de 1917 et emportés par ceux qui avaient eu assez de goût (et de fortune) pour les acheter... Je pense au troc réalisé par les pouvoirs officiels qui, dès 1928, organisent une véritable braderie du patrimoine national. Si la *perestroïka* n'est pas arrêtée dans sa course, si elle autorise enfin un véritable éclairage sur les fausses idoles — les documents sont prêts —, on s'apercevra que quelques grands prêtres de la révolution furent aussi des hommes d'affaires particulièrement avisés.

La peinture contemporaine russe a souffert de la longue traque bolchevique. Kandinsky et Chagall ont quitté l'URSS en

1920, l'œuvre de Malevitch a été complètement occultée à sa mort en 1935. Aujourd'hui, ces artistes ont l'agrément du régime et j'ai vu à Moscou la très belle rétrospective Malevitch enrichie des toiles venues d'Amsterdam. Et là encore — même si l'on se réjouit du présent — on ne peut s'empêcher de pester contre un certain passé, une certaine idéologie qui invente dans les époques de crise son cortège de critiques asservis. La démagogie des intellectuels aux ordres du parti dans les années 30 était à ce point insistante et ridicule qu'elle peut être résumée par ce questionnaire officiellement rédigé, réponses comprises :

« Que fait l'ouvrier ?
Il construit des maisons.
Que fait le cordonnier ?
Il produit des chaussures.
Que fait l'artiste ?
Il ne fait rien.
Vous ne pensez pas que cela est suspect ! Délivrons-nous donc de l'artiste qui est un poids dans la machine. »

On n'est pas plus clair. Pendant des décennies, pas une étincelle n'a su éclaircir un peu de ces ombres.

J'ai fait en URSS ce qui me semblait utile et nécessaire : *témoigner*, dire le vrai d'un regard, d'une écoute, sans sectarisme, loin de toute idéologie. Ceux qui m'ont parlé sont de ce pays, ne l'ont jamais quitté : leur critique violente du régime, des privilèges, leur mépris des princes du parti ont nourri nos conversations, à Moscou et Leningrad, et le plus souvent devant les caméras de la télévision soviétique. C'est assez dire que rien ne fut dissimulé et qu'il faudra désormais chercher ailleurs des motifs de censure. Car nous sommes assez informés par l'Histoire pour imaginer les possibles manigances des pouvoirs nouveaux. Il n'empêche que les plus simples croient déjà à un supplément de liberté. Gorbatchev a inventé un mouvement qui peut conduire à la paix ou à la révolte. Une idée en tout cas est en marche à la veille de ce printemps 1989 ; un processus de révision, une enquête sur l'horreur stalinienne agitent la classe politique et on doit se demander si les vieux maréchaux ou du moins leurs disciples tortionnaires permettront le déballage final. Un accident est vite arrivé et Gorbatchev voyage si souvent... D'autre part, l'espérance de jours meilleurs ne peut en aucun cas gommer ce que nous nous accordons de lucidité : le changement, s'il a ému l'esprit, a très peu touché les âmes. Indifférence, orgueil, soumission ? Allez donc savoir ! Le gouvernement de l'Union soviétique a beau prôner la *perestroïka*, elle échouera si le peuple ne l'impose pas à l'appareil. Et Gorbatchev appelle cette révolution : « C'est notre dernière chance... Cette restructuration est donc décisive, notre parti se doit de la mener à bien, car pour lui il n'y en aura plus d'autre... Soit nous nous trouverons enfin nous-mêmes, soit nous nous perdrons définitivement et alors, notre pays, notre peuple et nos idées subiront une défaite catastrophique. » Andreï Bitov, le Dostoïevski de la Russie d'aujourd'hui, me disait ce matin, devant le piano de Richter, au musée Pouchkine : « Les révolutionnaires de 1917 ont tué mon vieux territoire... C'est l'humiliation infinie... Au sortir du stalinisme tout est pourri, la société, les mœurs, l'économie, la famille. Être formé dès l'enfance par la désinformation, le manque de preuves, le mensonge, est une tragédie. Nous sommes un peuple désorienté. » Ces malheurs viennent de très loin ; je pense à Lermontov, à Tourgueniev, à Dostoïevski, Pouchkine. Voilà une culture suicidée par l'histoire. Bitov est l'auteur d'un roman tristement enrichi de ces funestes aventures, il raconte la chute d'un empire qui se voulait nouveau, la déroute d'un siècle perverti, la honte maintenant affichée du Soviet suprême. Cet ouvrage — *Le café Pouchkine* — écrit en 1970 paraît en ce moment en France mais est toujours interdit en URSS. Bitov résume son espoir en une seule phrase : « Ce n'est pas l'homme qui trouve le mot juste, mais le mot qui trouve son homme juste. »

Une histoire que les Soviétiques se racontent annonce bien le besoin d'évasion des gens de ce pays. Deux amis se retrouvent. L'un : « J'ai très envie de revenir en France. » L'autre : « Tu y es déjà allé ? — Non, mais j'ai déjà eu envie. » Plus les hommes sont éclairés, disait Voltaire, plus ils sont libres. Vite, pour cette nation, mille lumières du monde.

Des noms retiennent le regard : rue Gorki, place Pouchkine, place Maïakovski, musée Anton-Tchekhov, square Tchaïkovski. Je n'ai qu'une idée en tête : voir enfin les merveilleuses icônes d'Andreï Roublev, l'un des plus grands artistes de tous les siècles. Il y a là poésie, tendresse, pureté.

Une première dans l'histoire de l'audiovisuel : la télévision soviétique ouvre ses studios à une équipe étrangère et coproduit avec elle un programme où la *critique* du système communiste a sa place et, je dirai même, est souhaitée. Attendrissante évolution des mœurs de ce pays. J'ai vite prévenu : « Je poserai toutes les questions. » Accord immédiat : « Vous avez tous les droits et vos entretiens passeront intégralement sur nos écrans. »

L'expérience est passionnante... Les Russes, depuis un an, espéraient cette collaboration, voilà qui est fait : ils estiment que le *Grand Échiquier* est l'outil idéal d'une véritable action culturelle, nous allons avoir ici 100 millions de téléspectateurs. A ma demande, nos confrères de Moscou ont engagé l'Orchestre philharmonique de Leningrad (140 musiciens), les Ballets Moisseiev et Maïa Plissetskaïa ; ils m'ont fait découvrir deux hommes admirables, le compositeur Rodion Chedrine et le chef des chœurs de l'État soviétique Vladimir Menin. Selon leurs souhaits, j'ai convié à nous accompagner Michel Legrand, Claude Bolling et Yves Duteil.

Une émission comme celle-là ne peut se passer d'un fil rouge, il lui faut une voix, un visage, une intelligence des lieux, autant d'avantages susceptibles d'assurer le bon enchaînement des séquences. A mon précédent voyage j'ai lancé le nom de Michael Rudy. Étonnement de nos amis, petite phrase assassine. « Savez-vous que ce pianiste a tué son professeur ? » Je bondis. « Comment cela ? — Oui, m'explique-t-on, il est mort de chagrin. » Je respire. Sur cette base, sans doute dramatique mais pas sérieuse, nous pouvons discuter. De toute manière ce sera ainsi ou ce ne sera pas. Ils l'ont bien compris.

Michael est l'homme de la situation. Je suis une arrivée, il est un retour. Son départ en 1977 lui fut blessure, anéantissement, et il ne pouvait en être autrement : il se savait prisonnier d'une idéologie absurde, forcé dans sa tanière, privé de grands espaces, condamné à ne montrer son talent qu'à ses proches. Il avait vingt et un ans, il lui fallait fuir la Russie, prendre le risque de l'exil, se frotter aux ténors de la musique. On lui prédisait à Moscou un immense avenir... national : la mort lente d'un interprète. Je me souviens de ses premiers pas à Paris, de son angoisse, de sa petite chambre sur laquelle veillaient jour et nuit des personnages assez bizarres. « Je refuse de sortir, me disait-il, on veut m'enlever, je suis prévenu. » C'était vrai. Mais ses possibles kidnappeurs n'eurent jamais notre souplesse. Un soir, à leur barbe, j'entraînai Michael jusqu'aux Buttes-Chaumont. Il ne parlait pas un seul mot de français, ses yeux allaient de droite à gauche, sa tête nous donnait le tournis : *la peur d'être suivi*. Je savais l'importance de sa première participation au *Grand échiquier* : la télévision lui ouvrait *officiellement* les portes de la liberté. On l'avait vu, on l'avait entendu, il devenait intouchable. Et il le fut immédiatement. Je n'ai pas oublié cette première interprétation offerte au public de l'Ouest : un *Nocturne* de Chopin. Le même que celui qu'il va jouer demain, onze ans après, dans les studios de la télévision soviétique. Nous sommes là, tous les deux, sur la place Rouge, sous les baroques coupoles de Basile, à Moscou, sa ville. « Jamais je n'aurais cru vivre pareil événement. Ce que je ressens ne peut pas être raconté. C'est trop fort, inimaginable. » Près de nous, son père et sa mère ont également du mal à se persuader que tout cela n'est pas un rêve. Le temps n'est pas tellement loin où — forcée par les soviets — Mme Rudy écrivait à son fils : « Je te renie », mais cela paraît aussi d'un autre siècle. Cette dernière année semble avoir tué l'idée de terreur. Michael regarde la grande porte du Kremlin : « Irréel ! Je ne devais jamais revenir, je n'imaginais pas le moindre changement dans mon pays. J'avais minutieusement préparé ma fuite. Douze mois durant, je me suis promené à travers la Russie, couchant dans les hangars, les monastères, à la belle étoile, observant chaque région, chaque ciel, chaque monument : il me fallait engranger pour tout le reste de ma vie, ne point tarir mes sources. Je voulais faire de mon cœur, de mon âme, un musée des bonheurs perdus. J'avais tout prévu, je peux te raconter chaque route de chez moi. » L'exil n'a donc pas été définitif, Michael Rudy a redécouvert son carré d'enfance, les retrouvailles sont poignantes... mais il n'en reste pas moins vrai qu'un abîme gigantesque s'est creusé entre lui et les siens. Ils auront du mal à le comprendre, il s'est fait occidental, il est ailleurs. Il observe les gens qui se pressent devant le mausolée de Lénine : « Tout est possible, rien n'est gagné. Le totalitarisme leur a épargné la douleur de penser, ils ne sont pas encore prêts pour la démocratie. » Il fouille dans la poche intérieure de sa veste, prend son portefeuille, me tend un papier jauni plié en huit : « Lis. » Je ne me souvenais plus, je reconnais vite mon écriture. Une date : 1977, une seule phrase : « Nous repartirons ensemble pour Moscou. » Tout est dit.

Moscou prépare la campagne électorale qui va porter au Congrès 2 250 députés du peuple. Peut-être l'émergence d'un personnel politique nouveau ! L'incantation suffit, il faut passer aux actes. Les intellectuels se déchaînent sur les places publiques ; vigilants, les staliniens attendent la faute, naïfs ceux qui pourraient croire à leur abdication : la perspective d'un possible abandon de leurs privilèges les arme et les fait dangereux. Ils se battront. « Avant la réforme, la guerre », m'a dit l'un d'eux. La crise est telle que les plus favorables à la *perestroïka* souhaitent un retard à son application.

Trois rencontres en une seule et bonne journée : Maïa Plissetskaïa, Iouri Temirkanov, Vladimir Menin. Des personnages rares qui ont assez de courage pour ne point déguiser leur pensée sur leur propre sol. Tempêter contre le régime à l'étranger n'est pas inutile mais il y a des gloires plus grandes.

Nous voici dans les studios de la télévision soviétique, à trente minutes du centre de Moscou, tout près du magnifique palais (intact) des comtes Cheremetiev. Premier vrai contact sur le terrain de l'audiovisuel avec les dirigeants, les techniciens, accueil courtois, sourires de circonstance, on s'observe, on se jauge, il importe d'éviter toute faute et dans le même temps de prendre élégamment le pouvoir : nous sommes chez eux mais j'ai la responsabilité du programme. La détente vient vite, c'est la musique qui donne le bon accord, l'Orchestre de Leningrad est la meilleure des ambassades, Tchaïkovski et surtout l'excellence de l'interprétation nous rapprochent. L'émission est lancée, l'amitié n'est plus loin et Maïa Plissetskaïa que je n'attendais pas dans ce genre d'exercice s'exprime librement : « J'ai dansé partout dans le monde ; ailleurs on nous apprécie, on nous aime et nous avons le sentiment d'être utiles... Hélas en URSS on n'a pas encore appris cela... Vivre au Bolchoï, actuellement, est absolument impossible. Il y a là un régime stalinien. Toute la direction est malheureuse : ils sont tristes car ils ne peuvent pas fusiller les gens, ils ne peuvent pas les exiler en Sibérie, ni les torturer dans les prisons comme ils le faisaient avant. On tente tout de même de nous anéantir moralement. » Derrière les caméras, à leurs pupitres, à l'image, au son, nos confrères soviétiques sont frappés par une telle audace et je dirais même séduits. Un assistant chuchote à mon oreille : « C'est la première fois que l'on crie de telles choses sur nos écrans. » Maïa continue : « J'ai proposé officiellement un nouveau ballet au Bolchoï, on ne m'a même pas répondu. J'ai envoyé des lettres qui ne sont jamais arrivées, j'ai écrit à la plus haute autorité, vous pouvez imaginer laquelle... S'il ne m'a pas répondu, lui, c'est qu'il n'a pas reçu cette supplique. Je le sais maintenant, on ne transmet pas les messages, ni par écrit, ni par oral. Autant envoyer les lettres au bon Dieu. Même aujourd'hui les staliniens font la loi à Moscou, ils feront tout pour abattre Gorbatchev. » A cet instant, j'aperçois quelques visages graves qui paraissent s'inquiéter du ton critique que prend la conversation. Mais rien n'est dit. Iouri Temirkanov, le chef d'orchestre, enchaîne sur le même ton : « Gorbatchev est quelque chose d'incroyable et d'inattendu pour nous : il propose ce dont nous avons toujours rêvé ; maintenant je n'ai plus honte à l'étranger, je dis avec fierté que je viens de Russie, nous sommes devenus des *gens normaux et civilisés...* Notre pays, sous la pression de Staline, de Brejnev, a fait des erreurs monstrueuses, a commis des millions d'assassinats. Nous avons été cruellement stupides ; seuls des gens bornés peuvent déchoir de leur nationalité Rostropovitch et Soljenitsyne. Nous nous sommes ridiculisés aux yeux du monde. J'en veux à mon pays pour cette bassesse. Mais le musicien et l'écrivain sont pour toujours des grands fils de la terre russe. Et puis le temps est impitoyable, il remet tout en place, c'est la postérité qui classe les héros. Les dictateurs occultent toujours une vérité très simple : l'histoire les oublie ou les massacre. Merci, Jacques, de me donner l'occasion de crier tout cela sur votre télévision, chez vous en Occident, mais plus encore sur la mienne, ici en URSS, où je m'étonne sincèrement de prendre tant de liberté. De grâce, ignorons les diables qui nous ont déshonorés, appelons les vraies gloires aujourd'hui en exil. » Iouri Temirkanov s'exprime avec un tel calme, une telle détermination, un tel choix de mots que le silence dure longtemps encore après l'enregistrement. Je le sens troublé, ses yeux ont tout d'un coup une belle tristesse, il me prend la main : « Il fallait que je le dise. » Puis il me remercie d'aimer son peuple : « Je suis de cette terre, profondément, et je me souviens de ce que disait Pouchkine : je méprise mon pays de la tête aux pieds mais je ne supporte pas que des étrangers soient de mon avis. »

Vladimir Menin nous a rejoints. Nous écoutons ensemble l'Orchestre de Leningrad qui, sous la direction de Iouri, a choisi de jouer la Cinquième symphonie de Prokofiev. Exceptionnelle qualité de chaque pupitre. Vladimir est à la tête des chœurs de l'État soviétique, il s'étonne de l'immense succès des fêtes du millénaire : « Notre passé national vit dans l'âme des gens mais nous ne pouvions pas imaginer que l'exécution de notre musique liturgique prendrait une telle ampleur. Quelques audacieux jouaient cette musique autrefois mais ils ont terminé leur chant en Sibérie. L'intérêt actuel pour notre religion, ce retour à la sainte Russie revêtent une grande importance car rien aujourd'hui n'est simple : la *perestroïka* est pour l'Occident un résultat évident ! Nous considérons, nous, qu'il s'agit là d'un processus en évolution, rien n'est encore gagné. Nous pouvons toutefois lever les yeux vers le ciel et les étoiles sans pour autant appeler le fouet : je peux même annoncer sereinement un total de 50 millions de croyants. »

Je suis à peu près persuadé que cette promenade en Union soviétique constituera un excellent *Échiquier*, riche de déclarations et d'images fortes. Tout est dit pour la première fois dans le pays même et sur les lieux exacts de l'officielle expression du pouvoir. J'ai toutes les cassettes, des documents irréfutables, l'Occident va pouvoir juger du changement, mais que va-t-il se passer réellement ici ! L'émission est prévue en URSS pour le 18 mars. Y aura-t-il des coupures ?

1989

Mars

Les personnages les plus détestables sont ceux qui, pour des motifs toujours vulgaires, abîment à petit feu l'amitié d'entre leurs proches.

Les forteresses de la culture française — opéras, théâtres, radios, télévisions — sont tenues par de fiers aristocrates de l'État qui ont les meilleures intentions du monde. Ces gens du sérail, formés aux meilleures écoles de notre siècle, souvent cultivés, élégants, courtois, empressés, conviviaux, deviennent forcément superficiels. C'est qu'il leur manque l'essentiel : *ils ne sont jamais à leur place. Vite, des professionnels.*

Certains films — trop rares hélas — sont des symphonies d'absolue perfection. Ainsi *Camille Claudel*, admirable lamento en souffrance majeure. Trois heures d'intense musicalité, pas une seconde d'ennui, une lumière, une grâce, l'histoire douloureuse d'une passion — tragiquement magnifique —, celle de deux grands sculpteurs que le cœur et l'art modèlent jusqu'au paroxysme, surtout la folie d'une femme, l'embellie du talent. Lorsqu'à la fin viennent sur l'écran ces tristes lignes : « Elle fut internée trente années durant », on entendrait les cœurs bouger. L'émotion dans ce qu'elle a de plus fort. Le silence dans la salle est tel qu'il ne s'abîme pas du moindre chuchotement, pas un mot n'est échangé, je n'ai pas le souvenir d'un pareil recueillement.

Isabelle Adjani-Gérard Depardieu — elle est Camille, il est Rodin : dire simplement leur nom pour les aimer davantage.

Évidemment, comme quatre-vingt-dix pour cent de ceux qui en parlent, je n'ai pas lu *Les versets sataniques*. Il y est donc fait injure à un Dieu. Mais pourquoi diable s'inquiéter de quelques lignes blasphématoires écrites par de pauvres doigts d'homme. Il est puéril de penser que ces offenses iront jusqu'à toucher le ciel et c'est ne pas croire que de l'imaginer. Salman Rushdie s'est pris les pieds dans un mauvais pamphlet, son texte est considéré comme une insulte à l'égard de l'islam, sa maladresse peut être admise tant il est vrai que la liberté n'est pas la licence. On pourra discourir longtemps là-dessus, on peut comprendre qu'un milliard de musulmans s'estiment diffamés. Mais il apparaît clairement que le mal est ailleurs : la tragédie a d'autres sources mauvaises. Si Rushdie est imprudent, Khomeyni, lui, est fou, d'une démence démoniaque. Le fanatisme étouffe ce vieillard poussiéreux accablé par une sensibilité dont ses courtisans ont fait bêtement une auréole. Voilà un personnage sans vie qui s'institue vengeur du Prophète, premier serviteur, qui devrait donc être miséricordieux et qui s'affirme tortionnaire, assassin de centaines de milliers d'Iraniens coupables de l'avoir défié. Du stalinisme en chasuble. Voilà un humain qui se prend pour le Très-Haut et pousse la vanité jusqu'à se croire Lui : Le voudrait-il à son image ? Alors qui blasphème ? Khomeyni bien sûr.

On me dit que Salman Rushdie a été condamné à mort. Faux : il a déjà été tué. Et on connaît le meurtrier. Il n'est pas vrai que tout être mérite le respect : Hitler dans son genre avait aussi une foi profonde.

Il faut avoir une sorte de mépris de soi-même pour ainsi ridiculiser les autres et se vouloir unique : Jacques Martin, qui n'a jamais ménagé ses effets, tire quotidiennement à bout portant sur tout ce qui bouge avec une telle drôlerie, un tel déploiement de mots et d'attitudes qu'on se laisse méchamment prendre au jeu. Je le sais en inquiétude : il s'aime follement et déteste tout ce qu'il fait. A vouloir trop se regarder on ne s'entend plus. Mais il existe.

Le parisianisme et le provincialisme ont les mêmes finalités dans leurs espaces respectifs : la bizarre nécessité d'imposer de fausses valeurs.

Un appel de Gilbert Salomon : « Georges est mort. » La tristesse, l'étonnement. Nous nous sommes quittés dimanche après une exceptionnelle semaine de ski entre Val, Morzine, Avoriaz, Tignes, Les Gets. Nous avions tout partagé, le vent, la griserie, la poudreuse, l'amitié. Notre dernier déjeuner à la ferme de François Baud est encore tout chaud, le bois doit brûler dans la cheminée. Ah la délicieuse omelette aux champignons et le rire d'Alain Barbier, de Marc Blanc. Un goût de bonheur. Un coup de massue : Georges Simond qui chaque année nous faisait aimer un peu plus ses Alpes a été enseveli hier à Tignes par une avalanche, à 2 100 mètres d'altitude. On parle d'imprudence et je ne comprends pas : il était au contraire un maniaque de la sécurité, le moniteur, le guide le plus exigeant, le hors-piste lui était insupportable. Il veillait sur nous avec une application que j'estimais même parfois encombrante. Que s'est-il donc passé ? La montagne l'aurait-elle trahi ? Il était à la tête d'une randonnée. Un autre homme est mort près de lui. Je sais où nous irons nous recueillir l'an prochain : préparez la table, François.

Belle lucidité de Pierre Berbizier, capitaine du XV de France : « Nous avons reçu une leçon de rugby... Mieux vaut parler de la victoire anglaise que de la défaite française. » Ce n'est pas un châtiment, une humiliation, une date historique. Simplement un échec... mais le plus parfait, le plus total. Les épines de la Rose ont peut-être levé un sang qui éclaboussera l'Écosse.

Il faut lire les *Mémoires politiques* de Marcel Déat, remarquablement présentés par Laurent Theis, pour mieux comprendre les errances de quelques grandes intelligences dans les temps de tragédie. D'où vient qu'un socialiste convaincu puisse plonger dans les enfers de la Collaboration ? C'est toute l'invraisemblance du comportement humain et l'incroyable absurdité de la mégalomanie poussée au paroxysme par ceux qui se croient naturellement au-dessus des autres, convaincus de leur supériorité ! Normalien, philosophe, humaniste à ses débuts, Déat rêvait d'une France accordée à une Europe nazie, il s'imaginait indispensable, il avait décidé d'imposer au monde sa propre loi parce qu'elle lui paraissait juste, bonne pour ses semblables. Il lui fallait faire le bonheur des hommes malgré eux : dérive grossière qui a déjà condamné les esprits les plus fins. C'est avec la même bonne conscience que les intellectuels ont suivi jusqu'aux massacres et Lénine et Staline et Pol Pot. Des esprits brillants ont accompagné en de longs défilés les divagations de quelques grands criminels, ils se sont enthousiasmés pour Hitler, ils ont serré le poing devant le parti, ils ont salué l'arrivée des libérateurs de Hanoï, ils ont même inventé Khomeyni à Neauphle-le-Château, puis tranquillement, au rythme de leurs erreurs, ils ont corrigé le tir et se sont engouffrés dans des chemins opposés. Je me souviendrai toujours de ceux qui n'ont pas élevé la voix aux souffrances du Cambodge...

Dans la galerie de l'hôtel Plaza, avenue Montaigne, seule avec son thé, comme en attente, la ravissante épouse d'un ami, confuse d'être rencontrée là, me lance d'un ton bébête : « Je suis là par hasard. » Aussitôt, une vieille dame, tout près, rétorque noblement : « Le hasard, madame, est la loi qui voyage incognito. »

Gustave Thibon avait une oreille inquiète ce matin. Lui qui d'ordinaire entend à merveille tous les bruits de ses quatre-vingt-six ans s'agaçait d'un vent mauvais au creux du tympan : « La surdité, m'a-t-il dit, est une maladie dont on guérit par la solitude. »

Le bicentenaire de la Révolution française est parfaitement raté mais le rappel d'un tel événement a tout de même un sens. Nous voici enfin conduits à la vérité de l'Histoire, confrontés à l'exactitude des faits. Ce fut une tricherie deux siècles durant d'appeler bonheur cette époque de renouveau. Le mot *terreur* eût mieux convenu mais l'idéologie dans ses malhonnêtetés est si forte qu'à chaque moment elle pervertit tous ceux qui l'enseignent. Et nous fûmes trompés dès les bancs de l'école...

Dimanche, trente minutes après midi, une vraie voix de femme sur France-Inter : Léo Marjane. « C'est tout de même autre chose que Vanessa Paradis », remarque Jean-François Kahn. Épargnons la pauvre petite, elle n'est pas la seule à parader sur les crêtes fragiles d'un commerce de margoulins qui la tuent à petit feu. Hier les braises, demain les cendres. Nous sommes en temps de sécheresse, il n'y a plus que des filets de voix.

A la première page de son beau roman *Les roses de l'ombre*, Ibrahim Souss a mis en exergue ce poème d'Omar Khayyam :

Me joindre à toi m'est impossible;
vivre sans toi, le temps d'un souffle impossible aussi.
Le courage de confier à qui que ce soit mes tourments, je ne puis l'avoir.
Je suis une douleur étrange.
O vertige, déséquilibre, délices et passion, quel amour!

Dans *La vie quotidienne en Russie au temps du dernier tsar*, Henri Troyat fait une remarquable description de ma chère cathédrale Saint-Basile (sur la place Rouge à Moscou) : « Une église? Non. Une avalanche de jouets, tombés du ciel sur la terre, et qui sont restés là en désordre, brillant de toutes les couleurs de l'enfance... Une collection de dômes disparates... taillés en ananas, en turbans, en oignons, en courges des contes de fées. » Parfait, c'est bien observé. Ce nouveau livre de l'académicien paraît aujourd'hui et je me demande encore comment un écrivain peut produire tant et si bien. Je crois savoir qu'il n'y a que l'écriture dans sa vie. Je rêve de le faire revenir dans sa chère Russie, je ne suis pas sûr de réussir, il craint trop de s'apercevoir vite qu'il n'est pas de chez lui.

Bonheur de ne pas avoir été trahi. Dans mon bureau où j'ai la chance d'avoir un récepteur branché sur les grandes chaînes du monde, je regarde la télévision soviétique qui retransmet le *Grand Échiquier* appelé là-bas *Téléscope Show*. Pas la moindre censure. Tout ce qui a été dit et qui a fortement marqué les Européens est donné aux Russes de la manière la plus complète, sans le moindre accroc. Les terribles critiques de Maïa Plissetskaïa n'ont pas subi la déchirure d'un ciseau vengeur, Iouri Temirkanov a remarquablement salué — comme chez nous — le « génie de Rostropovitch et Soljenitsyne ». Michael Rudy a pu rejouer enfin sur les pianos de son pays. Michael est d'ailleurs près de moi devant le poste, d'abord étonné, puis séduit, enfin définitivement heureux : « C'est la première fois que le Soviet laisse dire de telles choses. Il n'y a jamais eu pareil déferlement de mots sur nos écrans. Je n'aurais jamais cru qu'ils me montreraient, moi l'exilé, à mon peuple. » Il téléphone immédiatement à ses parents, à Moscou. Le poste est occupé, nous ne les aurons qu'à la fin de l'émission qui dure près de trois heures. Michael pleure, il traduit les propos de sa mère : « On nous appelle de partout, c'est pour cela que vous n'avez pas obtenu la communication. Quelle surprise, personne n'y croyait, on ne pensait même pas qu'*ils* te laisseraient jouer, tout le monde a suivi le programme, jamais nous n'avions entendu de telles paroles, quel espoir pour demain ! » Peut-être avons-nous débroussaillé quelques sentiers !

Je l'ai vraiment aimé, plus que cela même, jusqu'au jour où tout un cercle littéraire dévalué par ses petites vanités s'est mis à l'encenser sans l'avoir jamais lu. Pour la raison inverse, je reviens aujourd'hui à mon premier penchant : je le redécouvre et le salue au moment où quelques écrivains aigris se prennent à douter de son talent. Julien Gracq se sait condamné depuis longtemps à côtoyer différents rivages : le solitaire éclairé que la mode inondait de ses tornades louangeuses peut être avec la même indifférence le beau ténébreux que la critique fouette. Son entrée debout dans la Pléiade est un événement qui le rapproche de Gide, de Malraux, de Saint-John Perse, également honorés de leur vivant. Beau triomphe de l'humilité qui fait parfois savamment ses mises en scène. Si la solitude, la rigueur, le sérieux, la distance l'ont mis en forêt profonde, le refus de toute publicité, le non absolu aux prix littéraires lui ont tressé en revanche des couronnes que la célébrité maintenant rend éclatantes. Il y a ainsi une noblesse de l'effacement qu'il faut intelligemment cultiver pour en récolter les meilleurs fruits. Gracq s'enrichit de tous ses renoncements, l'« embellie tardive » lui va bien, je ne crains pas d'applaudir au cérémonial du silence ; je plaide pour son écriture vigilante, ses chuchotements, sa sensibilité un peu glacée, je garde près de moi *En lisant, en écrivant* et j'accorde à cette œuvre critique autant d'importance qu'au *Rivage des Syrtes* ou au *Château d'Argol*. Sans doute lui manque-t-il la folie, la beauté de la prose ne suffit pas. Mais il est étonnant : il accède à la gloire en plein anonymat. Encore une coquetterie de l'histoire. J'aimerais baisser le ton pour me faire entendre de lui mais il ne reçoit pratiquement personne. Peut-être aurions-nous parlé ensemble des *Falaises de marbre* de Jünger, du *Désert des Tartares* de Buzzati. Dommage, pour moi évidemment.

Cette plainte d'Ernst Jünger entendue sur *Les falaises de marbre*... « Ce n'est point dans nos œuvres que vit la part impérissable de nous-mêmes... » Plutôt rassurant !

Je le savais intelligent, je le croyais rusé, je l'imaginais loin des vulgarités permises, puis il y a eu cette petite phrase banale : « La gauche française la plus pourrie du monde. » Indigne d'un adversaire quel qu'il fût, pauvre réplique à la fameuse et stupide « droite la plus bête du monde ». Alain Juppé, si jeune, si huppé, faisait d'un coup figure de politicien perdu. C'était compter sans *L'heure de vérité* qui permet des rétablissements imprévus. A Josette Alia qui l'interroge sur cette bavure, il répond : « J'ai perdu là une bonne occasion de me taire. » Belle sincérité, au plus mauvais moment, au cœur de la bataille qui l'oppose à ses amis, au commencement d'un combat qu'il avait engagé pour rajeunir son mouvement et dont il est dessaisi par des rénovateurs qui lui ressemblent. Cet abandon devrait lui permettre de se retrouver, l'adversité autorise la haute voltige et nous sommes au temps des cabrioles.

Le troisième et dernier recueil des *Carnets* d'Albert Camus. Absence d'aveux intimes, plaintes élégamment étouffées, juste suggérées ; cet homme a été blessé par l'opinion de ses contemporains évidemment moins doués : « Je ne puis supporter la société des hommes... Ou ils flattent ou ils jugent. » Rien ne change.

La grande, la magnifique nouvelle que j'attendais : Mstislav Rostropovitch se rendra à Moscou et à Leningrad du 12 au 15 février prochain. Il y donnera une série de concerts à la tête de l'Orchestre symphonique national des États-Unis. Quinze ans après, c'est l'émouvant retour d'un immense artiste que la folie, la bêtise, l'instinct assassin avaient privé de sa nationalité, de toutes ses sources. Un triomphe pour la politique de Gorbatchev, un bonheur personnel pour l'équipe du *Grand Échiquier* qui a tellement œuvré en Union soviétique pour ces retrouvailles. Slava m'a téléphoné : « Mon violoncelle en est tout tremblant. Je ne pars pas sans toi. » Comment pourrais-je manquer un tel événement ! Nous devons nous impliquer de plus en plus dans la révolution future : la *perestroïka* est l'affaire de cette fin de siècle.

Un dimanche parmi tant d'autres. Se lever tôt, se coucher tard, écrire à n'en plus finir, des heures durant, non pas pour faire une œuvre mais pour noircir des pages, c'est le lot de la solitude que l'on se donne. Ce que j'aime ce sont les notes jetées à la hâte sur des bouts de papier, les impressions de l'instant souvent mal formulées, les mots du cœur qui tombent libres sur la page et que l'on effacera bien sûr, par pudeur souvent, par orgueil parfois. La publication fige les meilleures intentions, fragilise la phrase. Paraître, c'est limiter l'immense espace de l'imaginaire, c'est amenuiser, raccourcir, blesser la rêverie. Mais c'est une nécessité. Glenn Gould s'est arrêté un jour de jouer... mais c'était pour mourir.

Sans doute en ai-je trop dit à cette journaliste qui me poussait hier à parler de moi. Ce matin une dépêche de l'AFP annonce que j'abandonne le *Grand Échiquier* à la fin de l'année. J'ai épuisé les charmes d'une série comme celle-là, on imite partout la formule, la musique fait spectacle, j'ai l'impression de copier mon propre brouillon. Autant en finir.

La télévision selon Pierre Bouteiller : un verbe, un sujet, un compliment.

Le temps est désormais venu où des gens qui n'ont rien à dire participent à des comités qui n'ont rien à faire. Ainsi naissent les grandes réserves du copinage.

Sur la télévision il neige des lieux communs. Et tout un monde slalome dans les ornières.

L'année sabbatique, au détour de chaque décennie, devrait être une obligation régulièrement inscrite dans la loi nouvelle. Ainsi, on ne travaillerait plus pour vivre mais pour exister.

1989

Avril

Yvan Audouard me fait confidence de l'épitaphe qu'il s'est choisie pour sa maison d'éternité : « Ce fut une belle journée. »

Nietzsche avait raison : « Faire plaisir est le plus grand des plaisirs. »

« Plus rien n'est comme autrefois », se plaignait amèrement Albert Cohen. Et je lui répondais par cette phrase d'Aragon : « Il faut juger alors avec les yeux d'alors. »

Aux idéologues, aux terroristes de la parole qui s'agitent en tous sens, j'offre ce premier quatrain d'un poème de Norge, *Affaire*...

Laissez-nous tranquille, hommes de vent
Laissez-nous tranquille, amis de neige.
Un peu moins d'éclat, dans vos arpèges,
Un peu moins de bruit, jolis vivants.

Ma dernière visite à Henry de Montherlant... C'était à l'été 72, nous regardions la Seine, j'avais du mal à tenir mon équilibre sur son plancher trop violemment ciré, nous parlions de la vie dans un appartement sans grâce, encombré de sculptures, d'antiques portraits. « Le plaisir des sens, me disait-il, aura irrigué, motivé toute mon existence et ornementé mon œuvre. Le plaisir sensuel justifie chaque moment, l'acte charnel est ce qu'il y a de plus beau, il constitue le vrai bonheur, il est enrichissement, splendeur ; je voudrais m'échapper, quitter ce monde à la seconde magique de l'éblouissement de deux corps enlacés, perdus, éperdus... D'ailleurs, apprendre à mourir est relativement simple, il s'agit de faire de la mort une règle de vie. » Je pense à cette conversation aujourd'hui, au passage sur les quais, en regardant la fenêtre qui parfois nous entraînait au large sur les seules vagues de l'imagination. Je me souviens aussi de cette phrase : « L'honneur tient aux choix personnels. Il importe de ne pas se laisser imposer la chute finale. Je déciderai moi-même de mon départ, je n'accepterai pas la prison des nuits enchaînées. » Tout étant écrit, Montherlant ne se voulait pas aveugle, il avait fixé son dernier voyage, et ce jour-là, je ne savais rien.

Arthur Conte présidait alors l'immense ORTF... Ce matin-là d'il y a vingt ans, une ruche tout miel de conseillers, la plupart énarques et polytechniciens, tous de bonne culture, d'excellente compagnie, parlaient du programme de la veille : un film médiocre, vulgaire, qu'ils avaient regardé hilares, en famille. Je n'ai pas un souvenir précis des sujets qui furent abordés au cours de cette rencontre, mais j'ai gardé en mémoire les commentaires de fin de réunion. Les mêmes qui avaient tant vanté la gaudriole cinématographique se mirent d'un coup à se plaindre du peu d'importance accordé aux émissions de qualité. Évidemment, ils n'avaient pas vu le magnifique document sur Rembrandt, diffusé sur la deuxième chaîne, face au long métrage de pacotille qu'ils avaient apprécié. Si un institut de sondage les avait interrogés sur leur choix, je suis persuadé qu'ils auraient répondu : « Le peintre. » C'est assez dire la fragilité ou la malhonnêteté de telles enquêtes ! Ne craignons pas de répéter que le public n'est pas innocent, affirmons même qu'en beaucoup d'occasions il est coupable. Il se flatte, se donne bonne conscience, se persuade qu'il a du goût, triche sur ses réflexes, prétend aimer ce qu'il ne regarde jamais. S'il en était autrement, les scores d'audience des émissions à caractère culturel iraient en altitude. Or, le territoire en ce domaine est étroit, peu fréquenté : pas plus d'un million de téléspectateurs disponible pour des programmes enrichissants, ce qui est à la fois minime et grandiose.

Une sorte d'Everest des basses heures. Et dans le même temps une souffrance. La facilité aujourd'hui devient seule accessible, dans les eaux de l'audiovisuel le niveau baisse...

Les malins de la télévision ne s'occupent que d'avenir. Ils brossent d'impressionnantes fresques sur les programmes du futur, nagent et se noient dans des enquêtes diaboliques, le plus souvent surréalistes, inventent pour demain ce qu'ils sont bien incapables de réaliser aujourd'hui. Le quotidien, qui est une difficulté, leur est étranger. Et ainsi, sans le moindre écueil, ils font carrière.

Les dés sont jetés, les antennes toutes frémissantes, l'implosion est pour demain : le Conseil des ministres a approuvé ce matin le projet de réforme du secteur public de l'audiovisuel présenté par Catherine Tasca. L'essentiel de cette nouvelle révolution : présidence unique pour Antenne 2 et FR3. On s'amuse ainsi à refaire le monde des images qui est en larmes, on s'oblige au changement et cette fois il y a urgence. Le gouvernement, paraît-il, va prendre des mesures propres à concurrencer le secteur privé. Bonne idée, mais je me suis toujours méfié de ces dispositions généreuses qui ne sont à la vérité que promesses. Le succès d'une telle opération tient d'abord à la qualité de l'homme (ou de la femme) qui en aura la responsabilité, son goût du risque, sa désobéissance totale au régime. Que l'on nous délivre à tout jamais des carriéristes déjà endettés, des impatients en souffrance d'ambition, des « amis » qu'un poste flatteur peut récompenser d'un succès électoral. Vite un grand patron, un Bourges qui sut faire sa cathédrale à TF1 ou alors un Lèvy, un Gomez, un Calvet, un Pellerin, capable d'insuffler assez de fougue pour que nous soyons à notre tour assoiffés de vie. Le programme est notre affaire, quelques fous sont prêts à inventer des ciels nouveaux, il suffit de trouver l'*homme* — irrécusable — qui défrichera le terrain. Pour l'instant les candidats à la fonction brillent surtout par leur vanité. Peut-on espérer ?

Un conseil de Marc Aurèle : « Agis dans ce monde comme si tu devais vivre toujours, et agis pour la fin comme si tu devais mourir demain. »

Jean Cocteau aurait eu cent ans ce matin et il est probable que je serais allé le saluer à Milly-la-Forêt dans sa simple maison adossée au château. Ce que je faisais de son beau vivant, chaque semaine. Nos maisons n'étaient éloignées que de 10 petits kilomètres. Il m'aurait dit sans doute : « On ne me prend toujours pas au sérieux... pour le peuple des critiques je suis un tricheur, un être frivole, abominablement superficiel. » Ces phrases, il me les répétait à chaque visite, elles le torturaient. Qu'il aurait été heureux d'assister à sa réhabilitation, à son couronnement. Ce mois de mai est celui de tous les muguets, des printemps retrouvés : on l'expose, on le magnifie, on l'éclabousse d'hommages, on l'étouffe d'une tendresse qui ne va hélas qu'aux morts. S'il était encore de ce monde, alourdi du grand âge, il serait toujours lui-même, déraisonnable, perdu, absent, étranger à toute notion du temps, il enverrait comme autrefois un jouet — c'était, je crois, un cheval à bascule — à l'un de ses filleuls, oubliant tout à fait que celui-ci est devenu général... J'irai quand même demain à Milly, je m'arrêterai près du petit pont, je regarderai de loin.

Maurice Bessy raconte : « A l'issue d'une discussion vive entre Roberto Rossellini et Charlie Chaplin, ce dernier eut ce mot : " Me traiter de communiste, moi qui n'ai jamais donné le moindre sou à un pauvre. " »

Ils viennent de Russie, d'un autre monde, et je les connais tous. S'il n'y avait cette barrière de la langue, nous aurions de beaux bavardages mais il suffit d'un sourire, d'une embrassade à la brésilienne. Ce sont eux qui m'accueillent à Pleyel : « Bienvenue chez vous. » Les musiciens de l'Orchestre de Leningrad font maintenant partie de la famille, nos campagnes ont été glorieuses, ils savent à quel point leur participation à *l'Échiquier* a été appréciée : « Partout en France on nous félicite, c'est bon d'arriver dans ces conditions. » La salle est pleine, on a refusé des centaines de places, je surprends les conversations de mes voisins — « C'est l'une des meilleures formations du monde... » « Vous avez entendu leur chef à la télévision ? Il a sévèrement critiqué le régime soviétique... » « Et c'est d'autant plus courageux que l'émission est également passée là-bas, sans la moindre censure. Il aura peut-être des ennuis, ce chef, si ça tourne mal. » Il est amusant d'écouter le récit que l'on fait d'un peu de votre vie. Soudain vigilant, on se cale dans son fauteuil, on ne perd plus une bribe de ce qui se dit, on attend le vrai moment d'un délire verbal, il viendra, il vient. Derrière moi, une voix pointue qui laisse passer des mots de stricte banalité, des petites phrases plates qui calomnient bêtement des gens célèbres, un festival de goujateries. Je sens déjà, comme une onde mauvaise, que je ne serai pas épargné : « Qu'avez-vous pensé des déclarations de Maïa Plissetskaïa condamnant la direction du Bolchoï ? »... Ce genre de personnage ne laisse pas le moindre temps de réponse... mais baisse toutefois le ton. Heureusement, mon oreille est sensible : « Je vous le dis en confidence, Plissetskaïa va quitter définitivement la Russie, elle vit en ce moment à Madrid mais c'est à Paris qu'elle va bientôt s'installer. Elle rejoint son amant... » Encore un ton en dessous : « C'est Chancel. » Doucement, avec un brin de sérénité, je fais face, je me retourne : « Vous me flattez beaucoup, madame. » Rien de plus. Il y a des silences qui sont comme des rumeurs, j'entends le désarroi de la pie voleuse qui a soudain mis une pinte de rouge à ses joues flasques. Mon sourire a raison de la gêne de ses amis (ils me diront à l'entracte qu'elle est « stupide, folle et hélas milliardaire ». Je connais bien certaines de ces têtes endiamantées, ce sont les plus creuses mais elles sont nécessaires à notre divertissement. Le n'importe quoi leur est essentiel).

Le concert enfin. Cent vingt solistes, des violons d'une race exceptionnelle, d'une intensité sonore rarement égalée, une communion, une cohésion, une homogénéité remarquable, une mécanique superbe, une machine de paix, de beauté. Cent vingt musiciens qui n'en font qu'un. Fabuleux cet Orchestre de Leningrad qui mérite des tonnes d'adjectifs. A ce point de perfection on peut s'éblouir de mots sans craindre de paraître complaisant. Iouri Temirkanov — successeur de Mravinski — est le chantre de cette fête. Je le retrouve tel qu'en URSS, l'œil allumé, le geste sûr, l'humour au coin gauche des lèvres. Il ne bat pas la mesure, il épouse la mélodie d'un balancement du corps et caresse du bout des doigts la totalité des pupitres, appelant la nuance, décuplant le volume, avec une vraie distinction, une fausse désinvolture. Dans les *Tableaux d'une exposition* de Moussorgski — orchestrés par Ravel — nous sommes hissés au plus haut de l'interprétation idéale. Couronnement attendu d'une philharmonie exemplaire, immense palette de couleurs, tout l'éventail des nuances voulues... jusqu'à l'explosion de « La grande porte de Kiev ». Temirkanov, chef titulaire de cet orchestre, fait la preuve d'un talent, d'une complicité avec l'œuvre, qui le placent au rang des plus grands. A ses côtés, j'ai beaucoup aimé également Vladimir Spivakov qui interprétait le *Concerto pour violon* de Tchaïkovski. Un archet de rêve, une virtuosité et un jeu étourdissants. Nous serons bientôt à Moscou ensemble.

Iouri Temirkanov ne paraît pas étonné de son triomphe : « C'est la musique qui me sublime, je ne suis qu'un instrument. » Au Plaza où nous nous retrouvons avec Michael Rudy, il reste silencieux une dizaine de minutes, tout ébouriffé encore de sa performance. Puis soudain sa tendresse se réveille. L'objet du désir ? Une simple bouteille de whisky et je vois à sa lippe qu'elle lui est indispensable... « Tu dois savoir, me dit-il, que tu as réussi en une seule soirée ce que je n'ai pas su faire en vingt ans : ici et *surtout* en Union soviétique où notre émission a été un immense succès, je suis enfin totalement reconnu. Et cela ne tient pas seulement à la musique, ma parole a eu autant d'écho que nos mélodies ; tu m'as porté à dire ce que je ressentais, tu m'as donné un peu d'audace et je croyais en manquer. C'est un honneur pour moi d'avoir " dénoncé " Brejnev, Staline et aussi Lénine, d'avoir défendu Rostropovitch et Soljenitsyne. Nous nous sommes perdus auparavant dans nos silences, anéantis sous nos peurs. » Michael Rudy nous montre les critiques que ses parents lui ont envoyées de Moscou. Iouri les connaît :

« Jamais nous n'avions été encensés de la sorte... Si Gorbatchev va jusqu'au bout, tu auras ta rue chez nous, tu seras de Leningrad. » Je préfère Saint-Pétersbourg.

Nous reparlons des années noires, des décennies difficiles, tragiques, où le courage n'avait pas d'autre horizon que la mort. Michael regarde Iouri, tristement : « Dis à Jacques ce qu'on t'a demandé de faire contre Slava. » Iouri répugne à ressusciter tant de mauvais moments mais il n'évite aucun sujet, répond à tout :

— Le KGB m'a convoqué, interrogé sur mon patriotisme, la ferveur de mon idéologie, puis un colonel m'a tendu un papier, m'a donné cet ordre : « Faites-vous une bonne réputation en signant contre Rostropovitch le traître... » Je n'ai même pas réfléchi, je devais être inconscient, peut-être avais-je honte. J'ai répondu : « Je m'en ferai une meilleure plus tard en refusant aujourd'hui de me déshonorer. » Curieusement, il n'a pas insisté mais j'ai vite remarqué le lendemain qu'on avait pour moi de particulières et nouvelles attentions.

— Tu n'as pas eu peur ? demande Michael...

— Plutôt l'arrestation brutale que cette surveillance sournoise. Nous aurons été des milliers à connaître une certaine Sibérie dans notre liberté très accompagnée.

On veut croire que c'est loin tout ça. Deux filles ravissantes passent, coquettes, inaccessibles. Nous voilà sur d'autres crêtes.

Marrakech, ville éblouissante de lumières, de couleurs, de soleils, de ciels multiples, frémissante d'appels de toutes sortes qu'il faut savoir déchiffrer, portés le plus souvent et aussitôt distribués par les ondes du minaret de la Koutoubia, ce repère vertical qui annonce chaque moment de recueillement. Le soir, à l'approche de la nuit, le mystère et le mystique semblent en prendre à leur aise et vous mettent dans des états bienheureux, je n'ose pas dire... de grâce. Il passe par les portes monumentales, dans les blessures des remparts, une douceur, une brise, dont on peut se croire le seul bénéficiaire. La légende raconte qu'aux heures tardives une colombe — appelons-la Lalla Zohra — survole la médina pour répandre la paix. Je l'ai vue. Elle a toutes les teintes de l'arc-en-ciel et une jeunesse étonnante puisqu'elle est d'éternité. Elle est venue à moi pour une seule et bonne raison : je l'attendais. Et depuis cette rencontre, la cité qu'elle protège est l'un de mes points d'eau.

De la Mamounia, cet hôtel-palais qui crée le dépaysement et suscite le plaisir, on aperçoit au loin les fumées du désert, ces vents que lèvent les sabots des chevaux. Même dans le noir j'ai mes fantasias : il y a de la magie dans ce carrefour du monde. Au plus clair du jour, c'est l'Atlas qui me fait signe ; j'y monte comme j'irais au Vignemale, avec la même émotion, une même sérénité, d'un même pas. Ici mon cœur pyrénéen se trouve bien, en cousinage, en liberté, en paix.

Il a neigé avant-hier mais la couche tient, écrasée pourtant de chaleur. Peu de promeneurs dans la station. Au bout de la route un remonte-pente fonctionne. J'ai déjà mon idée, manque le matériel. Soudain l'illumination : une paire de skis déjà chaussés de godillots archaïques. « Quelle pointure ? » Du 41. Ça va, prêt pour l'aventure. Deux heures de bonheur à plus de 3 000 mètres, dans une immensité déserte, vierge, où je fais approximativement mes traces. Abandon total, solitude, comme un commencement de vie.

Je ne comprends rien aux gesticulations des compagnies de ballet dont le talent tient plus aux subventions qu'aux figures nouvelles. L'assistanat est un piège redoutable. Heureusement il y a Béjart. J'aime ce nomade qui installe des déserts dans les régions les plus habitées et qui résume ses voyages par cette simple phrase du poète Ramuz : « A force de partir je suis resté chez moi. » Métis de trois continents, Marseille, le Sénégal et le peuple kurde qui lui tient lieu de visage, il fait danser Baudelaire, tangoter Faust, valser la Goulue, chanter Piaf.

Nous visitons ensemble le Grand Palais qu'il a transformé en théâtre et où il fait sa petite révolution. L'endroit, toujours étonnant, vestige de l'Exposition de Paris, magnifique de laideur, prend ici subitement un coup de jeune. C'est une immense arène qui s'installe dans un monde de tubulures et d'échafaudages considérés comme des œuvres d'art. Tout est accordé à la danse, je perce le secret : la verrière d'en haut donnera aux étoiles d'en bas une immense voûte de lumière.

— Ça te plaît ? demande Maurice.

— On en prend un vrai coup.

— Parfait, me dit-il, reçu cinq sur cinq. Voilà le lieu de ce que j'ai à dire.

Il fouille dans sa poche, me tend un papier plié en quatre : « Lis. »

> *Le monde a changé, il doit changer encore. Tout a changé dans l'ordre physique ; tout doit changer dans l'ordre moral et politique. La moitié de la révolution du monde est déjà faite ; l'autre moitié doit s'accomplir.*
> *Les peuples de l'Europe ont fait des progrès étonnants dans ce qu'on appelle les arts et les sciences, et ils semblent dans l'ignorance des premières notions de la morale publique. Ils connaissent tout, excepté leurs droits et leurs devoirs. D'où vient ce mélange de génie et de stupidité ?*

Il sourit, me regarde de son œil étrangement fureteur : « De qui est-ce ? » Pas la moindre idée. Pourquoi chercher ? Il faut savoir exposer — ce qui n'est pas difficile — ses ignorances.

— Tu n'aurais pas pu trouver... C'est de Robespierre que l'on juge si mal. J'ai très envie de faire *dire* ce texte par Jean Negroni à la fin d'un ballet. Sa voix tombera du ciel.

Je m'étonne de ce retour en arrière, de ce choix qui n'est pas d'un libertaire, de ce passage dans la mode du bicentenaire de la Révolution française.

— Tu ajoutes à la confusion.

— Non, j'obéis à une commande.

— Maurice, éloignons le passé, comment vois-tu l'avenir ?

— Le futur ? Une civilisation universelle, où chacun a gardé ses ancêtres.

Son père, le philosophe Gaston Berger, lui répétait sans cesse : « Le temps n'a qu'une dimension : l'avenir. » Lui, Béjart, ne possède rien ou plutôt seulement l'essentiel : le soleil, la lumière, la solitude : « Le rêve ? Finir seul. » Il y a aussi la survie, la réincarnation. Il s'y prépare.

Il est difficile de quitter Béjart, il a toujours plus d'un papier dans sa poche. Le mot qu'il m'offre en partant est inscrit en lettres d'imprimerie :

« Un poète doit laisser des traces de son passage, non des preuves. Seules les traces font rêver. » René Char.

J'observe très attentivement ce soir la tête de Georges Marchais bien cadrée sur mon écran de télévision et me revient cette réflexion de Nietzsche : « On a beau mentir. Avec la gueule qu'on fait, on dit toujours la vérité. »

Le point sur l'économie soviétique dans cette seule phrase d'un ouvrier rencontré ce matin à Moscou : « On fait semblant de nous payer, on fait semblant de travailler. »

Je dois à Karajan d'avoir connu Anne-Sophie Mutter à ses débuts. Elle a quatorze ans lorsque le *Grand échiquier* lui offre la possibilité d'une première télévision. Quel choc, quelle émotion ! Dès la répétition nous sommes éblouis par sa virtuosité, la grâce de l'archet, la qualité du son. Rostropovitch est sous le charme : « Comment peut-on jouer ainsi, avec cette maîtrise, à cet âge ? » Nous avons choisi pour elle *La méditation de Thaïs* et c'est si beau que les musiciens de l'Orchestre philharmonique de Berlin se lèvent au final. Je pense à ce moment privilégié en la retrouvant ce soir au Châtelet, plus belle que jamais, la taille fine, la lèvre pulpeuse, de l'or dans ses longs cheveux, diablesse à son violon. Slava Rostropovitch et Bruno Guiranna, qui lui font escorte dans le déchirant *Trio en sol* de Beethoven, la regardent avec tendresse. Un violon, un violoncelle, un alto. Le bonheur.

1989

Mai

Jorge Luis Borges me le répétait sans cesse : « Il faut douter de tout, de la gentillesse comme de la méchanceté. » La dernière n'est pas dangereuse, on la voit venir.

Celui que vous avez aidé, soutenu, privilégié, vous en voudra longtemps de tout le bien que vous lui avez fait. Il faut pourtant persévérer, ne serait-ce que pour lui donner bonne conscience de ses mauvais penchants.

L'atermoiement et le double discours représentent le handicap majeur des responsables de ce pays.

Francis Huster est le cœur, le centre d'une émission que je souhaite consacrer à la jeunesse, aux vrais espoirs d'aujourd'hui qui auront peut-être la chance de résister à l'oubli à l'aube du troisième millénaire. Je sais déjà ses inquiétudes qui sont d'un mégalomane averti et plus encore, d'un timide terriblement fragile. Il m'écrit :

« Comment puis-je prévoir ce que sera ce *Grand échiquier* sur la jeunesse ? Tu me donnes l'occasion de dire en direct sans aucune censure ce que tous les artistes rêvent de crier un jour devant des millions de téléspectateurs : Pourquoi avoir choisi ce métier de comédien ? Pourquoi se révolter contre l'injustice du monde, contre la bêtise et la lâcheté des autres ? Pourquoi aussi le faire par le biais du théâtre, de la musique ou du cinéma, par l'art, au lieu d'entrer dans l'arène politique ?

« Tu m'offres aussi l'unique chance de montrer le vrai visage d'un homme, ses passions, ses amours, ses haines aussi. Crois-tu qu'au milieu de tous les jeunes réunis sur le plateau ce soir-là il nous sera possible d'éviter d'être pontifiants, donneurs de leçons, de refaire le monde en costume de pingouins, d'écouter l'air ravi des extraits de musique classique et d'enchaîner sur la tristesse de l'univers et sur les encouragements sincères pour telle ou telle œuvre de bienfaisance la larme à l'œil, les doigts fébriles ? Serons-nous libres de réfléchir à ce que nous dirons, libres de rire aux éclats, d'être émus l'instant d'après, en un mot d'être nous, tels qu'en la vie !...

« Consacrer un *Grand échiquier* à cette jeunesse qui à dix ans de cette fin de siècle s'inquiète, s'émeut, bouge, affiche ses angoisses mais aussi révèle ses espoirs est une gageure impossible à tenir mais prise, comme nous nous le sommes promis, sans prétention, sans fatuité, avec chaleur sans doute mais surtout avec naturel et le sourire aux lèvres.

« Enfin, puis-je te poser une seule question avant de répondre sans masque au flot des tiennes le 15 mai : la jeunesse, qu'est-ce que c'est ? »

Fameuse question, en effet, transformée au gré des essais et qui me colle à la peau alors que j'en déteste la formulation. La jeunesse ? Allez, soyons cynique et fou : une permanence, une quotidienne fureur et pour certains une encombrante nécessité. Le jour où je ne serai plus jeune, je me le dirai.

« Personne pour prendre les places d'importance à la radio et à la télévision. Seulement quelques petites têtes plus ou moins blondes qui bégayent leur ambition. » Philippe Bouvard se lamente. Que faire ? Trouver des dauphins, les faire nager dans des eaux qu'ils croient troubles, inventer des visages nouveaux ! Nous sommes coupables : nous aurions dû lancer depuis longtemps des bancs d'essai, installer des tremplins, tendre la main, assurer les relais. Mais nos lourdes machines vivotent au jour le jour, sans capitaine. Fantômes à la barre. Pourtant il nous faudra bien quitter le terrain, appeler d'autres voix, assurer la succession. Bouvard résume tout cela brutalement : « Arrêtons de faire les putes, devenons proxénètes. »

La maladie — celle que l'on dit cruelle — installe souvent des face-à-face singuliers. A l'un de mes amis, sa femme a dit hier : « Tu ne peux pas me comprendre, tu n'as pas *encore* le cancer. »

Jean Guitton rencontré ce matin dans son monde de livres, de tableaux, de dessins, de papiers épars : « J'ai besoin d'un certain désordre, si je range mes affaires je perds mon esprit. »

Grosse colère de Maurice Béjart qui, véhément, se lance dans une défense personnelle de la nature : « Jacques, tu dois m'aider, *tuons* définitivement le mot *environnement* : il est vulgaire, toujours employé à contresens. Il tendrait à indiquer que *nous* sommes le *centre* qu'il faut à tout prix protéger. Occupons-nous des arbres et nous pousserons avec eux. Nous ne sommes plus, êtres et plantes, qu'une seule meule de foin qui roule vers le grand incendie. Arrêtons de nous prendre pour le cœur de l'univers, on va crever d'orgueil. Les *alentours* ne sont pas notre protection, nous devons en être au contraire les protecteurs. » Approbation énergique du commandant Cousteau qui partage notre fin de soirée : « On nous bassine avec les droits de l'homme qui constituaient pour l'époque une déclaration essentielle. Mais les temps ont changé : il s'agit maintenant de décider des *devoirs* de l'homme. C'est la préoccupation première du troisième millénaire. » Nous n'avons parlé de rien d'autre...

Cette confidence d'Alberto Moravia à Marc Lambron : « Pour gagner de l'argent, il faut une compétence, mais, pour le dépenser, il faut une culture. »

Longtemps j'ai fait campagne du côté de Cannes, j'y ai bataillé pour des causes qui me paraissaient glorieuses — entre autres *L'avventura* —, je me suis nourri de films, gavé presque, j'étais pingouin chaque soir aux marches du Palais et travailleur : avec mon ami Pierre Rey, nous donnions quotidiennement à *Paris-Jour* huit pages d'enquêtes et de commentaires. Ce temps me semble loin et l'obstination à ne rien manquer un peu dérisoire. Je suis maintenant sorti de mes vieilles tranchées où pataugent les nouveaux dinosaures du cinéma, je vois sur mon écran les longues files d'attente de leurs courtisans, leur passage obligé sur la Croisette en tenue de cérémonie : il n'y a pas plus stupide que ce tout-festival assoiffé de frime montant lentement vers les lumières des photographes. Pourtant ces gens-là sont nécessaires, il faut les utiliser, c'est de la figuration à bon marché, du tape-à-l'œil qui fait rêver le monde. Pour quelques talents indéniables, que de suffisances affichées !

Il fait bon à Paris, on ne se bouscule pas aux portes des salles. J'ai vu tout à l'heure *Lawrence d'Arabie* dans sa version complète. Épatant.

Vladimir Spivakov nous rejoint dans mon bureau de l'avenue Montaigne. Je l'avais applaudi à Pleyel au milieu d'une salle enthousiaste qui saluait l'un des plus grands violonistes de ce temps, je le retrouve pour préparer la deuxième émission que nous allons réaliser avec la télévision soviétique. Je lui fais immédiatement la surprise d'une image à laquelle il ne pensait pas, recevant en effet Moscou en direct (comme New York, Londres ou Madrid). Il est aussitôt pris par la discussion vive qui se déroule sur l'écran, son visage est devenu masque, ce qu'il entend doit lui paraître invraisemblable. J'interroge son interprète qui est également bouleversée : « Ce sont des ouvriers, des paysans, ils parlent de l'effarant désordre qui paralyse aujourd'hui la Chine... Ils disent que cela peut arriver aussi en Union soviétique et ils indiquent leur solution... » Je lui demande de traduire mot à mot : « La perestroïka est une lamentable erreur, il faut supprimer au plus vite Gorbatchev et revenir au stalinisme. Il y aura des morts sans doute mais c'est la seule manière de sauver le parti. La liberté est une idée de privilégié. Vive Staline et son sens de l'ordre. »

J'interroge :

— Vous êtes sûre d'avoir repris les mots exacts ?

— En russe, ils sont pires encore. J'entends là une déclaration de guerre.

Spivakov est catastrophé : « Ce sera dur, très dur. Rien n'est joué. »

J'aime les joueurs (pas les flambeurs) qui risquent leur argent et donc un peu leur vie. Il y a autant d'audace que d'imprudence à taquiner la roulette. Mais il faut savoir que la fortune n'est pas dans ce tourbillon. Lorsqu'un joueur gagne, c'est de l'argent qui découche.

Pier Luigi Pizzi aurait pu être florentin. Il en a le charme, la coquetterie, la brillance, le maniérisme, mais point la perfidie, ce mal de la belle ville, dont Venise l'a totalement délivré. Cet homme que j'accompagne aujourd'hui à Bercy est sans doute l'un des maîtres les plus complets de notre génération. A la fois architecte, décorateur, créateur de costumes, peintre, metteur en scène. Sa *Carmen* est une réussite totale, il y a tout et rien de trop, c'est spectaculaire et cela paraît pourtant simple, l'intelligence humanise l'audace, chaque mouvement de foule est conduit par la musique, les choristes, les danseurs, les enfants sont à leur place, le gigantisme du lieu où passent des centaines de figurants n'est plus ici un obstacle. Bercy est transformé en arène, les chevaux et les calèches ont de vrais chemins de promenade, la finesse, la perfection, l'ingéniosité ont (presque) raison des vrais problèmes que posent de tels espaces. Car demeure ce *souci* qui perturbe le puriste, l'amoureux des voix : *l'éloignement de l'interprète.* Les haut-parleurs diffusent des chants mais on ne sait jamais où est l'artiste, souvent perdu dans la masse. C'est chercher une aiguille dans une botte de foin. Et pourtant il y a progrès, l'équilibre acoustique est mieux réussi qu'autrefois, l'orchestre mieux intégré : à la tête du Philharmonique de Monte-Carlo, Lawrence Foster arrive à rassembler ses musiciens éparpillés et c'est un miracle, la distance ne les brise pas.

Je n'ai pas eu droit ce soir à Teresa Berganza, j'avais rendez-vous avec Stefania Tocziska et je ne l'ai pas regretté. C'est une Carmen bien différente, aux aigus agressifs, au physique moins évident. J'ai retrouvé surtout Alain Fondary et Escamillo m'a fait oublier don José... A dire vrai, Carmen à Bercy c'est d'abord Pizzi.

Antoine de Caunes. Sur Canal Plus, près de l'excellent Philippe Gildas qui curieusement joue les faire-valoir, il s'ébroue comme un chien de cirque. Il fait des « mots », tend la patte, on lui donne un bravo. Aucun feu intérieur, de la blague facile, du vent, une lecture de texte, de la radio à la télévision. Cela dure depuis quinze ans : jeunesse ardente ! Le talent passe toujours une génération. Et pourtant il y a comme une lumière dans l'œil de ce garnement.

On s'épuise à se tourmenter, on se perd à se culpabiliser et il y a si peu à vivre.

L'immortalité est d'abord faite de bonheurs quotidiens. On connaît maintenant les goûts et les appétits culturels des académiciens français. Selon *Le Point* ils lisent les Évangiles, Chateaubriand, Proust, Stendhal, Hemingway, ils aiment Rembrandt, Goya, Picasso, ils écoutent Mozart, Beethoven, Bach, et leur film préféré est *La grande illusion*. Détail d'importance : 2 % d'entre eux fredonnent *Viens poupoule* quand ils sont de bonne humeur.

La mort est déjà inscrite sur son visage jaune-gris mais les yeux qui frisent sur fond d'ironie donnent le change : « Le cancer, me dit-il, est un méchant visiteur qui se soucie peu du bien que l'on a cru faire : il n'épargne pas les professeurs de médecine. Je lui ai demandé six mois de répit, il n'en faut pas plus pour s'éblouir de tout ce qu'on n'a pas su regarder : un lever de soleil, un arbre au printemps, des enfants qui passent, une femme amoureuse. » Raymond Villain, sans doute le plus grand spécialiste au monde de la main — deux générations de musiciens lui doivent leur survie —, ne fait plus de mots assassins, ne raconte plus d'histoires insensées : « Je prépare sereinement ma sortie, je me veux en paix pour sauter le dernier obstacle. » Je le sais apaisé mais cela l'ennuie — et ça se voit — de tout quitter : « J'étais assez sot pour croire que vingt autres années — celles-là d'intelligente paresse — me seraient données. J'avais imaginé des voyages, je m'étais inventé une bibliothèque riche de tout ce que j'y avais rangé pour plus tard, je me souhaitais un parcours de dilettante. Folies. Il importe de réaliser ses rêves au bon moment, de ne pas laisser passer le bonheur, il est urgent de vivre, il n'est pas bon d'attendre. De grâce, profitez de tout, tout de suite. » Nous nous donnons rendez-vous pour le mois prochain : « Parfait, on fêtera mon départ. »

Je la surprends ce matin dans sa tanière, avenue Pierre-Ier-de-Serbie. Elle rentre à l'instant, son cartable à la main telle une écolière, mais l'écolière est écrivain et son lycée un café de quartier tout proche, tranquille et secret. Là, Nathalie Sarraute — c'est elle, l'écolière, quatre-vingt-neuf ans — s'installe encore devant ses pages blanches et travaille à ses romans : « Je me mets dans un coin et j'ai la paix. Le bruit des conversations ne m'est pas gênant, je ne les entends même pas. Je me concentre et à ce moment-là, je ne suis ni homme, ni femme, ni chien, ni chat, ni vieillard, ni vieillarde, je ne suis rien du tout. »

Rien du tout ! Est-elle feinte, chez Sarraute, cette manie de sous-estimation de soi ou d'étonnement permanent face aux propos révérencieux et admiratifs que la critique réserve à ses œuvres ?

Je ne le crois pas. A la voir assise, minuscule et attentive, à l'extrême bord de son canapé, position qu'elle conservera durant toute l'heure de notre entretien, celle qu'on dénomma la papesse du nouveau roman dans les années 50 n'a jamais rêvé que d'une chose : écrire, comme elle sait écrire, camper ce « il » ou ce « elle » qui lui chantent mieux que les « je » haïssables — toute tentative de corruption ou de correction du style Sarraute n'ayant aucune chance d'aboutir. Ainsi lorsque entre 37 et 39, elle confie *Tropismes* (refusé partout) à Robert Denoël qui la publiera, elle s'entend d'abord suggérer, au lieu des « il » et des « elle » émaillant son manuscrit, d'imaginer des noms, des héros. « Des noms ? Voyons..., se dit Sarraute. Moi, les " il " et " elle " me viennent tout seuls, mais après tout, pourquoi pas ? » Elle essaie de faire plaisir à Denoël en les remplaçant par une Jeanne et un Pierre, mais l'opération devient vite impossible : « C'était me mettre à distance, alors que j'étais plongée dans leurs flots intérieurs. Je n'ai pas pu le faire. Tout ce que j'ai écrit, je l'ai toujours écrit de la seule manière possible pour moi. »

De son espace propre, c'est vrai, Nathalie n'a jamais dévié, même pas craint d'y demeurer très solitaire quand lecteurs et critiques, voire éditeurs, répugnaient à s'aventurer hors des sentiers académiques de la littérature. Elle qualifie sa période de silence et d'insuccès, entre 32 et 56, d'inimaginable. Pourtant, c'est de Proust, découvert avec un choc dans les années 20, puis de Joyce, l'auteur de « Tout un monde dans une coquille de noix », qu'elle tient — et retient bien — sa grande leçon : « Je les ai aimés tout de suite parce que, n'imitant personne, ils étaient inimitables. Avec eux, j'ai eu cette certitude que si l'on voulait écrire, il fallait avoir un domaine, si modeste fût-il, qui soit bien à vous. »

Un demi-siècle après *Tropismes*, Nathalie, à qui beaucoup d'écrivains français doivent envier la part de gloire que livre après livre, sa modeste « coquille de noix » personnelle représente dans le monde entier, sort calmement de son café pour nous dire : « Tu ne t'aimes pas. » Deux cents pages de dialogue autour de cette remarque anodine qu'elle s'est peut-être un jour entendu formuler comme un reproche, elle qui paraît nourrir si peu de sentiments à son propre égard. Mais elle ne précisera pas. Ou plutôt, je ne parviendrai pas à faire dire « moi » à Sarraute pour qui seule la mer innombrable des « nous », ces chœurs de « je » dissonants et variables à l'infini, semble digne d'intérêt et de romans.

« Tu ne t'aimes pas » est donc le roman de cet étrange amour de soi qui voit s'exclamer les uns, péremptoires : « Vous savez ce que vous avez ? Vous ne vous aimez pas ! », pendant que les autres n'ont plus qu'à méditer l'affaire : « Comme si ne pas s'aimer, soi, était une tare, une maladie. Chacun d'eux est sain, normal, chacun d'eux s'aime et nous, on ne s'aime pas. » Comment peut-on s'aimer, d'après vous, interroge la romancière non sans ironie et poussant parfois son enquête jusqu'aux cas extrêmes : comment des gens tels Staline, Hitler, ont-ils pu avoir le génie de s'adorer à la folie au point d'être idolâtrés de tout le monde ?

Je m'inquiète, et demande à la frêle dame aux cheveux blancs qui me raconte son sujet d'une voix étale si par hasard elle aurait eu à souffrir, dans sa vie et son entourage, de la douce tyrannie des gens qui s'aiment. Nathalie Sarraute m'assure que non. Le ton change, en revanche, devant l'infernale sollicitude des âmes charitables qui s'extasient lorsque à quatre-vingt-neuf ans elle a l'audace de ne pas les paraître : « Tenez, l'autre jour, me dit-elle avec un petit air scandalisé, je traverse la rue, tranquillement, pensant à je ne sais quoi, quand une passante tout à coup me crie : “ C'est magnifique, de traverser comme ça, toute seule ! ”... Mais de quoi elle s'occupe ! »

Le secteur public de l'audiovisuel menacé de disparition, les plus beaux esprits bradent le plus bel outil. L'indifférence pour arme absolue. On parle encore d'honneur de la démocratie, certains pensent même qu'Antenne 2, FR3 et Radio-France sont des lieux de culture et d'indépendance ! Paroles pieuses, touches de démagogie, hypocrisie galopante. Pitreries. Personne ne dit le vrai, le seul mot vivant n'est jamais prononcé : *argent*. Oui, la liberté tient aux moyens, sans eux la fin est proche ou pis, le misérabilisme. Si l'on souhaite une télévision pure, qui n'aura pas à rembourser d'éventuelles dettes, il importe au gouvernement de fixer très vite une conduite exacte. Payer ou se démettre : c'est affaire d'État. Autrement, nous aurons des « mécènes » plutôt insistants. Hélène Ahrweiler, ce matin : « La culture n'a pas de prix mais elle a un coût. »

J'en ai connu tant et si belles et si tendres, laotiennes et lianes, cambodgiennes et lascives, vietnamiennes et perfides, que j'aime à les oublier. « Le souvenir du bonheur est encore du bonheur », écrit Stendhal.

« J'ai soixante-quinze ans, me dit Yvan Audouard. Eh bien, imagine-toi qu'enfin, j'ai le temps ! J'ai le temps et j'ai des projets. Autrefois, je n'avais pas le temps et je n'avais que des commandes. »

Je ne permettrai à personne aujourd'hui d'affirmer que le communisme fut une grande idée. En revanche, je peux comprendre que ce fut une immense espérance. L'obscurantisme et la perversité de quelques-uns auront été à l'origine des plus ignobles trahisons. Et comme toujours ce sont les purs que l'on a humiliés.

Je relis Maupassant et je m'interroge sur la raison qui me fait retenir cette phrase : « Quand on a le physique d'un emploi, on en a l'âme... »

Aux assoiffés de carrière, j'ai toujours préféré les gourmands de la vie. Alain Meunier aurait pu porter son violoncelle tout en haut de la gloire, il en a le talent. Par modestie et suprême esthétisme, il a plutôt choisi les dernières terres vierges de la musique, celles où l'on ne s'embourbe pas dans la complaisance. Je lui dis parfois, en le fâchant, que sa discrétion est une forme de vanité. Peut-être est-ce l'éternité qu'il appelle dans cette façon de refuser le monde et de vouloir sa reconnaissance. Jorge Luis Borges était ainsi : « De moi, que l'on dise le plus grand bien mais seulement après ma mort. » La peur d'entrer au musée en pleine santé.

1989

Juin

Voyage éclair à Jérusalem, où chacun se souvient d'avoir oublié quelque chose mais ne se rappelle pas quoi.

Il n'y a pas cent manières d'exister, il faut affronter ou s'éloigner. L'affrontement mobilise des adversaires, l'éloignement vous fait votre propre ennemi. Seule, l'île déserte... à condition de s'y supporter ! La soumission à soi-même — parfois appelée indifférence — est grand danger.

Le maoïsme fut un temps l'Everest des vertus à la mode dans le labyrinthe de l'intelligentsia. Les précieuses ridicules entortillaient leurs baguettes et faisaient des gigues sur la grande muraille de leurs petits travers. Les aventuriers parisiens de toutes les arches perdues oublient facilement les heures sombres de leur obscurantisme coutumier. Ils se révoltent aujourd'hui contre ce qu'ils encourageaient hier : une deuxième révolution culturelle commence. Une courte marche. A Pékin, sur la place Tien An Men où flotte un air de liberté, les étudiants affrontent la gérontocratie. Il faudra pour quelque temps s'habituer au pire. En effet, la stratégie des vieillards est évidente. Tuer pour ne pas mourir. A quelques mois de l'échéance, tant redoutée, où l'on ne bougera plus, tirer sur tout ce qui bouge. « Garder la face, comme dit Cioran, alors qu'il serait impérieux de la perdre. »

Il n'est plus d'élégance comme celle-là, de préciosité à ce point discrète, d'ancienneté si moderne. Nikita Magaloff a juste ce qu'il faut de baroque pour déguiser son impudeur, de mérite pour éblouir de son grand âge quatre générations de pianistes. Son récital à Pleyel ne ressemble à aucun autre, c'est la performance d'un homme de salon qui semble se commettre dans une grande salle. Avec lui, Chopin a des sonorités nouvelles, une intériorité différente, il y a de la jeunesse dans la *Barcarolle* qui devient éblouissante, une subtile virtuosité dans les *Études* de Scriabine. Chaque note est un frisson, c'est ainsi que je reçois la *Sonate en si mineur*. Tout est sans faille, parfait, exemplaire. Même les bis dont on pourrait faire un autre récital. Quel talent et surtout quelle facilité, quelle désinvolture.

S'il n'y avait, consacrées à Hitler, ces notes d'une prodigieuse naïveté, on dirait du *Journal* de Jean Cocteau qu'il est la chronique la plus brillante d'un triste quatuor d'années noires (1942-1945), le croquis le plus intelligent d'un monde assez superficiel qui, dans la grisaille du temps, s'inventait de petites lumières. Mais je veux me défaire vite des phrases qui pourraient à tout jamais défigurer le poète hélas sensible au charme d'Arno Breker, sculpteur officiel du troisième Reich, qui le fit basculer dans son camp : sur la foi d'une amitié qu'il savait sincère et d'une conversation qu'il eut la tranquille assurance de rappeler, Cocteau, par bravade et imbécillité — lui qui ne savait rien de la politique et de la guerre — se mit en 1942 à trouver des qualités à Hitler dont il ignorait tout. L'acte gratuit dans sa bêtise absolue. Qu'a-t-il donc écrit ? « Hitler est à Napoléon ce que Rostand est à Hugo... » « Il semble que Hitler, ayant étudié les échecs de Napoléon, veuille combiner son génie de soldat avec les méthodes de Talleyrand. C'est ce qui empêche son public de comprendre son mélange de grandeur et de volte-face... » « La force de Napoléon. C'était un militaire de carrière. Les civils l'ont eu. Talleyrand, Fouché. Hitler est un civil. Les militaires l'auront... Hitler, l'homme de guerre, est *employé*. Hitler, l'homme de paix, haï. Il a été entraîné dans la guerre qu'il déteste. Son pacifisme est condamné d'avance. »

Que de sottises accumulées sur ce thème incroyable ! Je me demande si la majorité des Français ne développait pas en toute impunité, à ce moment-là, un même penchant. Merci au ciel qui me fit enfant au plus cruel de ces années détestables, me délivrant ainsi de toute participation aux événements. Qu'aurions-nous fait plus vieux, nous qui jugeons avec une conviction patriotique par trop rétrospective ! Cette période fut atroce : je ne puis oublier que mon meilleur ami, mon frère choisi, Gilbert, fut arrêté et envoyé à Auschwitz le 11 avril 1943. Sa faute ? Il était juif. Il a mon âge, ses douze ans d'alors n'appelaient pas la révolte, il sait qu'il a été enlevé à l'innocence par des gendarmes français.

Jean Cocteau croyait vraiment « qu'Hitler a proposé à Daladier, après Munich, un défilé franco-allemand où les soldats jetteraient leurs armes dans le Rhin. Après, les deux chefs d'État s'envolent en aéroplane et disparaissent aux yeux du monde pendant deux mois... Même en admettant que Hitler change ensuite et donne à ses soldats des armes nouvelles, peu importe. Un acte de grandeur reste un acte de grandeur. »

Je suis déçu à la lecture de ces notes, je ne les imaginais pas aussi précises, personne n'en avait eu connaissance. Parfois, au cours de mes fréquentes visites à Milly-la-Forêt — nous étions voisins —, Cocteau faisait alllusion à « certaines de ses naïvetés, à ses inconséquences puériles », il s'en voulait de « faire confiance à n'importe qui, d'avoir une plume facile, trop alerte, trop frivole ». Je pensais alors qu'il avait brossé dans son *Journal* des portraits trop cruels ; je me trompais et je comprends seulement aujourd'hui : je me souviens en effet, oubliée sur un fauteuil, d'une petite fiche rouge qu'il avait couverte d'une encre noire. Il me l'avait montrée, c'était daté du 3 janvier 1945, je la retrouve à la page 603... « Hitler reste le vainqueur de cette époque, même s'il est vaincu. Il a donné ses méthodes. C'est par là qu'il fallait le vaincre d'abord. » Je lui avais dit alors : « Vous allez publier ça ? » Je revois son sourire, j'entends son explication... « Un journal n'est point autre chose qu'un pense-bête, on s'y laisse aller, on écrit ce qu'on a sur le cœur, on fait parfois fausse route, on se perd, on écrit pour ne pas se relire, il serait honteux de se gommer, d'enlever les maladresses, de mettre toutes les horreurs à la poubelle. Chaque minute a sa vérité et sa sottise. »

Au-delà d'une dizaine de phrases scandaleuses, tristes à découvrir mais écrites, rappelons-le, en 1942 par un poète qui signait d'une étoile, nous avons 750 pages de notes et croquis, de portraits et de maximes, mille sincérités successives, des galeries d'apparat où passent ses amis, Picasso, Max Jacob, Jean Genet, Paul Eluard, Aragon, Anna de Noailles. A travers les mots, les raccourcis, les afféteries de langage, les confidences souvent retenues, je revois l'homme élégant qu'il était, feu follet, tout en désordre, dandy et bondissant. Parfois sa gouvernante, Madeleine — « pour faire Proust » —, avec laquelle nous avions tant de mal rue Montpensier — jalousie excessive —, lui passait une vaste cape rouge qu'il drapait sur ses épaules étroites. Près de la porte, elle lui disait immanquablement : « Je vous donne permission d'aller faire le génie devant le Tout-Paris. » On affirmait que Cocteau était incapable de gravité, snob, déroutant, insaisissable. Faux. Il était simplement ailleurs, dans son univers, espace paradisiaque et tragique, selon l'humeur, où il fallait savoir entrer.

Aux stupidités je préfère les attendrissements, j'accorde plus d'intérêt aux vacheries qu'aux méchancetés, l'ironie n'est jamais cruelle, elle est le refuge d'une difficulté d'être. « Jamais je n'ai cherché l'admiration, j'ai cherché l'amitié. » Cocteau sait la douleur de l'éphémère : « J'ai enterré maman. Elle est rangée dans un meuble où j'irai la rejoindre. » Il peut être sournois : « Mme Lou de Hasard — fille du banquier Léopold Lazard — indique sur sa carte de visite " ancienne maîtresse de Rilke ". » Il se veut féroce : « Je sors de la Comédie-Française (où l'on répète *Le soulier de satin*)... c'est sans doute très beau mais c'est très bête... De l'avant-scène de Vaudoyer, je voyais Claudel, au premier rang, de profil. Il avait l'air d'une motte de terre, d'un énorme pavé de pain d'épice bourré de trous et d'angélique. Il buvait du lait. Il se buvait. » Il cite le mot de Derain que j'avais extirpé un jour, sur sa demande, d'un long vase fin : « Les Français méprisent les pauvres et haïssent les riches. » Il parle souvent de Picasso qu'il admire, dont il aurait voulu être le seul ami et qui le désespère : « Picasso est un homme et une femme profondément enchevêtrés. C'est un ménage... Le ménage Picasso. » Belle manière de mettre en scène sa propre dualité. Madame de Staël raconte dans ses Mémoires que Napoléon disait : « Un homme qui a des idées est mon ennemi. » Cocteau eut beaucoup de jaloux à ses trousses. C'était un enfant terrible, une machine infernale. Une voix humaine.

L'art impose de sublimes vieillards : Rubinstein, Horowitz, Arrau, Menuhin, Picasso, Chagall, Delvaux. Le sport est plus cruel, il fait de quelques jeunes hommes brillants des adultes sans âge : sur le gazon de Wimbledon, Jimmy Connors a été éliminé par un gamin. L'heure de la retraite sonne, il a trente-sept ans, j'ai l'impression d'avoir été heureux avec lui depuis l'enfance. Je le remercie au même titre que Nastase. Pour raison de panache.

Je le dis sans vanité, sans la moindre tristesse, plutôt avec lucidité : *Radioscopie* et le *Grand échiquier* ont fait tant d'enfants, ont inspiré tant de copieurs qu'il me faut les *tuer* pour ne pas aller au naufrage ou pis, à l'imitation de moi-même. Ce ne sont plus sur les ondes, sur les écrans, que conversations à deux, spectacles autour d'un musicien. Du papier carbone moulé dans l'informatique ! Que ne m'avait-on dit à mes débuts, il y a près d'un quart de siècle : une heure d'entretien ? Cela ne fera qu'un temps... Trois heures de télévision ? Insoutenable. Sartre, Malraux, Rostand firent la preuve du contraire, Karajan, Domingo, Rostropovitch surent émouvoir. Les studios de la Maison de la Radio, ceux des Buttes-Chaumont devenaient leurs espaces préférés. Les invités s'accordaient une semaine pour participer à nos programmes, vivaient pleinement la difficulté, l'exigence, le bonheur du direct ; cela n'avait rien à voir avec un concert acheté ailleurs et diffusé dans la rigueur du cahier des charges. Ce temps-là était celui de la création. Sont venues les privatisations, la course à l'audience, l'insoutenable lourdeur de la part du marché, l'absurdité, la paresse. Que peuvent faire désormais un savant, un compositeur, un jeune prodige devant cinq films mis en batterie à la même heure ? *Disparaître évidemment.* Pour résister à de telles Bertha, on recourt maintenant à des débats burlesques, à des clowneries, à des assauts de fric. C'est le genre, c'est l'époque. On ne sait plus ce que qualité veut dire, on juge le public stupide alors que nous l'avons seulement fatigué. Donnons-lui du beau et il saura l'apprécier, l'excellent est populaire. Pour l'instant nous ne trouvons sur récepteur qu'états d'âme mis en miettes, querelles mises en scène, autant de mises à mort. Rares sont les programmes qui ont une histoire. On se souvient encore de *Cinq colonnes à la une*, de *Lectures pour tous*, des *Dossiers de l'écran*, on peut déjà suivre la trace que laisseront *Apostrophes, L'heure de vérité, Le grand échiquier*. Le reste est heureux passage, nécessité de grille. Rappelons l'émission consacrée à Mireille Mathieu. Ce fut et tant mieux un triomphe d'audience et aussi le bon parcours d'une professionnelle parfaite. La chaîne au regard des sondages n'avait d'yeux que pour elle, on n'en finissait pas de citer cet *Échiquier* en exemple. D'autres invités ont fait, depuis, les soirs *différents* d'Antenne 2, nous sommes allés en Israël, en Union soviétique, nous avons reçu pour cela des milliers de lettres enthousiastes. J'ai accueilli Jean-Claude Killy qui, de l'avis de tous, a réalisé une remarquable performance. Eh bien, *pas un mot* des responsables de cette chère Maison qu'avec Marcel Jullian nous avons eu le privilège de construire. L'indifférence la plus totale. A leur décharge, je précise que les indices d'écoute n'avaient, il est vrai, rien à voir avec ceux de Mireille Mathieu. La coupe est pleine, nous avons bien bu, il s'agit maintenant de changer de breuvage. La décision est prise : le *Grand échiquier* perdra toutes ses cases aux premiers mois de 1990. On fêtera ses vingt ans et son exil. Mourir c'est naître à autre chose.

Pour une rubrique « Le saviez-vous ? » : il est amusant d'apprendre qu'en vertu d'un règlement toujours en vigueur à l'Institut, les membres de l'Académie des sciences pourraient, s'ils le souhaitaient, percevoir leurs émoluments sous forme de quintaux de blé. Théodore Monod me dit qu'il avait trouvé l'idée si drolatique, lors de son élection en 1963, qu'il avait failli demander à être payé de cette façon. Je retrouve avec plaisir cet étonnant savant du Muséum national d'histoire naturelle dont, enfant, le jardin des Plantes était la promenade de prédilection et qui, quatre-vingt-sept ans plus tard, le hante encore. Comme d'autres sont marins, médecins ou paysans, Monod, lui, est saharien, et de cette génération de chercheurs en voie de disparition qu'il est vain d'essayer de joindre à leurs bureaux ou laboratoires. Descendu il y a quelques jours de son chameau,

Monod me quittera tout à l'heure pour retourner dans son cher Adrar mauritanien, « profitant, dit-il, de ce que ses pattes arrière marchent encore ». A l'avant, c'est vrai, l'homme est presque aveugle, mais ce n'est pas le soleil du désert qu'il faut incriminer : « Les médecins appellent ça " sénilité ", et c'est le mot qui convient », commente-t-il sans façon.

Si le mot convient mais ne l'oblige toujours pas à renoncer aux sortilèges des pays du vent et des sables, je demande au chercheur comment la famille Monod — épouse, enfants — s'est accommodée de ce type de vie lointaine et solitaire qu'il lui a imposée. Il reconnaît son privilège et me répond par une phrase d'Oscar Wilde : « Les enfants commencent par aimer leurs parents. Devenus grands, ils les jugent. Parfois, ils leur pardonnent. »

Je soupçonne Monod de nourrir le secret espoir de n'avoir jamais à mourir dans son lit mais plutôt là-bas, tranquille sous les étoiles. Et après sa 20 000e récolte seulement ! Des minéraux aux plantes, des cailloux et des racines aux perles de cornaline, il amasse depuis 1943 tout ce qui lui tombe sous la main et rejoindra les trésors du Muséum, une fois trié, classé, étiqueté. Pour l'heure, il n'en est qu'à sa 19 113e prise. « J'ai décidé de ne pas mourir avant d'avoir atteint les 20 000 », m'assure-t-il en ajoutant qu'à ce moment-là, il relira la phrase que son père, le pasteur Wilfred Monod, avait notée dans son livre de souvenirs à la fin de sa vie : « Ici, le rameur enlève les avirons et amarre sans bruit dans les roseaux, avant de s'éloigner, une barque prêtée. »

Comme Roger Stéphane je suis allergique au mot *gens* : l'emploi de ce substantif révèle une certaine bassesse d'âme, l'abus que l'on en fait dans les magazines touche à la vulgarité, la phrase qui l'accueille devient immédiatement grossière. « On ne fréquente pas ces gens-là... » « Il faut se méfier de ces gens. » Jacques Brel l'avait bien compris qui en fit une chanson. J'entendais se plaindre l'autre soir une femme fort ordinaire, bien mariée disait-on, pesante de diamants et breloques d'accompagnement : « Mes gens ne sont plus possibles. » On l'aurait volontiers giflée s'il n'avait fallu dans le même temps se commettre...

1989

Juillet

Sanctifié par Henry Miller, mon cher Joseph Delteil ne se souvenait que de l'excommunication prononcée par André Breton. Il me disait souvent : « Jamais je n'aurais admiré quelqu'un qui m'a fait tant de mal. »

L'errance de juillet comme intervalle de l'année, comme aparté, les prémisses d'un nouveau cercle, l'évasion la moins comprise et pourtant la plus subtile... cap sur le Luxembourg qui accueille le 76e Tour de France cycliste. Émotion particulière au passage de certains lieux, à Verdun où sont enterrés deux de mes oncles, frères de mon père, qui y souffrit lui-même, voie sacrée, périmètre de mémoire, bruits de mon enfance qui recevait des noms en litanie, l'Argonne, la Meuse. *Lui* — mon père — dans cette tuerie et moi quarante ans après en Indochine, sinistres bégaiements de l'horreur aujourd'hui continuée et presque familière.

Je ne savais pas que la ville était si petite, j'ignorais que le pays fût si grand, pensez donc, nous avons fait une étape de 135 kilomètres à l'intérieur même du duché : le Luxembourg a tiré son feu d'artifice, organisation parfaite, foules enthousiastes, scénario étourdissant dès le départ, coup de tonnerre et forcément pluie d'imprévus. Encore Delgado ! Cette fois-ci l'absence. Près de trois minutes de retard à l'appel du prologue, le fatal « oubli ». Inconscience, impertinence, dilettantisme, états d'âme ? On ne saura jamais débroussailler l'incroyable mécanique de ce condottiere, remarquable bricoleur d'événements. Merci Pedro. Grâce à vous, le Tour s'offre un premier jour inespéré. Vous êtes champion et homme de théâtre, la pièce démarre avant les trois coups. On ne pouvait imaginer, au lever de rideau, pareille réussite dans l'art de la dramatisation. Les acteurs sont en place, les grands rôles sont distribués ; Laurent Fignon, Greg Lemond, Charlie Mottet caracolent en tête, Delgado est 195e, *dernier*. Qui aurait pu décrire un tel commencement de course ? A la vérité c'est un cadeau du ciel aux nouveaux directeurs de la Boucle, Jean-Pierre Carenso et Jean-Marie Leblanc, un signe à celui qui s'en va et que j'aime : Jacques Goddet. Pour eux, des esprits bienveillants ont installé la turbulence, on ne s'en tiendra pas là, tout devrait bouger, il me semble qu'il y a promesse d'étonnements.

J'ai mes livres — une pleine valise — que je laisserai comme d'habitude sur la table de chevet de mes hôtels de rencontre, un par jour, destination inconnue. J'ai fait un choix parfaitement arbitraire mais qui devait répondre à mon goût du moment. J'emporte *Le puits* de Juan-Carlos Onetti, *Jeanne d'Arc* de mon cher Joseph Delteil, *La vie éternelle*, roman de Jacques Attali — les errements du pouvoir, la recherche d'un monde de sages, la mort. *Tout est bien* de Roger Stéphane — que chacun le lise pour mieux connaître Gide, Martin du Gard, Malraux, Cocteau —, *Le parfum* de Patrick Suskind — pour le délicieux arôme des mots —, *Les sept piliers de la sagesse* d'Edward Lawrence — j'ai revu *Lawrence d'Arabie*, l'œuvre de cet homme fut simplement sa vie, l'ambiguïté est complète, qu'importe s'il fut plus arabe qu'anglais, espion, mythomane, homosexuel, il était vivant, debout et c'est important —, *La désirade* de Jean-François Deniau — l'aventure toutes voiles dehors, enfin un politique dans la vraie tempête —, *Terre des hommes* de Saint-Exupéry — pour chaque jour de chaque mois de chaque année —, *Le désespoir des singes* d'Hervé Claude — une fiction triste, la mort d'une jeune femme, une part de mystère —, *Lettre ouverte aux coupeurs de tête* de Philippe de Villiers — par amour de la Vendée que je voudrais tant connaître, pour tordre le cou aux habituels marchands de mensonges en ce bicentenaire mal fêté de la Révolution —, *Les étoiles du Sud* de Julien Green — je préfère son Journal —, *C'est moi qui souligne* de Nina Berberova — le chemin de cette bientôt nonagénaire est pavé de pépites d'or, buissonneux à souhait, c'est la Russie du début du siècle, la recherche du monde et pour moi le bonheur de savoir un homme heureux : Hubert Nyssen, l'éditeur, le découvreur de ce trésor, l'artisan de son exposition —, *Le médianoche amoureux* de Michel Tournier — captivant panorama de nouvelles —, *De main de maître* de Morris West — une suite de magouilles dans l'univers des marchands d'art —, *Julien des fauves* de Michel Lancelot — j'ai pensé à Michel, comme souvent, à nos fuites, à nos combats pour la musique et l'Ailleurs, à notre amour du football et à sa mort, un soir brutalement au Parc des Princes —, *Printemps et autres saisons* de Jean-Marie Le Clézio : les yeux doux, rieurs, de l'enfance... mais derrière le printemps, au-delà du soleil, au bout des saisons il y a la vieillesse. Une série de nouvelles, fraîches, avec de la grâce, de la lumière. Il faut entraîner tout un monde sur les traces de Le Clézio ; j'aime Zobéide « qui était belle, unique ». Il n'a jamais su d'où elle venait, elle avait caché ses traces dès le début, tout en elle était mystérieux ; il regarde une photo d'école, « il me semble qu'elle est le seul visage doté d'un regard au milieu des inconnus »... elle m'embrassait avec violence, elle riait, elle disait : « Je suis le diable », « j'étais ivre ». Il était enfant. A la fin du contre la montre par équipe où il a brillamment triomphé, Laurent Fignon m'a parlé de ce livre : « Je le déguste à petites doses, quelques pages chaque soir, j'apprécie le style riche et simple de Le Clézio, la musique de ses mots, je me reconnais dans ses propres souvenirs, enfants nous avons tous vécu de semblables moments. Ce *Printemps* ne me quitte pas. » Moi je l'abandonne, mais par amour, pour en faire profiter un autre, une autre ? Je dépose mes petits cailloux.

J'ai aussi dans ma bibliothèque ambulante la revue *Lire* de l'été 89 et ces quelques lignes empruntées au *Sunday Times*. C'est une interrogation :

— Que serait-il arrivé en 1963 si Khrouchtchev et non Kennedy avait été assassiné ?

Réponse de l'écrivain américain Gore Vidal :

— Avec l'histoire on ne peut jamais être sûr, mais je crois pouvoir dire qu'Aristote Onassis n'aurait pas épousé Mme Khrouchtchev.

Luxembourg — circuit de Spa-Francorchamps, 241 kilomètres, troisième étape, l'une des plus longues de ce Tour de France parti de l'étranger. Ici en Belgique, je ne suis pas si loin de Paul Delvaux que j'ai souvent visité, que je ne pourrai pas voir aujourd'hui, la course va vite. Je pense à lui pourtant, je salue ses quatre-vingt-douze ans, je regrette de le savoir si fragile des yeux, privé de sa palette : j'ai toujours aimé — autant que Chirico et Magritte — ce peintre du merveilleux qui toute sa vie a installé des femmes nues dans des gares désertes, des crinolines dans la fumée des locomotives, qui s'est nourri de bizarre et de rêves dans un raffinement de formes, une intimité réussie entre le monde ordinaire et l'irréel. Je n'ai pas oublié notre dernière rencontre au studio de la radio à Bruxelles, ses nostalgies — « J'ai bâti toutes ces gares, j'ai fait rouler tous ces trains sur mes toiles parce qu'ils sont d'heureux souvenirs d'enfance » —, ses colères — « L'art abstrait ? Un alibi pour ceux qui ne savent rien de notre métier, un amusement pour les imbéciles, une possibilité de recherche pour quelques grands qui ont déjà tout trouvé dans le figuratif. Picasso, le meilleur d'entre nous, ce prince du dessin, pouvait lui se permettre ce genre de facétie » —, sa solitude — « Je la recherche depuis mon adolescence, elle m'est nécessaire mais, insidieusement, aujourd'hui elle me dépasse. Le jour où je ne l'aurai pas choisie, ce sera terrible, je serai vraiment seul ». Delvaux, après l'émission, m'avait demandé de l'accompagner chez lui, dans sa petite maison où il terminait un immense tableau, 6 mètres sur 3, monté sur rails : « Regardez, j'ai fait la somme de mes fantasmes, des filles nues, de grands chapeaux, un train, une gare, un peu de bleu pour l'éternité... Dommage, c'est trop lourd. Vous ne pourrez pas emporter cette toile mais je veux que vous ayez un souvenir de cette journée. » Le dessin magnifique d'une adolescente, juste dénudée sous la lune, ne quitte jamais sa petite niche dans mon bureau des Pyrénées.

Cette nouvelle importante du 3 juillet 1989 à la veille de notre départ pour Liège : l'Union des écrivains soviétiques demande que soit annulé le décret qui avait privé Alexandre Soljenitsyne de sa citoyenneté soviétique et se prononce en faveur de la publication officielle de *L'archipel du goulag*. Est ainsi lancé le processus de réhabilitation de l'écrivain banni. J'ai déjà dit l'espoir qui est le mien après différents voyages à Moscou et Leningrad. Je modère toutefois ici l'enthousiasme par une précision : Gorbatchev et sa femme Raïssa commencent demain une visite de trois jours en France. Le moment est bien choisi, c'est de la bonne diplomatie, de bonnes manières comme on remarquait dans le temps. Qui s'en plaindrait...

Une confidence de Jacques Delors, notre invité sur la route du Tour : « Margaret Thatcher ? Je l'estime mais je ne l'aime pas. »

Coup de fil de Vladimir Spivakov avec lequel je prépare un *Grand échiquier* et une émission spéciale en Union soviétique. Le célèbre violoniste devait me rejoindre à Dinard, il est retenu à Colmar par son festival :

— Je viendrai l'an prochain et peut-être y aura-t-il alors une équipe de chez moi sur le Tour de France.

— Tu aimerais ?

— C'est nécessaire, l'ouverture passe aussi par cette participation à votre grande boucle...

— Toi, tu grimpes déjà...

— Il faut se méfier, ne pas aller trop vite, ne jamais croire que l'on a gagné. Je profite de ma chance, d'un certain succès, mais n'oublie pas cette phrase de Bernard Shaw : « Le sommet est la dernière étape avant la descente. »

— Tu as plus de liberté que beaucoup d'autres, tu bouges, tu voyages, mais tu es toujours fidèle à ton pays.

— J'emprunte la réponse à Iouri Temirkanov qui a cité notre poétesse Anna Akhmatova dans ton *Grand échiquier* : « Non, ce n'est pas sous un ciel étranger, A l'abri des ailes étrangères que j'étais, Mais au milieu de mon peuple, Là où, pour son malheur, mon peuple était. »

La Bastide d'Armagnac. Mieux qu'un village, une source d'eau-de-vie. Plus qu'une place, un théâtre de vieilles maisons dessiné par un architecte d'autrefois, génial, généreux au point de penser à l'éblouissement du regard des autres. Le Tour y fait étape. Une mer dans un mouchoir de poche mais si brodé qu'il semble ouvert à toutes les évasions. Francis Darroze m'accompagne jusqu'à Pau ; nous étions hier chez lui, à Villeneuve-de-Marsan, dans son auberge — j'aime ce mot — qui est l'une des plus courues d'Europe. Quel festin, quelle grâce de la table, quelle joie de vivre une soirée pleine, entre amis — Robert Chapatte, Michel Drucker, Patrick Chêne, Patrick Montel, Alain Vernon, André Oudar, Josette Kominek, Marcel Boishardy, Raphaël Geminiani, Jean Salet —, quelle chance d'écouter Francis nous faire le sermon du jus de raisin : « L'histoire de notre armagnac se décline tout au long d'une épopée où s'affirme partout la bravoure d'un peuple dont elle symbolise la noblesse. Ces subtiles et secrètes alliances entre la terre, l'eau et le feu ont quelque chose d'un peu mystérieux. » Villeneuve est un point du Sud-Ouest d'où partent toutes les routes gourmandes de France — on n'est jamais trop chauvin lorsqu'on aime, lorsqu'on se souvient. Ici passaient Kleber Haedens, Jacques Anquetil, ici viennent encore avec nous Antoine Blondin et Jean Amadou. C'est une maison de tradition où plane le fantôme du terrible Jean Darroze (le père de Francis) qui disait de ses clients : « Il faut non seulement les nourrir mais aussi les surprendre. » La magie est intacte, peut-être même rehaussée de la « part des anges », cette simple évaporation de l'alcool obtenue après d'interminables années de vieillissement.

Mes chers cols pyrénéens ne se sont pas fait attendre. Ils sont là, impatients, Marie-Blanque, Aubisque, Soulor, Cambasque, Tourmalet, Aspin, Peyresourde, Superbagnères, véritables décideurs, hautains et méprisants, mais point du tout inaccessibles, il suffit de les caresser dans le sens de l'herbe, de suivre le chemin des moutons. Facile à dire lorsqu'on n'a pas l'ombre d'une laine à y perdre. De Pau à Luchon en passant par Cauterets, il y aurait cent lieux à visiter, comme partout ailleurs, mais les trois mille errants de notre caravane ne sont que gens de passage. A certains, je signale tout de même quelques sentiers littéraires qui rappellent Marguerite de Navarre, George Sand, Victor Hugo, Chateaubriand, Taine. Marguerite a conçu l'*Heptaméron* sur la petite route qui tombe de Saint-Savin, Sand et le jeune

Bordelais Aurélien de Sèze s'éprirent d'une même passion pour Saint-Sauveur, au-dessus de Luz, les vacances étaient tendres, les eaux tumultueuses, l'Occitanienne des *Mémoires d'outre-tombe* fut le moment de lumière de Chateaubriand à Cauterets. Le temps n'est pas à l'exploration sentimentale de quelques écrivains en quête d'émotions. Il n'empêche que l'on peut être sensible, en un éclair, à la magie des sites, aux lieux de mémoire, à la chronique d'une époque. En 1803, la reine Hortense allait incognito jusqu'à la grange cauterésienne qui porte depuis son nom. Un orage éclata qui dura toute la nuit, violent, mais elle avait un toit, un feu, une compagnie ; on ne la revit qu'au petit matin ensoleillé du jour suivant. Un fils lui vint neuf mois plus tard précisément. Et depuis on s'épuise à croire que Napoléon III serait le fils d'un berger de la vallée, je devrais même dire qu'on en est sûr. L'un de mes plus vieux amis, Jean Longué, a longtemps raconté qu'il avait quelque chose à voir avec l'Empire. La grange était alors de sa famille. J'ai parfois pensé que cela pouvait être vrai.

Encore un cadeau du Tour, sans doute une affectueuse attention d'Albert Bouvet : l'étape Pau-Cauterets passe devant ma vieille maison, au milieu même du parc puisque la route de Saint-Savin partage l'espace des prés. Nous allons vers le Cambasque et je ne pense plus qu'à la grange de Joseph, le grand ami de mon père, sûrement fumante de la garbure toujours sur le feu. J'ai passé là des moments rares, nous y avons beaucoup chanté, Bernard Pivot est venu, j'y ai même entraîné Lorin Maazel qui voulait approcher les isards, c'est un refuge. Joseph et papa nous ont quittés mais les enfants n'ont rien effacé. Dans ma voiture j'ai embarqué ce matin André Lacrampe, évêque de son état, primat de la Mission de France, jeune ambassadeur du pape à travers le monde. André est le fils de Joseph et nous voilà reprenant les vieilles habitudes sous la houlette de Jeanne, sa mère, toujours active. Précieuse. Même gaieté sous les poutres énormes, dans l'odeur du foin.

André me parle de son sacerdoce, de ses prêtres de la Mission qui ont un engagement un peu particulier puisqu'ils sont également médecins, chirurgiens, journalistes, paysans. Nous évoquons les difficultés de l'Église, son conservatisme, ses excentricités curieusement mêlés. Rien ne résiste à la force de sa foi, sereine et vigilante, à son enthousiasme, il ne souhaite pas convaincre, il passe par d'autres chemins, il écoute ceux qui ne comprennent pas son obstination à croire, et son attention est telle qu'elle ébranle les plus sceptiques. Il n'oppose pas les phrases banales et attendues à ceux qui se demandent pourquoi il y a toujours autant de guerres, il s'interroge et accepte, souriant, toutes les contestations, il ne se donne pas le privilège d'éclaircir les mystères. Les athées les plus endurcis ont soudain envie de faire un bout de chemin avec lui, il a la générosité et la tolérance chevillées à l'âme, il ne fait pas d'anathèmes sur les péchés du monde, c'est sans doute cela un vrai prêtre. Peut-il se permettre un quelconque relâchement, sacrifie-t-il parfois à une sorte de désespérance ? Réponse sans périphrases : « Je n'en ai pas les moyens. » Je lui confie les épreuves d'un livre de Roland Jaccard, *La tentation nihiliste*, j'ai souligné les recommandations du bas de la page 108 :

« Au pessimisme intégral, il est une autre réponse : la frivolité absolue. On ne peut guère rester sérieusement avec soi-même, écrivait Voltaire à Mme du Deffand. Si la nature ne nous avait faits un peu frivoles, nous serions très malheureux. C'est parce qu'ils sont frivoles, que la plupart des gens ne se pendent pas. »

André pense que la frivolité est la seule arme dont un dandy peut user sans répugnance... mais il n'est pas dandy. « L'angoisse et le nihilisme de certains esthètes est un luxe, moi je suis près de ceux qui ne se posent pas ce genre de questions, qui luttent pour ne pas mourir. Mes voyages en Amérique latine, où parfois le pire est le quotidien, m'ont intimement persuadé que *rien ne vaut une vie*. C'est ce que je défends. » Je lui demande comment il réagit à cette plainte de notre compatriote bigourdan Lautréamont dans *Les chants de Maldoror* :

« Je suis le fils de l'homme et de la femme, d'après ce qu'on m'a dit. Cela m'étonne. Je croyais être davantage. »

André a le sourire des bienheureux : « Isidore a tout compris. »

Halte à Miramont, le lierre couvre la maison, les chiens ont grandi, les moutons sont partis pour la montagne, il est tard mais le soleil lèche encore l'herbe épaisse, absolue sérénité. Une petite note dans mon courrier, la liste des vingt œuvres d'art ayant atteint les plus fortes cotes aux enchères, une explosion, les galeries font leurs comptes. Van Gogh toujours en tête avec *Les iris* qui dépassent les 300 millions de francs. Plus étonnante encore la folie Picasso. Trois tableaux dans les six meilleures ventes : *Yo Picasso* (287 millions), *Acrobate et jeune arlequin* (230 millions), *Maternité* (148 millions). Jusqu'où ira-t-on ? Mon ami Kijno qui est l'un des grands peintres de ce siècle, l'un des plus beaux tempéraments du moins, n'arrête pas de me dire : « Ce n'est pas encore assez cher, un chef-d'œuvre n'a pas de prix. »

Les Pyrénées sont déjà géographiquement loin, nous prenons la route des Alpes, la trajectoire est parfaitement dessinée, Montpellier devient notre passage obligé : l'étape, sur la carte, ne présente aucun problème, ce sera long — 242 kilomètres —, il fait chaud, soleil diabolique, étouffement dans les voitures, on attend l'échappée d'un fou, on prévoit une promenade du peloton. La routine. Mais il faut toujours compter sur l'inattendu, les farces du hasard, l'imprévisible tumulte. L'étonnement du jour me semble bien raconté par Gilles Boiron, du *Parisien* : « Là où les Corbières vous inviteraient plutôt à lever le coude pour déguster le vin du cru, d'autres, franchement retors mais terriblement gonflés par 35 degrés à l'ombre, ont levé les bras. Une manif à l'heure de la digestion, y en a qui ne respectent plus rien, mon bon monsieur... » A une vingtaine de kilomètres de l'arrivée, le village de Montarnaud s'est réveillé dans le feu, a jeté ses petits poucets dans les bois, on prépare le 14 juillet comme on peut. De braves gens à la vérité, ces pirates affolés de la route du Tour qui ont bloqué la course à grand renfort d'arbres coupés — vive l'écologie — et de pierres arrachées à la colline ; ils profitent de l'aubaine pour populariser leur révolte, donner une image à leur colère — « La télévision en parlera », toujours la même incantation —, la revendication est honnête si le procédé est stupide : on projette d'installer sur leur territoire une usine d'incinération de déchets. Moi non plus je n'aimerais pas. « On s'excuse, dit une vieille dame, mais nous ne savons plus que faire ; nous ne pouvons pas accepter que notre commune devienne une poubelle. » C'est Clochemerle, une levée de bons sentiments qui pourrait être une fête, mais il y a souvent dans ce genre d'aventure un voyou de service pour donner du vulgaire à la nécessité. Et je vais en payer personnellement le prix. L'étape étant jouée depuis le départ, Dominique Arnaud, Tebaldi et Perini roulent à fond dans le soleil avec la bagatelle de vingt-quatre minutes d'avance. Bonne affaire pour le Français que nous sommes quelques-uns à suivre : sans ce mur d'arbres, sa chute dans les branches, Arnaud gagnait et c'eût été le juste salaire d'un homme qui fait métier de coureur. Nous dégageons la route, je me précipite sur l'un de nos motards effondré sous sa machine, durement touché aux côtes, j'entends quelques « pardon » de calmes porteurs de banderoles puis un coup sourd — un poing, une pierre ? — me laisse tout pantois, debout, quand même avec quelques perles de sang. Je n'ai pas mal, les manifestants m'entourent, m'expliquent : « Vous avez été frappé par un dingue, il n'est pas de chez nous, il s'est enfui dans les bois. » Je n'ai qu'une idée en tête, rejoindre Arnaud qui s'est relevé mais qui a laissé partir ses compagnons d'échappée. Le docteur Alain Ducardonnet vient à ma hauteur, le diagnostic est rapide : fracture sans aucun doute. « On te fera quelques points à l'arrivée. » Pris par l'épreuve, je n'imaginais pas que je pouvais être touché à ce point, ma chemise blanche est maintenant du rouge le plus vif. Ne changeons rien au programme, je ferai l'émission tout à l'heure en direct comme d'habitude. Alain avait bien vu. Aux urgences de l'hôpital de Montpellier, au centre Lapeyronie où m'accompagnent les toubibs Gérard Porte et Gérard Nicolet, la radiographie précise : double fracture ouverte et biseautée des os propres du nez. « Opération immédiate », décide le docteur Jammet. « Anesthésie générale ou anesthésie locale ? » me demande-t-il. J'interroge à mon tour : « Quelle est la différence ? — Dans le premier cas, vous resterez quatre jours avec nous ici à l'hôpital, dans le deuxième, vous pourrez repartir ce soir, mais êtes-vous capable de le supporter ? » Un peu d'orgueil dans ces moments-là fait étrangement de bien. Je choisis l'anesthésie locale. Une petite heure dans le bloc opératoire sous l'immense projecteur qu'aucune télévision n'a pu encore s'offrir. Jammet traficote dans mon visage, nous parlons tous les deux, les infirmières sont silencieuses, je suis très attentivement l'ordonnance parfaite de l'intervention. Et me voilà d'un coup affligé d'un plâtre qui me fait ressembler au masque de fer, à Belphégor. Je vois déjà les titres de la presse ! Vais-je présenter mon émission dans cet équipage ? Je ne me pose pas longtemps la question, je sais d'expérience que les coureurs grièvement touchés ne s'arrêtent pas, je demande simplement à Pierre Badel, notre réalisateur, d'éviter les gros plans, seule passera la voix effroyablement nasillarde. Cet accident, cette péripétie du jour, du Tour, m'auront permis d'y voir un peu plus clair. J'y aurai gagné des milliers de témoignages d'amitié, des dizaines de coups de téléphone des manifestants, des cadeaux de leur part — champagne, vin, eau-de-vie —, un appel embarrassé du maire de Montarnaud. Tout éclat désagréable a sa pluie de pétales, je suis ainsi, je ne sais pas m'abandonner longtemps à l'affolement ou à la colère, et puis tout cela est si dérisoire. Un nez cassé ! Le train-train. C'est signe de jeunesse, preuve que l'on est dans la vie offert à ses turbulences. Je remarque hélas autour de moi trop de gens qui ont peur de vieillir alors qu'ils sont déjà vieux. J'aurai pris le virage très tôt, à seize ans, lorsque j'ai décidé de courir le monde, de forcer les portes du Sud-Est asiatique, d'être affronté aux guerres, à mon inconscience ; moi j'ai vieilli d'un coup juste avant ma majorité, je ne risque plus rien. Que peuvent penser, là-haut, de mon ourlet nasal, les amis frères tombés en Indochine, le cinéaste Georges Kowacs, le photographe Péraud, le journaliste Dixie Reese. Je les entends : « Foutaises, ces broutilles, juste bonnes à aiguiser les mauvaises ardeurs. » Je les revois, nous avons vécu si intensément ensemble, nous avons pris tant de coups mais eux en sont morts. Je me souviens de ce que me disait Joseph Kessel à mon retour du Viêt-nam : « Ne t'arrête jamais. Fais toutes les conneries, la vie doit être violente pour soi-même. Ne te laisse pas aller à la lénifiante béatitude bourgeoise. »

Un mot d'encouragement parmi tant d'autres. D'un téléspectateur anonyme : « L'humour est la meilleure des thérapeutiques. Jugez-en : Monsieur de La Tour-Maubourg perdit une jambe à Dresde. Apercevant son domestique qui pleurait, il lui dit : " De quoi te plains-tu, tu n'auras plus qu'une botte à cirer. " » Muré, prisonnier de ce damné masque qui rappelle plus les croisades que le Tour de France, j'accompagne la course dans ce Midi qui est un enfer de soleils, j'assure mon travail mais j'évite les sorties du soir. Me voici donc téléspectateur plus attentif que jamais, prêt à entendre tous les accents des grandes envolées révolutionnaires, et nous sommes accordés aux nuits les plus fiévreuses. Demain ce sera le 14 juillet 1989. Montpellier m'invite à la Bastille, à Marseille, je serai aux Champs-Élysées.

Mitterrand s'est donc offert quelques grands travaux qui marqueront son règne : la Pyramide du Louvre, la grande Arche, l'Opéra Bastille. Ce n'est pas rien. Seul avant lui, dans un souci de création originale répondant à une aspiration *personnelle*, Pompidou avait imaginé Beaubourg (je ne suis pas sûr qu'Orsay soit une *envie* de Giscard). Le tiercé gagnant de notre Louis XIV au mieux de son éclat en ce bicentenaire n'aura pas été facile à trouver. Il n'y eut jamais aussi grandiosement groupés tant d'attaques, de traquenards et de coups bas. On ne pardonne pas à un homme autrefois si détesté l'amour subit et équivoque de ses pires ennemis. Il y a là une fantaisie de l'histoire mais les faits sont têtus : S.M. François a réussi son pari. Le Louvre augmente singulièrement le nombre de ses entrées, la cage de verre ne lui est pas un handicap, le vieux château est enfin à notre portée, les fantômes peuvent se retrouver en empruntant les antiques fossés. L'Arche est un splendide monument et d'autant plus émouvant qu'il est inutile : c'est l'une des perfections de l'Art. Il importe que les chefs d'État rassemblés à Paris lui donnent une âme. Ce sera fait et ceci est le triomphe personnel d'un intellectuel particulièrement subtil : Jacques Attali. Au cours d'un déjeuner récent à l'Élysée, en tête à tête, le conseiller du président qui souhaitait me parler des possibles patrons de la nouvelle télévision m'avait aussi découvert son plan de campagne pour l'organisation du sommet. J'ai rarement vu quelqu'un d'aussi précis. Comme nous sommes loin de la rumeur qui le dit désordonné, brouillon, pagailleux, cyclothymique (on pardonne tous ses défauts à un homme mais on souffre à reconnaître ses qualités, il y faut un zeste de poison). Très significative, son impatience à la fin du repas : « Venez dans mon bureau. Je vais vous montrer mes marbres. » Et il est vrai que ceux-ci sont admirables, intelligemment présentés dans un coffret de bois à étages qui mériterait de figurer dans un musée. « Je vais choisir celui-ci. » Il est d'un bleu très doux. « Vous ne me demandez pas sa destination ? Vous voyez là le plateau de la future table de conférence des chefs d'État sous la grande Arche. » Je m'étonne qu'il soit à ce point préoccupé d'intendance. « Dans ces occasions, il faut veiller à tout, j'ai reçu mission de préparer la rencontre, je me soucie de chaque détail, si j'échoue ce sera la curée. » Attali n'a jamais caché qu'il voulait faire de sa vie une « œuvre d'art », il me l'a dit très clairement à *Radioscopie* et ce n'est pas une vanité de plus, plutôt une exigence. Ses livres sur la musique, la médecine, le bruit, la banque, l'économie, et surtout son premier roman, *La vie éternelle*, sont autant de petites pierres ciselées qui pavent son commencement de voie royale. Ce dispersé est un rassembleur de lui-même. « A quel moment quitterez-vous l'Élysée ? » Ma question ne le surprend pas : « J'y pense. » Mais il y a l'espérance violente de milliers de notes à prendre, l'envie d'aller jusqu'au bout des quatorze années pleines, le souci de s'installer dans l'Histoire. Ils seront deux bientôt à publier les espaces immenses de cette traversée. Le président et lui. Pas sous le même éclairage.

Attali, que ses amis les moins féroces appellent Attila, ne me paraît pas tellement embarrassé par la Bastille, cette prison qui deux cents ans après enfante un Opéra. Et pourtant, que de fossés profonds autour de cette nouvelle forteresse. J'ai cru un moment que Paris allait de nouveau dresser ses piques et brandir quelques têtes, la révolte a éprouvé les meilleurs, la bêtise des petits cercles parisiens s'en est mêlée, la fausse querelle des vrais talents a divisé l'opinion, l'argent a dénaturé la situation. C'en était trop. Fallait-il faire confiance à ceux qui souhaitent populariser l'art lyrique, aux autres qui plaident pour un retour définitif au palais Garnier ? Discussions stériles. Il n'y a jamais trop de temples pour s'accorder au beau. Daniel Barenboïm, qui pour une question de gros sous, a subi toutes les offenses, s'en est allé rêver sa musique ailleurs et il n'est pas interdit de penser qu'en le chassant, ses détracteurs lui ont ouvert une grande porte voisine.

J'ai immédiatement aimé la Bastille, j'aurai été le premier à lui donner un peu de vie, un soir d'hiver, dans le froid du chantier, au cœur du béton brut, en équilibre sur des poutrelles qui n'arrivaient pas à dissimuler le grand vide de la merveilleuse salle (inachevée) d'en dessous. Avec Michel David-Weill — je le rappelle — au rythme un peu gelé d'une mémorable et sibérienne nuit du mécénat, nous menions combat pour offrir au

Louvre le fameux *Saint Thomas* de Georges de La Tour. Ce monument qui va donner du souffle à tout un quartier sera demain l'un des plus exceptionnels lieux de rencontres et hélas aussi, un gouffre financier déjà creusé à l'origine de l'initiative par une incroyable absence de précautions. Il fallait au premier coup de pioche donner une âme à ce monstre, entraîner une équipe à le faire naître, désigner des musiciens, des metteurs en scène, des grands professionnels, capables de l'élever au-dessus des joutes politiciennes inévitables. Il importait dès le départ de nommer, pour diriger cette troupe, un *patron* de haute voltige — français ou étranger, qu'importe la nationalité — habilité *seul* à tout gouverner. La dispersion des pouvoirs est triste démagogie, on peut présider trois opéras, on ne sait en diriger qu'un. Pierre Bergé, qui n'est pas épargné à son sommet de responsabilités, sera dans l'histoire du lyrique celui qui est venu trop tard ; je me demande s'il aura assez de force pour prendre tous les coups que l'on doit raisonnablement attendre de la prochaine saison car la véritable date d'ouverture sera remise en cause. Rien n'est prêt, même pas un programme à annoncer, certains crieront au scandale. Il y a plus grave, c'est triste.

Dans ce chaos, un démiurge — toujours le même — se joue des dangers et des erreurs. Mitterrand, peu soucieux de créer à la Bastille une œuvre immortelle, s'est contenté, mais en mondovision, d'inaugurer les pierres et de donner ainsi un élan universel à l'architecture qu'il a choisie. Le spectacle que je regarde sur mon écran à Montpellier est significatif du malaise : des voix superbes dans un théâtre d'ombres, un programme minuté comme un convoi de la SNCF, une mise en scène funèbre, un public de pôle Nord où le noir des smokings est la seule couleur vivante mais aussi l'anachronisme attendu. Que n'a-t-on pas dit sur les ambitions de cet opéra nouveau, sur son éthique particulière, son esprit populaire ! Il fallait rompre avec les lambris et les dorures de Garnier, s'écarter du monde des privilégiés, toucher le cœur des gens simples. Qu'a-t-on vu ? Une planète de pingouins sans joie, un parterre désœuvré qui s'ennuyait sagement, l'élite morne des mondains et des politiques, avec, pour couronner le tout, quelques chefs d'État de passage. Le contraire de ce que souhaitait le pouvoir. Absolue contradiction ! Est-ce ainsi que l'on donne un cœur à une machinerie exemplaire ? Le communicateur le moins doué aurait eu, me semble-t-il, l'idée de rassembler autour des seuls présidents du monde une représentation du peuple français, des hommes et des femmes désignés par les régions, amoureux de l'art lyrique. Car l'opéra est affaire de passion et non pas de privilège. Ceux qui couchent la nuit sur les marches du théâtre dans l'attente d'une place au petit matin ne sont pas ces nantis, voilà les fidèles. A la Bastille ce soir il n'y a que des tièdes. Et la télévision ne peut retransmettre que ce qu'on lui donne : un sinistre.

Nuit du 14 juillet 1989 à Marseille. Le port au pied de ma terrasse d'hôtel, des feux d'artifice qui claquent partout, le bruit d'une foule ardente et moi dans mon masque de plâtre devant l'écran qui déroule le long cortège de Jean-Paul Goude sur les Champs-Élysées. Enfin de la folie, des idées en cascades, de la musique, des tambours, des accordéons, des Chinois, des Africains, des Moscovites, des chevaux déguisés en zèbres, une locomotive, une cavalcade si longue de l'Arc à la Concorde qu'il faudrait mille caméras pour l'accompagner (j'imagine qu'un montage d'une telle farandole peut être à la télévision une sorte de chef-d'œuvre). Ici on joue la démence, le grandiose, tous les coups d'éclat sont permis, l'aventure est au coin de l'avenue, c'est gagné, on pouvait craindre le pire... qui était annoncé par les râleurs de circonstance, les pisse-froid, les jaloux, les sans-envie. On attendait une pagaille superbe, c'est ordonné, certains rêvaient d'une foule clairsemée, on affirme qu'il y a au moins un million et demi de spectateurs. Qui dit mieux ! Pourquoi bouder sa gouderie ! Et puis il y a Jessye Norman, toutes voiles tricolores dehors, immense, impressionnante, qui chante, et c'est tout le sacré de la fête. Royal.

Michel Serres me rejoint à Gap pour la grande étape des Alpes qui passe par le col de Vars et l'Izoard. L'épreuve reine, Briançon tout au bout. Avec au passage un salut à Barcelonnette qui pleure la disparition de son onzième bataillon de chasseurs alpins. On nous arrête sur la place du village. Amitié et délicatesse des habitants. « Faites-les revenir sur cette dissolution.

Ce départ est un étouffement économique. Nous sommes 3 300, ils sont 1 300, familles comprises. Depuis plus de cent ans, ils accompagnent notre vie, dites-le à la télé, sauvez-nous. » Michel est touché par cette démarche, l'élégance, la simplicité des propos, frappé par l'intérêt que l'on accorde ici à l'armée. « Le philosophe que je suis devra réviser ses jugements. » J'aime la curiosité de cet homme, sa joie de rencontrer des mondes différents, son humilité, sa manière de dire, l'accent de ses mots. Il est gascon comme moi et fou de montagne. Né à Agen, il a suivi la route des vins de Bordeaux, foulé la pelouse des terrains de rugby, chanté notre terroir. Il a fait l'École navale puis bizarrement trois ans plus tard l'École normale supérieure. Itinéraire peu conventionnel qui lui ressemble. Récemment il a dirigé une équipe de onze chercheurs qui se sont attelés à un travail énorme, la réalisation d'une *bible* des sciences. Pas moins. Il dit : « Ce sont de simples éléments d'histoire. » L'ouvrage est remarquable, savant mais accessible à tous. « La science, précise-t-il, est infirme sans la culture littéraire qui elle-même est infirme sans la culture scientifique. » C'est assez prouver l'ouverture qu'il donne à son entreprise. Nous nous sommes connus à la radio, quatre de ses livres nous ont fait parcourir pas mal de chemin : *La communication*, *Le parasite*, *Détachement* et *Les cinq sens*. Il est professeur à l'Université américaine de Stanford où Pivot, pour un de ses *Apostrophes*, est allé l'observer de très près : « Vous verrez que nous faisons beaucoup de vélo, votre ami Bernard et moi. C'est la bonne manière de se déplacer là-bas. J'apprécie à sa juste valeur l'enseignement que je donne dans ce campus et surtout les leçons que je reçois de mes étudiants, Stanford c'est le paradis, on y trouve tout pour peu que l'on cherche. La langue et la culture françaises y sont l'objet d'une vénération particulière, nous sommes attendus : l'Amérique ne demande qu'à nous aimer, qu'à nous connaître, et nous nous acharnons à l'imiter, à copier son vocabulaire, ses tics, à bégayer ses musiques, elle n'a rien à faire de nos traditions, elle aime à les découvrir mais elle n'entre jamais dans le jeu de l'imitation. Je suis un farouche partisan de la différence, il faut craindre l'uniformité. » Michel Serres a toujours proclamé qu'on ne peut pas devenir philosophe sans avoir étudié plusieurs sciences, il n'est plus possible de se glisser dans un seul tiroir. Tout est là, tout se tient, et si dans son dernier ouvrage il va des tablettes mathématiques de Babylone à l'invention de l'ordinateur, c'est pour bien montrer que l'histoire des sciences s'est déployée. L'ordinateur ? Sa puissance est inquiétante à plus d'un titre. Et si un jour cet appareil allait jusqu'à écrire sur l'écran notre pensée la plus intime ! Cette préoccupation amuse le philosophe, il a le sourire de celui qui ne craint rien. « Nous avons un ressort magique, nous pouvons tricher. » Il fait grand soleil sur les Demoiselles coiffées des Hautes-Alpes, sur Arvieux et Cervières. Michel Serres est comme un gosse qui découvrirait la plus belle caverne aux trésors. La course le passionne, la difficulté l'émeut, ce qui le frappe c'est l'héroïsme des coureurs, l'aspect inhumain d'une telle compétition. « Comment peut-on aller ainsi jusqu'au bout de soi-même, avoir tant d'humilité pour un si maigre salaire ? » Il veut tout voir et il note oralement l'humour de Greg Lemond, l'indifférence simulée de Laurent Fignon, l'orgueil de Pedro Delgado, la classe de Marc Madiot, le panache de Thierry Marie... « Il faudrait que d'autres intellectuels viennent avec vous sur le terrain. Ils verraient la vie car — et je le découvre — dans le Tour il n'y a pas que le vélo, je découvre des paysages et des visages, je reconnais la France, quel enrichissement de l'esprit, quelle belle leçon de choses, comme on disait autrefois. »

Des journalistes viennent à ma rencontre. « Parlez-nous de Karajan. » Je ne savais pas, je comprends vite, leur question est l'annonce de la nouvelle. Ainsi le voilà parti. Je dis ce que j'ai sur le cœur, des banalités, ma peine, le plaisir que j'ai eu à travailler avec lui, ses turbulences, ses passions, la vie et le chianti blanc, sa démesure et sa fidélité, sans doute le plus important. Je me surprends à ne rien dire de la musique, pas le moindre mot, je raconte notre longue sortie à Saint-Tropez sur son bateau de course, « mon lévrier » — Patrice Ledoux était de l'équipée —, nos voyages à bord du jet qu'il pilotait, son goût pour la vitesse et ce dandysme naturel qui lui faisait en toutes occasions privilégier l'ivresse. A cette seconde, curieusement, je ne pense à aucune de ces grandes messes lyriques qui sont pourtant des souvenirs inoubliables. Seules me rappellent l'homme les conversations nombreuses que nous eûmes sur cette façon particulière d'exister, d'affronter les gens et les choses : « Il importe de ne faire aucune concession, ni aux autres, ni à soi-même, il faut savoir vite que l'on ne doit pas se perdre à vouloir être aimé. »

Herbert von Karajan est donc mort sur le pont, à bord, en pleine croisière musicale, frappé de plein fouet par ce qu'il redoutait le moins, le cœur, entre deux répétitions du *Bal masqué* qu'il devait conduire le 27 juillet. On ne choisit pas toutes ses fuites mais celle-ci, la dernière, il ne l'aurait pas voulue aussi ordinaire, si peu conforme à sa légende. Je me souviens justement de ce que nous nous disions à propos de l'ultime passage. Je souhaitais la fulgurance du choc, il se voulait propulsé. Par la vague, par l'espace, au coin d'un nuage, au bout d'un désert, « afin qu'il ne reste rien de la chute, que l'on soit intact pour l'autre voyage ». Depuis longtemps il n'était plus au monde, il vivait plus vite encore, intérieurement, mais au rythme de l'ailleurs. « Pour quand notre départ aux Indes ? » m'avait-il demandé il y a peu de mois au Plaza. Et j'avais répondu comme toujours : « Nous avons des Indes un peu partout. »

C'est à Salzbourg qu'il est fidèle jusqu'à ce dernier souffle, cet impromptu (je m'inquiétais plutôt de son corps brisé, de ses vertèbres défaites). Salzbourg qui lui donne vie, mort et donc éternité. Sa ville, ses racines, sa source, le tout, le rien. Un commencement et une fin, comme un symbole. A Berlin il n'aura été que de passage et c'est le message orgueilleux qu'il laisse à son orchestre. Finies les grandes joutes avec sa Philharmonie, les querelles stupides fomentées par les plus médiocres, pour tous ses musiciens un monde est fini si d'autres ciels se découvrent. Il apparaît clairement que Karajan n'a pas désigné de successeur, ce qui eût été pour le favori un cruel handicap, mais on peut citer quelques-uns de ceux qu'il appréciait : Ozawa, Abbado, Maazel, Levine, Barenboïm. Peu importe le choix, ce sera désormais différent.

Je ne me fais aucune illusion, l'oraison funèbre ne sera demain qu'une litanie de chiffres : 900 enregistrements, 120 millions de disques vendus, des dizaines de milliards (peut-être des centaines) en héritage. Nous sommes loin du sacré. Je retiendrai personnellement la force, la grâce de son avant-gardisme, sa perception de l'avenir, sa fascination pour le progrès. Michel Glotz, son ami et collaborateur, me le disait souvent : « Il aura vécu perpétuellement au futur... seul ce qui se passera l'intéressait. L'audiovisuel était sa chose, il aurait voulu filmer lui-même ses propres concerts, ses opéras étaient d'abord de grandes réalisations cinématographiques, il a conçu pour le XXIe siècle un patrimoine lyrique inestimable. » Et c'est l'une des raisons pour lesquelles on retiendra plus son nom que ceux de Toscanini ou Furtwängler. Je n'ai pas oublié ce que me confiait Karajan au sujet de ces derniers : « Ils sont plus aimés que moi, mille fois mieux vénérés mais l'avenir me rendra justice : c'est moi que l'on estimera le plus et ce n'est pas vanité de le crier ainsi, simple lucidité. Mes aînés n'avaient pas comme nous ce privilège de pouvoir jouer avec les images et les sons, de laisser une trace. » Il y a, c'est vrai, un son Karajan, entièrement conçu et dirigé vers la beauté absolue. Qui fera l'admiration des siècles à venir.

Je suis — et avec bonheur — sur la route du Tour mais j'aurais dû me trouver à Salzbourg, comme autrefois, et c'est maintenant seulement que je pense à ce que m'avait dit Karajan à l'issue de son dernier concert à Paris : « Venez, ce juillet 89 sera particulier. » A quoi songeait-il ? Sûrement pas au final mais peut-être à quelque testament, à la révélation d'un secret, on ne saura jamais, ou alors, peut-être, découvrira-t-on plus tard l'inattendu. Le maître ne nous a pas tout dit...

Je n'ai pas dû le connaître à la façon des autres qui le voulaient altier, froid, indifférent, plus même, méprisant. Je n'ai jamais vu cet homme-là. Je sais en revanche que son goût de la perfection le préservait de toute complaisance, il rechignait aux petites lâchetés des moins doués. Beaucoup de ceux qui le piétinaient dans les conversations de salon étaient à ses pieds, vils adorateurs. « C'est partout ainsi, me disait-il. Faites plutôt confiance à ceux qui vous crient le pire en face, appréciez que l'on ne vous aime pas, faites qu'on vous estime pour votre acharnement à affirmer le vrai. L'amitié est exigeante, elle vaut d'être coléreuse, la vérité irrite, ne craignez pas de provoquer. Le monde meurt de tous les braves types qui l'encombrent, qui disent oui à tout. Je ne crois qu'à l'excellence, qu'aux meilleurs, et d'une certaine manière, à l'insolence qui est une politesse de l'âme. »

« Un sentiment qui est une passion cesse d'être une passion sitôt que nous nous en formons une idée claire et distincte. » C'est de Spinoza.

La course, la conquête des cols, les affrontements aux sommets ne nous font tout de même pas oublier l'horreur des guerres, cette monstruosité qui se continue librement au Liban. Que le reste du monde est indigne, comme nous sommes lâches, quel déshonneur. La mort acceptée à quelques heures de nos petits bonheurs. Mais, attention, ça n'arrive pas qu'aux autres. Dans un roman de Michèle Kahn, *Rue du roi doré*, il y a cet exergue du pasteur Niemöller : « Lorsque les nazis vinrent chercher les communistes, je n'ai rien dit : c'est que je n'étais pas communiste, moi. Quand ils ont enfermé les sociaux-démocrates, je n'ai rien dit : c'est que je n'étais pas social-démocrate, moi. Et quand ils sont venus chercher les catholiques, je n'ai pas protesté : c'est que je n'étais pas catholique, moi. Et quand ils sont venus me chercher, il n'y avait plus personne qui pouvait protester. »

Briançon-l'Alpe d'Huez ou la chronique d'une joie annoncée. Avec des pointes de grande intensité : les cols du Galibier, de la Croix-de-Fer, le diabolique final. La poursuite infernale. Jamais nous n'avons été déçus par cette étape qui est le rendez-vous privilégié des cyclomanes, le carré amoureux des Hollandais, la citadelle nouvelle des Espagnols. Deux millions de fous sur 261 kilomètres. Et ce pays qui est magnifique, que j'observe au plus près entre Valloire et Saint-Jean-d'Arves, dans le creux de Saint-Jean-de-Maurienne, que je sais éblouissant de soleil au plein du massif de l'Oisans. Les aigles ont redressé le bec, ils sont sur leurs pattes raides, prêts à croquer les vertigineux contours des 22 virages, en place pour le quadrille. Tout doit se jouer ici. Laurent Fignon le sait, la stratégie cède la roue à l'efficacité, les états d'âme seront pour plus tard. Au kilomètre 146, Greg Lemond a déjà entendu la déclaration de guerre, il s'accroche, calme le jeu, faux dilettante et vrai rusé, Charlie Mottet est entré en pénitence, Pedro Delgado croit aujourd'hui en sa remontée glorieuse et Gert-Jan Theunisse, le fauve du peloton, l'un des plus grands de sa génération, vole vers la victoire, porté par une partie de son peuple ici rassemblé sous sa propre bannière, ces maillots à pois rouges qui dessinent le long serpent d'une fourmilière. Un décor de rêve, du grand spectacle. Une foule qui a du talent. Theunisse passe la ligne mais on retient aujourd'hui l'extraordinaire percée de Fignon dans les quatre derniers kilomètres. Greg est à 1 minute 19 secondes, Laurent prend le maillot jaune et s'octroie 26 secondes d'avance sur l'Américain. Un superbe présent, un petit rien.

Les grands hommes, les vrais champions, et d'une manière générale les numéros un en tous domaines ont du mal à se défaire de la bêtise du monde. Il y a une fatalité du succès, on adorait Poulidor, on détestait (même en l'admirant) Anquetil. La prétendue supériorité est un lourd handicap et Laurent Fignon n'échappe pas à cette malignité de la nature. Il est de bon ton de déclarer qu'on ne l'aime pas, on lui souhaite les pires tourments, on le voudrait atteint, malheureux, désespéré, enfin sorti de cette superbe indifférence ressentie comme une insulte. Bizarre, mais je l'estime pour tout ce qu'on lui reproche, son inaptitude à la familiarité, son goût du secret qui est simplement de la pudeur, sa quête d'une certaine solitude. Je comprends qu'il ait parfois des bouffées de colère, on l'étouffe aux plus mauvais moments des mêmes insidieuses questions, on le pousse à la maladresse et, comme il n'est pas doué pour la diplomatie, c'est forcément la guerre. Je me plais à suivre la petite musique atonale de ses révoltes qui n'a pas d'harmoniques avec ce qu'il est vraiment. Engoncés dans leurs certitudes, les plus déterminés de ses ennemis — soi-disant spécialistes du cyclisme — se sont toujours trompés sur son compte : ils ont développé une image qui leur colle à la peau et les démange. Laurent a une intériorité que le superficiel de leurs conclusions ne saurait atteindre. Ils n'ont pas compris qu'il était ailleurs, loin de leurs mesquineries. Pourtant son apparence aurait dû aiguiser leur curiosité. Tant de cheveux blonds retenus en natte, des yeux si bleus, des lunettes à ce point cerclées, un pareil abandon à la lecture, un semblable souci de l'éloignement sont matière à réflexion. En fait, Fignon s'est dessiné un monde d'un trait définitif, un cercle fermé, refuge seulement accessible à quelques intimes, une sorte de désert des Tartares : il y cache sa timidité, sa fragilité, un orgueil qui n'a rien à voir avec la vanité, qui est une exceptionnelle exigence.

Très beau titre de *Libération* au lendemain de l'étape Briançon-l'Alpe d'Huez : « Fignon diabolique dans les versants sataniques. » Renaud Matignon dans *Le Figaro* est également littéraire : « Laurent le magnifique. » C'est le côté Médicis du personnage.

Sur ma table de chevet, ce matin à Aix-les-Bains, un de ces petits livres rares qui font du bien : la correspondance d'une amitié naissante publiée aux Éditions Actes Sud par l'ami Nyssen. De 1955 à 1963, Jean Cocteau et Lucien Clergue se sont écrit leurs joies, leurs doutes. Tout commence cérémonieusement puis, vite, le poète et le photographe entrent dans ce jeu qui leur est commun, celui de la création. Je me glisse dans leurs lettres qui, par touches légères, disent parfois plus qu'une biographie. Ici un peintre est au cœur de la rencontre : « Cher Monsieur Cocteau... Picasso, avec qui j'ai passé quelque cinq heures hier après-midi... est prêt à me dessiner la couverture de " La grande récréation "... Il a conclu : " Il n'y a que Cocteau pour vous écrire le texte de cet ouvrage... recommandez-vous à lui de ma part et précisez-lui que *je serais heureux de cette collaboration.* " Il y a mille messages feutrés dans une correspondance. Clergue s'adresse à Cocteau, on lit son souhait, mais c'est aussi Picasso qui, par personne interposée, fait signe au poète. Dès lors, le photographe d'Arles ne vit plus que dans l'attente de cette double collaboration : « Quelle fierté de paraître sous une couverture de Picasso avec un commentaire de Jean Cocteau. » Celui-ci demande quelques explications, est-ce bien pour un album : « Bon sang que je déteste ne pas faire plaisir à Picasso... » Il cherche l'idée de sa préface « ... Il me sera peut-être possible de trouver à résoudre le problème ignoble de notre époque : le fric. Le désintéressement a disparu d'un monde où les toiles de Picasso et de Braque sont devenues des chèques. » Cocteau se prend d'affection pour Clergue : « Je serai très fier de préfacer votre album... Je vous conjure de ne pas courir après une gloire qui se fait toute seule et selon vos mérites... » Au détour des phrases on voit la générosité du poète mais aussi, surtout, comment se développe la carrière du photographe où la vanité (et si c'était de la simplicité) n'est pas absente : « Cher Jean Cocteau, j'ai vu hier Picasso à Nîmes et je lui ai montré une quarantaine de nus qui l'ont ébloui : sans cesse il les qualifiait d'extraordinaires, évoquant Renoir, Manet et même Vélasquez et Goya... » Enthousiasme confirmé par Picasso dans une conversation avec Cocteau : « Picasso m'a dit : " Il pourrait signer Renoir. " » Tout le livre est ainsi et parfois passent des confidences : « Lucien... Picasso est en pleine crise de solitude. Peut-être te verra-t-il mais Jacqueline mène la corrida toute seule avec le fauve » (17 décembre 1958).

Aix-les-Bains sur les bords du lac du Bourget où Lamartine s'écria, dit-on : « Ô temps suspends ton vol... » Station de belle réputation au XIXe siècle et au début du XXe, célèbre depuis le commencement des temps. Henri IV s'est baigné en 1600 dans le bassin naturel de la source, les princes de la Maison de Savoie y faisaient étape, la famille Napoléon comme souvent ailleurs s'y est donnée en spectacle ; le monde entier, aristocrates et parvenus mêlés, a longtemps assuré le bonheur des saisons. *Tristan et Iseult* a été présenté ici en 1897, un an avant l'Opéra de Paris. J'ai recherché au Casino les programmes de l'époque. Un exemple, en 1903, dans la même semaine, du lundi au dimanche : *Lohengrin,* opéra de Wagner, *Le détour,* pièce d'Henry Bernstein, *Le bourgeois gentilhomme* avec Coquelin aîné, un concert Gabriel Fauré, *La dame aux camélias* avec Sarah Bernhardt et un grand bal masqué : sur le thème « Une nuit à Saint-Pétersbourg ». Sans commentaire.

La fin de la course, le bout du tunnel, le drame et la beauté jusqu'au paroxysme, l'explosion d'un Tour de France lumineux. 3 250 kilomètres du Luxembourg à Paris et 83 pauvres petits mètres de différence entre deux aigles sur la ligne d'arrivée. L'éblouissement de Lemond, la désespérance de Fignon. La légende n'a pas fini de tisser sa toile de clichés, c'est que le grandiose touche d'un coup au pathétique. Jamais il n'y eut une épreuve comme celle-là, gommant toute orthodoxie de circonstance, aussi insensée, tourmentée, loyale, honnête, éprouvante. La victoire sur le fil. Un maillot jaune perdu aux Champs-Élysées pour huit secondes têtues. Plus impressionnant encore que le défilé de Goude, plus serré côté organisation, émouvant, la perfection, l'absolu triomphe de Carenso et Leblanc. Au dernier soleil de ce rendez-vous de juillet, j'ai envie d'envoyer à Laurent Fignon — qui va être très aimé maintenant — un petit mot à la Flaubert : « On n'arrange pas sa destinée, on la subit. »

Je le vois chaque semaine depuis vingt ans, il m'est arrivé de le rencontrer quotidiennement à certaines époques, nous avons participé à d'étranges comités de création où l'on n'inventait rien, nous travaillons ensemble sous la glorieuse bannière de Perce-Neige, nous avons parfois de beaux accès de tendresse et pourtant, avant ce mois de juillet, je ne le connaissais pas : Michel Drucker me semblait à la fois proche et insaisissable, curieusement courtois, inquiétant de gentillesses savamment accumulée, trop parfait. Je l'aurais voulu moins lisse, avec un zeste de perversité suffisant pour gommer cet aspect trop convenable, pour faire taire les mauvaises plumes occupées à lui tresser des couronnes. Et puis il y a eu ce Tour de France où je l'ai entraîné, où nous avons fait route commune, d'où je viens. L'homme et son image se confondent, il n'y a pas trahison, déformation d'optique, invention de personnage à des fins commerciales. Non. Plutôt une sincérité de nature, un étonnement permanent à se découvrir si courtisé, une vraie simplicité. Michel a la lucidité de ceux qui savent que rien n'est jamais gagné, le succès ne l'a pas délivré d'une inquiétude qui le fait besogneux, acharné à tout apprendre, à réviser ses fiches pour ne pas être en défaut, à crayonner ses cahiers pour ne rien oublier. Il note toutes les dates d'anniversaire pour ne pas être en retard d'une fleur, vous conte sur le bout du cœur les étapes de ses marches professionnelles. Nous avons les mêmes obligations de métier, la même exigence, le même goût pour une certaine solitude mais nous sommes différents sur ce que j'appellerais une approche réelle de l'*existence*, la volonté que j'ai de lui donner de la folie. Il manque à Michel de vivre intensément, il lui faudrait plus d'audace, il ne devrait pas craindre de se laisser aller à ce que les âmes chagrines désignent comme étant le péché : une réconfortante inconscience bien contrôlée. Je lui voudrais d'élégantes sautes d'humeur, un beau mouvement de colère de temps en temps, ne serait-ce que pour défroisser l'impeccable. Mais peut-être a-t-il assez de volonté pour ne point se découvrir tout à fait ; j'apprécie qu'il soit lui-même avec toutes ses qualités qui me paraissent défauts. Il y avait des millions de gens sur nos routes de juillet : j'ai reconnu Drucker. Épatant.

Revue de presse, énorme, dithyrambique, sur le Tour de France. Si j'en crois les hérauts de l'été nous sommes champions, les records d'audience à la télévision sont battus, pulvérisés. C'est que l'épreuve était belle. Sur mon bureau, des milliers de lettres, des messages d'amitié qui me font souvenir d'un nez défait, et puis l'article d'un confrère bizarrement attentif : il prétend avoir vécu un peu de mon aventure alors qu'avec Marcel Boishardy, mon guide de course, nous pouvons faire le compte de ceux qui vécurent le guet-apens du bois. Celui-là en tout cas n'y était pas mais je le remercie quand même de m'étonner d'un récit burlesque et inédit. L'épisode me rappelle une réflexion d'Henry de Montherlant : « La sottise des sots ne mérite guère qu'on s'y attarde. Mais l'intelligence, lorsqu'elle devient sotte à force d'en vouloir trop faire, et quand le ton du jour s'en mêle, c'est un sujet de réflexion. » Réfléchissons.

Qu'est-ce qu'un homme (ou une femme) de télévision ? Quelqu'un d'assez fou pour oser se mettre en vitrine, donc en péril. Ce n'est plus de l'exhibitionnisme, c'est de l'inconscience.

Belles promesses, faibles budgets, télévision en quête. Lorsqu'on a de petits moyens il faut y aller de ses grandes idées. Ou choisir d'autres planètes.

De moins en moins de gens pour faire les programmes, de plus en plus de « surveillants » pour les compromettre. C'est la télévision nouvelle.

L'abbaye bénédictine du Bec-Hellouin, dans l'Eure, était à la fois son église et le monde. Il en était le père abbé, l'architecte, la figure rayonnante. Je l'y rejoignais, pour le simple plaisir de l'entendre, nous avions de longues discussions sur l'œcuménisme, le dialogue judéo-chrétien, il souhaitait l'ordination d'hommes mariés. Dom Paul Grammont était d'abord homme d'accueil et de tolérance, il dominait son temps dans une exemplaire solitude, tout entier à sa prière silencieuse. On lui avait proposé l'archevêché de Paris, il était si grand qu'il ne s'en était pas trouvé digne. Je l'aimais pour la majesté qu'il donnait aux choses les plus simples. Le voilà définitivement parti, sans doute vers les sommets. Irai-je encore dans sa vieille maison du XIe siècle où il n'est plus...

Bernard-Henri Lévy me rappelle la profession de foi de Roger Hanin : « La femme d'un ami est pour moi de nature inviolable. J'ai souvent trahi des femmes, je n'ai jamais trahi un homme. »

1989

Août

Des places à prendre dans l'audiovisuel. C'est un art de grand seigneur que de se laisser voler.

Lorsqu'il manque de mots il les invente, c'est un avant-gardiste, lorsqu'il désespère du monde il va à ses amis, c'est un conservateur. Frédéric Dard est d'abord, avant que de se croire écrivain, homme de fraternité, non dans la tradition des bons et grands sentiments singulièrement faisandés, mais au plus difficile du terrain, dans l'aventure quotidienne, au plus près des paumés et des fous, un peu Villon, un peu Rimbaud. Nous nous sommes souvent amusés tous les deux des perplexités de l'intelligentsia à son égard, du respect qu'aujourd'hui il inspire, du prolongement universitaire donné à ses propos. On l'avait fait un temps enfant de Rabelais, de Cervantès et de Céline, on le veut maintenant maître d'école alors qu'il est d'évidence du fond de la classe, là où s'endorment les ratés qui rêvent leurs réussites. A la vérité, Dard est un *malentendu* qui s'est vu obligé de croire à tout le bien que l'on disait de lui, pour ne pas déplaire à ses disciples, à ses biographes. Par simple élégance il s'est habitué aux grandiloquences de circonstance et je ne serais pas étonné qu'il dise *oui* à l'Académie française pour s'accorder enfin à la légende qu'on lui tricote.

Avaleur du feu des mots il n'a pas attendu le dithyrambe des exégètes pour s'étourdir d'écriture : un premier roman, *La crève*, réédité cette année plus de quarante ans après, dit noblement son talent et sa passion ; un autre, plus récent, *La vieille qui marchait dans la mer*, raconte d'admirable manière le très lamentable sujet de l'âge : il est à sa place d'un bout à l'autre de la chaîne. San Antonio n'est plus seulement un personnage, une révélation romanesque tirée à cent soixante millions d'exemplaires, c'est un phénomène de civilisation que les essayistes du prochain siècle tenteront sans doute d'exorciser dans leurs manuels à défaut de le comprendre. J'aimerais qu'ils sachent se contenter de lire des phrases qui sont aux couleurs de la vie, propres, sales, vraies, fausses, drôles, comme autant de ruissellements d'eaux de toutes sources nées d'un cascadeur.

Frédéric Dard pratique à merveille l'art du dédoublement, il s'est donné deux noms pour brouiller les cartes et donc se reconnaître. Son dilettantisme n'est que de façade et s'il s'éblouit de la prétendue bêtise universelle, c'est pour mieux explorer les routes au plus profond et aller demain à l'essentiel. Je salue son honnêteté, une vertu un peu démodée en ces temps perfides, je me plais à nous savoir frères pour les combats à venir, c'est qu'il va falloir serrer les rangs pour ne pas subir. Oui, c'est vrai, j'ai plus que de la tendresse pour cet illuminé que l'on croit armé et qui n'est que faible, que l'on sait rigolard et qui s'attriste de tout, que l'on veut philosophe et qui s'épuise de naïveté. Je l'apprécie pour tant d'effets contraires et ne puis oublier que ce maître de l'intrigue fut bien incapable un soir de trouver l'issue à sa propre histoire. Aujourd'hui, sa fille revenue, j'aime à le retrouver chez lui en Suisse, au milieu de ses tableaux, dans sa cuisine, dans sa ferme, au centre, au cœur, là où le feu ne laisse pas de braises. Les flammes seront vite violentes puisque Robert Hossein l'appelle. C'est affaire d'hommes.

J'ai posté un message à l'adresse d'une dizaine d'amis, une lettre de peu de mots : « Vite chez votre libraire. Achetez *Les folies Koenigsmark*, le dernier roman de Gilles Lapouge. C'est mon cadeau de fin d'été. » J'avais envie de faire partager ce récent bonheur de lecture, d'ouvrir grandes à quelques initiés de l'aventure les vies de ces guerriers du Nord, les Koenigsmark, qui furent à partir du XVIIe siècle partout étincelants, sur les champs de bataille et dans le lit des dames. Lapouge nous donne surtout à connaître le dernier de la lignée, le maréchal de Saxe qui, au moment de mourir, n'eut qu'une seule phrase pour achever sa vie : « Me voilà à la fin d'un beau rêve. »

Archet magique sur violoncelle transfiguré, grâce des petites heures de la nuit à la télévision lorsque le plaisir n'est plus donné qu'à quelques-uns. Un homme à fines lunettes, d'une banalité éblouissante, joue la première suite de Bach. Pablo Casals tout en noir illumine l'écran des mille couleurs qu'il suggère. Simplicité du talent, maîtrise absolue d'une technique rare, force d'âme. Beauté tranquille de l'interprétation. Le musicien est mort, je ne sais plus quand et peu m'importe : des images comme celles-là, ciselées par un Américain, le font à jamais vivant. Parfois la caméra le prend de dos et c'est une présence sublimée. Les sons subitement viennent d'ailleurs, on imagine la joie ou la douleur sur son visage, on respire au même rythme. Les réalisateurs du petit écran devraient savoir que ce n'est pas toujours l'*instrument* qu'il faut montrer, je crois beaucoup plus aux sentiments qu'*il* inspire, à l'expression instinctive d'un spectateur qui écoute, à la spontanéité de celui qui reçoit, à la réaction de l'*autre*. Avec Pablo Casals un univers généreux nous est offert qu'on ne peut réduire à la dimension d'un simple archet, fût-il génial. Et puis l'homme dans son interprétation se révèle tout entier, l'ermite de Prades nous est rendu et c'est une page de l'histoire du monde, l'exil d'un héros de l'art chassé de son Espagne par le franquisme, une promesse tenue : « Je ne ferai plus désormais, disait-il, la moindre concession. Je refuse de jouer dans tous ces pays qui entretiennent encore de si bonnes relations avec Franco. Je ne veux pas être coupable de diplomatie. » Adieu donc tournées et cachets fabuleux. Le refus le plus total à ce qui n'était pas lui, pour une éternité qu'il ne soupçonnait pas. Quel luxe de pouvoir retenir de telles images. La plus émouvante ? Le pas tranquille de ce petit homme au chapeau noir, encombré d'un lourd violoncelle, qui monte vers l'abbaye où l'attend le père abbé. Lumière, sérénité.

Marcel Jullian s'inquiète des ennemis à venir : « Après l'état de grâce, Philippe Guilhaume devra surveiller de près les jaloux de tous poils. » Je lui cite un passage de Malraux dans les *Antimémoires* : « Aucun nom ne désigne le sentiment de marcher à l'ennemi et pourtant il est aussi spécifique, aussi fort que le désir sexuel ou l'angoisse. L'univers devient une indifférente menace. » Il importe d'être déterminé.

Mes amis de *La Dépêche du Midi* nous apprennent que le 18 août 1887, à 15 heures, Edmond Rostand quitte Luchon pour se rendre aux manifestations hippiques de Moustajon. Après avoir assisté aux compétitions, avec trois de ses amis journalistes, « il cueille des fleurs des champs, en orne sa calèche, en fait provision et au retour les lance aux dames, qui, séduites, les lui renvoient ». L'élégance du geste est vivement appréciée, fait le tour de la ville et, le soir même « est constitué un comité en vue d'une vraie bataille de fleurs pour l'année suivante ». Depuis 1888, la tradition se maintient, tous les ans, le dernier dimanche d'août. C'est l'une des plus belles fêtes de France. J'y serai demain perdu dans la foule.

Les hommes ont une fascination de l'abîme et on peut comprendre Baudelaire, Verlaine : « Mon âme vers d'affreux naufrages appareille. »

Un petit cirque sur les bords du gave de Pau, juste en dessous de ma maison de Miramont : dix chevaux blancs, trois lamas, un tigre, un ours, deux éléphants immobiles que j'observe de près. Me revient ce texte bouddhique : « L'éléphant est le plus sage de tous les animaux, le seul qui se souvienne de ses vies antérieures ; aussi se tient-il longtemps tranquille, méditant à leur sujet. »

Philippe Sollers nous rappelle, à tout hasard, les lectures qu'un individu prodigieusement intelligent — il y en a, dit-il, six ou sept (maximum) par siècle — doit conserver en poche : *L'éthique* de Spinoza, *Les maximes* de La Rochefoucauld, *Le gai savoir* de Nietzsche et enfin *Les poésies* d'Isidore Ducasse, mon compatriote bigourdan, qu'on appelle aussi Lautréamont. Je possède ces livres mais je ne les ouvre plus qu'avec effroi. Si j'en crois Sollers je ne suis pas digne d'une telle béatitude. Lui se sait choisi par les dieux, il est du groupe du siècle et peut-être restera-t-il pour cette seule vanité.

Ne pas confondre hypocrisie et mensonge. Dans des cas bien spécifiques de l'étrange confrontation humaine, le mensonge est une politesse, une précaution de l'âme. La trahison en revanche est forfaiture.

La France est un pays curieux sans cesse écartelé par ses ambiguïtés. Ainsi toute une élite qui se prononce à juste titre contre l'apartheid jure qu'il ne faut point aller en Afrique du Sud, les rugbymen en cette occasion faisant encore les frais de l'opération : il ne fait pas de doute que leur participation là-bas à la sélection mondiale sera sévèrement critiquée. En revanche, personne ne dit le plus petit mot, n'élève la moindre protestation lorsque notre XV affronte la Roumanie où sévit le régime le plus bête du monde, le fascisme le plus abject. Gré des humeurs salonnardes, des caprices politiciens. Et ce n'est pas tout. Notre belle nation se prend à aimer les tueurs, les accueille comme des chefs d'État, leur fait d'étonnantes grâces et cela au nom d'un arbitrage qui eût été mieux compris et ô combien plus glorieux au temps du *génocide* : on se met un peu tard à aider le Cambodge et comme souvent dans les folies de la guerre, les salauds sont à l'honneur. Le plus beau spécimen s'affiche aujourd'hui à Paris en toute liberté, en pleine impunité : Khieu Samphan, l'un des membres fondateurs de l'Angkar, organisation sanglante mère de toutes les horreurs, inspiratrice des Khmers rouges, est le vrai responsable de la mort de trois millions des siens achevés à coups de haches et de piques, dans une effroyable hystérie. Cet Hitler du bout du monde glisse, béat, sur les parquets des ministères les plus huppés, sourire aux lèvres, craquant de vilenies, douloureusement visible : il est rouge sang. Et on déroule le tapis et on lui fait des courbettes et il baise la main des femmes du monde après les avoir priées, doigts joints, de croire à tout le respect qu'il porte au genre humain. La diplomatie a bon dos en cette affaire et je m'inquiète ; on pourrait aussi oublier plus tard le pitoyable règne de l'empire nazi. Il importe de rappeler que si Pol Pot fut le bourreau du Cambodge, Khieu Samphan était dès le début l'implacable théoricien de cette terreur. Son ordre était clair : exterminer ce qui n'est pas spécifiquement khmer — « Honte aux nôtres qui ont épousé des étrangers surtout vietnamiens » —, liquider la bourgeoisie qui se frotte à l'Occident, éliminer les plus intelligents qui sont à l'origine des complots, pas de population métisse, point d'alliances, la discipline, le respect de l'idéologie nouvelle ou l'*anéantissement*. Pendant des années, dans ce périmètre de beautés, sur la terre des apsaras, seuls eurent droit de cité le délire, la démence, la confusion. Et Khieu Samphan était le prince de ces fêtes macabres. Qui aurait pu imaginer semblable cruauté ? Je me souviens d'une soirée passée avec lui à Phnom Penh, bien avant les massacres, il avait la courtoisie habituelle aux Asiates, bon teint, mélange raffiné de gentillesses et de perfidies. Le crime ne l'a sans doute pas changé et c'est ce qui m'angoisse : demain tout peut recommencer.

Le nouveau Premier ministre polonais — un ancien de Solidarité — aura fort à faire avec l'Union soviétique et la *perestroïka* n'y pourra rien. Egor, un ami de Varsovie, me disait ce matin : « Notre pays a été souvent piétiné mais il y a des différences essentielles au plus profond des blessures. Devant les Allemands nous ne risquions que notre vie, devant les Russes nous pourrions perdre notre âme. »

1989

Septembre

Toujours cette lumière, ce vent de sable au passage des chevaux, ces cris de cavaliers dressés sur leurs étriers, au grand galop, longs fusils pointés vers le ciel. Admirables fantasias marocaines, épousailles parfaites de l'homme et de la bête, noblesse des traditions ancestrales, attachement d'un peuple à sa différence, terre magique qui a déjà inspiré Delacroix, Matisse, Dufy, tant d'autres, pays qu'il me faudra écrire un jour, comme l'Indochine, siècle après siècle, règne après règne, pour le mieux comprendre puisque déjà je l'aime. Me voici dans son Sud dans la filée de son étoile.

Journée maussade, tristesse de devoir dire *non* pour de pauvres raisons personnelles à un homme avec qui j'ai eu de beaux partages, bêtise de devoir refuser une passionnante responsabilité audiovisuelle à l'instant où la télévision que j'appelle depuis si longtemps est en train de se faire, obligation de silence, je l'ai promis, c'est mieux ainsi.

L'éthique de la télévision de demain pourrait être empruntée à Paul Valéry : « Enrichissons-nous de nos propres différences. »

Un nouveau livre de Pierre Mertens que je considère comme l'un des grands écrivains d'aujourd'hui : *L'agent double.* Dans son envoi, sur fiche annexe, l'auteur m'a glissé ce petit mot : « On n'écrit que pour être hanté par son propre fantôme. »

La belle intelligence est dans cette évidence : toujours s'entourer de gens plus intelligents que soi.

Poète, dramaturge, essayiste, mémorialiste, traducteur de Goethe et de Hölderlin, Jean Tardieu est plus encore guetteur du siècle et goûteur de mots. Il sait depuis l'enfance que le monde est une vaste énigme, à la fois terrifiante et superbe, il se plaît donc aux fréquentations du mystère et interroge le silence. Comme tous les rêveurs qui font du songe une création, il aime la lumière de la nuit et les obscurités du jour. J'ai de l'estime pour ses manières d'honnête homme en quête d'impossible et ne puis oublier qu'il fut chercheur au club d'essai de la Radio et directeur des programmes de France-Musique. Écrivain à l'œuvre immense, Jean Tardieu m'avoue ce matin son incroyance — « Il n'y a pas de Dieu, je n'ai jamais eu la foi, si le divin existe, il est en nous » — et sa chance — « L'absence d'une religion imposée a développé mes étonnements et mes incertitudes. » Ses quatre-vingt-six ans ne lui sont pas une charge et le portrait qu'il me fait de lui-même se résume dans cette phrase : « Je suis un homme qui feint de vieillir, emprisonné dans son enfance. » Naïveté, innocence, fraîcheur d'âme.

Il fait tard, l'avenue Montaigne s'est endormie, une seule lumière comme un trait sur les toits, celle de mon bureau. Je me souviens d'une longue nuit, d'un noir profond, d'une infirmière qui demandait : « Que voulez-vous ? », et de ma réponse : « Une seule chose me suffit, madame, et je l'ai : je vous vois. »

C'est d'Angelus Silesius, je crois :

Ami, où que tu sois,
ne t'arrête pas là.
Il faut sans cesse aller
de lumière en lumière.

Shimon Peres, avec lequel j'ai passé quelques excellentes soirées à Jérusalem, supplie que l'on retienne la leçon de la tragédie libanaise : « C'est la croissance démographique musulmane qui a fini par menacer les chrétiens. » Conserver la Cisjordanie et Gaza serait donc risquer de faire des Juifs une minorité dans leur propre pays. De grâce, admettons une fois pour toutes que les hommes sont plus importants que les territoires.

Jean-Bernard Pommier, l'un des meilleurs pianistes de cette génération, l'un des plus discrets, excellent chef et pédagogue : « La musique doit aller à tous les publics, ce n'est pas s'abaisser que jouer à l'Olympia. Je trouve le milieu du music-hall — dont je ne fais pas partie — plus franc, plus sain que celui des salles de concert. » Nous nous sommes promis d'aller écouter ensemble l'Orchestre de chambre de Berlin.

Toute une machinerie se met en place, on bande l'arc de l'audiovisuel, les flèches se veulent pointues et je pense à Rivarol : « Les plus belles idées ne peuvent se passer de talent. »

Comme valeur d'espérance, le communisme est encore vivant... mais il est mort en tant qu'idéologie.

Bernard Pivot annonce la fin d'*Apostrophes* et me voilà pris au piège, il me faut attendre : je voulais, en effet, moi aussi, en terminer avec le *Grand échiquier* pour les mêmes et nobles raisons : la crainte d'être défait par la lassitude. Donnons-nous un peu plus de temps, quelques petits mois, pour rayer de la grille un programme qui pourrait fêter son 20e anniversaire. A la télévision c'est le bel âge pour mourir.

La télévision, qui nous a infligé cet été, pendant des heures, quotidiennement, les pires jeux de plage et les émissions enfantines les plus vulgaires, n'a pas su trouver deux petites minutes pour suivre dans le ciel le pas doucement glissé d'un poète dont les phrases de vie s'accrochent aux étoiles : Philippe Petit parcourt 700 mètres sur un câble entre Trocadéro et tour Eiffel, jouant avec le vent et ce long balancier blanc qui équilibre sa marche au-dessus du grand vide dans un impressionnant silence ; les bateaux, les voitures, les gens retiennent le bruit, la Seine elle-même apaise ses vagues. On a demandé au funambule : « Avez-vous peur ? — Pas du tout, a-t-il répondu. J'ai un accord avec le territoire d'en haut, je ne tombe jamais. » Ses cheveux blonds sont comme des nuages, son corps n'a plus de poids, il va léger, ses yeux depuis longtemps se perdent dans le bleu de l'infini. Philippe n'est pas de ce monde, je l'ai souvent surpris dans la cathédrale inachevée de Harlem où il a son grenier, où il dort, où il rêve, je l'ai même vu passer sur son fil pendant un office, c'est sa façon de prier et nous l'avons accompagné au plus haut de New York lorsqu'il a jeté sa corde entre les deux tours jumelles du World Trade Center. Philippe est français mais c'est l'Amérique qu'il aime. Ses fugues aériennes ont enrichi l'*Échiquier* de Jean-Michel Folon qui me l'a fait rencontrer. Nous avons passé de longues journées ensemble, il conduisait une sorte de petit bus, sa fille sur les genoux, filait dans Manhattan sans se soucier du trafic, comme absent. Je le savais d'une autre planète : « Tu as raison, je ne suis qu'au ciel, j'écris là-haut d'immenses pages du bout de ma plume-balancier. » Folon, qui ne cessait de le regarder, devait sûrement penser qu'il l'avait inventé. Et c'est vrai que Philippe Petit ressemble aux curieux bonshommes du premier générique d'Antenne 2. Nous en étions si convaincus que dans l'émission, nous ne l'avons pas laissé sur le fil : l'homme-oiseau s'est vraiment envolé et nous devons être, de temps en temps, très loin avec lui.

Élégant, rusé, précieux, à certains égards amical, jeune marquis déjà vieilli dans le grand tapage de l'audiovisuel, volontiers critique, Claude Sérillon voue aux gémonies tout ce qui n'est pas création, audace, impertinence. Avec un talent vrai et une réelle conviction, il traîne douloureusement ses certitudes et ses attaques qui sont autant de peurs. Il mérite une meilleure place, ses invectives sont une protection, ce coléreux est un tendre. Les autres sont plus cruels : en ces temps de turbulences nos bureaux sont encombrés de délateurs singulièrement ardents. Et je me souviens d'un proverbe : « Quand un imbécile quitte la pièce, c'est un peu comme si un ami rentrait. »

Sisovath Sen, mon ami de Phnom Penh, qui accompagne à Paris la délégation de son pays ne croit plus à la paix : « Les Vietnamiens s'en vont, nos querelles demeurent, la guerre civile murmure ses prochaines horreurs, je t'en prie, viens voir une dernière fois ce Cambodge que tu as tant aimé. » Comme j'ai été heureux là-bas, à l'écoute des dieux, aux pieds des apsaras, à la fête de la beauté, je suis encore remué par le seul frémissement de la soie qui découvrait le corps des femmes, j'ai tous leurs parfums dans ma mémoire, je vois leurs silhouettes élégantes et frêles, leurs grands chapeaux joliment retenus par de fins cordons. C'est cette fragilité même qui excitait l'émotion. Qu'est devenue la séduisante, la superbe Kane, mon opiomane préférée, bâtarde de la plus sûre origine, fille d'un prince birman et d'une servante chinoise, recueillie à seize ans par le roi Suramarit, goûteur de légendes ? Elle est vivante, m'a dit récemment un rescapé des camps de la mort thaïlandais, elle drague les frontières, elle serait à la tête d'un commando suicide « engagé à détruire jusqu'au dernier Khmer rouge ». Toujours cette dualité au carrefour de mon adolescence : raffinement et cruauté. Kane était provocante : « Je te tuerai si ma foi l'exige et ce sera encore de l'amour. » Elle l'aurait fait si j'avais manqué à son pays.

Sisovath m'a fait cadeau d'une série de photos récentes d'Angkor, mon berceau puisque c'est là que je suis né à la découverte, entre mille temples, cerné au plus près pendant des mois par une accumulation de merveilles, caressé par des dentelles de pierre, traçant mes chemins à travers les lianes, dans le soleil et la mousson : les monuments sont encore debout, les clichés un peu sombres ne montrent pas clairement la blessure mais je devine de loin la souffrance, mes apsaras saignent, toujours elles, sublimées ou trahies. « Tout s'effondre, affirme Sisovath. Demain ce sera l'anéantissement, la nature n'aura pas le temps d'ensevelir ce chef-d'œuvre des hommes, de le cacher aux prédateurs, de le faire jungle, les assassins sont déjà là, les guerriers de Pol Pot ont repris du service. » Pauvre territoire torturé depuis un demi-siècle, accablé de la misère des sots, de la fureur des seigneurs, perdu par l'ignorance des grands qui n'avaient que pouvoir et profits en tête, par la frivolité des imbéciles qui ont une peur panique de la paix. Comment défendre et non pas pleurer ce fabuleux et mythique trésor ? Je ne sais plus ; les conservateurs de l'École française d'Extrême-Orient sont bien incapables eux-mêmes de trouver la parade. C'est affaire de politique donc acte d'inconscience. J'ai vu tant de soudards de tous pays tirer sur les statues d'Angkor Vat, sur le Bayon, sans ordre particulier, pour faire mouche tout simplement, mais à la mitrailleuse, que je ne crois pas à un éventuel renoncement des meurtriers à venir. Je crains cette fois la volonté affichée de ceux qui souhaitent faire table rase : « Place aux canons », ont crié certains. Toujours cette hantise de l'absurde révolution décidée par des kamikazes. 1789 a détruit les plus beaux monuments, Hitler et Staline ont brûlé hommes et livres. Pol Pot encore vivant affûte ses haches et ses poignards : il faut que s'évanouisse le souvenir des siècles passés. Et l'intelligentsia — non pas les intellectuels — jamais en retard d'une erreur, d'une horreur, se tait lamentablement sur tout, menant sa révolte après les combats, impuissante et tragique, abandonnée aux cocktails et aux coucheries d'idées qui n'ont plus rien à voir avec l'érotisme. Du droito-gaucho-porno.

Dites-moi Angkor et tout se réveille. Chacun a ses plaies, ici il y a déchirure et évidente preuve de l'insignifiance des hommes, de leur incapacité à se comprendre. Je n'en parlerai jamais trop. Que l'on écrive sur cette mort plutôt que sur le cadavre-marionnette d'un cinéaste sénile qui n'en demandait pas tant.

1989

Octobre

J'aime cette histoire du Jésuite qui demande son chemin dans une ville...

— Vous ne trouverez pas, mon Père, lui dit un passant.

— Pourquoi, c'est compliqué ?

— Non, c'est tout droit.

J'aime bien les petites phrases apparemment banales qui passent parfois sans crier gare dans des conversations d'amitié et que certains ensuite s'approprient. Ainsi de Francis Bacon : « On naît, on meurt, si on fait quelque chose entre les deux c'est mieux. » Une dame hier soir reprenait à son compte cette réflexion. Succès d'estime. « Pouvons-nous noter ? » a-t-on demandé. Elle a répété sans vergogne, le verbe haut. On ne sait plus qui a dit...

Visite à Guy d'Arcangues au vieux village basque et baroque qui porte son nom. L'ancienne maison est toujours accueillante, chargée de souvenirs, lourde dehors, belle de l'intérieur, chaude de mille présences et dans le même temps abandonnée à une certaine solitude. Guy et Pierre : ces deux prénoms sont pour moi intimement liés, le fils et le père, poètes tous les deux et esthètes. J'aimais Pierre, le vieux marquis, qui dans les allées du château psalmodiait ses vers et me chantait Luis Mariano, les grands arbres du parc n'ont pas souffert des coups de canne qu'il leur donnait pour ponctuer la rime. La tradition est respectée, la continuité assurée, Guy a déjà tracé d'autres chemins d'écriture, un recueil de nouvelles attend sans impatience son éditeur et tout là-haut, dans son repaire, une multitude de cahiers retenus par des élastiques cachent cinquante ans de vie errante, dilettante, désordonnée mais profonde. Ce sont ses carnets intimes, Guy tient son Journal depuis 1940 et je peux dire, pour l'avoir parcouru, qu'il est pour ce siècle de très grand intérêt, la publication me semble même nécessaire. Le voudra-t-il ? Petit arrêt dans l'immense salle à manger. Sur la cheminée une inscription en langue basque :

Hortz zorrotz mahinekoenzat
Mihi gocho elgarrentzat

Traduction immédiate de Guy : *La dent aiguë pour tout ce qui est sur la table, la langue douce pour ceux qui sont autour.*

Augustin Dumay me le rappelle souvent avec insistance : « On ne joue pas pour le public, on ne s'adresse jamais au moustachu du troisième rang ou à la belle inconnue de la première loge. On appartient à la musique et plus encore à Dieu. » Soliste et heureux de l'être, il n'a pas pour son violon Stradivarius de 1721 l'admiration béate de certains (Vinci et Raphaël de son point de vue ont réussi de plus beaux chefs-d'œuvre) mais cet instrument est le sien, l'attelage est fait depuis longtemps, il s'agit de jubiler et de souffrir ensemble. Augustin a une conception personnelle de son métier, il accepte parfaitement l'allégeance totale à son *art* mais se veut libre dans la manière de l'exercer. Signer un disque par exemple comporte une énorme responsabilité, chaque jour a ses propres couleurs, enregistrer c'est développer la photographie d'un instant. Il sait le fragile d'un tel travail, il en connaît donc les limites et il est convaincu qu'il faudrait mettre sur les disques, comme sur les pots de yaourt, une date minimale de péremption : « A ne plus écouter après le... » Nous nous sommes entendus pour dire que, dans ce cas précis, la nourriture peut être *saine* une année durant. Au-delà de cette date il importe de réenregistrer.

Comme en 86 pour *Le salon du Wurtenberg* le voici favori — avec Jean Vautrin — du prochain Goncourt : Pascal Quignard, discret, réservé, orgueilleux, volontairement en marge et pourtant enclin à la notoriété, lance cette fois dans l'aventure ses *Escaliers de Chambord.* On le dirait à la recherche d'une civilisation et d'un esthétisme perdu, témoin baroque d'un monde en miettes. L'histoire qu'il nous conte est celle d'un grand solitaire qui s'ennuie partout, même dans le lit des femmes, dévot à l'égard de ses plaisirs, passionné d'objets minuscules, jouets, petites voitures, boutons coloriés. Son héros ne sait pas aimer, refuse de s'attacher, défait ses chaînes, fuit, rompt, revient, trompe, trahit. L'explication ? « Je suis seulement fidèle à une femme... Elle a 60 centimètres de haut... Je sais la couleur et la forme de ses escarpins... J'ignore les traits de son visage... » Nous sommes dans le romanesque d'un récit mais aussi dans des souvenirs d'enfance, la fiction est une réalité. Pascal Quignard se souvient d'une petite fille rencontrée à Saint-Malo, il s'agrippe encore à sa natte luisante qui « sauticotait » dans la nuque, il est poursuivi par cette image et d'une certaine manière, trente-cinq ans après, il s'échine à ne pas grandir. Tout ce qui est miniature lui est donc refuge. Il y a là motif à réflexion et crainte d'en trop savoir : « Qui trouve a mal cherché », dit le poète. La quête doit être poursuivie, malheur aux adultes gonflés de certitudes. On peut déceler bien des secrets mais quatre itinéraires nous sont inconnus : le chemin de l'aigle dans le ciel, le sentier du serpent sur le rocher, le chemin du navire en haute mer, le sentier du nom d'un homme dans le cœur d'une femme.

Pourquoi François Mauriac a-t-il quitté *Le Figaro* en 1954 ? Un éditorial qui mettait en cause le maréchal Juin est à l'origine de ce départ. Jean-Jacques Servan-Schreiber raconte : « Responsable de la chute du sultan du Maroc, Mohammed V, qu'il avait chassé de son trône, Juin fut violemment pris à partie à la une de ce grand quotidien. Le pamphlet était féroce, c'était une attaque en règle du colonialisme français. Mal acceptée par la clientèle du journal, cette critique valut à Pierre Brisson une avalanche de protestations et, plus grave, des dizaines de désabonnements. Mauriac fut réprimandé, on lui conseilla même de prendre un peu de champ, quelques vacances. Il en fut irrité, m'en fit confidence et ajouta : " Si vous m'offrez la tribune de *L'Express*, je vais à *L'Express*. " Et c'est ainsi que commença le fameux Bloc-Notes. » Marqué par cette aventure — pour lui très heureuse —, cette erreur d'un grand patron de presse, JJSS assure que depuis, il ne regarde plus le courrier des lecteurs :

« Un journal ne doit pas être dirigé par ses lecteurs, même s'il est évidemment fait pour eux. » Nous devrions avoir la même attitude à la télévision et ne point subir les appétits contradictoires d'un public pluriel. Or j'apprends que l'on pense à une émission faite par les téléspectateurs eux-mêmes, on offre ainsi gratis tous les fouets de nos propres flagellations. Ou c'est du masochisme, ou un excès subit de démagogie, ou alors une monstrueuse perfidie : il n'est pire victime que l'ignorant et la télévision est un métier. Trop de faux esthètes ont voulu la prendre pour cible et s'y sont fourvoyés.

Il y a six ans, très exactement, le lundi 10 octobre 1983... Je consacre ce soir-là tout un programme à Jean Cocteau « poète vivant ». Nous sommes en direct, le plateau est envahi, au moins trois cents personnes que l'on n'attendait pas, premier désordre, jamais cela ne nous est arrivé. Jean Marais me glisse à l'oreille : « C'est *sa* manière d'encore nous surprendre. D'en haut il organise la panique. » Edwige Feuillère a entendu : « Je suis persuadée, moi, qu'il est dans la salle, il rôde comme à son habitude. » Perdu dans la foule, un visage attire soudain mon attention : Herbert von Karajan a surpris tout le monde, personne ne l'a reconnu, il s'est glissé au milieu des gens, deux de ses amis lui ont heureusement trouvé une chaise, il me fait un petit signe de la main : il est venu voir sa fille Isabel qui interprète le monologue du Sphinx. Il repartira aussi discrètement qu'il est venu. Auparavant, il m'a fait remettre cette phrase de Gérard de Nerval inscrite par lui sur un petit papier plié en quatre : « Souvent dans l'être obscur habite un dieu caché. » Je garde précieusement ce mot.

Il a obtenu le prix Médicis pour *John Perkins*, le Femina pour *Le promontoire*, le Valery-Larbaud pour ses poésies, il a traduit Jünger, Goethe, Melville, Pouchkine, Shakespeare, *il est toujours inconnu* et s'en félicite sans vanité excessive. A soixante-seize ans, Henri Thomas ne souhaite rien d'autre que l'anonymat et le respect du lecteur. Curieux bonhomme, poupon, malin, frileux, souriant mais du coin de l'œil, ironique avec un brin de perversité, chargé de foulards et de casquettes. Il a bien connu Gide et l'estime, il a fréquenté Sartre mais ne l'aime pas, il se souvient surtout d'Antonin Artaud. Intarissable à son sujet. Il me raconte leur dernière rencontre : « Il faisait nuit, nous marchions dans Paris. Soudain il s'est arrêté, a pris mon bras, m'a regardé. Je vois encore son œil lumineux.

« — Sais-tu ce qu'a fait le Christ ?

« J'étais un peu étonné, j'ai répondu bêtement *non*...

« — Je vais te le dire, j'ai mes sources. Il a planqué 500 kilos d'opium pur à Modène.

« Normalement j'aurais dû rire mais il était si convaincu que j'ai demandé : Pourquoi ? Artaud m'a soufflé à l'oreille :

« — Il en aura besoin lorsqu'il reviendra. »

Henri Thomas s'amuse, jure que l'anecdote est exacte, il n'invente rien : « Vous verrez, plus tard, après ma mort, je confierai à la postérité des millions de choses. »

Il a déjà trouvé le titre de ses (presque) Mémoires : *Le goût de l'éternel*.

En partant — nous sommes à la porte du studio 40 d'Antenne 2 — il me demande, si discrètement que c'en est une brise : « Comment appelez-vous cette petite fille chanteuse qui a un nom de planète ? » Je suppose qu'il s'agit de Vanessa Paradis. « C'est bien elle, me dit-il. Comment se fait-il qu'elle soit plus connue que moi ? »

On frise le ridicule. Des journalistes blanchis sous le harnais, de vieux jeunes qui rêvent de ponts d'Arcole, des carriéristes bondissants et meurtris reprennent à la télévision le vieux thème des baronnies à abattre. Ils n'ont pas tort mais ils confondent baronnies et barons. Les premières sont des terres et nul n'est censé les posséder, les seconds sont épées, rapières, mousquetaires acharnés à lever l'étendard, et rares hélas sont les jaloux, les ratés en délire qui osent le duel. Ils n'ont que le mot qui n'invente jamais la chose. Les plus perfides, à force d'obstination, trouvent un bout de pré pour de prochaines moissons et l'arrogance alors leur tient lieu de bréviaire. Il est intéressant de regarder de près toutes ces ascensions et je pense souvent à ce que me disait un soir Woody Allen : « Quand on monte il faut être poli et gentil avec les gens car ce sont les mêmes que l'on croise quand on redescend. »

La plus bête, la plus souffrante, la plus désolée... on ne sait plus : la droite, majoritaire paraît-il, joue en mineur brouillé une symphonie contemporaine qui n'est que bruit, cacophonie, atonalité. Jacques Chirac semble entré en indifférence, François Léotard en séminaire, Valéry Giscard d'Estaing se veut fédérateur de compromis en tous genres, Raymond Barre poursuit sa cure de sommeil, quelques rénovateurs croient à leur propre renaissance, c'est le désaccord parfait. Les divisions n'ont jamais constitué une troupe, les éclaireurs sont dans l'ombre. Il manque à la droite d'être noble, son échec est une erreur bourgeoise et son acharnement à se détruire relève du masochisme. Il n'y a plus d'invention mais il est vrai qu'*oser* est la chose la plus difficile. Liszt qui connaissait la musique a dit un jour : « Plutôt rester chez soi que crever d'ennui et de société. » Rien n'a changé.

Il n'y aura jamais d'adieu. Seulement des au revoir : Charles Trenet toujours sur la brèche au palais des Congrès, le triomphe du plus grand troubadour du monde, les belles éclaboussures du sang d'un poète que la légende a déjà pris en compte, et j'en tiens pour preuve l'accueil du Québec : « Monsieur Trenet, vous qui aimez tant les chansons traditionnelles, vous allez entendre nos petits écoliers vous chanter une berceuse du XVIIIe siècle. » C'était *Douce France*.

Avec Jean-Claude Carrière, à la demande du professeur Hamburger et de Maurice Druon, nous parlons d'*écriture* dans les salons de la Fondation Singer-Polignac, devant un public de professionnels — écrivains, gens de théâtre — qui participent activement au débat. Entre deux discussions chaudes, Jean-Claude me glisse à l'oreille qu'il serait bon de parler aussi d'*oralité*, les conteurs étant à l'origine de tout. Il me rappelle ce qu'Henri Michaux disait : « Une belle histoire racontée à un vieux bâton lui fait reprendre feuilles et racines. »

Visite d'amitié à Maurice Druon dans son magnifique logis de l'Académie française où m'accueillait autrefois Maurice Genevoix. Nous parlons du Maroc que nous aimons, du prochain *Grand échiquier* consacré à Alain Decaux et à la francophonie, d'Athènes, de Rome et surtout de Florence qui est « le garde-meuble du génie et le départ de la modernité ».

Une mauvaise action de la Caisse des dépôts et consignations, une bonne affaire pour les scènes lyriques nationales. Congédié par les propriétaires du théâtre des Champs-Élysées, Georges-François Hirsch est devenu sur-le-champ directeur de l'Opéra Bastille, c'est le cadeau, qu'il juge empoisonné, de Robert Lion à Pierre Bergé. A mon avis, une chance pour la musique. Je connais bien le nouveau responsable de la salle de tous les ennuis, je sais que rien n'y sera simple, un gouffre financier lui ouvre déjà la voie. Mais quelque chose me dit que le miracle aura lieu, je n'oublie pas ce que nous fîmes ensemble lorsqu'il était le patron de la danse au palais Garnier, j'ai le souvenir de l'une de nos plus belles soirées à la télévision. Le bougre a assez de volonté, de vanité, d'humour et de (mauvais) caractère pour manœuvrer dans les tempêtes qu'on lui prépare. Nous sommes dans un monde où il ne suffit plus d'avancer, il *faut* aussi et surtout se garder des jalousies forcenées.

1989

Novembre

Initiateur, par ses écrits, par sa parole, de l'État d'Israël, Théodore Herzl, visionnaire et prophétique, avait coutume de dire : « Le pouvoir de décrire et de transmettre une expérience intérieure est celui du poète. La puissance de communiquer aux autres, de telle manière qu'ils la partagent, une conviction est réservée au génie. » Les temps sont confus, la lâcheté — pour certains — est règle de vie et j'entends la question d'André Chouraqui, mille fois répétée : « Qui aura le pouvoir de modifier les hommes ? »

A son sujet je ne saurais que me répéter et aligner les mêmes mots : intelligence, culture, séduction, sérénité, profondeur, tolérance. Enfin un homme qui ne joue pas avec le pouvoir et qui se veut utile. Jalousé mais estimé, Jacques Attali me paraît être surtout en règle avec lui-même. Je le retrouve, en ce début d'après-midi, nous parlons de tout. De la Chine : « Lorsque les jeunes n'ont plus peur — et ils en ont donné là-bas des preuves, un trop court moment hélas — un autre monde commence ». De l'Est : « Le départ est pris, le souffle est fort, la liberté est possible, la dictature s'éloigne, quoi qu'il arrive on ne pourra plus revenir en arrière ». De ses admirations : « Kafka, Huxley, Sartre pour *Les mots*, Proust pour l'écriture, Céline hélas... ». De la vie éternelle : « Je n'écris pas des livres mais, avec humilité, je compose une œuvre... ». De la *trahison*, telle du moins qu'elle est ressentie par l'un des personnages de son premier roman : « Ceux dont vous avez fait la carrière se trouvent toujours de bonnes raisons de penser que vous n'y êtes pour rien, puis de vous haïr... » A méditer par les temps qui courent.

Ça craque de partout à l'Est et Ceauşescu, increvable, n'entend rien. Tout un peuple tremble encore au bout de la corde tendue par une poignée de pantins. La Roumanie est exsangue, le parti toujours triomphant, les derniers assassins serrent les rangs. Il faudra du lys pour casser la faucille. A Bucarest, les moins monarchistes ne parlent plus que du roi Michel. Pourquoi sommes-nous si lâches, d'où nous vient cet abandon à la tyrannie, descendons-nous vraiment de l'arbre d'espérance, ce grand cru 1789 ? Au Liban et au Cambodge, on en doute.

Mathématicien, membre de l'Académie des sciences, peu porté à l'optimisme, René Thom me croit trop accroché à de vaines utopies, il ne partage pas ma foi en une fin possible des grands fléaux (cancer, sida, handicaps génétiques). Il me prie de ne point exiger inconsidérément d'un médecin et rappelle ce simple précepte d'un praticien espagnol du XVIIIe siècle : « Guérir parfois, soulager souvent, consoler toujours. »

J'accompagne Gérard Pélisson au Maroc. Avion privé, voyage express, douze villes à visiter en moins de quarante-huit heures, pour guide un enfant du pays, Jeff Marciano. Le président du groupe Accor, immédiatement séduit par l'environnement, tout y est limpide ce matin, construit déjà sur chaque plage, sur chaque port ; ses souhaits sont des ordres, l'imaginaire — on le ressent tout de suite — est assuré, avec lui, de devenir vite réalité. Je m'attarde, je flâne, il travaille.

Tanger. Un intellectuel bon teint plus remué par la mode que par ses lectures se doit de connaître et de visiter Paul Bowles en son repaire. La légende a déjà tracé un chemin jusqu'à sa maison avec étapes obligées du côté de la drogue et des garçons faciles. Que de bruit autour de ce vieil homme à l'œuvre si mince qui a fait de la lassitude une élégance. J'avais aimé autrefois son premier roman *Un thé au Sahara* que met en images Bertolucci, j'aurais dû l'accueillir, je ne l'ai pas fait, c'était écrit, je n'ai pas la moindre envie de le rencontrer et pourtant je suis à quelques minutes à peine de chez lui. Bizarre cette indifférence, cela ne m'est jamais arrivé. Je le laisse avec son *araignée* qui l'occupe tant à la page 33 de son *Journal tangérois* : « Voilà maintenant trois semaines qu'elle va tous les soirs s'installer à un peu plus d'un mètre de là, près du lavabo. » Point n'est besoin de le déranger, cent journalistes l'ont fait et il s'en plaint : « Ils viennent, ils n'ont rien à me dire et je n'ai rien à leur dire. » Est-ce le grand âge ou le mépris ? Son biographe, Robert Briatte, le confirme : « Paul Bowles s'est exclu du monde, il est en vacances, pour toujours. » Si le voyage consistait encore à prendre des bateaux, il aurait poursuivi ses courses mais la vogue de l'avion l'a arrêté en plein vol : « Quand on part, dit-il, on ne doit pas savoir pour combien de temps, on part, c'est ça voyager. » On aurait peut-être pu s'entendre, je pense comme lui, moi l'errant, que l'écriture est le seul voyage acceptable, le libre exercice. A Tanger, mais aussi à Miramont, à Leningrad, à la Magdalena en Uruguay, à Marrakech.

Mac Avoy, qui est aujourd'hui encore le seul portraitiste français selon la tradition, me rappelait hier, parlant des femmes, la fameuse phrase de Sacha Guitry : « Je suis contre, tout contre. » Réplique épistolaire immédiate d'un autre peintre, Georgette Simon : « J'eusse préféré que fût cité cet excellent mot du même humoriste, cette réflexion plutôt : “ Si la toile que vous avez achetée représente un jour une petite fortune, vos petits-enfants pourront dire *comme notre grand-père avait du goût*, et s'ils la trouvent quelconque, *comme notre grand-père avait du cœur.* ” »

Triste consolation d'un poilu de 14 décoré ce 11 novembre à l'âge de quatre-vingt-dix-sept ans : « Une blague, cette Légion d'honneur, me voilà récompensé, soixante-dix ans après : mon seul mérite aura été de vieillir. » Je pense à mon père qui fut dans le même cas.

La télévision est devenue un immense casino défiguré par des croupiers qui n'ont pas le moindre métier. Le hasard s'est fait nécessité.

La beauté, la classe, la race et ce charme particulier qui laisse ébloui. Un œil superbe qui frise sans la moindre vanité mais avec une tranquille assurance. Et cette taille... Et ce sourire... Cette architecture de tout le corps comme dressé pour les plus spectaculaires agressions. Ava Gardner. Un nom sans doute, plus encore le souffle d'une griserie. Cette femme que l'on n'arrive pas à croire bientôt septuagénaire, vous avez su nous l'offrir, Frédéric Mitterrand, et nous l'avons reçue comme un cadeau. Il est rare que l'on puisse s'extasier de la sorte sur la beauté. J'ai toujours pensé qu'elle était unique, inatteignable... Ceux qui se persuadent encore de l'avoir possédée n'ont effleuré qu'une part de lumière. Je me force à croire qu'Ava ne fut à personne et si d'autres femmes ont eu des royaumes, *elle* reste reine. Peu importe si la solitude est au bout de sa course, elle n'était pas faite pour être seulement heureuse de banale manière. Il lui fallait payer tant de dons, et il fallait que vous sachiez l'aimer, Frédéric, pour en dire tant... Sa mort sera douce.

Escapade au Maroc. Rabat sous un soleil plutôt piquant. L'ami Youssef Ben Abès, le plus apprécié des ambassadeurs, m'accueille à l'hôtel. Même pas le temps d'échanger quelques impressions, me voilà enlevé par Snoussi : « Sa Majesté t'attend au palais. » Cinq minutes en voiture, nous passons l'immense porte. La garde, éblouissante du rouge de ses tuniques, rend les honneurs (non pas à nous, au roi), les serviteurs font le carré, la caravane est déjà en ordre, nous partons pour Dar el-Salam, golf oblige. Hassan II m'invite à monter dans sa Cadillac que suit une Rolls (pour le cas où il y aurait une panne). Nous sommes face à face, nous parlons de l'Algérie. Analyse serrée de la situation : « Le président est homme de courage mais l'intégrisme n'est pas maîtrisé et la faute est grossière puisque l'islam est d'abord tolérance. Partout il y a bouillonnement. Ces batailles sont nos guerres de religion, vous avez eu les vôtres. Ça passera. L'homme de bien est celui qui ne fait pas de mal à autrui. Il est certain qu'aujourd'hui, les musulmans font la ronde autour du globe. Ils se tiennent géographiquement. Pour moi ce n'est pas leur quantité qui importe, c'est leur qualité. » J'avance l'idée que le Prophète exige beaucoup de lui : « C'est peut-être une malédiction du ciel que d'occuper le trône pendant dix ans. Mais, après quinze ans de pouvoir, on peut considérer que Dieu vous a voulu pour le bien de tous. L'important est de ne pas céder sur l'essentiel. » L'allure est lente, propice à la conversation, nul besoin ici de toutes les sirènes qui assourdissent Paris au passage des petits chefs.

Nous voici arrivés. Le roi ne descend pas, il me fixe à cinquante centimètres, avec ce particulier battement des yeux, ce temps de silence brusquement imposé qui indiquent chez lui un changement de ton : « Vous souhaitiez me parler des enfants Oufkir... » On n'est pas plus direct, j'aime cette manière d'aborder le problème et je tiens à dire que jamais il n'a éludé la question qui est l'une des plus agaçantes à mon sens. J'ai dans mes papiers, serré entre deux journaux, le dossier constitué par l'avocat Georges Kiejman :

— Toutes les pièces sont là, Majesté, Georges a décidé de ne plus attendre, il vous fait procès estimant que vous n'avez pas tenu votre promesse : vous deviez laisser partir la famille Oufkir pour le Canada, vous aviez fait d'ailleurs le nécessaire mais au dernier moment...

— Exact, convient le roi. Le voyage était décidé, les démarches faites, j'avais fait déposer une somme importante à Montréal et même décidé de libérer leur fortune estimée à 35 millions. Il y avait une obligation, je souhaitais que cet héritage fût distribué équitablement. Oufkir avait un enfant d'une autre femme, je tenais à ce qu'il ait sa part. Mme Oufkir a refusé, j'ai donc annulé le départ ; j'attends maintenant que l'on revienne à de meilleurs sentiments et ferai ce que je dois.

Je sais que cette affaire douloureuse sera réglée bientôt, Hassan II prouve quotidiennement que la trahison des pères n'est pas forcément imputée aux enfants.

— Ai-je bien répondu à votre tourment ? me demande le roi.

— Je sais que je peux espérer, je vous fais confiance.

— Cette manière de dire, Chancel, est plus efficace qu'un jugement médiatique.... Accordez-moi quelques instants, je m'équipe pour le parcours.

Un bond hors de la voiture, une parole d'amitié à chacun — ils sont nombreux à l'attendre —, quelques minutes pour choisir ses clubs, ses chaussures... « Allez, on y va. » Première balle, un beau swing de 200 mètres. Hassan II me rejoint : « J'aime le golf parce qu'il autorise la conversation entre les trous. » Nous marchons à l'écart, nous pouvons parler en toute tranquillité :

— Notre *Grand échiquier*, me dit-il, a été décalé par le sommet d'Alger, personne n'aurait pu prévoir que ce serait le même soir. Mais vous avez compris l'importance de l'enjeu, je suis prêt pour mars...

— Impossible, Sire.

— Comment, impossible ?

— Il n'y aura pas de *Grand échiquier* en 1990, ce programme de décembre est le dernier. Mais il n'en reste pas moins vrai que le temps est venu pour vous de parler.

— Sur quoi ?

— Le voile, la montée des intégrismes, la place de l'islam.

— Dans quelle émission puisqu'il n'y a plus de *Grand échiquier* ?

— Dans *L'heure de vérité*, avec François-Henri de Virieu, c'est aussi sur Antenne 2.

— Puis-je vous répondre au septième trou ?

Nous reprenons nos vieux sujets, la langue française, la littérature, le tourisme, les chevaux. Le pas est rapide, le par est souvent au bout, j'oublie de compter les trous. Pas lui. Du green, je l'entends appeler Snoussi qui est l'un de ses compagnons : « J'ai décidé de dire oui à Chancel. J'accepte donc de faire *L'heure de vérité*. »

C'est ainsi que l'émission fut décidée, c'était affaire de chaîne publique, Virieu sut la mettre en place en peu de jours, quelques-uns regrettèrent de ne pas en être les initiateurs, j'avais personnellement tenu parole, j'étais persuadé que ce serait un moment d'importance.

L'heure de vérité en direct du palais de Rabat. Pour la première fois, l'émission quitte les contours d'un décor désormais célèbre, les ors véritables remplacent les « fresques » du studio. François-Henri de Virieu a eu quelque mal à se résoudre à un tel déplacement mais il sait l'importance de la rencontre. Pour parler de l'islam, du droit de vote des immigrés ou du port du foulard, le commandeur des croyants est l'indispensable interlocuteur. Le protocole de cour est strictement observé, la garde royale a passé sa tenue d'apparat, telle qu'au XIVe siècle, Hassan II a choisi les fauteuils, la table, inspiré la disposition des invités. D'un côté le gouvernement et les personnalités marocaines, de l'autre les journalistes et les vingt Français qu'il a personnellement désignés. Aux premiers rangs, Alain Decaux,

Michèle Barzach, Michel Jobert, Charles Pasqua, Maurice Druon, Charles Hernu. Comme il arrive souvent en pareil cas au cours de ces directs de l'étranger, la liaison avec Paris est subitement coupée cinq minutes avant le début de l'émission. Pas d'affolement toutefois. Hernu me glisse à l'oreille : « Les ennuis commencent. » Je sais d'expérience que tout s'arrange à la dernière seconde. En effet, pas le moindre retard sur l'horaire indiqué. Il est intéressant de noter les attitudes de ceux qui ont charge de questionner le souverain. Virieu n'est pas à l'aise ; le choc des brocarts, le luxe des plafonds, l'éclat des lustres le gênent. Ils lui rappellent trop une manière de vivre qui était à peu de chose près celle de ses ancêtres : le marquis s'étonne et s'en veut d'être redevenu homme de cour. Cette situation paradoxale pour un aristocrate de gauche pèsera sur tout le programme. Albert du Roy, autre nobliau de circonstance, belge celui-là — à ma droite au deuxième rang —, peaufine déjà son arsenal médiatique ; on le sent tout heureux d'aligner une batterie d'intentions vachardes, ce qui est la technique journalistique la moins compliquée mais dans le cas présent, un alibi trop voyant. Je sais qu'il y a vanité de chapelle à vouloir témoigner de son indépendance comme si l'on avait dit à ses proches : « Vous verrez, je ne ferai pas le moindre cadeau. » C'est encore une fierté de baron en bataille pour lui-même. Jean Daniel, lui, est en position difficile. Il respecte le roi et le roi l'estime, il est souvent l'invité du palais. Alors, comment agacer sans se compromettre. Les rôles ont été distribués, c'est lui qui portera l'estocade Oufkir. J'ai pris la liberté de lui dire de poser tranquillement le problème comme il convient à un analyste froid et déterminé. Le roi préférera l'honnêteté d'un discours direct à la discourtoisie d'une pensée-labyrinthe. A voir l'ami Jean plisser son visage, j'imagine qu'il y a désordre dans la façon d'aborder la question. Le plus tranquille de la bande des quatre c'est encore, c'est toujours Alain Duhamel. Le naturel est chez lui force de vie, la chose est entendue, il sait où il va, il connaît son sujet, il n'a pas de tour de manège à faire, sa participation n'est pas spectacle, il veut comprendre, en savoir plus, faire dire davantage. Le quadrille est donc en place, c'est maintenant qu'il faut danser et les pas au final ne seront pas ceux que l'on espérait : à la vérité, le roi a lui-même ordonné le ballet.

Évidemment, l'islam est au cœur du débat, l'islam deuxième religion de France avec sa cohorte d'événements récents, l'affaire Rushdie, qui met en péril la liberté d'expression, la prière dans nos rues qui en agace beaucoup, la multiplication des mosquées et enfin la dernière bannière du scandale : le *foulard*. Est-ce le mot ? On dit aussi voile, tchador. Hassan II, lui, parle de « fichu » et récuse l'expression « foulard coranique » auquel il dénie tout fondement religieux. L'objet du litige est vite abandonné, recouvert d'un capuchon pudique, on n'y reviendra pas ; le roi exige que les jeunes Marocains aillent tête libre à l'école. Les autres grandes questions sont calmement abordées. Les *mariages mixtes :* « Pour un qui réussit, il y en a cent qui échouent. » Le *statut de la femme :* « Le Prophète a dit que l'homme et la femme sont des frères siamois devant les droits et les obligations. » L'*intégration des immigrés :* « Je suis contre l'immigration clandestine... Plus l'immigration sera contrôlée, plus la France sera libre de discuter avec nous des conditions de vie de ces Marocains. » L'*intégration :* « Les Marocains n'ont pas à se remplir la tête et l'esprit de problèmes électoraux qui ne sont pas les leurs, car en définitive, ils ne sont pas français. » Hassan II est ferme, précis et vainqueur parce que crédible ; son *Heure* est gagnée pour cette seule raison : il a corrigé l'image excessivement négative que l'on a en France de sa religion. Balayant l'archaïsme et l'intolérance, il impose d'un coup la modernité et l'ouverture. Les sondages notent d'ailleurs immédiatement le changement de tendance. 45 % d'opinions favorables au début de l'émission, 73 % à la fin.

Contrairement à ce qui a pu être écrit, le roi ne redoutait pas cette épreuve, je peux personnellement en témoigner. Il se demandait seulement si « certaines questions ne seraient pas quelque peu emberlificotées »... « De grâce, avait-il précisé, que l'on me dise franchement les choses, sans tourner autour du pot. Ce ne sont ni mes proches ni mes ministres qui ont mission d'ordonner le débat. » J'avais prévenu Jean Daniel : « Sois clair. » Or, sans doute par amitié et délicatesse, il ne le fut pas. Il s'agissait de demander, calmement, en direct : « Qu'avez-vous décidé pour la famille Oufkir ? » et il n'y eut qu'une vague interrogation sur « les prisonniers politiques et certains enfants ». Précaution inutile. Le roi ne pouvait lui-même prononcer un nom qui lui était seulement suggéré, le téléspectateur curieux en était donc pour ses frais. Ce fut affaire d'initiés.

La liesse allemande continue de faire la une de nos journaux. Je me souviens avoir demandé un jour son sentiment au cinéaste Volker Schlöndorff, à propos de ce « mur de la honte » fiché là-bas dans son pays comme pour l'éternité. L'homme du *Tambour* — né en RFA mais installé en France depuis plus de vingt-cinq ans — était alors loin d'avoir répondu à ses propres interrogations : « D'abord, est-ce une honte ? me disait-il. N'est-ce pas plutôt un fait dont nous nous sommes bien accommodés et qui ne fait plus ni chaud ni froid à personne, du moins aux Allemands de l'Ouest ? Elle devrait être notre préoccupation numéro un à nous, cinéastes toujours en quête de sujets, cette division de notre pays. On voit mal un mur passer à travers Rome où les briques seraient chapardées dans les huit jours, à travers Paris non plus. J'ai vu un mur virtuel dans Beyrouth qui peut s'expliquer par la présence des deux communautés, mais quoi de comparable chez nous ? Pourtant, la nation tout entière s'est parfaitement bien arrangée de l'avatar — à la manière, je le crains bien, dont nous nous sommes toujours arrangés des cadeaux que nous lègue l'Histoire. J'ai voulu soulever le problème du Mur avec Peter Schneider, un jeune écrivain berlinois lui aussi désireux de bouger quelque chose, car enfin, si dix millions de visites par an se font à travers ce mur de l'Ouest vers l'Est, cela signifie que malgré lui existent des liens très étroits ! Eh bien, le roman que Schneider a écrit là-dessus n'a trouvé aucun intérêt auprès du public. Ce qui prouve que s'il y a “ trauma ”, il est si bien refoulé qu'il ne faut même pas y toucher. Pour moi, cet accommodement est une des choses au monde les plus inexplicables... »

Et Schlöndorff appelait pour conclure l'exemple consolateur : « Remarquez, votre Alsace-Lorraine, cela a bien duré cent ans. »

Ici, comme en tant d'autres occasions d'impuissance, c'est toujours Cioran qui nous tend les miroirs les plus aveuglants. Je tombe à l'instant sur son *Histoire et utopie* qui nous édifie en quelques lignes, prises au hasard : « Aucun régime n'assurant son salut, il (le peuple) s'accommode de tous et d'aucun. Et, depuis le Déluge jusqu'au Jugement, tout ce à quoi il peut prétendre, c'est de remplir honnêtement sa mission de vaincu. »

Honnêtement, la réponse est là.

1989

Décembre

Les crimes collectifs sont jugés patriotiques. Les crimes individuels ne sont que des assassinats.

Utile précision d'un fidèle de *Radioscopie* qui m'écrit de Nevers : « Vous évoquez parfois Malraux et sa fameuse petite phrase concernant le troisième millénaire. A ce propos, je crois pouvoir vous offrir un éclaircissement : en 77, l'écrivain-ministre disait à Pierre Desgraupes : " On m'a fait dire : ' Le XXIe siècle sera religieux. ' " Je n'ai jamais proclamé cela, car je n'en sais rien. Ce que j'affirme est plus incertain : je n'exclus pas la possibilité d'un événement spirituel à l'échelle planétaire. " »

Un homme et une idéologie sont morts cette année, cruellement lâchés par tous leurs proches. Lénine et le communisme ne sont plus que poussière, la transparence est enfin observée : on voit très clairement le crime.

Brejnev n'aura pas été seulement écrasé de haines, condamné au mépris des peuples, le voilà tué par le ridicule de sa prophétie : « Le monde entier, n'en doutez pas, sera communiste en 1995. »

Un commando assez inattendu a donc terrassé les régimes communistes de l'Est : la *foi*.

Le froid, la peur, la faim, la désespérance et puis ce frémissement à peine perceptible, cette soudaine envie de liberté aussitôt écrasée par l'horreur mais tout de même esquissée, ce peuple qui se lève pour mourir, le vieil hymne « Réveille-toi, Roumanie » chanté dans les rues, Timişoara ville martyre. Une, révolte ? Non, une révolution. Des chars, des soldats baïonnette au canon, des piles de cadavres, l'insoutenable absurdité du tortionnaire suprême bizarrement en voyage au pays de Khomeyni. Un signe, cette expédition de Ceauşescu en Iran, ce recueillement imprévu sur la tombe du pitoyable ayatollah. Est-ce l'assassin qui se penche sur son proche avenir ?

La télévision moteur de l'histoire. Nos confrères roumains se sont jetés au cœur de la bataille mais c'est l'*image* qui en prend un coup. Il ne suffit pas hélas que l'on change de plan, que l'on fasse pivoter les caméras, que l'on bouleverse les éclairages ! Tout cela est beau, attendu, mais tragique. La veille on filmait amoureusement Ceauşescu, aujourd'hui on le tue à grands feux de projecteurs nouveaux. Sont-ce les mêmes aux commandes ? C'est terrible la télévision...

Un *Grand échiquier* comme les autres. Seule petite différence, c'est le dernier. Beaucoup voulaient organiser une fête, avec tourbillon souhaité d'invités prestigieux. Je n'aime pas ce style de célébration qui rappelle par trop les enterrements. Je me contenterai d'un petit pincement au cœur, je ne suis accablé d'aucune nostalgie, toute fin est un commencement. Vingt ans ont passé, il faut avoir le courage de tourner la page, c'est affaire de lucidité. Il n'y a pas lassitude, plutôt désir d'aller ailleurs. André Flédérick, Josette Kominek, Cécile Pivot, Denis

Morlière, Evelyne de Grasset savent bien que d'autres folies pointent sur le terrain de l'imagination. Je veux ce soir un adieu ordinaire mais beau et conforme à la qualité toujours recherchée. J'ai choisi Ruggero Raimondi, l'Orchestre de l'Opéra, Julia Migenes, Vladimir Spivakov et ses Virtuoses de Moscou, Michel Legrand, les sœurs Labèque, Andzej Zulawski, le metteur en scène du *Boris Godounov*. Pas une apothéose, une complicité surtout, des buissons ardents.

L'appel à Ruggero est un signe, a un sens. Au-delà de l'amitié, j'y vois la permanence d'une collaboration fixée au premier jour et entretenue de manière ambitieuse. Nous dédions l'émission à son fils Rodrigo, né différent et à ce titre particulier proche de tout ce qui sous-tend ma vie : l'aide aux handicapés. Je n'ai jamais désespéré des chercheurs qui trouveront un jour les médicaments appropriés aux terribles injustices du temps. Il y a aussi dans cette rencontre l'effet d'une actualité brûlante, la sortie sur grand écran de Boris Godounov, somptueux, baroque, délirant : l'histoire d'un tsar qui s'écroule, la marche des gueux, l'espérance des peuples et, en parallèle, la Russie, la Pologne, l'Église, le communisme et la solidarité. Et dans l'épaisseur des brumes d'hier et d'aujourd'hui, l'emprise des forces du mal sur la nature humaine, la tendresse du gouffre. Ruggero Raimondi est, à la perfection, ce Boris fou qui se fit proclamer tsar en 1598, après l'assassinat de l'héritier légitime Dimitri, fils d'Ivan le Terrible. L'histoire, hélas, souvent bégaye. De quels crimes l'URSS se fera-t-elle complice demain au bout de tant de bouleversements ? De quel avenir serons-nous, à notre tour, comptables ?

Téléthon 89 : 256 millions pour terrasser le mal. Record battu, exploits du cœur, dépassement en tous sens. Et d'abord de soi-même. Nécessaire obligation de générosité. Ainsi j'aurai passé trente heures dans le train, de Montpellier à Paris, avec final en TGV sur la voie du RER. Douze gares, douze arrêts — parfois par moins 10 degrés, des milliers de rencontres et surtout cette découverte de visages souvent épanouis, cette lumière des yeux à ce point éblouissante qu'elle semble vouloir corriger la traîtrise du corps. Images figées qui ne vous quittent plus : tous ces enfants meurtris, ces bébés que l'on gave au bout de petits tuyaux inacceptables, l'injustice que rien ne saurait expliquer, pas même la foi. Et ces mots coups de poing : « Vite un médicament avant qu'il ne soit trop tard... » « De grâce, dépêchez-vous... » « Je vais mourir, sauvez les autres, merci. » Michel, trente et un ans, force le passage, demande à me parler. Il n'est plus qu'une tête, énorme, dans son fauteuil, un homme-tronc prolongé de petits souliers. Sa voix, douce et forte, affirme un caractère, une volonté à toute épreuve : « Évidemment, à certaines époques, ce fut dur, je frisais le suicide, puis sont venus la vie et mes bonheurs d'horloger, beau métier qui me permet de gérer le rythme des heures. Je ne suis pas un handicapé, je revendique ma propre normalité mais je sais en revanche que beaucoup sont encore handicapés dans leur tête. Que ceux-là nous regardent sans effroi. » On applaudit, il s'en amuse, il est ailleurs. Je retiens la leçon. Le train de l'espoir — j'aime l'itinéraire faussement banal de cette errance — c'est d'abord un festival de gifles, d'autant plus cruelles qu'elles ne vous sont pas directement données, c'est une épreuve qu'il faut s'imposer. A nous de dire *merci* à ceux que nous aidons. D'un coup ils nous remettent sur pied.

Depuis le départ nous y avons cru, suivant en cela l'enthousiasme de Jean-Pierre Spiero, de Pierre-Henri Arnstam. Notre commando de mousquetaires ne s'est point désuni. Avec Claude Sérillon, Michel Drucker, Gérard Holtz, nous avons assuré trois années durant la continuité des bonnes intentions. Alain Delon nous a rejoints, nous avions besoin de ses colères, de sa bonne santé décapante... Il serait peu courtois d'afficher le tableau d'honneur des héroïsmes, mais je ne puis m'empêcher de faire quand même une place à part aux cyclistes inattendus du Bordeaux-Paris, véritables champions de l'impossible — Henri Sannier, Patrick Chêne, Denis Cheyssoux, Jean Mamère, Antoine de Caunes... —, et à Bougrain-Dubourg qui est allé si profond. A moins 510 mètres si l'on tient compte de la réalité, beaucoup plus si l'on considère le geste.

Décembre, à défaut de flocons blancs, aura tout de même tapissé la terre d'un peu de pureté. Je ne me suis pas encore séparé de cette lettre qui a été notre moteur tout au long du voyage. Claude Béranger nous avait en effet écrit de Langeac : « Je suis la maman d'Alain, jeune myopathe poète de vingt-quatre ans. Je suis toujours la maman... Le jeune poète est mort le 1er avril 89, après plusieurs jours et nuits difficiles à l'hôpital de Bayonne... Alain ne se plaignait jamais... il faisait toujours des projets d'avenir, de voyages. Il a voyagé. Il avait *la vie*, il est parti... Alain est mort, les jeunes attendent le remède... Continuez le téléthon, continuons la lutte pour trouver ce remède porteur de vie. » Voilà, parmi tant d'autres, le beau message que je transmets à Bernard Barataud. Lui aussi a perdu son fils. Maintenant président de l'Association pour la lutte contre la myopathie, il sait qu'il ne doit pas y avoir pour demain désespérance.

Je n'ai jamais mis de l'ordre dans mes affaires, je ne vis pas du passé, je ne rêve pas d'avenirs, seulement le présent, avec passion, peut-être un peu de folie et cette exigence : ne pas se trahir.

De Marcel Proust au hasard de ses maximes et pensées : « Le bonheur seul est salutaire pour le corps, mais c'est le chagrin qui développe les forces de l'esprit. »

Accablé d'éloges par les Occidentaux, Gorbatchev est de plus en plus contesté par le peuple soviétique. Sans doute devrait-il méditer cette petite phrase de Dumas père : « Il est permis de violer l'histoire à condition de lui faire un enfant. »

Perversité de l'humour. Empruntant à Berlioz, Pierre Vozlinsky règle ses comptes d'un seul coup vachard. A la fameuse troïka de la Bastille (Bergé, Hirsch, Meyer) il attribue cette appellation peu contrôlée : *Les Trois Riens.*

A Monte-Carlo, au petit matin, café de plein soleil sur la terrasse, face à l'hôtel de Paris. Aux tables voisines, des Allemands ont déjà pris les sentiers de la bière. Les chopes défilent. René Cenni, le Toscan de Nice, me dit : « Regarde ces étrangers qui ne sont même pas de chez nous. »

Marcel Jullian a su me persuader. Je ferai donc une émission sur la francophonie. Titre : « Ya bon parler français. »

Confidence de l'amiral Philippe de Gaulle ce matin dans *Le Figaro* : « Au-delà du penseur, je vois en mon père un des derniers grands romantiques. » Là-haut, le général a dû toussoter !

1990

Janvier

Sur FR3, le pari est d'importance. J'ai peu de temps. Six mois au plus. Il n'est pas d'autre finalité dans nos métiers que la réussite ou l'échec. Admirable contrainte. Mon souhait ? Organiser *des* rencontres entre une télévision et *des* publics. Nécessité immédiate de définir une éthique, une cohérence, une identité. Le programme est affaire de rendez-vous et de mouvement. Un point positif à ce nouveau départ : la chaîne est riche d'un patrimoine qu'il s'agit d'ordonner. L'essentiel est d'y croire, l'époque n'est pas incertaine.

Abandonnant ce soir l'avenue Montaigne où passent les plus belles femmes du monde, je débarque quai Kennedy, près de la Seine, où naviguent les péniches les plus enluminées. Quinze ans de nostalgie en quelques brasses coulées. Antenne 2 était une création. FR3 m'apparaît comme une renaissance.

J'arrive... La Maison de la Radio est depuis longtemps l'une de mes étapes préférées, j'en connais tous les secrets, chaque studio me raconte une histoire... Je ne sais rien en revanche du cinquième étage sur la Seine qui devient ma nouvelle plate-forme professionnelle. FR3 m'accueille, le pari est d'importance.

Il y aura dans les trois ans qui viennent un million de Juifs soviétiques en Israël. C'est le cadeau empoisonné de cette fin de siècle. Au bonheur d'accueillir se mêle la crainte de mal intégrer.

Je connais bien Pierre-André Boutang, ses *Océaniques* seront l'une des colonnes du temple à construire, j'aime *Thalassa* mais je n'ai jamais rencontré Georges Pernoud, je sais la science cinématographique de Patrick Brion, indispensable à l'image FR3, il me faudrait Pierre Badel, mon vieux complice, pour reprendre la fiction et regrouper les programmes. L'aventure commence.

Première réunion de direction à FR3. Je connais la Maison mais je découvre un monde. La Seine est lourde de toutes les tempêtes, la rencontre pourrait être chaleureuse s'il n'y avait dans l'air ce nuage qui voile la spontanéité. Atmosphère chargée de quelques incompréhensions. Avec pourtant une volonté affirmée de renouvellements. A ma droite Philippe Guilhaume, en face Jean-Marie Cavada, à ma gauche Dominique Alduy. Les deux premiers font partie depuis longtemps de mon paysage amical ou professionnel, je ne sais rien en revanche de la jeune femme attentive qui a eu l'audace de prendre la responsabilité de *notre* chaîne. Je l'observe, le regard est direct, avec des fulgurances d'ironie, la forte personnalité évidente ; elle a le charme et la tranquillité dangereuses de ceux qui décidant de tout ne font jamais totalement confiance. Il faudra naviguer à vue même dans les brouillards, il ne fait pas de doute que nous nous entendrons et peut-être pour cela nous faudra-t-il un code. J'ai confiance, nous trouverons, nous avons les mêmes ambitions, l'attelage devrait être de bonne qualité. A elle la gestion, la conduite au sommet, à moi de composer une image, de définir une cohérence. Tous mes amis m'ont dit : « N'y va pas. » J'y suis, j'y reste. FR3 sera une grande chaîne multiple. Je crains toutefois ce qui m'enthousiasme le plus : les régions. Le pari est formidable, nous le réussirons contre vents et marées. Vite, une grande équipe.

Tout recommence au Cambodge et une fois encore le monde s'en fiche. Mon vieil ami Sang Sisowath venu spécialement en France pour dire le vrai de la situation n'a plus aucun espoir : « On m'a maladroitement écouté et courtoisement éconduit. La guerre fait rage dans mon pays, les Khmers rouges ont repris le combat et rêvent d'une situation finale : l'anéantissement de tout ce qui n'est pas eux. Nous ne nous reverrons plus, je ne fais plus confiance à personne. »

Les mille et une nuits, L'Iliade et *L'Odyssée*, la Bible décrivent un univers épique, un Merveilleux, qui seraient incomplets si l'on n'y ajoutait le Mahabharata, cet immense poème venu de l'Inde il y a plus de trois mille ans et qui a traversé les siècles sur les ailes de la mémoire de l'homme. Je croyais bien connaître ce texte superbe qu'un vieux prophète de Pondichéry avait offert aux appétits du garçon de seize ans impétueux que j'étais. A dire vrai, je ne savais rien de ce récit qui dit la naissance de l'univers, la longue bataille de deux clans assez prétentieux pour croire qu'ils pourraient se partager le monde, je bredouillais l'antique cliché du roi aveugle qui s'est exilé dans la montagne. Le film de Peter Brook et Jean-Claude Carrière m'a ouvert ce soir des horizons sans frein, la stylisation cinématographique donnant toute liberté à l'imagination. L'art de la suggestion est ici total, on peut donner au propos mille prolongements ; le mystère est si grand, l'évocation à ce point évidente que nous pouvons, à titre strictement individuel, au plus secret, observer la pendule qui nous gouverne, celle du cœur et celle du temps. Cette longue histoire de l'humanité est notre propre chemin. Sri Aurobindo me disait chaque matin : « Fais ta route. » Je demandais : « Est-elle tracée ? » Et il me répondait invariablement : « Nous ne sommes responsables que de nous-mêmes : le paradis c'est toi. » Je retrouve dans ce film magique, aux musiques étranges, irréelles, l'essentiel de ce qui me fut enseigné autrefois : « L'homme bon n'est pas tout à fait bon, l'homme mauvais n'est pas tout à fait mauvais. » Y a-t-il une morale à cette histoire ? Pas la moindre sinon que la mort frappe autour de nous et que nous continuons à vivre comme si nous étions éternels...

Tandis que la Roumanie apprivoise frileusement ses peurs et joue dangereusement avec la liberté, à Tirana, en Albanie, la statue colossale d'Enver Hoxha, l'autre petit père des peuples, fondateur de la République populaire, écrase encore tout un pays. D'un ami passé là-bas, je ne sais comment je reçois aujourd'hui la carte postale de ce chef-d'œuvre dérisoire. Personne en France ne s'est encore élevé contre la barbarie de ce carrefour immonde du communisme orthodoxe.

Que de lettres après notre au revoir sur Antenne 2... Et cette question posée par beaucoup : « Qui nous donnera un autre *Grand échiquier* dans les mêmes conditions du direct ? » Je n'hésite pas : Frédéric Mitterrand.

Beaux raccourcis, charmes secrets du bien dire : Jacques Attali clame son admiration pour les plus grands Juifs de l'histoire. A chacun il rend son identité : « Tout est loi » (Moïse), « Tout est amour » (Jésus), « Tout est argent » (Marx), « Tout est sexe » (Freud), « Tout est relatif » (Einstein). Tout est dans tout.

Selon André Carrel dans *L'Humanité dimanche*, les personnels de FR3 se seraient congratulés au cours de la soirée familiale de présentation des programmes. Paradoxale outrecuidance du militantisme qui a déjà oublié ses séances de brosse à reluire aux pieds du sinistre Staline.

C'est tout au début du *Mahabharata* : « Au commencement, les hommes étaient heureux. » Sublime fumisterie.

Avait-elle une cigarette dans une main et un verre de whisky dans l'autre ? Personne ne me le dira mais ce sont les bijoux qu'elle se souhaitait à la seconde de sa mort. Ava Gardner, « la plus femme du monde », a poussé l'humilité (ou peut-être l'orgueil) jusqu'à ne pas se montrer vivante une dernière fois. Je l'avais appelée aux côtés de Frédéric Mitterrand pour *Écran total*. Elle avait demandé mille pardons pour un *non* auquel elle s'était définitivement engagée. C'est une banalité de dire que j'ai parfois rêvé d'elle, je me souviens d'un soir à Londres, il y a des années. Je n'étais pas à sa table mais si près que je la croyais mon invitée, longues et fines jambes, encore sculpturale, lumineuse. Je ne la voulais ni fatale, ni mythique, elle était simplement d'une eau différente. Pandora et comtesse tout à la fois.

Prémonitoire. Le 10 août dernier — Philippe Guilhaume venait d'être nommé président des deux chaînes publiques —, Marcel Jullian m'appelait pour me lire son article du jour. Une trentaine de lignes en forme de message à l'adresse du capitaine courageux : « Je crains de deviner ce qui l'attend. Il n'est certes pas l'enfant désiré du système. Sa nomination ruine trop d'appétits et de connivences... On va vouloir lui briser les doigts... Vous verrez : il va avoir violé sa grand-mère, trop aimé le vin ou les femmes, s'être trompé dans ses comptes... Saura-t-il faire face à la multiplicité des ignominies quotidiennes dont les médiocres et les déçus s'apprêtent à l'abreuver ? » On n'aurait su mieux dire, il fallait du nez pour sentir que le vent mauvais viendrait après l'état de grâce. Actuellement la chasse est ouverte, les gazettes ont sorti leurs piques, on affine la perfidie dans les soupentes. Quelques-uns disent : « La gauche et le capital ont fait alliance. » Erreur. Ce sont les petits conseillers, la valetaille la plus malfaisante du monde, qui boudinent leurs rancœurs dans les placards des ministères. Il faudra les aider à mourir.

Première réflexion après une semaine dans le labyrinthe FR3 : j'aime bien qu'on s'impose, je souffre et refuse que l'on soit imposé.

Marcel Jullian m'a fait plancher devant son conseil de création, avenue George-V. J'ai dit ce que je souhaitais pour FR3, chaîne nationale, régionale, complémentaire et à certains égards télévision de référence. Michel Serres, Bernard Pivot, Jacques Martin, Daniel Karlin, Pierre-André Boutang ont eu l'élégance de reconnaître que je poursuivais une certaine *idée* de programme, ambitieuse, non démagogique. Mais ce n'est pas mon propos qui méritait ce soir quelque intérêt. Un souffle inattendu nous a portés, une voix a brouillé nos petites certitudes, Michel Serres, philosophe, humaniste, a soudain tiré l'épée et la télévision était déjà touchée au commencement de l'envoi : « Charniers, accidents, pogroms, assassinats, voilà le menu le plus souvent proposé par le journal de midi et du soir. L'analyse de contenu accable : la mort, individuelle ou collective, le plus souvent violente, arrive largement première de toutes les annonces. Lesdites nouvelles ne nous disent que la répétition monotone des plus vieilles atrocités de l'histoire. La caméra-vautour, la caméra-chacal mange du cadavre en abondance, seul, en masse ou aligné, pendant le déjeuner, puis le dîner, avant de lancer la chasse à l'homme, au policier du soir. Il ne s'agit jamais que du sang versé. » Michel Serres s'émeut de ce qui le touche au plus profond. Il n'est pas loin des larmes : « Georges Besse fut pendant quarante ans mon ami de jeunesse et j'aimais l'une des hôtesses de l'avion d'UTA qui explosa récemment au-dessus du Sahara. Deux corps amis ou proches reproduits en images en tous lieux après leur accident ou leur supplice, baignés de sang ou en membres dispersés, ont donné à mon corps vivant l'expérience atroce que les médias les assassinaient une deuxième fois... Je plaide pour la suppression de la peine de mort *représentée*. Non à la télévision-cimetière. »

Bien d'autres fautes nous sont imputées et le philosophe n'est pas tendre avec cette boîte aux images que la bêtise et l'affairisme condamnent au pire. Professeur à Standford, il sait le tragique des nuisances : « La télévision française fait surtout celle des États-Unis. Tout se passe comme s'il était entendu définitivement que tout ce qui vient de ce paradis, séries, films, mœurs, sciences, habits, pensées, gestes et habitudes, devait être imité, si on voulait vivre de son temps. Il arrive que pendant plusieurs heures, toutes chaînes confondues, le téléspectateur ne puisse pas se tirer de l'emprise des productions américaines, si débiles cependant... Nous nous rendons à peine compte des résultats foudroyants de cette *pédagogie* américaine en France : la perte du goût, l'oubli de la langue, l'éradication systématique de notre culture. L'imitation endort l'inventivité... En situation d'envahissement colonial, je plaide pour la résistance et contre la collaboration. »

Michel Serres s'interroge également sur un masochisme bien français qui conduit le peuple que nous sommes à toujours détruire, non pas par esprit critique mais plutôt absurde inconscience : « La pratique quotidienne des télévisions étrangères assure que chaque pays a le souci de ne dire que du bien de soi : autrement dit, fait sa publicité. Pas un seul récit, sur la BBC, où le ciel d'Angleterre ne soit pas fixé à un bleu serein de carte postale ; comme vous le savez, il ne pleut jamais outre-Manche.

« Peut-on demander *humblement* qu'on ne dise pas *toujours* du mal de la France ? Je sais qu'il s'agirait d'une immense révolution et d'un détournement formidable de nos mœurs, mais je plaide pour que nous prenions conscience de ceci : le fiel de l'esprit critique forcené qui nous caractérise nous fait un mal considérable dans les relations internationales. Or le monde actuel dépend essentiellement de tels échanges.

« Si vous viviez à l'étranger, vos amis viendraient vous consoler ou se moquer de vous tous les jours, parce que tous les jours un média issu de France annonce à quelle profondeur irrémédiable se situent nos erreurs.

« N'importe quelle équipe de France, de football ou de philosophie, de cyclisme ou d'industrie, d'agriculture ou d'athlétisme, n'importe quel représentant de la France joue toujours devant un public qui siffle et fait l'apologie de l'équipe adverse. Ah ! les Américains, ah, les Japonais, ah, les Allemands, les Italiens, etc.

« C'est presque toujours à l'étranger que le Français moyen découvre que nous avons de bons musiciens, des écrivains de génie, la première éducation du monde, une industrie de recherche scientifique de pointe... jamais en France où ces hommes et ces choses-là sont laissés dans l'oubli ou sévèrement critiqués. La France déteste sa culture, ses productions et ses enfants... hélas ! Cela ne signifie aucunement que je requiers l'éloge régulier, certes ridicule, mais seulement que je plaide pour une suspension de l'accablement systématique et exaspéré. Pitié pour nous-mêmes dans un monde désormais communautaire... »

Nous avons écouté, pas le moindre bruit autour de la table, une attention totale, une adhésion coupable et au final, un silence qui a duré quelques secondes lourdes...

Une simple lettre pour un immense point d'histoire : « Lors de votre émission *Figures*, André Chouraqui, en réponse à l'une de vos questions, affirmait que Mohammad (le Prophète) avait *écrit* le Coran en vingt-deux ans... Erreur, Mohammad ne savait ni lire, ni écrire. A son époque, il n'y avait que *17* personnes qui savaient lire ou écrire à La Mecque... Le Coran n'est que la parole sainte d'Allah. » N'allons pas croire que Chouraqui, grand prêtre de la Bible, ignore cela. Mais c'est une facilité de dire « il a écrit » plutôt que « il a parlé ». Abou Ahmad termine son mot sur une note d'espoir : « J'espère que je vous convertirai un jour à l'islam... Votre futur frère (peut-être), Abou, Tunis. » Frère sans doute dans l'éternité mais les religions n'y font rien.

1990

Février

La religion a bon dos, on la rend responsable de tout, des guerres, des affrontements, des haines accumulées. D'évidence, elle n'est pas innocente, mais l'homme, par lâcheté, ne se met jamais en cause alors qu'il est seul coupable. Il est plus facile d'incriminer la terre entière que de se regarder d'un peu près.

L'épanouissement, la maturité, la grâce des retrouvailles. Au théâtre des Champs-Élysées, Jean-Philippe Collard et Augustin Dumay ont choisi un programme de musique française. Plénitude dans la *Sonate* de Debussy, limpidité pour *Tzigane* de Ravel, virtuosité aussi mais sans effets spectaculaires — Augustin est à la hauteur de son violon —, approche retenue, sensibilité, pureté du son de Jean-Philippe à son piano, beautés toujours nouvelles de la Sonate de Franck. Un immense succès, une soirée d'amitié.

Note brève à Philippe Guilhaume : la présidence A2-FR3 n'a de sens que s'il y a complémentarité, coproductions, multidiffusions à chaud sur les deux chaînes, totale synergie. L'identité en revanche est notre affaire.

Tristesse... Mon billet pour Moscou — vol Air France 2982, 8 h 35, ce 10 février — est là sur la table de chevet. Je l'ai dans ma tête depuis ce grand soir de vodka-champagne, lorsque Rostropovitch m'a fait promettre de l'accompagner si le bonheur lui était donné de retrouver librement son pays. Le moment est venu mais aussi la grippe, cette empêcheuse d'amitié qui me refuse son passeport. Étienne Vatelot, qui est du voyage, pense que je pourrai les rejoindre à Leningrad. C'est l'arrivée à Moscou que je veux vivre. Il y aura, j'imagine, des bouquets d'œillets jetés par milliers, des journalistes empressés, surtout ceux qui avaient raté son départ pour l'exil, beaucoup d'émotion, sans doute un peu de colère — pour tant d'années perdues —, probablement ce constat : la Russie n'aurait jamais pu donner à Slava et Galina Vichnievskaïa autant que l'Occident conquis au bout de l'archet et de la corde.

Nelson Mandela très attendu à sa sortie de prison. On l'avait annoncée à 14 heures, les portes ont mis du temps à s'ouvrir. Mais que sont ces soixante minutes face aux vingt-huit années d'errance derrière les barreaux, va-t-il se trouver heureux parmi les siens ? Son pays n'était-il pas devenu sa solitude ? Je l'ai trouvé grand, mince, beau, à cette première minute d'une résurrection qui pourrait être son enfermement.

Mes amis vietnamiens sont formels. Des troupes nouvelles aux uniformes sombres occupent les trottoirs de Hanoï et de Saïgon. Elles auraient été constituées sur le modèle de la Securitate roumaine. Les échos de la débâcle du communisme ne semblent pas être parvenus dans ces lointains du Sud-Est asiatique. Pas plus d'ailleurs qu'à Cuba, en Albanie, en Corée ou en Chine. Faudra-t-il attendre la mort des chefs historiques !

Igor Lamskov, de la télévision soviétique, m'appelle, fou de joie. Les concerts de Rostropovitch à Moscou et Leningrad ont été des triomphes. Des salles, debout, des milliers de spectateurs, bouleversés, ont acclamé le revenant : « On sait bien ici que Slava ne vivra plus sur notre terre mais on est convaincu qu'il sera désormais plus russe que jamais, ailleurs. Nous faisons en ce moment notre difficile retour aux sources, nous réapprenons notre histoire, nous tentons de faire la somme des erreurs, tout sera plus clair lorsque nous aurons officiellement réfléchi sur le massacre d'Iekaterinbourg, le péché originel du pouvoir soviétique. » D'hier à aujourd'hui, la Russie pays des tsars...

Édimbourg... Des caméras dans le hall de l'aéroport, on vient aux nouvelles du XV de France. Des grappes de neige aux branches des arbres, pas même le froid. Un soir de grâce absolue. J'arrive en Écosse dans l'avion spécial des joueurs, Serge Blanco est joyeux, farceur, très bon signe, Lhermet est discret, silencieux, excellente attitude pour une première. Vingt minutes de car au milieu de centaines de petites maisons déjà endormies, puis l'hôtel Sheraton, immense, sans âme, enlaidi d'une architecture affreuse. En face de ma chambre la citadelle du Moyen Âge que nous irons visiter demain. Autrefois, le cimetière des chiens, là-haut, m'avait étonné ou du moins l'absence d'un carré de repos pour leurs maîtres, valeureux guerriers du XVIIe siècle.

Des supporters en chasse de billets, une langue française en promenade dans les pubs. L'attente. Et vite le brouhaha de la fête, Murrayfield à deux pas, une *Marseillaise* pour la première fois bien chantée, un bon départ et, après l'exclusion de Carminati — prévue à la minute exacte, la veille, par Pierre Salviac —, l'effondrement de notre équipe, la tristesse, les mots, la curée. Je voudrais rejoindre les joueurs, partager leur déception, m'éloigner de tous ces forts en gueule qui jugent du haut de leur incompétence. Partout même combat, les moins doués tentent de faire la loi. Je n'ai de véritable admiration que pour les gens de terrain.

L'aéroport d'Édimbourg au retour. Je regarde de très près les douaniers écossais et ne puis m'empêcher de sourire. A l'arrivée de nos supporters, la veille du match, ils ont chapardé saucissons et bocaux de foie gras pour cause d'exportation illicite. Contrairement à ce que l'on pourrait penser, ce « vol » n'a pas été mal ressenti. On sait depuis longtemps qu'avec toutes ces victuailles — et quelques bouteilles de champagne également confisquées — les douaniers d'Écosse font leur plus beau banquet de l'année.

Quelques-uns vous diront qu'il est bouffi d'orgueil, d'autres sacrifiant à l'anecdote absurde ne verront que sa chemise toujours blanche, son « décolleté », j'en vois qui n'en peuvent plus de sa tête trop bien faite. Broutilles de jaloux en peine d'aventures, litanie de rumeurs mauvaises. C'est avec d'autres yeux que je regarde Bernard-Henri Lévy, témoin des agonies du monde, provocateur, plus inquiet que vaniteux, seulement occupé par les nouveaux règnes qui s'annoncent, *De l'agonie du communisme au réveil de l'islam.* J'aime son intelligence, ses ferveurs, ses engagements, ses colères, ses lassitudes, son exigence à se mettre en péril. Je voudrais lui confier un magazine où il pourrait parler des livres, des auteurs, de façon subjective, en s'engageant tout à fait. Lui au rayon de la littérature, Jean-Claude Carrière au carrefour des sciences. Quelles belles bibliothèques pour FR3...

La réalité n'est acceptable que si on l'encorbelle de grands rêves et de petites folies.

Les traîtres se reconnaissent aux déclarations d'amour qu'ils font en toutes circonstances.

Sur mon écran, les yeux d'Hervé Guibert, grands ouverts, clairs de brumes, déjà si loin, lisibles : « De grâce, encore un peu de vie. » Dans le blanc d'*Apostrophes* la mort passe sur ce beau visage choisi et me revient ce mot d'Oscar Wilde : « La profondeur est à la surface. » Pathétique. Le sida en gros plan. Je voudrais aller jusqu'à l'homme, pudiquement, lui parler de son livre, bouleversant, *A l'ami qui ne m'a pas sauvé la vie*, évoquer la ténébreuse boule grise, l'ignoble virus, l'assassin, peut-être n'en rien dire. Hervé nous donne son dernier ouvrage, s'en désole sans plus : « Maintenant je m'interdis d'écrire, c'est un peu triste, mais c'est comme cela. » Et moi je veux espérer puisqu'il n'y croit pas.

1990

Mars

Ce ne sont pas les idées qui manquent mais plutôt les porteurs d'eau.

109 jours, 8 heures, 45 minutes, 50 secondes. Toute une vie serrée de navigation autour du monde pour se rencontrer enfin. Titouan Lamazou, aux Sables-d'Olonne, est sans doute le seul à connaître les bleus des paradis.

Il m'avait dit, un soir de confidences, dans sa pauvre maison d'Auteuil : « Je serai centenaire et pourtant je n'en ai pas la moindre envie. » Philippe Soupault est mort cette nuit à 92 ans, il ne verra pas cette fin de siècle qui lui faisait si peur, il s'en est allé plus tôt que prévu mais à l'heure qu'il avait dû fixer dans son ennui d'encore vivre. C'est la fin d'un écrivain historique, l'arraché de la dernière grande page du surréalisme, l'enlèvement du troisième sorcier du groupe fameux des années 1920, le complice de Breton et d'Aragon. Ce dernier écrivait à son sujet : « Solitaire, Soupault cherche à se faire oublier comme d'autres à se faire pardonner. » C'est vrai qu'il se voulait indifférent, silencieux, hors du monde, détaché des gens et des choses. « Où sont vos tableaux ? » lui avais-je demandé au cours de l'un de nos entretiens. « Je les ai donnés, je ne garde rien, je méprise l'argent qui encourage le vice. » Heureux ses protégés qui se sont enrichis aujourd'hui de toute une série de Chagall, de Dalí, de Picasso, de Max Ernst, de Magritte, de Miró. « L'absence de tels trésors, ajoutait-il, me fait libre et sincère.

J'ai perdu des toiles mais j'ai au cœur des souvenirs à jamais accrochés. » Il s'emportait, l'adorable Soupault, lorsque je le traitais de « figure de légende », de « mythe vivant ». « Arrêtez vos bêtises... Les critiques ont raconté n'importe quoi, ils n'ont jamais su parler de mes livres, j'aurais aimé qu'ils sachent reconnaître *Le nègre, Le temps des assassins, Mémoire de l'oubli.* Ils n'ont parlé que des *Chants magnétiques*, oubliant que le créateur du mot n'était autre que Guillaume Apollinaire. » Philippe Soupault était malicieux, indiscipliné, drôle — « Ne dites pas cultivé, mais plutôt expérimenté » —, blagueur, amoureux du canular. Il aimait la musique, ensemble nous écoutions Mozart — « Remettez-moi l'ouverture de *Così fan tutte* » —, il regardait sereinement l'au-delà : « J'en rêve, je voudrais partir fatigué. » Il craignait d'entendre les bruits d'une autre guerre.

Je voulais consacrer un film à Édouard Pignon, l'un des grands artistes de ce temps. J'arrive trop tard, il est debout mais la vie a fait ses ravages, le mal est allé plus vite que moi. J'ai tout appris d'Hélène Parmelin qui m'écrit ce matin :

« Cher Ami,

« Comment vous dire ?... Pignon est en train de perdre la vue... Par je ne sais quelle grâce (que les médecins appellent un blocage psychologique) il ne s'en rend pas compte. Il ne peint plus, marche de plus en plus mal, par hésitation. Mais à part tout cela, vit. Heureux. Sans *rien dire*. Ne peut plus lire. Ne veut plus voir d'expositions. Mais ne dit rien, et jusqu'à présent, avec l'aide des ophtalmos et la mienne, ne se rend compte de rien.

« Mais tout cela s'accompagne d'une hésitation de la parole, d'une tendance à “ parler d'autre chose ” qui ne nous permettrait pas une interview...

« C'est la vie. Si l'on peut dire. Chienne de vie. Mais vie. Jusqu'à maintenant belle. On verra. Situation étrange. Je commence à la décrire aux amis. Dont vous. Je la vis au jour le jour. Il profite des “ envolées ” du marché pour refuser de vendre des toiles. Dont on lui propose des fortunes. C'est drôle...

« Cher ami, si un jour vous avez envie de boire un verre dans ce double atelier merveilleux qu'il a aujourd'hui, nous en serions plus qu'heureux. Nous ne vous quittons plus ni de l'œil... ni de l'oreille chaque fois que nous en avons l'occasion. Et j'écris sans l'écrire le conte étrange du peintre qui ne savait pas qu'il ne voyait plus, et dont les yeux de l'âme — c'est mon sang russe qui parle — palliait la carence des autres...

« Je vous embrasse

« Hélène. »

Je viens de téléphoner à Hélène. Je me réjouis de les retrouver tous les deux.

Michel Dalberto joue les *Douze études transcendantes* de Liszt. Discrétion, élégance du toucher. Je retrouve chez ce pianiste des délicatesses pareilles à celles de Claudio Arrau. Même détachement du monde, même indifférence à la notoriété. Il prend le temps de vivre, va jusqu'au bout de son mouvement, sans souci de carrière. Il y gagne en liberté mais aussi en solitude.

Ce n'est pas la crainte de trop dire qui me fait moins écrire. Le temps désormais me manque.

Longue et très enrichissante soirée à la Sorbonne. Je planche devant mille étudiants. Sujet d'analyse : les médias. Une jeune fille blonde et belle demande : « Dites-nous en une seule petite phrase la règle d'or pour réussir à la télévision. » Je me délivre en une seconde des clichés habituels : talent, travail, ténacité, rigueur. Ma réponse vient vite : « Il faut d'abord se délivrer du souci de plaire. »

Julien Green rappelle cette réflexion d'un moine du mont Athos : « Je n'ai pas fui le monde, j'ai fui la banalité. » Le plus dur n'est-il pas de la vivre, cette banalité ? N'est-ce pas là le vrai sacrifice ?

Lancé par Ravel, instruit par Prokofiev, accueilli par Szigeti qui lui donna sa fille, Nikita Magaloff ne doit sa célébrité qu'à l'éblouissement poétique de ses interprétations. Je lui ai demandé hier : « Comment parvenez-vous à cette pureté ? » Réponse : « Je fais la cour à mon piano et parfois j'arrive à le séduire. » C'était le cas pour *Les tableaux d'une exposition* de Moussorgski, où le lyrisme s'exhibait, triomphant. Quelle subtilité, quelles lumières, quelles couleurs. Du grand art avec pour accompagnement le plus difficile : le raffinement et la désinvolture. Magnifique soirée.

Les soleils et les orages. Nous aurons fait couple toute la vie.

Le temps qui passe, l'absurde de la course aux vanités. Prenons de la distance. On peut être entouré et seul, aimé et indifférent, enseveli mais debout. L'important est de vivre chaque seconde comme une éternité, l'urgent est de se perdre.

Ces vers de Jorge Luis Borges, mon cher aveugle :

> *Jadis, quand je rêvais*
> *à la terre promise*
> *c'est une bibliothèque*
> *que je voyais.*

L'Indochine, où je fus si longtemps jeune et fou, vit en moi par l'incroyable séduction de l'absence.

Ni machine, ni stylo, j'écris au feutre, je suis obsédé par lui, je déteste les encres qui tachent l'imagination, j'aime la page blanche qui souvent se refuse et que l'on viole.

Il est bon de garder des liens privilégiés avec l'enfance. Je retrouve la mienne à volonté, je sais les mécanismes qui la mettent en mouvement et je viens vite à la source : la chambre de mes premières années pyrénéennes était un monde où passaient des goélettes, des chevaux enfiévrés, des hordes sauvages, des visages de toutes les couleurs... J'inventais des itinéraires, mon père m'avait enseigné l'essentiel : la seule patrie d'un homme est son honneur et mieux encore son bonheur. J'ai l'impression de me répéter, c'est pour m'en convaincre.

Pour voir Mathieu — Georges, le peintre — il faut écrire, donner un numéro de téléphone. Il appelle vite si l'on est de ses intimes. On prend rendez-vous, on le visite dans son hôtel particulier éclaboussant de blasons, d'étoffes, de brocarts, d'étendards, de tableaux, d'affiches, de tapisseries. L'homme est à la mesure de l'artiste : fougueux, révolté, tout en éclairs. Gentilhomme cultivé, dandy, il est sa propre invention, son visage est une figurine qui appartient déjà à l'histoire de l'art : cheveux aspirés par le vent, moustache conquérante, front immense. On dirait ailleurs : « Il a une gueule ». Il rectifie : « J'ai d'abord une âme, une ambition, une rigueur. Je suis plus sensible à l'honneur qu'aux honneurs. J'apprécie le respect que l'on doit aux autres. Le plus affligeant dans les mœurs contemporaines, au-delà de la barbarie, de l'analphabétisme, de la pornocratie, c'est la disparition, chez les personnes de qualité, de la courtoisie et même de la politesse. » Devant la médiocrité du monde, Mathieu affiche une attitude hautaine et se veut solitaire. Il n'a plus confiance en personne : « Les cris les plus désespérés ne trouvent aujourd'hui que des sourds. Il faut traverser la rive en marchant sur les eaux. » Il me rappelle nos petits travaux de la fin d'année 74, je lui avais alors demandé de dessiner le sigle d'Antenne 2 et il m'avait fallu choisir entre cent maquettes. « C'était, pour moi, précise-t-il, une manière de signer notre amitié. » Et cette participation fut totalement gratuite. Élégance du mot et du geste.

Il ressemble à ses autoportraits sculptés dans le bronze, le fer ou la pierre. Il est lui-même ce Centaure dont il a fait un chef-d'œuvre en hommage à Picasso. Il est artiste par toutes ses fibres, son visage, sa barbe, ses tics, et génial et fin et cocasse. César, qui m'accompagne souvent, que je regarde différemment selon les moments, devra plus à l'avenir qu'au présent qui pourtant ne l'a pas ignoré. Sa gloire sera immense... « Mais ce sera trop tard, me dit-il. Je n'aurai pas eu Beaubourg de mon vivant ; je ne décolère pas devant ce peu de considération. Si j'étais étranger je deviendrais vite un prince. Notre pays a de stupides attendrissements pour tout ce qui est médiocre, l'ignorance fait force de loi. J'aurai dans ma vie accumulé tous les malheurs : une prétendue célébrité et de réelles maladies. En ce moment, après une terrible opération, je souffre d'une vilenie. Je n'ai plus de sexe, rien ne fonctionne. Je suis comme un homme à qui on enlève une jambe et qui a toujours mal au pied. » En désarroi le cher César, et puis vite, dans un renouveau de folie : « On les aura. » Qui ? Les marchands ? Les collectionneurs ? L'État ? Je pense plutôt qu'il s'adresse aux dieux et aux diables. Ce sont les mêmes.

1990

Avril

Quarante-deux ans après la fondation de l'État d'Israël, le Saint-Siège ne l'a pas encore reconnu ni accepté d'établir des relations diplomatiques normales avec lui. Le catholique que je suis s'étonne de cette indifférence, s'inquiète de cet aveuglement. Le pape, si bon, manquerait-il de générosité, le pape, si voyageur, ferait-il l'impasse sur certains itinéraires ? Pourtant, on me dit de tout côté que la paix lui viendra seulement quand il aura mis ses pas et sa croix dans Moscou, Beyrouth, Pékin... Jérusalem. Rumeur ou réalité ? Qu'il aille vite à cette dernière ville où les juifs, les chrétiens, les musulmans s'acharnent à s'entre-détruire, qu'il s'inspire de la vision d'Isaïe qui inventait là un temple ouvert à l'humanité entière. Est-ce l'utopie qui nous fait rêver d'une Internationale de la foi ?

Lorsque je lui ai dit que l'émission sur laquelle je comptais vraiment pour septembre était signée Rossif, Philippe Guilhaume m'a regardé bizarrement. Puis la question est vite venue : « Tu ne sais pas ? » Non, je ne savais pas, nous nous étions retrouvés l'avant-veille dans mon bureau de l'avenue Kennedy, Frédéric avait observé longuement le passage des péniches — « Cette lenteur vaudrait un film rapide » —, nous avions travaillé sur un très beau projet *Shéhérazade* que nous souhaitions réaliser avec le concours de l'Unesco afin de permettre aux peuples du monde entier de se mieux comprendre et d'acquérir une connaissance plus précise et plus vraie de leurs coutumes, conditions et aspirations respectives. Je ne m'attendais pas à une pareille nouvelle, il avait trop de santé, je n'aurais su prévoir une fuite aussi discrète. Le voilà donc parti sur ses nouvelles routes. Et maintenant caracolent toutes nos complicités, ces merveilleux moments de la nuit où nous présentions ensemble sur l'écran nos « Compagnons pour vos songes ». C'était si beau que nous ne nous quittâmes plus cinq années durant. Nous étions prêts d'ailleurs à tout reprendre.

Frédéric Rossif aimait beaucoup les animaux et surtout leur errance dans les forêts, les savanes, il mettait tout au ralenti pour voler une part d'éternité.

et quand je revois ses films je pense à sa petite musique,

la mélodie irréelle et tendre de Vangélis dont il voulait faire notre Mozart,

je l'entends s'emporter contre ceux qui ne voulaient pas de l'opéra de cet ami,

je le garde en mon cœur, généreux, vieil éléphant solitaire et si chaleureux, toujours en quête d'une colère ou d'un éblouissement,

je me souviens de ce qu'il me racontait de son enfance au royaume du Monténégro, de la fin de sa famille fusillée par les Allemands,

j'aimais son amour de la nuit, nos chasses poétiques à Saint-Germain-des-Prés du temps où la fraternité existait encore, sa forte poignée de main sur mon épaule, ses exhortations... « Promets-moi, Jacques, de ne pas changer, saoulons-nous pour toujours de Mahomet et de Jésus, de Camus et d'Hemingway, de Matisse, de Picasso, de De Staël, de Braque, de Cocteau et d'Eluard,

je n'oublierai jamais que notre « terre est bleue comme une orange »,

j'en veux au ciel qui a bêtement arrêté notre compagnonnage, j'ai de la peine et ma plume tremble autant que ma voix,

son inquiétude est encore présente : « Que faut-il faire de la vie, de chacune de nos secondes, sinon nous épuiser à les précéder... »,

je lui disais : « Quelle fin pour notre commencement ? », et il me répondait : « Le sublime duo du *Chevalier à la rose* »,

il avait sûrement les yeux ouverts lorsque François Jacob a parlé de « son élégance d'anarchiste, de son laisser-aller d'aristocrate ».

Audace souveraine de Jacques Seguela : il vient à l'Est après tout le monde mais s'y croit le premier. La mégalomanie lui a fait perdre le sens de toute communication élémentaire. Il se coupe à lui-même la parole, comme dirait Lichtenberg.

Mon choix était fait : la beauté plutôt que le pouvoir. Vais-je tenir ?

Claude Roy m'a dit ce matin : « Quand tu écris, garde à portée de la main le fusil à tuer les adjectifs. » Que de morts sur les pages des livres !

Confidence de Laurent Fabius au *Figaro* : « Ce sont mes deux fils, Thomas et Victor, qui m'ont alerté sur l'actuelle indigence des chaînes publiques. » Sont-ce les vertiges d'un Goldorak frileux sur son perchoir ? Et que pense donc le reste de la famille de l'avenir du monde !

Dans un document tout à fait remarquable réalisé par Bernard Maigrot pour FR3 Lyon, le professeur Pierre Douzou parle de Charles Mérieux : « Cet industriel est d'abord un humaniste. Le grand âge ne l'éprouve pas, l'enthousiasme le porte, il épuise ses collaborateurs tôt le matin car les idées lui viennent la nuit... » Et puis Douzou, au final, a cette jolie phrase : « Il nous appelle à l'heure du petit déjeuner et pour nous éprouver, il mange ses mots. » Un écrivain aurait du mal à faire aussi simple.

Passage éclair à Genève. Chez Michèle Reichenbach je retrouve l'ami Hugues Gall, patron de l'Opéra, et son escorte d'esthètes. Tous parlent d'une beauté ardente qui, à la Scala de Milan, a eu l'audace de s'attaquer au mythe Callas : Tiziana Fabbricini a déchaîné l'enthousiasme dans une *Traviata* magistrale. Onze minutes d'applaudissements, une admiration sans réserve et cette petite phrase simple de Riccardo Muti : « Elle est unique. » J'aurais aimé être là.

Dans mon courrier ce matin une cassette et ce mot d'accompagnement : « Voici Tiziana. Pardonnez la mauvaise qualité de l'enregistrement pirate. » La voix est puissante et douce, il y a quelque chose de radieux dans cette Violetta. A retenir : Fabbricini.

François Reichenbach, cet étrange voyeur... Il a tout filmé, les Indiens, les tziganes, les sportifs, les intellos, le Mexique, l'URSS, l'Amérique. Il a croqué Bardot, Welles, Hallyday, Rostropovitch, les grands musiciens, les petits sujets, rien n'échappe à sa caméra depuis quarante ans, sa vigilance, son obstination ne sauraient être prises en défaut. Il n'est pas dans le monde plus intransigeant terroriste de l'image. Voleur, violeur, professionnel du kidnapping cinématographique, il a dans ses bobines ce que je n'ai jamais personnellement protégé : mes propres travaux, la presque totalité des répétitions du *Grand échiquier* qu'il surveillait à hauteur de viseur. Arthur Rubinstein, qui s'amusait de ses facéties, m'avait dit : « Si je devais glisser sous une voiture dans la rue, il ne ferait pas un geste pour me sauver : il filmerait ma mort. » Même inquiétude d'Herbert von Karajan : « J'ouvre toujours mes placards avec une certaine angoisse. Je crains d'y trouver François en batterie. Cet homme est dangereux. Il épie, il espionne, il engrange jusqu'à notre vie privée. Comment s'en débarrasser ? »... Justement, ce n'est pas possible, il est donc préférable de lui ouvrir grandes toutes les portes, ne serait-ce que pour le surveiller. Aujourd'hui, notre gentleman-cambrioleur possède les archives les plus insolites, les séquences les plus originales, des kilomètres de pellicule entassés chez lui dans un invraisemblable désordre. Pour y voir plus clair, je lui ai proposé de regrouper par thèmes l'essentiel de ses réalisations, sous ce titre : *Les années Reichenbach*. Il en est d'accord, on peut prévoir pour FR3 une centaine de séries de vingt-six minutes, prolongées d'une collection de cassettes. Au total, un demi-siècle d'images. Du François dans le texte.

L'un de mes invités à *Radioscopie* avait eu cette petite phrase diabolique : « Il est des gens à qui tout profite, même le malheur. »

Il n'y a que la vérité qui presse.

Après quatorze années de rencontres exemplaires, Claude Maupomé quitte son salon dominical de France-Musique où passaient compositeurs, interprètes, écrivains, où l'on parlait de Bach et de Mozart sans affectation. « Comment l'entendez-vous ? » demandait-elle. Assez mal, tristement, puisque ce titre disparaît.

Beaucoup ont déjà estimé que son livre était un chef-d'œuvre, et je veux croire que ce n'est pas seulement parce qu'il aurait pu (aussi) s'intituler « Journal de mes jours comptés ». J'ai aujourd'hui devant moi, dans toute sa cruauté et sa beauté, l'ouvrage d'Hervé Guibert, *A l'ami qui ne m'a pas sauvé la vie*. Un combat de Titans est engagé. D'un côté la Mort, de l'autre un malade inordinaire car écrivain, et capable de lui ravir le dernier mot : stylo pointé comme un laser, il la détaille, la transperce, la déshabille aux yeux de tous et en termes bien plus effroyables que celui qui la nomme.

Hervé Guibert sera bientôt l'un de mes « Guetteurs du siècle ». Le plus jeune que j'aie jamais reçu. A trente-cinq ans, le sida l'oblige à écrire d'un coup toutes les lignes, tous les livres auxquels il n'avait pas pensé. Une œuvre en forme de testament.

1990

Mai

Une télévision qui offre en cascades claires « Eurojournal », « Continentales », « Océaniques », « la Marche du Siècle », « Thalassa », « Traverses », « Musicales », « Mille Bravo », « le Divan », « Regards de femmes », « Musique Maestro », « Samdynamite », « Montagne », « Opéra », « les arts », « Faut pas rêver », n'a nul besoin de se vautrer dans une communication tapageuse qui le plus souvent fait des paillettes au vide. Il suffit à FR3 d'annoncer son programme pour qu'on entende immédiatement le mot *culture* si difficile à prononcer, si bêtement dévergondé. La réussite que l'on nous reconnaît tient à notre cohérence.

A tous ceux qui souffrent du fameux mal de la rumeur mauvaise, à Jean-Charles Naouri, bouc émissaire en ces temps de politiciennes répressions, je confie cette réflexion empruntée à Chateaubriand dans les *Mémoires d'outre-tombe* : « ... Quand l'Éternité m'aura de ses deux mains bouché les oreilles, dans sa poudreuse famille des sourds, je n'entendrai plus personne. »

Dans son Journal 1989 qui est une petite merveille, Julien Green rappelle ce mot de Churchill. Une femme en rage lui dit : « Si j'étais votre femme, je mettrais de l'arsenic dans votre café. — Madame, répond Churchill, si j'étais votre mari, je le boirais. »

Ces temps-ci, bien des pages de mon Journal n'ont pas même effleuré les classeurs. Elles étaient de feu, elles sont devenues cendres. Trop de choses à dire.

J'ai mes villes-lumières qui sont étapes de vie, traces d'enthousiasmes, souvenirs en tous genres. Deux livres, parus ce matin, émoustillent d'évidentes nostalgies. Le premier, une réédition, me permet de retrouver le carnet de voyage de Guy de Pourtalès au pays khmer, en Cochinchine, dans les années 30. L'auteur, on le devine vite, n'a fait que passer et comme tant d'autres, au retour, a dû raconter à Pleyel tout ce qu'il n'a pas vu. Sa description de Saïgon est celle d'un touriste, privilégié sans doute, mais curieusement indifférent. Cette capitale du lointain Orient n'est pas seulement alignement de façades « en carton-pâte, standardisées par quelque architecte lauréat de province ». Pourtalès la juge camelote, tape-à-l'œil, et s'il a raison de dire qu'on y flaire la coloniale, le gigolo, le fonctionnaire, la grue — comme partout ailleurs —, il manque en revanche singulièrement de nez pour saisir les odeurs de cœur, pour approcher les gens, et d'imagination pour percer le mystère. Il décrit bien, remarquablement même, en pointilliste, les maisons, leur architecture, les passants, leurs tuniques, belle suite de croquis, mais là n'est pas l'essentiel. Saïgon se vit de l'intérieur, au contact des bonnes âmes et des voyous, dans les maisons (ouvertes ou closes) sur pilotis, au marché avec les plus humbles, dans les fumeries d'opium, il faut savoir se laisser prendre par sa grâce et sa perversité. Je l'ai connue à seize ans, je la parle encore à cet âge comme si je voulais ignorer le déferlement d'horreurs des dernières décennies. Elle est cette part d'un pays qui fit mon adolescence et j'aime encore à la rêver. Pourtalès a croqué des visages, écouté la rumeur, il a aimé sans doute mais il ne s'est pas abandonné. Il aurait dû savoir que « le seul moyen de se délivrer de la tentation c'est d'y céder ». Une idée d'Oscar Wilde. En revanche il fait de Cho Lon, aux portes de Saïgon, une description quasi parfaite... « C'est la ville où se trouve parquée la masse protoplasmique des fils du soleil... Une ville électrique qui photographie le ciel... Une magic-city de cent vingt mille forains en caleçons blancs, torses et jambes nus... Ce pays n'a jamais de nuit. » Que d'heures j'ai consacrées à cet univers baroque, aux jeux les plus fous, aux fièvres du « Grand Monde », ce Lido asiatique qui se voulait réserve des plus belles filles de la Chine. Là-bas, je ne fus jamais l'Européen qui passe et s'arrête pour observer de trop près le vieillard décharné, accroché à sa pipe derrière une montagne de cageots. J'étais de ce pays, j'étais à ces gens et je n'eus jamais à le regretter. Phnom Penh, mon autre voie royale, avait évidemment plus de charme mais je n'ai conservé de cette cité souveraine qu'une porte de sortie : celle qui conduit à Angkor, dont je fus le pensionnaire six mois durant. Souvenir des temples bien sûr, mais aussi permanence des bonzes que je vois partout, jaune d'or, tête rasée sous parapluie. Je les admirais, et m'en méfiais, l'humilité est une arme à double tranchant. Avec Guy de Pourtalès je suis totalement d'accord sur un point : « Le visage d'Asie est recouvert d'une patience inlassable. »

Un autre livre : celui de Tatiana Tolstoï. Trente-six pages, c'est peu, mais un style qui dit tout. L'auteur est née à Leningrad et en porte à jamais la trace indélébile... « Non pas cet attachement banal au cadre de l'enfance et de l'adolescence, mais la marque de la ville elle-même, de sa splendeur, de sa mélancolie, de ses brumes. » A ma première visite j'ai compris d'instinct qu'elle était Saint-Pétersbourg ou Petrograd, je ne l'ai jamais reconnue sous son nom d'aujourd'hui. C'est vrai qu'elle fut à sa fondation, sur les marais, un massacre d'innocents... « Elle est pavée des centaines de milliers d'ossements de ses bâtisseurs anonymes... qui ont maudit chaque pierre. » Il est exact que chaque année, vers la fin de l'automne, de la mer monte une vague qui inonde la ville et menace de tout emporter... « Tel un défunt privé des derniers sacrements... l'esprit de Pétersbourg erre à travers les murs humides de la ville, jette le trouble dans les âmes sensibles et fait irruption dans les rêves... Il existe un mythe de Saint-Pétersbourg, un des plus forts, des plus étranges de notre littérature. Une ville qui n'a pas sa pareille en Russie. »

Ces deux livres m'auront persuadé qu'il me faut revenir à ces villes. Leningrad ce sera demain, mais Saïgon, mais Phnom Penh, mais Angkor ? Pourtant il y a urgence.

Premier muguet téléphonique. Igor Orloff me donne des nouvelles de Russie : « Quelle aube de mai ! J'étais sur la place Rouge lorsque Gorbatchev a été pris à partie. Ce n'était pas un air de liberté, plutôt un signe de désordre. C'est maintenant qu'il faut s'inquiéter. » Je lui demande de me parler de Leningrad, ma bonne ville : « J'y serai demain, je publie un album sur nos palais aux Éditions Aurora. Le titre devrait te plaire : *Bienvenue au tsar*. Évidemment c'est une provocation. » Par les temps qui courent, c'est même un acte révolutionnaire mais j'en sais le sens. Le communisme a été si fort, si cruel, si assassin trois quarts de siècle durant qu'on ne peut s'en défaire qu'en le tuant définitivement. « Il faudra encore des morts pour que la Russie puisse vivre. Nous entrons dans un nouveau temps des ténèbres. Seule la foi... » Igor, que j'ai connu triomphant, champion de la *perestroïka*, n'a plus les mêmes espérances, ce serait même le contraire : « Tu comprendras mieux lorsque Leningrad changera de nom. On ne reviendra pas tout de suite à Saint-Pétersbourg ; il ne serait pas bon de choquer les derniers enfants de Lénine. Mais on choisira sans doute Petrograd, ne serait-ce que pour saluer Pierre le Grand. Il nous faudra passer par un grand lessivage, autrement, les compromissions dureront encore un siècle. Je suis prêt à payer tout le prix de ce que je dis. »

1990

Juin

Antoine Pinay a cent ans cette année. Chapeau au fils de chapelier, au légendaire marginal qui n'a jamais cessé d'arpenter ce qu'il détestait le plus : les allées du pouvoir. Nous nous rencontrons pour la première fois dans son pied-à-terre parisien. La voix est claire, l'humour dévastateur, le plaisir de dire évident. Sincérité à toute épreuve : « La politique devient burlesque, je trouve lamentable ces querelles de personnes... Chirac ? On lui tire bêtement dessus... Le Pen ? Fort de la gueule... Mitterrand ? Loin de moi l'idée de le débiner, il est convivial, je ne le considère pas comme un grand homme d'État... Giscard ? Très intelligent mais aucune chaleur humaine... Barre ? Une girouette... Delors ? Un véritable homme d'État. Vous le connaissez. Demandez-lui de quitter le parti socialiste... En politique, tout est à revoir. On est entré en banalité. Ce n'est pas une idée que l'on tente de faire passer mais une vanité. » Pinay s'agite sur son fauteuil, se bat avec sa canne... « Je m'énerve, c'est mauvais. » Je lui fais remarquer qu'il est respecté par tous : « Oui, je suis respecté, oui, je suis intègre, mais je suis peu aimé. J'aurai été le grand homme seul de ce siècle. Je me répète, pardon. » A ma question sur le secret de sa sérénité, il sourit : « Mes yeux sont devenus des errants, le grand âge me dépasse, la fatigue m'appelle et je n'ai plus de projets d'avenir. » Il me raccompagne jusqu'à l'escalier, je demande : « Quand nous reverrons-nous ? » Un doigt sur les lèvres, la réponse vient : « Là-dessus, je serai muet comme une tombe... »

Monte-Cristo manière 90. Le revenant a de l'allure : grand, sec, l'œil bleu profond, crinière noire, élégance de dandy, eurasien et quinquagénaire, P. de B. est né des amours passagères d'un commandant français et d'une jeune fille à la société mandarinale vietnamienne. Je le reconnais à sa balafre au menton, souvenir d'un mauvais coup donné par l'un de ces enfants « blancs » qui traitaient volontiers les gens de son espèce de bâtards. Nous ne nous sommes pas vus depuis trente ans. A Saïgon, nous ne nous quittions pas. Paul, je l'ignorais, a été recueilli par ses grands-parents paternels, d'abord à Abidjan puis aux États-Unis. « La famille de ma mère n'a jamais accepté la présence du vilain poussin que j'étais. Mon père, fait prisonnier par les Viêts, est mort sous la torture au camp n° 1. J'ai été récupéré par un oncle français qui était lui aussi officier en Indochine. Je vis à New York, je suis ingénieur. Aujourd'hui, après dix ans d'enquêtes, je reviens " au pays " en justicier. Je veux venger mon père. J'ai retrouvé la trace d'une dizaine de Français tortionnaires qui, par idéologie communiste, s'étaient mis au service du Viêt-minh. Je connais le nom, l'adresse de celui qui a conduit mon père à la folie et à la mort, un soir de février, sous la pluie, dans une forêt où il devait enterrer, seul, vingt de ses copains. Cet homme, un véritable nazi, vit " tranquillement ", honoré, sur la Côte d'Azur. » Paul est déterminé. « Je prends mes risques, c'est affaire d'honneur. Les lâches doivent être démasqués, ces hommes vont payer. Il importe de ne pas les confondre avec les “ soldats blancs ” de Ho Chi Minh, ces autres Français qui avaient choisi, eux, de se battre pour leurs idées et d’en mourir. » Il aura fallu attendre très longtemps pour régler quelques dettes. Je n’ose pas dire à Paul qu’on se perd à vouloir trop haïr.

Mon triangle d’or et itinéraire de prédilection aujourd’hui retrouvé à Jérusalem : le mur des juifs, la mosquée d’Omar des musulmans, le Saint-Sépulcre des chrétiens. Autant de voies royales qui devraient être lignes de paix et ne sont que carrefours de guerre. La rumeur est plus inquiétante qu’au dernier passage. Comme s’il se préparait quelque chose...

Climat plus que lourd au Proche-Orient. Certains pensent qu’il ne peut y avoir de solution négociée au problème palestinien. Les brûlures d’un pessimisme aggravé sont plus blessantes que celles du soleil à son point d’explosion ce matin. Près de Tel-Aviv, bref rappel de ce qui aurait pu être un massacre. Je suis sur la plage où, le 30 mai dernier, un commando palestinien avait décidé de mener la plus meurtrière des attaques. L’armée israélienne a déjoué la manœuvre, les combattants arabes ont été décimés mais la nouvelle stratégie est évidente : accroître la tension chez les Juifs, affirmer la division des différentes tendances de l’OLP. Ayant interrogé les uns et les autres, j’ai tout lieu de penser que ce coup était monté contre Arafat, de plus en plus contesté dans sa propre organisation. Il me semble que les mois qui viennent seront de grande turbulence. La formation en Israël d’un gouvernement d’extrême droite pourrait avoir d’immédiates conséquences sur la politique au Proche-Orient. Les cartes environnantes sont mauvaises : l’Irak menace, la Jordanie est en péril ; le ciel pourtant bleu vire au noir. Qui s’en soucie !

Ils arrivent en troupes serrées, vingt mille chaque mois à partir de juillet, 40 % d’entre eux ont une formation universitaire : les Juifs soviétiques qui trouvent asile dans l’État hébreu pourraient bien changer le cours de l'histoire. Pour l'instant ils sont porteurs des nouvelles d'un monde en révolution, bouleversés, disent-ils, « par ce qui se passe en URSS. C'est la panique, Gorbatchev ne tient plus son peuple, il est actuellement en grand danger, l'antisémitisme est là-bas plus fort qu'autrefois. » Tous ceux que j'ai rencontrés sont persuadés de l'imminence d'un péril. « Nous sommes ici parce que tout va recommencer. »

Une heure d'amitié avec Shimon Peres complètement défait par Shamir et les religieux. L'homme fraternel, raffiné, cultivé, est cette fois cruellement déçu et surtout par les siens : « En fait, ils ne m'aimaient pas, leur tendresse allait seulement aux postes que ma réussite au gouvernement était susceptible de leur attribuer. Il importe toutefois de croire à la paix, de lutter pour elle, si l'on ne veut pas jeter le peuple juif dans de nouvelles errances. »

6 heures du matin à l'aéroport de Tel-Aviv où m'accompagne l'ambassadeur de France en Israël, l'excellent Pierret, l'un des meilleurs diplomates du Quai d'Orsay qui en a par ailleurs de bien mauvais. L'aube est superbe, la lumière magique. Je rentre en France, les professeurs François Gros et Maxime Schwartz, directeur général de l'Institut Pasteur, sont aussi du voyage. Le premier me confie une nouvelle d'importance : « Il existe à l'Université de Jérusalem une correspondance considérable échangée par Marie Curie et Albert Einstein. On l'a banalement glissée dans un carton, personne ne semble au courant. » J'ai trouvé une raison à mon prochain voyage.

Un vieil homme m'aborde au moment de monter dans l'avion : « Mille musiciens, récemment venus d'URSS, sont actuellement en attente d'un travail. On pourrait constituer vingt orchestres symphoniques de très haut niveau. Hélas, ces immigrants n'ont pas le moindre instrument, les autorités soviétiques leur ont interdit d'emporter des objets de plus de mille roubles. Le monde devrait nous aider et je compte sur vous.

Personnellement, j'ai réuni les meilleurs pour un concert que nous donnerons à Jésusalem le 9 juillet. » Il y a de l'avenir pour les orchestres russes d'Israël.

Voyage éclair en URSS. Moscou d'abord et bien évidemment le Bolchoï : une désespérante Violetta dans une *Traviata* de pacotille mais un théâtre de rêve avec des ors, du rouge, un public ardent. Leningrad ensuite dans un bonheur complet : une superbe *Sylphide* au Kirov, un Rachmaninov puissant à la Philharmonie, avec l'orchestre de Iouri Temirkanov. Découverte d'une remarquable pianiste géorgienne : Etery Andjaparidze. La Russie enfin : des jeunes qui ne savent pas, de vieux grognards qui ne veulent rien changer, nous voici venant de Paris de l'autre côté du miroir. Le monde croit qu'ici tout est ouverture. Faux. Tout aujourd'hui est interrogation. Un commentaire cynique court les rues : « Nous, les Soviétiques, nous avons deux problèmes. Le premier : trouver à manger. L'autre : apprendre à maigrir. » La nourriture est aussi lourde que le temps.

1990

Juillet-Août

J'avais suggéré différents titres pour ces trois années de mon Journal : « Rien que des miettes. » Refusé car minorant, de l'avis de tous. « Jours contés. » Beau mais ambigu (et l'on aurait sauté sur l'occasion : « Ses jours sont comptés »). « Règlement de contes. » Trop racoleur et inexact. « Mille jours. » Banal. « Quotidiennes. » On aurait pu ajouter « plurielles » et nos journées ainsi prenaient un sens. Peu convaincant tout de même. « La vie, multitude » m'avait un moment séduit, en souvenir de Pérec. Il fallait l'inattendu pour arrêter mon choix. Dominique Jamet qui me parlait tout à l'heure de sa Grande Bibliothèque et du désordre de la vie, m'en souffle un autre, et le bon. Il a trouvé ; ce sera : *le désordre et la vie*. Titre simple, cohérent. Reste maintenant à joindre Jean-Michel Folon pour décider de la couverture. « Que dois-je illustrer ? me demande-t-il. — Les petites heures du jour. — Tu l'auras demain. » Je sais pouvoir compter sur lui, sur son amitié et sa fidélité. Depuis ce premier matin d'Antenne 2 où, sur ma demande, il a imaginé le fameux générique des bonshommes volants, il accompagne quelques-uns de mes livres. Nous poursuivons l'aventure.

C'est peu de dire que j'aime le vélo, merveilleux compagnon d'évasion des premières années, ne pas l'écrire serait manquer au souvenir, faire injure à quelques moments d'exception. Plus grave, m'en désintéresser équivaudrait à oublier mon père qui fut l'initiateur de fabuleuses balades, commencées à l'aube, à la lanterne, sur les cols du Tourmalet et de l'Aubisque. Je lui dois — et je l'écrirai encore cent fois — mes plus belles découvertes, les brumes de montagne gardiennes de soleil, la rencontre d'un aigle au-dessus du Soulor, ce goût de la curiosité, ma perpétuelle recherche, l'*ailleurs* que je souhaite ne jamais trouver pour le chercher toujours. Je me savais sans fortune mais je n'imaginais pas qu'il y eût au monde enfant plus privilégié. J'avais l'espace, j'avais le temps et la tendresse d'un homme remarquable que je vois encore ramassé sur son guidon, jouant les Lapébie. Ces petits matins devenaient splendeur au sortir de Barèges au pied du Pic du Midi. J'ignorais encore que bien des années après, je referais ces routes au milieu d'une horde d'envahisseurs, en voiture cette fois, au coude à coude avec les Hinault, les Fignon, les Mottet, les Lemond, les Delgado d'aujourd'hui. Mon imagination fertile n'aurait pourtant pu concevoir les fureurs de maintenant, les fumées sur la route, tant d'images sur l'écran. Je voyais les coureurs, je ne me doutais pas de leurs souffrances. Mon bonheur était à l'opposé de leurs efforts, mon paradis était leur enfer. Demain, tout recommence. Je serai au Futuroscope de Poitiers. Le Tour c'est la fête.

Du jaune, de l'ocre, une pureté de désert, ce frémissement particulier de la campagne toscane... A 20 kilomètres de Sienne, au sommet d'une colline, comme un mirador de paix, la chapelle des bergers. C'est le lieu de solitude du peintre Gérard Fromanger qui a installé là son atelier. Le paysage au-delà des terrasses a servi de modèle aux frères Lorenzetti pour leurs fresques magnifiques. J'aime cette lumière et aussi le tempérament des gens d'ici, tous préoccupés d'esthétisme... « Quand un Toscan n'a plus de réponse à vos questions, me raconte Fromanger, il en a encore une. Si vous lui demandez pourquoi ceci ou pourquoi cela, il peut vous répondre après un silence grave et convaincu : *per belleza* (pour la beauté). » Ce pays a du sens.

Jeudi 2 août. Tornade rouge. Les troupes irakiennes envahissent le Koweït. Brumes de guerre sur ciel de vacances. Saddam Hussein qui veut être le nouveau Nasser du monde arabe renforce sa puissance, au lendemain d'un affrontement avec l'Iran, ruineux pour les deux pays. La loi du plus fort s'est encore imposée. Que va faire le monde ? Échanger des mots, envoyer des troupes de guetteurs de rives, s'essayer à quelques grandes manœuvres. On va piétiner sur place, prendre du temps, le perdre, et il sera vite trop tard. Il fallait immédiatement libérer le Koweït. Cela ne vaut pas une ligne de plus. Saddam a déjà gagné, comme Hitler autrefois... mais faisons cette fois-ci que ce soit de courte durée.

Le Koweït ? On n'en parle plus. Pour Saddam Hussein c'est une terre retrouvée : « Nous sommes chez nous. Les Koweïtiens sont des Irakiens depuis des millénaires. » Et personne ne conteste. Attention, nous aurons demain les Romains à nos portes.

Les troupes du monde libre ont envahi l'Arabie Saoudite et n'en sortent plus : « Il n'y a pas d'espoir de solution diplomatique », indique George Bush. Serait-ce donc la guerre ? J'ai une drôle d'impression, le sentiment confus d'une monstrueuse magouille, d'une partie de poker truquée. Une chose est sûre : Bush, avec ses milliers d'hommes, a, pour l'instant, perdu la partie. Il avait exigé le départ immédiat du Koweït des troupes irakiennes. Elles y sont toujours, deux semaines après l'attaque surprise. Les grands sont si diplomates qu'il ne faut plus compter aujourd'hui que sur Israël. Mais une victoire de ce pays conduirait à sa perte.

Un dernier espoir pour les Occidentaux toujours en attente : Saddam Hussein pourrait être neutralisé de l'intérieur, c'est-à-dire assassiné par ses proches. Le rêve éclabousse le courage.

Qu'elles sont donc étranges ces journées incertaines où l'on voit un monde qui court heureux à la guerre. On a presque envie de dire : « Feu. » Ce n'est, dit-on, qu'une question d'heures. La foule est impatiente. Qui tirera le premier ? Cruelle défaite des hommes.

Il n'y a pas de mots pour dire l'écœurement, le diabolique d'une telle mise en scène, la barbarie du procédé. Il s'agit simplement d'écrire pour se souvenir. Saddam Hussein transforme les civils occidentaux en otages et pose au milieu d'eux sa main rouge sur la tête d'un enfant. Mascarade, vulgarité de l'âme, sauvagerie préhistorique. Les légendes s'écroulent, les mille et une nuits sont à jamais noires, Schéhérazade est morte ce matin.

Du fameux traité de Cicéron sur l'art de *savoir vieillir*, réactualisé avec pertinence aux Éditions Arléa, ce court extrait qui reste vrai pour les siècles et les siècles et quel que soit l'acharnement de la science à vouloir nous conserver jeunes et dynamiques :

« La vieillesse n'est honorée que dans la mesure où elle résiste, affirme son droit, ne laisse personne lui voler son pouvoir et garde son emprise sur les siens jusqu'à son dernier souffle. J'aime découvrir de la verdeur chez le vieillard et des signes de vieillesse chez l'adolescent. Celui qui comprendra cela vieillira peut-être dans son corps, jamais dans son esprit. »

Trop de mauvaises nouvelles en une seule matinée sous un trop beau soleil, dans un Porto-Vecchio écrasé de touristes. Les gazettes sont tristes : Michel Guy, le créateur du remarquable Festival d'Automne, l'ancien ministre de la Culture, le successeur d'André Malraux et Jacques Duhamel, est mort hier soir. Je me souviens d'un épisode rocambolesque et de sa haine vingt-quatre heures durant. J'avais été officieusement nommé président de la Sept par François Léotard, Michel l'avait appris par des bruits de coursives, il m'avait immédiatement appelé : « De grâce, refusez, faites-moi cette amitié, ce poste est pour moi, je suis le remplaçant tout désigné de Georges Duby. Si vous persistez, je ferai jouer Giscard et Barre contre vous. » Je m'attriste aujourd'hui du grotesque de la situation d'alors, je me méfiais déjà de la politique, elle me devint insupportable. Je n'eus aucun mal à me défaire de cette promesse, c'est Léotard qui prit peur, nous étions à la veille d'élections. Pitié pour la basse-cour.

Tout autre est le départ de Georges Conchon qui jamais ne dépendit de personne et fut splendidement sage le temps de sa vie. On retiendra qu'il reçut le prix Goncourt en 1964 pour son roman *L'État sauvage*, beaucoup parleront de l'écrivain et du scénariste, je garde la trace de l'ami rencontré aux premières aventures de *Radioscopie*, de l'honnête homme qui savait se faire rare. Nous n'étions pas de ceux qui se voient à tout moment et soutiennent de longs dialogues, nous allions vite et au plus vrai : « Le monde s'étouffe de paroles vaines, me disait-il. Le silence demain pourrait se faire chef-d'œuvre. » Il y a peu de mois il m'avait entraîné aux « puces », nous avions joyeusement discuté le prix d'un ruban de Légion d'honneur, porté — affirmait le vendeur — par Napoléon. Nous ne l'avions pas acheté. « C'est assez de l'avoir reçu, avait-il conclu. Gardons-nous d'en faire étalage. Notre vanité à tous les deux tient à cette discrétion. » Je lui avais offert ce jour-là un vieil exemplaire jauni du *Rouge et le noir*...

« Les ombres du temps ne sont pas encore assez longues sur Marguerite Yourcenar pour que le dessin puisse en dégager à coup sûr toutes les nuances et tous les contrastes. » C'est l'une des phrases premières de l'excellente biographie que Josyane Savigneau consacre à la dame de Mont-Désert. Beau travail qui ne restitue pas seulement les événements réels et les dates exactes d'une vie mais les réinvente dans une trame romanesque séduisante et sans concession. Les retrouvailles avec un personnage exceptionnel exigent de ceux qui s'y consacrent une rigueur, une passion, une honnêteté. C'est un état de l'âme et des lieux. Et la recherche effrénée de chaque seconde d'une existence. Puisant à toutes les sources, Josyane Savigneau a rassemblé les feuillets épars d'une documentation abondante. Pour ce qui me concerne, tout est précis, sans faille, les phrases empruntées à nos différentes conversations n'ont pas été vidées de leurs sens ; par le jeu des citations augmenté de mes souvenirs je retrouve des pans entiers de nos partages à « Petite Plaisance ». Il y est même question d'Albert Cohen qui s'était laissé aller à un étonnant mépris : « Yourcenar, m'avait-il dit, est si grosse et si laide qu'elle ne saurait être un grand écrivain. » Je me souviens de cette phrase, il convient de la replacer dans son contexte. Nous étions dans son bureau, à Genève, il était désespéré de n'avoir pas reçu le Nobel, il s'en prenait à la terre entière sur un ton de chanoine, il n'en pouvait plus d'entendre vanter les vertus littéraires de Marguerite Yourcenar : « Le XXIe siècle ne retiendra pas une seule de ses lignes. »

Dans cette biographie qui est le roman d'une vie, Josyane Savigneau nous donne à découvrir les notes de Grace Frick qui fut la compagne de l'écrivain pendant plus de trente ans, sa traductrice et à certains égards hélas sa servante. A lire ses appréciations sur « les visites des uns et des autres aux Amériques — Matthieu Galey, Bernard Pivot, Jean-Paul Kauffmann, Chancel » —, je découvre, je l'ignorais, que nous fûmes les mieux accueillis : « Jacques Chancel eut les faveurs de Grace, toute l'équipe a été charmante et très efficace... » Et Marguerite de commenter : « En m'assurant sans cesse qu'on s'arrêterait quand je le voudrais, Chancel a obtenu de moi dix heures en tout de propos et je ne semble pas m'en trouver mal. » Josyane Savigneau constate : « A l'évidence, Marguerite Yourcenar se laisse aller à la pose ; elle n'est pas du tout ennuyée de parler, on l'entend très clairement dans ses *Radioscopies* comme on le verra plus tard avec Bernard Pivot dans l'*Apostrophes* spécial qui lui est consacré... »

Aurai-je un jour la chance de découvrir la totalité des notes de Grace ? Elles doivent éclairer d'une lumière nouvelle la personnalité d'une dame qui se savait grande, d'un écrivain qui se voulait *modestement* l'un des plus importants de ce siècle. Je n'oublierai pas de sitôt mes soirées de mai à Mont-Désert dont, dans d'autres livres, j'ai déjà beaucoup parlé. Lorsque je raconte Marguerite, je cite immédiatement Grace qui était l'indispensable accompagnement de Mont-Désert. Je la revois fidèle, dévouée, souriante, souffrante. Ce qu'elle vivait était atroce, le cancer la tuait lentement, elle n'en pouvait plus de se battre, la poitrine brûlée par les radiations, la peau à vif, les mains défaites. Il m'a toujours semblé que sans Yourcenar, elle eût été, elle aussi, un écrivain reconnu.

La télévision encore sur la sellette : « L'information se fait-elle manipuler par la propagande irakienne ? » Question tranquillement posée par des personnes en vue qui n'ont jamais pris le moindre risque. D'abord un point d'importance : il fallait aller à Bagdad, il était nécessaire d'interroger Saddam Hussein, c'est le rôle du journaliste de se frotter même aux tyrans. On accuse aujourd'hui Patrick Poivre d'Arvor d'avoir réussi ce que tant d'autres ont raté : l'entretien de l'année. Il aurait été trop indulgent, trop courtois, trop complice. Stupidités, jalousie. Le fait est là : pour la première fois on a vu et entendu l'envahisseur, c'est une question de métier, la chasse simple et quotidienne de l'actualité. Le constat est facile à établir : PPDA était au bon moment, à l'endroit précis où son professionnalisme lui commandait de se trouver. D'autres demain feront le même voyage mais c'est le premier pas qui coûte.

Quelques mois de compagnonnage avec Dominique Alduy m'en ont persuadé : il y a de la fièvre chez cette femme-là. Je l'imaginais déterminée, elle est mieux que cela, guerrière, je la voyais tendre et cruelle, elle est plus, touchante et assassine, je lui trouvais du charme, c'est une séductrice au regard à la fois dur et figé, paisible et lumineux, assez ardente pour porter le feu, assez sage pour retenir l'incendie. Nous avons une même volonté à la tête de FR3, elle va au bout de tout, je ne transige pas sur l'éthique, elle mène l'entreprise et veille aux équilibres. Nous devrions réussir...

1990

Septembre-Octobre
Novembre
Décembre

Septembre, octobre, novembre, décembre 1990... Un quatuor de mois pour une musique trop contemporaine. N'en séparons pas les notes déjà discordantes, pleines de bruit. La partition annoncée n'a pas de génie. Aucune espérance d'âme en cette fin d'année.

C'est fou l'importance que les écrivains accordent aux déjeuners, aux dîners, aux réceptions, dans leurs journaux intimes. Comme si la vie n'était réglée que par des passes mondaines. Ernst Jünger, le plus célèbre des auteurs allemands contemporains, l'homme des *Falaises de marbre*, n'échappe pas à la mode mais il en fait la trame d'un itinéraire romantique où les gens et les choses, selon Jacques Brenner, « s'installent dans une hiérarchie invisible ». Ses *Journaux de guerre* — l'essentiel étant réservé à ses étapes parisiennes de 1940 à 1944 — sont des fragments d'époque, notes éparses assez précises qui réinventent les bruissements du temps : anecdotes, histoires rares, choses vues et entendues. Le 5 novembre 1941, il écrit : « Ce qui ne nous tue pas nous rend plus forts ; et ce qui nous tue nous rend prodigieusement forts. » Viennent ensuite au hasard des pages d'étonnants personnages dont on ne saurait dire s'ils furent vertueux ou traîtres. L'un des plus cités est Marcel Jouhandeau « qui a beaucoup du moine médiéval et même du type extatique... aux traits lucifériens ». Jünger possède à fond une formidable qualité d'écoute, il entraîne aux confidences et ce talent n'appartient qu'à quelques-uns... « La mère de Jouhandeau, écrit-il, mourut très âgée. Au moment de la mort, son visage se transfigura comme sous l'effet d'une explosion intérieure ; elle prit les traits d'une fille de vingt ans. Puis elle sembla vieillir à nouveau et garda jusqu'à l'enterrement les traits d'une quadragénaire... » Le livre est fait de ces touches sensibles qui ont le rare mérite de nous délivrer d'un nombrilisme exacerbé, trop évident ailleurs. Comme dans tout Journal et c'est le charme de l'exercice, il n'est pas nécessaire de lire ligne après ligne, on peut entrer au hasard de n'importe quelle page et prendre à volonté mille et un récits même pas enchaînés. Le volume est énorme, la couverture affreuse, noire comme l'époque sans doute...

J'écris de moins en moins, la charge est lourde. Je pensais pouvoir tenir mon Journal au quotidien comme je le fais depuis quarante ans mais les heures à FR3 sont trop courtes, les réunions trop nombreuses, le rythme de route trop saccadé. Il me faudra noter par-ci, par-là, au hasard de la nuit. Ai-je des regrets ? Pas le moindre. Mon roman *Le festin des fous* est seul en souffrance et ce n'est pas grave. Il est des années où l'ordre des choses ne peut être respecté.

Interrogations sur Auroville au cours de l'émission *Faut pas rêver* qui est à la télévision l'une des rares pages d'évasion où les nécessités spectaculaires ne polluent pas l'essentiel. Des hommes et des femmes, dans cette cité expérimentale créée en 1968 du côté de Pondichéry, sont en quête du Graal, l'impossible trésor. Je ne saurais leur tenir rigueur d'une recherche aussi passionnante mais ce que je vois ce soir sur l'écran ne me semble pas correspondre à ce que furent l'éthique et l'exigence du philosophe Aurobindo. C'est un gourou qui nous est raconté par quelque sept cents adeptes et c'est un contresens. Il n'était pas homme assoiffé de modernisme, aucunement bâtisseur et encore moins inventeur de sectes. Il ne vivait que d'eau et de silence. La solitude l'habitait, la réflexion et la recherche d'un « accord mélodieux des êtres et des choses » retenaient tous ses jours, toutes ses nuits, sa musique obéissait aux simples chants des oiseaux. Je sais pour l'avoir rencontré, suivi, et écouté dans les rares moments où il offrait publiquement ses méditations, qu'il n'aurait jamais accepté cette caricature d'une nouvelle cour des miracles. Ce monde est plutôt le fantasme de Mère, une française qui fut son épouse et que l'on vénère aujourd'hui à la place du Sage. Loin de moi l'idée d'accabler ce personnage qui avait sans doute de bonnes raisons d'afficher ses propres réflexions mais je suis sûr quand même qu'elle n'avait pas la modestie et l'élévation de pensée de son prophète de mari. Satprem, l'héritier choisi, n'a pas supporté tout ce folklore et je l'avais deviné à notre dernière rencontre à Paris. S'il est parti pour l'Inde, s'il s'est donné pour vie un ermitage, c'est qu'il devait y avoir péril en la demeure. Les pensionnaires d'Auroville sont sincères, je ne leur fais pas procès, ils ont décidé de leur existence communautaire bavarde, c'est leur problème, mais qu'ils ne se recommandent pas d'Aurobindo.

La langue française et la littérature sont ses îles. Il sert l'une et l'autre, les protège, les enflamme avec parfois un brin de fanatisme qui pourrait le faire passer pour un intégriste des belles-lettres. Yves Berger n'a jamais œuvré dans le genre mineur : l'explosion ou rien. La réussite des autres, qu'il conduit à la hussarde, lui a donné dans la cathédrale des éditeurs l'aura d'un père Joseph. Machiavélique et tendre, il joue de toutes les ambiguïtés. Guetteur d'écrivains nouveaux, il court les manuscrits à la manière d'un marathonien. Il vous prépare un Goncourt et c'est un sacerdoce, il se fait écrivain et c'est sa solitude. Je plaide pour ce dernier et splendide carré de vie, je l'y crois plus vrai qu'ailleurs, moins accessible sans doute mais tellement lui-même, si bien accordé enfin à ses rêves, à sa trajectoire voyageuse, à cette imagination qui fait plus de découvertes que les yeux. Ses propres livres me paraissent plus importants que le beau commerce qu'il entretient avec la littérature, l'Amérique qu'il nous raconte est le territoire de son lyrisme, le prolongement d'une fascination d'enfance. S'il était compositeur je dirais qu'il vient d'achever son quatuor en sol US majeur : quatre pays tissent sa toile, le Nouveau-Mexique, le Colorado, l'Arizona, le Nevada. Quatre romans portent ses errances : *Le Sud, Le fou d'Amérique, Les matins du Nouveau Monde, La pierre et le saguaro.* Avec cette dernière page d'outre-Atlantique, Yves Berger ensoleille la pierre qui fait de quelques rochers de là-bas des monuments et met en évidence le saguaro, ce cactus aux allures de croix — Golgotha et Lorraine réunis —, symbole de douleur et d'élévation de l'âme. Ce nouveau roman est magnifique et me porte à dire — tant pis si je le trouble — qu'il est plus écrivain qu'éditeur et cela malgré des succès qui, chez Grasset, auront marqué cette deuxième partie du siècle. L'auteur véritable ne vit que de sa plume.

On l'avait jugé à ses débuts trop romantique, trop indifférent à ce qui fait souvent le succès d'un artiste : la familiarité tapageuse. Tout au long de sa vie — trois quarts de siècle — Jorge Bolet ne s'est jamais laissé aller aux complaisances, aux compromissions, aux embrassades burlesques. Jusqu'à sa dernière seconde, ce matin à San Francisco, il n'aura eu pour obsessions inaltérables que son piano, son exigence, le plaisir de jouer. Nous avions déjeuné il n'y a pas si longtemps chez Edgard ; il y avait croisé dans la même minute — effet du hasard ! — Raymond Barre, Jacques Delors, Michel Rocard... « Sommes-nous ici à la cantine du pouvoir ? Nous faudra-t-il parler plus de politique que de musique ? » Il s'étonnait que l'on pût rencontrer tant de personnages célèbres dans un même lieu, en si peu de temps... « J'ai sur eux un avantage : ils ne m'ont pas reconnu. » Ironie, vanité ! Allez donc savoir avec ce diable d'homme à l'allure princière, faussement hautain, qui n'avait d'autre ambition que la transparence dans ses interprétations et sa propre existence. Je l'avais souvent écouté mais je ne retiens aujourd'hui qu'un seul grand moment, son récital à New York, à Carnegie Hall, en 1972, me semble-t-il... J'ignorais alors jusqu'à son nom, on avait insisté pour que je vienne : « Tu vas assister à un récital magistral. » Il le fut. Il y avait au programme, si je me souviens bien, les *Préludes* de Chopin, l'ouverture de *Tannhäuser*, transcrite par Liszt, et du Bach. J'étais subjugué par sa manière d'être, son entrée en scène — comme s'il s'effaçait —, son flegme, sa façon de se tenir à l'instrument, le buste presque droit sur le clavier, sans émotion apparente. Concentré au point de n'appartenir à personne. Je lui avais d'ailleurs dit mon sentiment : « Le public pour vous est sans doute de trop. » Cette réflexion l'avait amusé mais elle touchait plus à l'anecdote qu'à l'essentiel : « On pourrait croire, m'avait-il expliqué, que la solitude est ma terre promise, qu'il me suffit d'un piano pour inventer un monde. C'est plus banal que tout cela, j'ignore ce que je viens faire devant tant de gens, c'est moi qui suis de trop. Mon plaisir est ailleurs, quelqu'un pense et agit pour moi, me fait aussi parfois m'arrêter, dans un concert, en pleine interprétation d'un morceau. J'ai souvent entendu cette voix : “ Recommence ”. Et je reprends au début, sans la moindre honte, pour le simple bonheur de l’ouvrage bien fait. » On pouvait rencontrer Jorge Bolet, lui faire déguster quelques grands vins — « surtout le pétrus » —, s’enthousiasmer de sa musicalité raffinée, mais la fréquentation amicale ne lui était pas coutumière. Il s’était exclu des « bâtardises mondaines ». Peut-être le disque lui donnera-t-il demain une éternité...

Un auditeur m’écrit ce matin : « Comment pouvez-vous vous faire traiter de lâche dans le fond des yeux par Françoise Giroud au cours d’une émission sans la mettre à la porte immédiatement. Où est votre courage ? »

Il signe le sien Paul-Florian Valet, et a dû se sentir visé plus que moi. Françoise notait ce jour-là qu’en certaines circonstances, il arrivait aux hommes d’être un peu lâches. Où est donc l’impudence de son propos ?

La route zigzague dans un paysage de terres rouges. Le soleil de ce matin d’automne est violent, la lumière aveuglante, les bleus, les blancs, les verts des maisons se confondent dans des zébrures que l’on croirait de sable et qui sont lignes de chaleur. Les hauts arbres fins de la palmeraie de Marrakech miroitent sur fond d’Atlas. Quelques villas qui se veulent palais et ne sont que communs deviennent pierres de passage ; au-delà des murs épais, les manants se croient princes à la manière des soyeux de Lyon étouffés par leurs mystères. Je vais chez le Fou, j’appelle ainsi Walter Candoni qu’il m’arrive de comparer à Louis II de Bavière. Même passion du beau, même fascination de l’inutile, même indifférence au monde. La marginalité qu’il s’impose le condamne au chef-d’œuvre. Gentilhomme de Venise, Français de cœur et Marocain pour tout ce qui touche à l’étrange, Walter réalise enfin son rêve orientaliste, sa « chimère ardente » : un immense labyrinthe de fantasmes. Ce qu’il a imaginé, dessiné, créé au cours de ces cinq dernières années sur un espace de 12 hectares vierges est pure démence, parfaite aberration. Mon étonnement est à la mesure du projet. Je croyais voir une propriété comme il y en a tant dans cette oasis de privilèges, une imposante baraque née de la suffisance d'un milliardaire, de la malignité d'un malandrin ou du simple amour d'un autochtone, et je découvre, en cet octobre 90, une demeure patricienne de la Rome antique précédée de portiques de l'Égypte ancienne, dans une profusion de mosaïques de Ravenne, un déluge de marbres, une succession de patios, des jardins de Séville encombrés de palmiers, de jacarandas, de mimosas roses, une salle de musique, un univers de fresques peintes directement sur les murs. Entouré de ses 120 ouvriers qui taillent sur place briques, pierres et marbres, Walter se défait ici de toutes les mondanités pour n'être plus qu'un bâtisseur. Il vit sous une tente caïdale que l'on imagine empruntée à un seigneur berbère, dans la simplicité la plus orgueilleuse. Libre, au large, sauvage. Toujours à la poursuite d'un rêve qui devient avec lui réalité. Ce qu'il a déjà construit — palais, cours intérieures, tours d'accompagnement, chemins de ronde — ne lui suffit plus. Il pousse maintenant l'inconscience jusqu'au paroxysme. D'un oued dessiné par les eaux de l'Atlas, il a fait une grotte, profonde de 17 mètres et si longue qu'elle se perd au loin dans les méandres de ce qui n'est plus un mirage. L'encorbellement y est féerique, ce ne sont des deux côtés que souterrains, salons aux plafonds sculptés, galeries, ruines réinventées mais aussi cascades, bassins, faits pour la chute finale, celle des grandes eaux sur d'immenses bains romains en cours de finition. Les châteaux du divin Louis II s'envolaient par-dessus les collines, les divagations de Walter Ier pénètrent les entrailles de la terre. Dans les deux cas, il n'est pas de folie plus raisonnable...

A son époque, les émissions ne s'appelaient pas encore « produits », la télévision était plus un acte de foi qu'une envolée commerciale, les dramatiques étaient réalisées en direct, *La caméra explore le temps* faisait les beaux soirs de millions de spectateurs, c'était le temps du monopole. Stellio Lorenzi, tempérament de feu, tenace, sensible, explosif, amical et insupportable, était de ces aventuriers qui vous font d'une simple idée un monument. L'humanisme était son affaire, la recherche de la vérité sa mission première. De lui, j'avais aimé *Les templiers, L'affaire Calas, Les cathares, Crime et châtiment, Zola ou la conscience humaine*. Pour lui rendre hommage, au lendemain de sa mort, quelle œuvre devons-nous diffuser ? J'ai réuni ses trois enfants chez Alain Decaux au ministère de la Francophonie. Nous parlons de lui au présent, nous avons été si proches, à des titres évidemment différents. Qu'aurait-il choisi, lui ? Nous répondons d'une seule voix : *Les Rosenberg ne doivent pas mourir.* Il y a dans cette réalisation le souffle Lorenzi, son attention aux hommes, aux acteurs, son honnêteté, sa subjectivité. Alors, Stellio, satisfait ?

La liberté de l'information ne saurait être confondue avec la calomnie ou avec l'exclusion. Les attaques contre Philippe Guilhaume relèvent de l'ignominie. La politique et les renseignements — dits généraux — ont l'obligation d'un total respect des personnes et de leur vie privée. Que les justiciers s'approchent de plus près de leurs propres miroirs.

Il faut se méfier des grandes consciences, elles inventent leurs causes, trichent à outrance et finissent par croire à l'honnêteté de leurs vilenies. Ainsi Gilles Perrault qui, sur le Maroc, avec un vrai talent, fusille à bout portant. Partant d'un fait précis, en voie de négociation — l'affaire Oufkir —, utilisant Ben Barka sur lequel on ne sait rien, le voilà romancier de ses propres fantasmes, militant de ses vieux démons. Comme je l'aurais aimé pareillement violent à l'égard de Staline ! Je connais assez le peuple dont on parle pour faire dans ce déballage médiatique un ménage nécessaire. J'écris donc pour *Le Monde* cette lettre à contre-courant.

Lettre à un ami marocain :

Je me souviens du temps où de chères têtes, écrasées de prétention, agitaient une ignorance crasse sur les événements de l'Extrême-Orient. Ces glorieuses du privilège, somnambules des dîners en ville, se réjouissaient alors de l'entrée bienheureuse des troupes communistes dans l'univers frelaté, verminé, de Saïgon. L'horreur là-bas remplaçait la concussion, une *certaine intelligentsia*[1] se trompait de réalité mais s'amusait aux phrases. Désordonnée dans ses sentiments elle trébuchait sur les mots. Le n'importe quoi lui tenait lieu de sémantique, vieille habitude, étrange continuité, elle adorait Staline, elle caressait Castro, elle visitait Ceauşescu, elle oubliait Pol Pot, elle encourageait Khomeyni, elle avait des tyrans pour prophètes. Les temps n'ont point changé, il lui reste des héritiers qui plaident aujourd'hui pour Saddam Hussein ; comme toujours elle parle au nom de la France, encombrée de tous ses gourous, et bêtement, notre pays, par mimétisme, se prend d'amour pour tous ses ennemis. Sans y prendre garde. Nos frères d'ailleurs ne comprennent plus rien à nos étranges battements de cœur. Ainsi le Maroc qui est à l'orage, aux étonnements, partagé entre la tendresse ancienne, l'amertume, nouvelle, comme revenu, au rythme des injures de quelques-uns, au temps du colonialisme. Les coups portés à la famille régnante, à la trilogie — « Dieu, la patrie, le roi » — consacrée par mille deux cents ans d'existence de l'État, ressemblent à ceux qui firent la grande crise de 1953. On ne laisse pas des amis dans le malheur, c'est lorsque la trahison vient qu'il faut être présent, témoigner dans le désarroi est une politesse que l'on se fait à soi-même. Je suis allé, ce samedi et ce dimanche, à Casablanca, à Rabat, à Marrakech ; ce qui me frappe c'est la tristesse du peuple, sa colère muette plus forte que les déclarations officielles. Identifié — qu'on le veuille ou non — à son souverain, le Maroc ne saurait se satisfaire de paroles de pacotille ou de vagues promesses de réconciliation. Il a été frappé au plus profond par la rumeur autant que par l'insulte, tous ceux qui ont combattu pour la France, sa libération, sont — et je ne l'imaginais pas ainsi — humiliés, à ce point de rupture où l'agressivité retrouvée peut écraser l'amitié. C'est stupide, idiot, indigne. Nos grands inquisiteurs ne se sont jamais révoltés à l'heure cruelle des goulags, on a laissé massacrer des millions de Cambodgiens sans qu'il y ait le moindre cortège entre Bastille et Nation, on a fait silence sur l'Algérie où les derniers morts n'ont jamais pu laisser passer un cri. Il faudrait se souvenir de ce mot de Degas qui connaissait bien sa palette : *« Quand on ne sait pas, ce n'est pas difficile. Mais quand on sait... »* Y aurait-il une mode des bonnes causes et des mauvaises ? Cruelle dérive. Entendons-nous. Ce n'est pas un livre

1. Ne jamais confondre l'intelligentsia, secte ordinaire, et les intellectuels, nécessité glorieuse.

qui est source du différend, ce serait faire hommage à l'auteur, pamphlétaire fort habile aux coups assassins. Et tout peut être écrit, hélas même, le pire. C'est plus une manipulation sournoise menée par des irréductibles attachés à ne pas voir le Maroc, nation arabe, se répandre avec la France et les États-Unis dans les sables du Golfe.

De grâce, ne blessons pas les exceptionnelles relations entre nos deux pays, ne coupons pas les routes du paysage superbe de la coopération, le Maroc est avec le Québec le grand territoire de la francophonie et mieux encore le bastion le plus avancé de l'Europe. S'il faut frapper, choisissons nos ennemis, nous n'en manquons pas. On sait où vivent les vrais criminels, où s'endurcissent les terroristes de l'intégrisme à tout crin. Ayant dit cela, je voudrais tout de même rassurer mes amis marocains trop enclins à suivre aujourd'hui les vents mauvais de la rumeur médiocre. Je l'écris gravement, il n'y a jamais eu de complot français contre vous, aucune action orchestrée ou souhaitée par mes compatriotes ; plutôt et dangereusement, j'en conviens, une litanie de faits venus en désordre et qui, réunis, s'avancent comme une machination.

Nous vous savons en symbiose avec notre culture, nous n'ignorons rien de ce que fut la Marche verte, cette épopée des temps modernes, personne n'a oublié que votre roi, chef d'État musulman, descendant du Prophète, Commandeur des croyants, a eu l'audace et la générosité d'accueillir le pape, Shimon Peres, ministre d'Israël, faisant ainsi la preuve qu'il y a possibilité de partage entre les trois grandes religions du monde, loin des extrémismes, nous voulons croire que, comme hier, les enfants du Maroc pourront, neuf années durant, poursuivre leur scolarité en français. Je ne fais pas l'impasse sur ce qui est l'essentiel des attaques du moment, depuis longtemps je milite pour des lendemains plus heureux, le roi et Georges Kiejman peuvent en témoigner, je sais que bientôt — si les flèches occidentales rentrent dans leur carquois — la famille Oufkir disposera du grand large. J'attends avec impatience.

Il y a trente-cinq ans, à Saint-Germain-en-Laye, au lendemain de son exil, Mohammed V recevait François Mauriac qui demandait :

— Pensez-vous que le peuple marocain pourra retrouver ses sentiments d'amitié à l'égard de la France ?

— Je n'en doute pas, répondit le sultan. Je serai là pour demander à mon peuple de reprendre cet ancien attachement.

La même question doit être posée aujourd'hui à Hassan II. Je crois entendre la réponse, je veux espérer.

Mérab Mamardachvili m'avait accueilli à Moscou, quarante-huit heures affectueusement partagées à Gorki, sa ville natale, avaient soudé notre complicité, je l'avais appelé à Paris comme grand témoin de la francophonie auprès d'Alain Decaux, j'apprends sa mort aujourd'hui. Jamais homme dans un pays totalitaire ne fut plus libre que lui. Assez fort pour s'écarter des pièges du léninisme il avait trouvé refuge dans les livres et appris, seul, notre langue avec Proust et Descartes sur lesquels il composait d'ailleurs deux essais. Je lui avais promis une publication chez nous, aux Éditions Actes Sud, Hubert Nyssen en était d'accord, mais les mois passent et rien hélas n'a été fait. Philosophe dans une nation qui ne reconnaît pas cette fonction, Mérab s'était donné une liberté courageusement entretenue ; jusqu'à la fin il aura su se tenir debout, dans l'ankylose générale, au milieu, comme il disait, « d'une population couchée ». Je retiens cette phrase vigoureuse qu'il avait fièrement lancée, en direct du studio de la télévision soviétique, au cours de notre *Radioscopie* : « J'aime ma Géorgie, je refuse l'avenir qu'on nous dessine, je méprise ceux qui promettent aujourd'hui un nouvel esclavage. » Deux infarctus l'avaient inquiété, le troisième l'a tué. La tête était solide, le cœur sans doute n'en pouvait plus de tous ces combats...

Matinée chez l'académicien-philosophe Jean Guitton, quatre-vingt-neuf ans, épatant, plutôt ravi qu'on vienne ajouter au désordre organisé de son appartement avec vue sur les jardins du Luxembourg. Il a appris à enjamber à droite des piles de livres, à gauche d'innombrables tableaux et portraits qui sont aussi la belle œuvre de sa vie. Sur un chevalet, un Pascal, qu'il rêve de voir un jour accroché au Louvre... « Mais plus tard, quand je ne serai plus de ce monde », me dit-il. Près d'une fenêtre et alignés par terre, toute une série d'éminents confrères de l'Académie, sans doute croqués pendant les séances du jeudi qu'il cumule depuis trente ans. Guitton a déjà désigné l'exécuteur testamentaire de tous ses trésors : « Ce sera Bernard Billot, l'ancien directeur de cabinet de Jacques Chirac, à qui je l'avais d'ailleurs présenté — je suis très ami avec le maire de Paris. Mais sachez que Billot aura quelque chose que je trouve supérieur à mes tableaux : depuis l'âge de quinze ans, je prends presque chaque jour des notes sur les événements qui m'arrivent, complétées d'un croquis. Ce soir, par exemple, j'écrirai sur vous et je vous dessinerai, avec vos beaux (!) cheveux blancs, votre visage rose et votre rire jeune. Vous figurerez ainsi dans mon cent cinquantième carnet. Billot a déjà commencé l'édition du premier. »

Flatteur de savoir qu'on aura la chance de côtoyer Bergson, Teilhard de Chardin, Heidegger, Michelet, Alain, François Mauriac, Marcel Camus, Daniel Halévy — tout un siècle d'amitiés philosophiques et littéraires — mais qu'on cousinera aussi avec la souveraineté pontificale au complet : de Pie XII à Jean XXIII, en passant par celui dont il fut le confident privilégié : Paul VI. Guitton ne s'explique toujours pas le coup de foudre qui, un 8 septembre, le rapproche de ce Saint-Père qui lui dicte aussitôt une encyclique personnelle : « Je vais vous demander quelque chose qui va peut-être vous paraître un peu difficile, c'est de venir me voir toute votre vie le 8 septembre »...

— Vous l'avez fait ?

— Oui, j'ai fait vingt-sept fois le voyage. J'ai aimé Paul VI et il m'a aimé, je ne sais pas pourquoi. « Parce que c'était lui, parce que c'était moi », comme disait Montaigne de La Boétie.

M'apparaissent alors, un par un, et dans tous leurs dénominateurs communs, les membres de la famille de pensée guittonienne : vient d'abord Paul VI, que sa recherche d'œcuménisme avait poussé, on s'en souvient, à la rencontre du patriarche Athênagoras. Suit Bergson, le Juif positiviste. Celui-là fait toutes les expériences — liberté, création, religion — et meurt au seuil du catholicisme... Ou encore la princesse Michiko, toute récente dans les carnets de Guitton. Aujourd'hui à la tête du bouddhisme mais hier élevée par des religieuses catholiques, elle voudrait concilier les deux et prie Guitton de faire le voyage jusqu'à Tokyo pour s'entretenir avec elle de cette question.

Arrivé là de mon tour d'horizon, je me garderai bien d'oublier Louis Althusser, en m'étonnant à peine que le philosophe communiste ait été lui aussi cher au cœur de mon interlocuteur. Quoique embarrassé à l'idée d'évoquer une relation exceptionnelle interrompue récemment par la mort, Jean Guitton m'éclaire en deux mots ce personnage qui fut son élève — catholique à l'époque — entre 37 et 39 : « Quand vous entriez chez lui, vous aviez d'un côté de l'appartement toutes les œuvres de Lénine, qu'il prenait pour un véritable philosophe. Et de l'autre, vous trouviez toutes celles de sainte Thérèse d'Ávila, pour qui il avait beaucoup d'admiration. Vers la fin de sa vie, Louis était en proie à une grande tentation : il souhaitait réconcilier le communisme et le christianisme. Il désirait à tout prix voir Jean-Paul II. « Faites-le-moi rencontrer, me disait-il, je veux le convaincre d'aller à Moscou... »

C'est donc bien par le doute, l'esprit d'œcuménisme et de réconciliation, que semblables et contraires ici se rejoignent, tous orientés vers cette même direction qu'on dirait irrésistible : le catholicisme. « Oui, parce que être catholique, c'est être universel, me dit Guitton. Si j'aime le catholicisme depuis plus d'un demi-siècle et que j'y travaille, c'est précisément parce qu'il me semble que ces deux mots, catholique et universel, ont un sens tout à fait identique. »

Est-ce pour autant qu'à l'heure de la mort, on aura mérité plus qu'un autre sa place parmi les saints ? Rien n'est moins sûr pour le philosophe-théologien dont l'œil rieur s'arrondit : « Comme vous, j'espère que j'irai au ciel, que nous nous y retrouverons pour jouer aux cartes ensemble, mais peut-être suis-je totalement à côté de la question ? Il se peut qu'au contraire nous n'y découvrions que des non-catholiques. Les catholiques sont des pécheurs, vous le savez, alors que les non-croyants sont souvent des justes. Qu'ils soient les seuls à tenir leur banquet éternel est très possible ! »

La sonnerie du téléphone interrompt là le calcul de nos chances de paradis. « C'est pour vous ! » me crie Guitton depuis sa chambre, où il est allé décrocher l'appareil. « Entrez et ne faites pas attention au ménage... »

J'aperçois effectivement le lit défait et une bouillotte près d'un oreiller. Ici, l'on a dormi, voilà tout.

Dans l'intervalle — est-ce à cause de notre allusion aux pécheurs d'ici bas ? — le souvenir de François Mauriac et d'une absolution qu'ils durent un jour s'accorder tous les deux sans rougir surgit à Guitton :

— Je vais vous raconter... Nous avions des conversations extraordinaires avec Mauriac... Un jour, je reçois un appel du directeur du *Figaro* qui me dit : « Écoutez, Guitton, rendez-moi un grand service : vous allez imaginer que Mauriac est mort et me rédiger son éloge... »

» J'écris donc ce que dans les journaux on appelle communément un « cimetière », une « nécro », et peu de temps avant la mort de Mauriac, me trouvant chez lui, je veux avouer mon forfait : « Monsieur Mauriac, j'ai commis un péché avec vous, puis-je m'en accuser en confession ? » Il me dit : « Eh bien, voilà un canapé, mettez-vous là. » C'était un canapé jaune... Nous nous asseyons. Je lui souffle à l'oreille : « J'ai écrit un article sur vous qui commence ainsi : je viens d'apprendre la mort de François Mauriac... »

» Alors, Mauriac m'arrête (ici, Jean Guitton imite la célèbre voix éraillée) : « Moi, j'ai fait pire, j'ai fait pire ! J'ai dû enregistrer un disque sur ce que je dirai cinq minutes après ma mort, quand je serai dans l'au-delà. Je vais vous le faire entendre... »

» Il a posé le disque et cela disait : « Je suis mort, je suis mort ! Et je m'aperçois que Dieu existe ! Alors, convertissez-vous, ne faites pas comme ce salaud de Gide ! » etc.

Je me régale de la jubilation de Guitton se remémorant des facéties d'autrefois. Sans doute garde-t-il davantage la mémoire de son riche et turbulent passé que de nos menus événements d'aujourd'hui. Qu'ai-je dit là ! Il me fait aussitôt un discours vibrant sur l'actualité du Golfe et des hostilités qui se préparent : « Il y a une chose dont je suis absolument certain : c'est que tous les militaires se trompent en projetant sur cette guerre le schéma de la guerre précédente. Déjà, pour la Seconde Guerre mondiale, ils s'étaient complètement " foutus " dedans en croyant que 1914 allait recommencer. Ils sont intelligents mais se trompent presque par vocation. Je crois que la prochaine ne fera pas seulement dix mille, cent mille morts, mais peut-être deux cents millions de morts ! Si elle éclate, avec le système atomique, chimique, on ne sait pas comment elle se terminera. Moi, je suis de ceux qui pensent qu'il vaut mieux une mauvaise paix qu'une bonne guerre. C'est mon idée sur la guerre du Golfe, en tout cas. »

Guitton, né à une époque où, dans sa campagne en Creuse, on moissonnait encore comme à l'Antiquité, n'en finit plus de s'étonner de passer ainsi en une vie du zéro à l'infini. Je n'ai pas dit s'éblouir... bien qu'elle soit éblouissante, à notre ère électronique, l'image de la maison où se faisaient le pain et le lait quotidiens, pendant que l'âne (chez les Guitton, on l'avait baptisé Kant) servait pour aller au village distant de 4 kilomètres.

Je me lève. Dans le fauteuil où j'étais assis, plus d'une centaine de candidats à l'Académie, me dit mon hôte, se sont succédé pour les visites réglementaires qui sont déjà tout un art. Avec Guitton, la difficulté se corse encore. En général, il semblerait qu'on se trompe en préparant son discours. Je lui demande pourquoi :

— Parce qu'ils croient tous qu'il faut venir me faire un éloge de la religion ! Le premier qui m'en fait un de ce genre perd aussitôt ma voix !...

Qu'on se le dise.

Des milliers de réponses à ma « Lettre à un ami marocain ». Commentaires divers de personnalités, d'anonymes, d'associations, d'étudiants, d'arabes de toutes origines. « On peut ne pas être d'accord avec vous sur cette affaire, m'écrit une jeune institutrice de Bordeaux, mais vous avez au moins le courage du non-conformisme. Ceux qui se prélassent d'habitude dans les salons des palais de Rabat ou de Marrakech — qu'ils soient de droite ou de gauche — n'ont pas eu la même audace... » « Campagne scandaleuse de dénigrement du Maroc », s'étonne la majorité des correspondants. Dans le lot enrichissant des analyses, bien des critiques aussi, toujours amicalement formulées. De M.B. de Cognac : « Vous avez raison de citer Degas — “ Quand on ne sait pas, ce n'est pas difficile... Mais quand on sait ”. Oui, mais quand on ne veut pas savoir... ou qu'on ne cherche pas à savoir, ne serait-ce pas alors une forme de complicité ? En ce qui concerne les droits de l'homme, il y a des faits. Et rien jusque-là n'est venu les démentir. » De B.F., professeur à Nancy : « Vous aviez écrit il y a un an que la famille Oufkir serait libérée. Ou vous étiez mal informé ou on vous a menti. » De M.C. d'Amnesty International : « J'ai toujours apprécié ce que vous faites... Pourquoi voler au secours d'une si pitoyable cause... Perrault est un peu trop pamphlétaire dans le ton mais... il prend des risques, il prend des claques. Ce qui me choque, c'est votre condescendance à son égard. » La condescendance est un mal qui ne m'a jamais touché, je méprise le mépris. Dans ma « Lettre », c'est vrai, je fais l'impasse sur le livre *Notre ami le roi* pour n'avoir pas à juger directement sur pièces son auteur que j'ai par ailleurs reçu à *Radioscopie* de la meilleure manière en d'autres circonstances. Depuis des années — Georges Kiejman peut en témoigner (je le redis) — je n'ai eu qu'un souci : la libération de la famille Oufkir[1] et de cela j'ai toujours parlé dans la transparence la plus totale. Nous ne sommes pas nombreux ces derniers temps à œuvrer dans ce sens. Un mot très court d'un grand professeur de médecine m'encourage à continuer : « Votre façon de faire est la seule valable. Plutôt que d'attaquer un homme, fût-il souverain, vous plaidez la cause des Oufkir qui méritent enfin de vivre. » Les Marocains sont nombreux à m'écrire. De Mohamed Benkirane : « Les voix de Mauriac, Bourdet, Massignon nous ont manqué en cet octobre 90, vous avez comblé le vide. » D'Otman Soussi : « Quel amalgame. On dit n'importe quoi sur notre pays. A-t-on condamné la France lorsque celle-ci a fusillé ses comploteurs ? Les droits de l'homme, partout, résistent mal à la raison d'État. Laissez-nous régler nos problèmes, occupez-vous plutôt de Kadhafi, de Saddam Hussein, d'Hassad et même de Gorbatchev que vous portez aux nues. Faites un effort pour savoir ce que pense le peuple et pourquoi il est triste... » Je repars la semaine prochaine pour Rabat, on peut en imaginer la raison.

Gorbatchev, prix Nobel. Joie dans le monde, indifférence en Union soviétique. A l'annonce de la nouvelle, à Moscou, les députés ne se sont même pas levés. Il y a quelques années, pour un pareil cadeau, on eût applaudi Staline sur fond d'*Internationale* chantée à plein gosier. Les peuples enchaînés ont le goût des grandes embrassades, la liberté est devenue un inconfort.

Je retiens cette dernière image : Pierre Dux, en larmes, sur la scène du Châtelet. Ému comme un jeune élève du Conservatoire. Dans son costume perle, trop grand, il recevait, à plus de quatre-vingts ans, le Molière du meilleur comédien de l'année. Il n'était pas vieux, la maladie, cette garce, lui tordait la vie et nous ne le savions pas. La salle, debout, lui faisait un dernier

1. Relisant ces lignes ce matin dans la douloureuse épreuve des corrections, je m'aperçois qu'il y a concordance des signes sur cette affaire. J'apprends à la seconde en cette fin du mois de février 1991 que la famille Oufkir est libérée. Je suis heureux...

salut et n'en avait pas conscience. Prémonitoire ce succès ultime, remarquable cette performance d'avant la mort, cette fidélité à sa mission d'acteur qui l'obligeait à jouer chaque soir sur la scène des Bouffes-Parisiens. Il y était, aux côtés de Jane Birkin, l'interprète de *Quelque part dans cette vie* d'Israël Horovitz, adapté par Jean-Loup Dabadie. Pour cette pièce, Dux tenait le rôle d'un professeur grincheux, bougon, qui comprend un peu tard qu'il a été autrefois cruel, impitoyable. Encore un signe, car impitoyable il l'avait été à son poste d'administrateur général de la Comédie-Française. Jusqu'au point de rupture avec quelques jeunes de grand talent au tempérament tapageur. Je n'ai pas oublié son combat contre Francis Perrin et je suis triste ce soir : il n'y a plus, entre eux, possibilité de réconciliation. En effet ils m'avaient promis de se rencontrer, j'avais imaginé que ce serait devant les caméras. Ils en étaient heureux. La mort ne s'embarrasse pas de nos petites manœuvres. Elle fauche à son rythme.

Le couronnement d'un enchanteur... Paris fête cette semaine les quatre-vingts ans de Rolf Liebermann qui fut pendant près d'une décennie le maître, le mécène, la voix du plus grand opéra du monde. Prince de Garnier, il avait toute une cour qui était à notre dévotion et nous eûmes grâce à lui le meilleur de l'aristocratie du chant. Moments de bonheur, époque superbe, temps révolus. On fait aujourd'hui un foin parce qu'un grand ténor accepte de mettre un peu de bleu dans la grisaille du lyrique, le temps d'une soirée. On ne s'étonnait pas, hier, d'être quotidiennement invités à la fête. Rolf, le vieux lion, cheveu blanc, nez immense, narine de grand large, reçoit enfin au théâtre des Champs-Élysées le juste prix de son talent, de son ambition, de son opiniâtreté. Je n'ai jamais oublié ce que nous avons fait ensemble aux grandes heures d'Antenne 2 — avec Marcel Jullian et Patrice Ledoux — lorsque nous installions vingt-deux opéras au programme, sans souci de rentabilité, sans vaine recherche d'audience : les grandes batailles de l'audiovisuel ne déchiraient pas encore les meilleures intentions. Qui remplacera cet homme ? L'enthousiasme, ça ne s'apprend pas...

Une pensée d'André Suarès retenue par Maurice Nadeau pour son livre de souvenirs : *Nos choix sont plus nous que nous.*

Du bleu et puis du gris. En plein soleil, la tempête. Les jours décidément ne sont jamais les mêmes. Après le bonheur de la réussite, la tristesse d'un conflit attendu, le vent qui se lève, des images tremblées à l'heure de l'information sur FR3. Les raisons ? Un mépris supposé des journalistes de Paris, un complexe supposé de leurs confrères en région, des états d'âme héréditaires, des rapports complexes, des ambiguïtés entretenues et cette évidence : le vieux problème jamais réglé des disparités salariales entre personnels d'une même catégorie. La cause est noble, la manière maladroite, la solution imprécise. Un seul mot n'est jamais prononcé dans la sémantique syndicale : *talent*. Il faudra lui donner tout son sens, tout son prix...

Heureusement, l'humour accompagne l'insupportable. En pleine crise d'identité, Antenne 2 présente une émission de variétés sous ce titre, *Avant que le ciel ne nous tombe sur la tête*, et la Sept profite de l'un de ses samedis pour diffuser sur FR3 *A côté de ses pompes*. Tout cela fait au moins des souvenirs.

Je l'avais mésestimé, je le croyais homme de radio jouant plutôt du son que de l'image à la télévision et je le retrouve sur Canal Plus, différent chaque jour, grimé, costumé, multiple, cocasse dans toutes ses parodies, plus drôle que mordant, moins pamphlétaire mais plus exigeant, caricatural et libre. Antoine de Caunes me paraît être en ce moment le chef d'école d'un genre nouveau : celui de la pure dérision, discipline ancienne qu'il exerce intelligemment, sans scrupule, sur lui-même. Se fouetter c'est aussi se rendre hommage.

Le très beau *Je me souviens* de Georges Perec nous est devenu forme habituelle d'exacte nostalgie... Je me souviens de nos débuts sur Antenne 2. Marcel Jullian avait publié un communiqué : « Je n'accepte cette présidence que si Jacques Chancel vient avec moi. » J'ai dit oui. Immédiatement. Et nous nous sommes retrouvés à la tête d'une chaîne qui n'existait pas. Privés pendant un mois des moyens de la construire mais à ce point enthousiastes que l'inconscience des dangers touchait à la folie. Nous n'avions rien, ni bureau, ni secrétariat, ni troupes sur le terrain ! Nous avons mis le cap sur les Pyrénées, ma vieille maison devenait notre abri et le berceau de nos envies. Là-bas nous avons dessiné sur le papier les futurs territoires, les routes à suivre, les noms des combattants du premier commando : Armand Jammot, Michel Lancelot, Bernard Pivot, Claude Barma, Pierre Tchernia, Jean-Christophe Averty, Robert Chapatte, Roger Couderc, Patrice Ledoux, Pierre Bouteiller, José Artur, Jacques Martin, Pierre Lescure, Jean-Pierre Elkabbach. Il fallait aller vite, définir une éthique, une stratégie, trouver une image, inventer un sigle que je confiai à Mathieu, un générique que Folon sut mettre en chantier dans les plus brefs délais. Antenne 2 prenait son départ et l'on sait ce que fut notre aventure à compter de ce matin de 1975. Je me souviens de l'émotion et de la beauté de ces moments, particulièrement aujourd'hui. Des hommes et des femmes de grand talent ont accompagné notre route, d'autres responsables ont prolongé nos ambitions, le bonheur et la souffrance s'en sont mêlés, la tristesse nous prend maintenant de plein fouet. Ma situation m'interdit de juger mais la fonction qui est la mienne à FR3 ne me dispense pas d'une impérative nécessité. Celle de saluer affectueusement des créateurs que j'estime : Frédéric Mitterrand, Claude Sérillon, Thierry Ardisson, Philippe Bouvard. La télévision tourne, demain sera meilleur...

17 heures, rue Marie-Stuart. Traditionnels embouteillages en plein cœur de cet arrondissement du textile et du prêt-à-porter parisien. Des myriades de robes aux couleurs fluo se faufilent entre les pare-chocs des voitures. Se garer relève du miracle.

J'inspecte les façades. Entrepôts, boutiques, vitrines à chiffons... Trouver ici la maison de Boris Kochno me paraît impensable et cependant, une porte étroite, inattendue au décrochement d'un trottoir, correspond bien au numéro qu'il m'a indiqué.

Il vit là, son salon de plain-pied dans la rue, sans entrée ni vestibule et tous volets fermés. Au premier coup d'œil à l'intérieur, je comprends pourquoi la thébaïde du dernier témoin de la grande aventure des Ballets russes se doit d'être aussi anonyme et insoupçonnable dans le bric-à-brac ambiant. Des trésors y sommeillent aux murs, par terre, dans tous les recoins, souvenirs d'une époque qui savait rassembler les génies.

Une dame nous a priés d'entrer. A sa démarche, on voit vite qu'elle fut danseuse. Elle est souriante, discrète, apparemment dévouée à Kochno que l'âge n'autorise plus à recevoir tout seul. « Il va descendre dans un instant, installez-vous », nous dit-elle.

Je déambule dans l'étrange repaire d'Ali Baba, une véritable galerie, et vais d'un tableau à l'autre : beaucoup de portraits de Kochno jeune, du temps où il assurait le secrétariat de Serge de Diaghilev, et tous exécutés par les artistes que ce prince du ballet avait su entraîner dans ses vagabondages : Picasso, Braque, Picabia, Utrillo, Cocteau, Miró, Matisse... Je découvre aussi, au hasard de ma curiosité, un petit Derain, un Dalí de la meilleure veine — un cavalier au galop dans un monde de nymphes —, un Chagall, moujik sur champ de neige.

Un pas lourd, malhabile au-dessus de nous. Kochno s'encadre en haut de l'escalier, colossal mais un peu cassé, appuyé sur sa canne. Sans doute a-t-il mis de longues minutes à fixer son nœud papillon rouge, sans doute ne descend-il qu'exceptionnellement ces marches de bois qu'il teste une à une et avec précaution. Il a quatre-vingt-six ans, et le souci qu'on parle de tout sauf de ses « petits malheurs ». Les « r » de sa Russie natale abandonnée une veille de réveillon de l'année 1920 roulent encore : « Ici, je vieillis lentement, en paix, et je me promène dans mes souvenirs, me dit-il. Avez-vous vu “ ma sentinelle ” ? »

Il s'est approché d'un chevalet où trône un magnifique Géricault inachevé. « Le Louvre souhaiterait accueillir ce tableau mais je n'arrive pas à me décider. Ce soldat sur toile est ma seule protection, une sorte d'aide de camp muet qui accompagne ma solitude. » Boris Kochno, que j'ai connu il y a une quinzaine d'années, n'a rien perdu de son élégance, il est toujours dandy, gravure de mode. Je m'étonne de le voir si pauvre dans un taudis si riche et me demande s'il connaît bien la valeur de son trésor. Il a dû comprendre mon interrogation : « Pourquoi n'ai-je rien vendu ? Je devine votre question et je réponds. Cette collection privée vaut des milliards car je sais le prix des choses. Personne n'en soupçonne l'existence. J'ai eu la chance autrefois d'être très beau, ce qui excitait le pinceau des peintres. Ils m'ont croqué, certains m'ont aimé, beaucoup m'ont gâté. Ce serait inamical de faire commerce de tant d'amitiés. Toute ma richesse est sur les murs, ma fortune est dans mes souvenirs... Venez maintenant, je vais vous montrer mes Balthus, mes Bérard. » L'éblouissement de la découverte, le bel inattendu. Mais où ira donc ce musée ?

La grève continue et pourtant les nouvelles du front sont bonnes. En ce début de crise, FR3 augmente son audience de près de trois points. Qu'en restera-t-il si l'inquiétude n'est pas levée ?

Toutes les télévisions ont des « stars » qui font le plein de l'affiche et n'ont d'autre souci que leur propre notoriété. FR3 s'enorgueillit d'anonymes qui mettent en lumière des projets ambitieux.

Saddam Hussein devrait s'inspirer de cette phrase de Choiseul : « Puisque nous ne savons pas faire la guerre, faisons la paix. »

La Nuit des 7 d'or. Des paillettes et des larmes dans le sillage des Blue Bells du Lido. Et le bonheur, malgré la crise, d'une vraie reconnaissance des programmes de FR3. Nous voici récompensés dans les disciplines qui sont notre mission essentielle. Pour la jeunesse, *Babar,* le document, *Génération sida,* le magazine, *Thalassa* et *La marche du siècle*, le reportage, *J'ai douze ans et je fais la guerre*. Je partage la joie de Mireille Chalvon, Jean-Marie Cavada, Jean-Pierre Bertrand, Sylvie Faiderbe, Georges Pernoud, Gilles de Maistre, Maurice Dugowson. L'année aurait pu être belle.

Mercredi 19 décembre, 15 h 45. Philippe Guilhaume, président d'Antenne 2-FR3, annonce sa démission devant la presse rassemblée au Plaza. C'est la fin de la plus récente des mille et une aventures de l'audiovisuel public, le résultat attendu de l'étrange héritage d'un invraisemblable désordre de la politique de ce pays. Les personnes ne sont plus en cause, seule l'idéologie est coupable qui assassine en totale impunité ceux qu'elle a choisis. Va-t-on comprendre un jour que la télévision est un métier qui n'obéit pas aux jeux du cirque ?

Catherine Tasca est catégorique : « La loi ne change pas. » La succession est donc ouverte et j'en connais qui font déjà leur festin de regrets. « Pourquoi ai-je accepté la justice ? » se demande sans doute Georges Kiejman. « Pourquoi suis-je allé sur la Cinq ? » se lamente Pascal Josephe qui voit déjà Hervé Bourges sur le siège très convoité de la présidence commune. Les standardistes du CSA vont devoir gérer un étonnant calendrier de candidatures diverses. Voici revenu le temps de la chasse...

A Philippe Guilhaume au bout du fil, ce mercredi, à 17 h 30 : « Pourquoi cette démission ? Tu as perdu le goût de te battre ? » Réponse sans amertume : « La guerre est une connerie, je n'avais plus rien à attendre. Ils donneront vite à mon successeur l'argent qu'ils me refusaient. J'avais la peste depuis le premier jour. »

Une première dans l'audiovisuel. Le nouveau président d'Antenne 2-FR3 a été nommé deux heures après la démission de son prédécesseur. On ne peut pas aller plus vite. Il est probable que l'affaire se trouvait heureusement engagée pour Hervé Bourges depuis au moins huit jours. Le pire est donc évité. Dans l'état de crise que l'on sait, c'est le bon choix. Pour deux raisons essentielles : Bourges est un professionnel qui a déjà réussi l'impossible sur TF1, le pouvoir lui accordera les moyens indispensables à la bonne marche des deux entreprises. On m'objectera qu'à FR3 nous avons construit une image, une cohérence, une audience dans la modestie financière la plus totale. Exact mais au prix de quels sacrifices ! Une nouvelle saison commence, des coups de théâtre sont prévisibles, les structures doivent changer, il s'agit de bien positionner les chaînes publiques, les vendanges sont difficiles mais les raisins sont mûrs, 1991 peut être et très rapidement un grand cru. Rien n'est plus dangereux que l'engourdissement. C'est à partir de cette seconde qu'il faut se battre muscles gonflés, têtes refaites pour une télévision de qualité.

Ma première question à Hervé Bourges, au lendemain de sa nomination : « A quel moment avez-vous été prévenu ? — Immédiatement après la démission de Guilhaume. J'ai vu Jacques Boutet à son invitation, il m'a demandé si j'accepterais ce poste. J'ai répondu oui en précisant que cette fois-ci je n'étais pas candidat. Nous nous sommes quittés, j'ai pris ma voiture, il y avait de terribles encombrements dans Paris, ma femme m'a appelé pour m'annoncer la nouvelle, elle venait de l'entendre à la radio. » Jamais le CSA n'aura été aussi volontaire dans ses engagements, c'est une bonne chose. Attendre eût été une erreur.

Courtois, habile, sûr de lui et volontairement modeste avec ce zeste d'indifférence qui convient aux fins observateurs, à certains égards démoniaque dans les silences de ses premières rencontres, mais aussi drôle, carré dans sa barbe, les yeux allumés, impatient d'occuper, même un peu tard, les ors égratignés de l'empire qu'il se souhaitait. Voilà Hervé Bourges à son premier jour. Il faut croire au miracle des reconquêtes, de nouvelles fêtes commencent.

Une année superbe pour FR3 — image nouvelle, cohérence reconnue, audience en ascension —, un déficit pour Antenne 2 sur fond de rumeurs mauvaises, une grève, longue, très dure, des journalistes sur FR3, les meilleurs au placard sur Antenne 2, des cris à l'Assemblée, des plaintes au Sénat, le service public en accusation, Philippe Guilhaume qui démissionne, Hervé Bourges qui arrive, ceux qui ont peur, ceux qui espèrent... et il y a toujours des programmes.

Je ne partage pas le pessimisme du ministre du Budget, je suis persuadé que les Français seraient prêts à accepter un doublement de la redevance-télé. Il n'est pas d'autre manière de sortir de l'impasse. Ailleurs, les chaînes publiques affichent des déficits énormes que leurs gouvernements transforment en vertus inévitables. Ainsi la BBC et la RAI n'ont pour préoccupation première que la qualité des programmes. Chez nous, c'est l'État lui-même qui mène le bal boiteux de la critique et nous fait coupables de ses faiblesses.

Une nouvelle brève sur France-Inter : « Boris Kochno est mort. » Quelques mots d'accompagnement et puis, comme d'habitude, on passe à autre chose. Nous étions ensemble la semaine dernière dans son taudis-musée. Je lui avais promis de revenir, nous étions convenus de faire ensemble un album sur sa collection de tableaux. Il avait promis de tout me raconter : « Je dirai ce que furent mes relations avec les plus grands peintres de ce temps. » Projet singulièrement contrarié. Je me demandais à cette dernière visite ce que deviendraient les chefs-d'œuvre accrochés aux murs, entassés sur les planchers...

J'ai la réponse. Un appel téléphonique à l'instant. D'une amie, Hélène, que nous avons toujours appelée la « petite princesse russe ». Elle voudrait la cassette de mon enregistrement avec Kochno.

— Tu le connaissais ?

— C'est mon oncle.

— Tu n'avais jamais rien dit.
— Nous sommes discrets dans nos familles slaves.
Hélène ne résiste pas, toutefois, au plaisir de m'annoncer la bonne nouvelle : « Nous sommes les héritiers de Boris. »

L'homme des chants concordants, l'unique passerelle : André Chouraqui a traduit la Bible, les Évangiles et le Coran. Il n'est pas d'œuvre plus utile dans ce siècle. Je le retrouve ce matin et c'est encore un rendez-vous fraternel. J'aime cet homme de toutes les cultures que l'on promettait aux plus hautes responsabilités de l'État d'Israël et qui a choisi l'écriture comme engagement essentiel. Homme multiple voué à la recherche de l'unité, homme providentiel en ces années déchirées par les haines, les affrontements, les persécutions, il parcourt le monde en quête de la possible alliance, de la possible paix... « Un seul ennemi, me répète-t-il, le terrorisme. Une seule troupe assassine : l'intégrisme. Un seul espoir : le respect de l'autre. L'amour fort comme la mort. J'apprivoise les langues, nous sommes tous de même origine. Démolissons le mur qui sépare les disciples d'Abraham. Puisque la Bible a été une utopie vécue dans l'Histoire, faisons que l'utopie de la paix ait lieu dans notre histoire. » La tolérance lui est familière, elle est de son sang, de ses racines orientales, occidentales. Je lui rappelle l'incontournable attente des religieux de sa ville. Pour eux, l'État hébreu ne peut naître que de l'arrivée du Messie par la porte fameuse de la citadelle de Jérusalem. Commentaire strict de Chouraqui : « Lorsque vous dites Messie, il y aura toujours quelqu'un pour dire : “ Mais non ”. »

Lorsque nous nous sommes quittés — il partait pour Jérusalem —, André Chouraqui m'a remis la sourate 1 qui est à la première page du Coran, cet immense poème.

Au nom d'Allah
le Matriciant, le Matriciel.
La désirance d'Allah,
Rabb des univers,
le Matriciant, le Matriciel,
Souverain au jour de la Créance :

Toi, nous te servons,
Toi, nous te sollicitons,
guide-nous sur le chemin ascendant,
le chemin de ceux que tu ravis,
non pas celui des courroucés,
ni des fourvoyés.

« Tout est là, me dit-il, et c'est un juif qui l'affirme. » Bientôt à Jérusalem, nous avons pris rendez-vous...

Boris Vian, Alexandre Vialatte et maintenant Pierre Gripari. Trois écrivains de grand talent qui auront été de leur vivant de magnifiques inconnus. Et que la mort installe enfin à la première page. Les deux premiers que l'on oubliait dans les gazettes les mieux fréquentées sont, aujourd'hui, partout célébrés. Le dernier, à ne plus vivre, bénéficiera vite d'un même envoi de fleurs : la reconnaissance posthume est un art très répandu en France. J'en sais qui ne les ayant jamais vus, jamais lus, préparent des livres, ébauchent des souvenirs qu'il leur faudra totalement inventer. Ils appelleront cela « Nos rencontres ». La fiction a toujours dépassé la réalité. Pierre Gripari qui a fait sa révérence au monde le jour de Noël — « On meurt comme on naît, sans l'avoir demandé » — avait été par deux fois mon invité à *Radioscopie* ; je me souviens des corbeilles de lettres reçues après notre entretien, je n'oublie pas les avertissements qui me furent prodigués avant : « Refusez cet homme, il est infréquentable, nous le savons nazi, antijuif, fils de franc-maçon, homosexuel. » Délation insupportable. A la vérité, il était anar, fantasque, marginal, généreux, sceptique, intolérant parce qu'il n'avait aucune confiance en lui : « Jeune, je me suis cru communiste, je me suis fait peur, alors j'ai pris le virage désiré, je me suis mis à droite pour laisser passer les autres. » Les enfants, qui ont l'œil et le cœur purs, eux, ne s'y étaient pas trompés, ils aimaient le conteur de *La rue Broca*, j'avais été séduit par *Pierrot la lune, Gueule d'aminche*, sa manière poétique de construire un récit. Mais c'est un autre marginal, également anonyme, qui devrait être loué pour son sens aigu de la littérature, sa qualité de découvreur : Dimitrijevic. A la tête des Éditions de l'Âge d'homme, il sut mettre en pages les délires de Gripari. Il fallait une sacrée audace pour publier ce démon au soufre profond. L'histoire des belles-lettres se souviendra de la réussite d'un tel pari.

Bientôt le 15 janvier. Jours contés, jours comptés. Quelle différence ?

Un petit livre — cinquante pages — du chanteur allemand Wolf Biermann aux Éditions de l'Aube. Je n'en retiens que le titre : *Seul celui qui change peut rester fidèle à lui-même.* Beau sujet de méditation pour chacun d'entre nous, dérisoire alibi pour ceux qui ont du mal à ne pas se trahir.

De René Belletto, l'un des grands romanciers de cette fin de siècle, j'ai noté cette phrase lâchée au cours d'une *Radioscopie* : « Le monde veut me faire croire qu'il a trouvé ce que je cherche. »

Merci à l'Amérique qui, une fois encore, va au combat pour défendre la liberté, comme hier, en France, aux belles heures de la Libération. Salut aux troupes françaises qui l'épaulent. Les grincheux d'habitude, les disciples de Lénine, Staline et autres dictateurs, s'échinent à condamner cette guerre que personne ne saurait aimer. Mais doit-on laisser Saddam Hussein se prendre pour Hitler !

Je ne connais pas Yves Peyré, j'aime le magnifique album qu'il consacre à Fautrier, à ses tableaux — ah ! le superbe Christ en croix de 1927. Des 435 pages de ce pavé, je retiens d'abord la première ligne : « Il arrive qu'un homme se précède à ce point qu'il est là avant même que d'être. »

Une gentille lettre anonyme au courrier de ce matin : « Vous avez donné une image, une cohérence, une audience à FR3, tout le monde le reconnaît. *Partez vite,* le temps pourrait se gâter, votre société est en péril, vous pourriez sombrer avec elle. » Il s'agit donc de rester sur le pont plus que jamais.

Nous devons constater que ce sont des hommes de parole : George Bush a toujours déclaré qu'il attaquerait l'Irak à la date fixée, Saddam Hussein n'a jamais cessé de dire qu'il n'évacuerait pas le Koweït. La tragédie est dans cette obstination, la guerre naît aujourd'hui de l'opposition du droit et du fanatisme.

De Dostoïevski dans *Les démons* : « ... poussez quatre membres de votre groupe à tuer le cinquième sous prétexte qu'il moucharde ; aussitôt qu'ils auront versé le sang, ils seront liés. » On sait maintenant ce que sont les lectures de Saddam Hussein.

Des missiles irakiens sur Israël et partout dans le monde la peur d'une riposte. Je me souviens de ce que me disait Golda Meir : « Je préfère être condamnée que pleurée. »

Beaucoup s'attendent à voir Rambo combattre en direct sur leur écran de télévision. « Où sont les images de Bagdad ? » demandent-ils déçus. « Il n'y avait donc pas de reporters dans les B 52, quelle tristesse, et pourtant nous payons la redevance. » Nous en sommes arrivés à ce point de non-retour qui fait du téléspectateur un voyeur imparfait. La guerre n'a rien à voir avec les films qui la mettent en scène de façon plus ou moins romanesque. Nous sommes hélas dans la réalité, conçue d'ailleurs comme un scénario puisqu'il s'agit d'un combat annoncé avec suspense entretenu pendant plusieurs mois. Simplement, on ne voit pas les acteurs et la foule dès lors n'est plus rassasiée. Comme il faut meubler l'écran, le faire vivre, nos journalistes se substituent à la guerre invisible, à l'image absente, la télé d'un coup regarde la télé, les présentateurs à

Paris n'ont d'autres interlocuteurs que leurs envoyés spéciaux, c'est la première étape d'un marathon nouveau sur toutes les antennes du monde. Pour l'instant tout est électronique et aérien, indéchiffrable, demain nous reviendrons sur terre, l'affrontement des troupes sera terrible, le face-à-face effroyablement visible. On ne pourra plus dire que la télévision fait de la radio. J'ai peur des images à venir.

Tragique symbole, paradoxale situation. Quarante-cinq ans après Auschwitz, quatre millions de Juifs portent aujourd'hui en Israël des masques à gaz. Quand donc en finira-t-on avec l'horreur, avec la honte ?

J'avais aimé ses *Antigones*, je reçois à l'instant son nouveau livre *Réelles présences*, je retrouve sa culture immense, un savoir qui ne doit rien à la mémoire, j'entends sa parole comme un torrent d'eau claire. Je connais bien Georges Steiner, je l'ai accueilli dans sa période de désert, aux heures tristes où personne n'avait encore la bonne idée de l'inviter à ces fêtes de l'intelligence dont il est l'incroyable animateur. Notre *Radioscopie*, il y a bien longtemps, avait été un triomphe. Deux mille lettres en quarante-huit heures et ce même commentaire bref : « Merci. » Je ne l'ai pas revu, sauf sur le petit écran, chez Pivot d'abord, maintenant chez Rapp (qui fait sa route). Il ne change pas, il impose toujours sa trace, dessine des routes, fixe un itinéraire, dans un déluge de mots savants simplement jetés. Pèlerin et marginal il promène sur le front des universités internationales une science rare, une manière de penser ou plutôt de dire qui est unique. Les critiques, les analyses destructrices, les commentaires sont ses bêtes noires : « J'ai besoin de Corneille, de Shakespeare, de Mozart et non pas des médiocres qui voudraient les réinventer en les interprétant à leur manière. J'aime les génies, je déteste ceux qui les mettent en cage. » Il n'a pas de pays, pas de langue, l'universel est son affaire : « Être polyglotte, c'est être libre. » Il parle de tout, en allemand, en anglais, en français, parfois il se répète ; je note à *Caractères* ce qu'il m'avait déjà dit au mot près : « Les erreurs de l'amour sont créatrices, les erreurs du dédain sont irréparables. »

Si, à la dernière seconde, le ciel t'autorisait un dernier mot, ce serait lequel ?

Hubert Nyssen, l'homme protée des Éditions Actes Sud, me regarde, intéressé :

— Tu me donnes une idée de collection...

— D'accord, mais réponds vite.

— Un dernier mot ? « Mais j'allais vivre ! »

Paranoïaque, fou d'orgueil, assassin, illuminé... Il faut se méfier d'en dire trop ou pas assez, il importe de réagir sur preuves. Celle-ci par exemple, un document de 1980. Saddam Hussein écrivait : « L'Irak est trop exigu pour l'Irakien. C'est sans aucun regret que nous nous lancerons dans un combat acharné pour atteindre nos aspirations... » On fait trop peu de cas de certaines promesses.

Paris, les écrivains, le monde des salons : Marcel Schneider me raconte ses « crèches ». Quelle chance d'écouter un écrivain si cultivé, si fin, si drôle, si proche des mondains, si loin des mondanités. « Je suis un passant, me dit-il, je n'ai pas de pays, pas de concitoyens, ma seule patrie est la littérature. » Il s'arrête sur ce mot, me fixe, demande : « Quelle est votre patrie ? » Je n'ai pas le temps de m'interroger, je réponds vite : « L'amitié. »

De 1932 à 1982, Nella a partagé la vie d'Arthur Rubinstein, sans doute le pianiste le plus extraordinaire — je ne dis pas le plus grand — de ce siècle. J'ai beaucoup d'affection pour cette femme raffinée, style vieille Europe, d'une belle vivacité, d'un humour à toute épreuve, et il lui en fallait pour déjouer les tours, pour gommer les frasques d'un mari aussi original, aussi imprévisible. Je lui demande ce soir : « Pourquoi avez-vous accepté d'épouser un tel don Juan ? » Nella laisse couler une petite larme avant de me répondre : « Parce que après notre rencontre il a dit à ses amis : “ C’est avec cette jeune femme que j’aimerais avoir des enfants. ” Un homme qui s’exprime ainsi n’est pas simplement un vil séducteur. Il n’est pas de plus efficace déclaration d’amour. Une femme ne résiste pas à une telle flamme et c’est toujours valable de nos jours. »

Nous ne voulons jamais voir les phrases en face, pourtant certaines d’entre elles pèsent leur poids de souffrances. On ne peut pas ne pas se souvenir de ce que disait Yasser Arafat à Damas : « Nous marcherons ensemble jusqu’à ce que flotte le drapeau de notre nation arabe au-dessus des minarets de Jérusalem, de ses murs et de ses églises. »

Bonheur de retrouver André Chouraqui. Il était hier encore à Jérusalem et Tel-Aviv, il sait le bruit que font les missiles en explosant, il a vu les morts et les blessés, je lui parle d’avenir, je m’inquiète du présent : « Vous avez peur pour Israël ? » Réponse immédiate : « Non, je crois au miracle. » Je demande alors : « Qu’est-ce qu’un miracle ? » Une seconde de réflexion. « Permettez que j’emprunte à ma petite fille : “ Un miracle c’est quelque chose d’impossible mais qui peut. ” »

En avons-nous assez plaisanté ! Je lui disais encore récemment mon étonnement. Quelle ambition invraisemblable peut pousser un étudiant à faire coup sur coup l’École navale et l’École normale supérieure ! Qui peut réussir ce mariage des sciences et des humanités ? Michel Serres aura été ce surdoué pluridisciplinaire, assez généreux pour sublimer au long des années un côté touche-à-tout qui aurait pu lui être funeste. Jamais homme ne fut plus éloigné du superficiel, mieux accordé au vrai, à l’essentiel, en profondeur, avec pour appui le seul outil valable : la simplicité. J’ai souvent regretté que l’on parlât abondamment d’autres philosophes à la place de celui-ci. C’est vrai qu’il ne se plaisait pas aux vitrines, il lui fallait le silence, l’éloignement, une attente tranquille. Puis le temps a passé, la télévision est venue, la parole s’est imposée prolongeant le livre, le succès a pointé le bout de ses lauriers, Michel Serres s'est découvert immortel. Le voici à l'Académie française à laquelle il donnera un peu de vie, lui le sportif, le marcheur, le montagnard, l'amoureux de la nature, le raconteur d'histoires. Il y aura une rumeur d'accent nouveau sous la Coupole, un peu du Sud dans les travées.

En le désignant, ses confrères à bicornes l'ont involontairement invité à une méditation sur l'ensemble du siècle — « barbare et fondateur » — qui s'achève. L'inventaire est douloureux : deux conflits mondiaux, la débâcle, les camps d'extermination, la bombe atomique, des guerres coloniales, les troubles de 68. Dans son discours de réception, j'ai retenu sa dénonciation violente de quelques stupidités... « Je déplore que le destin de nos fils reste lié, dans notre pays, à d'irréconciliables antagonismes politiques : depuis combien de temps nos concitoyens préfèrent-ils leurs chiens et leurs délices mortels de la guerre civile à leurs propres enfants ? Nous nous occupons tellement plus de nos haines opiniâtres que d'eux qu'ils sentent et comprennent que nous ne les aimons pas... Français, qui tant aimez la chamaille politique, pourquoi délaissez-vous vos enfants pour jouir de vos divisions ? » Je retrouve là le Michel Serres des beaux soirs de colère, l'honnête homme qui n'en peut plus de la *bêtise*. Au prochain Tour de France — nous ferons les Alpes ensemble — ce sujet fera l'ordinaire de nos veillées... à moins que Fignon, par ses exploits, ne nous prenne un peu de temps.

Je crains la montée en puissance des mouvements intégristes, l'après-guerre sera bigrement difficile, nous ne serons plus regardés de la même manière en Algérie, en Tunisie, au Maroc. Saddam Hussein impose aujourd'hui ses rêves de conquêtes aux peuples arabes, il est entré dans l'histoire, sa « bravoure » est reconnue, sa défaite sera la victoire d'une certaine idée du monde musulman. Au XXIe siècle, l'humiliation pourrait changer de camp.

Stendhal, parfois, s'interrogeait : « Je devrais écrire ma vie, je saurai peut-être enfin, quand cela sera fini, dans deux ou trois ans, ce que j'ai été... » Ne pas l'écrire, c'est gagner du temps, en prendre les miettes, c'est ne rien oublier.

Les foules arabes ne sont pas descendues dans la rue pendant les huit années de guerre entre l'Iran et l'Irak. C'était une affaire de musulmans, un affrontement fratricide. Aujourd'hui, avec l'Occident qui s'en mêle, l'*humiliation* est revenue et au seul bruit de ce mot partout on manifeste. Le monde pourrait en être bouleversé, l'après-guerre sera une longue patience...

Drôle d'époque qui associe les contraires. Les généraux à la retraite n'en peuvent plus de tous ces jours, de toutes ces nuits passés devant les micros, les caméras, leurs collègues de service sur le front arabe s'épuisent, eux, à la discrétion, on fait à chaque prise d'antenne des parallèles avec la bataille du Viêtnam, on interroge les correspondants de guerre de l'époque et je ne vois parmi eux — Lartéguy excepté — que des gens de passage venus à Saïgon, à Hanoï, entre deux avions. Des journalistes pressés qui se donnaient ensuite le temps de publier de gros livres sur ce qu'ils n'avaient pas vu. Vertiges du feu et de la poudre.

A ceux qui parlent abondamment et sans savoir, donc imprudemment, des camps de concentration, mon frère (choisi) Gilbert Salomon pose toujours la même question : « C'était donc terrible ? » Et on lui répond, on lui explique avec force détails ce que fut cette monstruosité. Courtoisement, il écoute les bavards puis change vite de sujet tant ce passé est lourd. Gilbert connaît bien Auschwitz. Déporté dans cet enfer de 1943 à 1945 à l'âge de quatorze ans, seul rescapé de son convoi, il pourrait en dire toute l'horreur. Il se tait. Jamais un mot sur cette terrible traversée ; parfois, lorsque nous sommes seuls, loin de tout, nous deux, je reviens aux jours noirs pour ne pas les occulter tout à fait et il me dit doucement — comme pour s'interdire la haine, la violence — l'enfance qu'il n'a pas eue : « J'étais une proie, tu étais libre, tu jouais, on se jouait de moi. » Jamais je ne m'habituerai à cet horrible numéro sur le bras qui me fait détester les étés que nous passons ensemble. Sa discrétion le délivre de tout récit hallucinant — « Si je vous racontais, vous ne le croiriez pas » —, il garde pour lui le pire. J'ai retenu une petite chose qui n'a l'air de rien, dont je me souviens à chaque rencontre. A sa libération par les alliés, il fut immédiatement transporté à l'hôpital. La chambre était belle, le lit confortable... Mais la propreté était si évidente, les draps si blancs, que « l'affaire lui paraissait louche ». Sitôt les lumières éteintes, il fit le saut dans ce qui lui paraissait être son espace de vie... Au petit matin, les infirmières le découvrirent... sous le lit, profondément endormi à même le plancher... De lui, pour ce qui concerne cette période, je n'en ai jamais dit plus.

Deux heures de conversation avec Pierre Boutang et à la fin cet avertissement tranquille : « La guerre du Golfe sera sans doute finie dans deux ou trois mois, mais à la vérité, elle durera deux siècles. »

1991

Comme au temps des croisades reviennent les mêmes mots : croyants et infidèles.

La guerre, inévitable, monstrueuse comme toujours, les avions en rafales sur Bagdad, les bombes en chapelets, les missiles en piqué, la descente aux enfers. Dramatiques premiers mois de cette année 91, et à ce point d'affrontements, arrêt sur image de ma plume vagabonde. Que pourrais-je écrire sinon l'horreur ? Se taire au milieu des bavards est l'urgence de l'instant. Je préfère écouter si la voix de l'autre est juste, m'en tenir à la sagesse de quelques-uns, assez purs pour écarter toute opinion partisane. Jean-François Deniau, qui est du petit groupe de ces hommes rares, vient de nous donner à l'Assemblée nationale, en direct sur FR3, une leçon d'humanité. Ancien ministre, parlementaire mais plus encore piéton infatigable — la maladie lui est un supplément d'âme —, témoin des plus effrayants massacres, Deniau, fort de son expérience au Liban, au Cambodge, en Afghanistan, a trouvé les mots justes pour dénoncer l'ignoble, la perversion des dictateurs, le déterminisme odieux de Saddam Hussein. Généreux, honnête, lucide, digne et vibrant, son discours a dit le simple respect du droit des peuples, et subjugué l'auditoire. Pas la moindre note en effet sous les yeux de cet orateur vers qui toute l'attention parlementaire a convergé, éblouie. Nous sommes une dizaine devant le petit écran, nous aussi muets d'émotion, à vivre ce moment de grâce de la chose publique. Nous nous levons à la fin de l'intervention, comme ses collègues dans l'hémicycle. Ah ! que la Chambre est belle lorsqu'elle est ainsi habitée.

Méridional et fier de l'être, français par tous ses défauts et quelques qualités éclatantes — entre autres le talent —, épicurien, fort en gueule, généreux, débordant d'humour, champion ès drôleries, Gabriel Bacquier est l'un des grands personnages de la galaxie lyrique de ce siècle et mon échec. Je l'ai souvent accueilli mais petitement ; nous nous étions promis de grands espaces que je n'ai pas su explorer faute de temps. Il méritait le *Grand Échiquier* auquel tous ses amis souhaitaient participer. Je le voulais — et c'était prévu — Don Juan, Falstaff, comte dans *les Noces,* Escamillo, Boris Godounov, Scarpia. Éblouissant de tous ses masques. Il a dû m'attendre, il n'a sûrement pas compris un pareil manquement à la promesse, je le connais assez pour deviner sa parade : « Bien sûr, je ne suis que français. » Et je m'en veux de ne pas lui avoir permis de donner de la voix (je suis également triste pour Régine Crespin qui avait droit elle aussi à une longue soirée). Pour mon cher Gabriel, je m'en tiens à ce qu'il me disait d'aimable et qui est peut-être encore vrai : « Je pratique l'érotisme de l'amitié et ne cultive point l'amertume. »

Alain Duault remplace Dominique Fournier à la tête de l'Unité Musique sur FR3. Dominique faisait faire, Alain *fait.* Cette différence est d'importance. Lorsque les gens ne créent pas, ils deviennent bavards, c'est tout leur art d'absence.

D'abord, d'évidence, il faut tout faire pour ne pas faire la guerre, mais si les droits de l'homme appellent la violence, il s'agit alors d'aller jusqu'au bout. Deux douzaines de nations ont porté le feu du côté de l'Irak pour sauver le Koweït, et puis tout ce beau monde s'est retiré, laissant un peuple de malheureux sous la pesante botte du tyran. Les Kurdes sont massacrés, rendus à l'esclavage, et Schwarzkopf le magnifique donne aux États-Unis des conférences à 300 000 francs pièce. Le royaume de l'absurdie a retrouvé les siens. Pour la guerre, il y a des millions de dollars, pour la paix, rien.

Carrière. Le mot le plus étrange, le plus barbare de la langue française, au bruitage assassin. On s'agace à l'entendre, on se damne à le vivre.

Qu'est-ce qu'un traître ? Quelqu'un qui, de façon trop courtoise, vous fait quotidiennement la cour et que l'on s'obstine à ne pas écouter, les yeux ouverts.

Il arrive que maisons et propriétaires fassent bon ménage. Ainsi Bernard Chevry et son domaine de Ranguin, près de Mougins, donnent l'impression d'avoir été inventés l'un pour l'autre. Le créateur du Midem et l'ancienne bastide des moines de Lérins ont passé un secret accord : se donner enfin le temps de revivre. Longtemps, à deux pas, le décor de la Croisette, dont il avait eu le génie de doter ses marchés internationaux du disque et de la télévision, échappait à Chevry. Debout aux aurores, courant de la soute au pont comme du temps des Croisières de Musique imaginées elles aussi bien avant l'heure, il soignait ses participants pour qu'à midi en plein soleil, signer des contrats s'apparente à une simple séance de bronzage.

Aujourd'hui, on pourrait penser que l'homme pressé a ralenti l'allure et s'est seulement entouré d'harmonie et de beauté. Ce serait faire l'impasse sur sa boulimie, ses nécessités d'invention. Le voilà au contraire qui s'offre un groupe de presse dans un concept nouveau. Il est ainsi des personnages qui tordent le cou à la tranquillité. Et qui ne sont même pas sûrs d'avoir raison.

Au Fouquet's ce midi, des publicitaires de haute volée vont de table en table, sans émouvoir personne. Seul Maurice Lévy, gentilhomme de communication, appelle le regard par sa discrétion, son évidente personnalité. Il y a de l'intelligence dans chacune de ses attitudes. Son passage a forcément moins d'éclat que l'entrée tonitruante de Jacques Seguela, devenu par ses campagnes et ses livres le personnage incontournable (mot à la mode) des paysages médiatiques. On peut ne pas s'enthousiasmer pour l'individu mais le professionnel, lui, est remarquable. Et s'il lui arrive d'être iconoclaste, c'est qu'il n'ignore rien de son monde sans pitié.

Amadou Hampaté Bâ m'avait dit au cours d'un entretien : « En Afrique, chaque vieillard qui meurt, c'est une bibliothèque qui brûle. » J'avais immédiatement inscrit sur mon carnet ce beau sujet de réflexion que l'on pourrait donner à traiter aux candidats du baccalauréat. Il avait vite ajouté : « Je prononce si souvent cette phrase qu'on va finir par croire que je radote. » Je n'ai jamais oublié et si j'y reviens aujourd'hui, c'est que la formule s'envole ce matin avec lui. Amadou, né d'une vieille famille peule, est mort tout à l'heure à Abidjan. Il voulait un islam tolérant, il détestait les bigots, il rêvait de prier à Jérusalem aux côtés d'un prêtre catholique, d'un marabout et d'un rabbin. Ceux qui ne l'ont pas lu devraient se procurer *l'Étrange Destin de Wangrin*. Comme son héros, il épousait l'aurore et le crépuscule.

Un monde s'écroule, une idéologie affiche officiellement sa mort ce 1er mai 91 à Moscou. Les portraits de Marx, Engels et Lénine ont disparu. Soixante-quinze ans de gâchis, des millions de victimes. Et il y avait pourtant une espérance.

On fait des hommages, souvent à n'importe qui, pour n'importe quoi, on oublie Gabriel Dussurget qui a créé le festival d'Aix-en-Provence, découvert les plus grandes voix de ce temps, de Teresa Berganza à Gabriel Bacquier, accompagné les débuts de Giulini, de Solti, donné de l'éclat au Théâtre des Champs-Élysées, à l'Opéra. Pauvre siècle, seulement accroché aux gravures de mode, où les petits sujets font recette et les grands personnages galerie. Le vieil ami de Poulenc, Honneger, Reynaldo Hahn, Sauguet, ne se plaint pas. A quatre-vingt-huit ans, il n'est accablé d'aucune susceptibilité, mais le monde qu'il a inventé est pour le moins coupable d'indifférence. Je le quitte à l'instant, nous avons bavardé près de deux heures dans son appartement où veillent les reliques du passé — des dessins de Picasso, entre autres —, il était comme à l'habitude d'une élégance rare, sans coquetterie, « classe » comme on dit dans certains milieux, adossé au piano sur lequel Olivier Messiaen a composé quelques-unes de ses œuvres. Je lui ai fait promettre d'écrire ses mémoires, ce sera tendre, ironique, perfide, ses carnets sont pleins de mots, d'anecdotes, notés au jour le jour depuis trois quarts de siècle. Parlant de la comtesse Pastré qui avait aidé ses premiers combats à Aix, Dussurget décrit ainsi le désordre de son physique : « C'était un lit défait. » Évoquant une dame de la haute société d'aujourd'hui, personnage hautain d'une insigne laideur, il ajoute tristement : « C'est un masque à gaz maquillé. » Tout est de cet ordre, un festin de saillies. Au moment de le quitter, il a ce dernier mot : « Ne vous économisez en rien, vivez toutes les aventures sentimentales car à mon stade, l'âge est terrible : maintenant, je suis soliste. »

Une femme Premier ministre. Remarquable initiative, sacré coup médiatique. Édith Cresson, qui règne désormais à Matignon, fut en 1976 mon invitée à *Radioscopie*. La raison ? Un livre publié chez Lattès, *Avec le soleil,* où j'avais noté cette phrase empruntée à Michelet : « Sorcières de tous les temps, unissez-vous. » A prendre aujourd'hui avec les précautions d'usage. Je l'avais interrogée alors sur le choix de cette citation. Aucune hésitation dans la réponse : « La femme, telle qu'on la voyait à ce moment-là, avait un côté un peu mystérieux... Elle était comme ces sorcières qu'on venait consulter autrefois et qu'on brûlait ensuite en les accusant de tout. Il nous fallait révérer le modèle dominant. Les temps ont changé et ce n'est qu'un début. » Le ton déjà était ferme, le discours pas le moins du monde ampoulé, le caractère trempé, la volonté de pouvoir évidente. J'ai réécouté — quinze ans après — la cassette de cet entretien, je suis frappé par la limpidité de la voix, son éclat, sa force de conviction. Je m'inquiétais de l'intérêt des femmes pour la politique : « On a tout fait, disait-elle, pour qu'elles s'en éloignent. On ne les veut pas dans ces secteurs de décision, et on se garde de constater que leurs problèmes de vie quotidienne — travail, retraite, famille, enfants, fiscalité — sont des sujets politiques. Le pouvoir n'est plus seulement une affaire d'hommes. »

— Si vous étiez un jour au gouvernement, quel poste pourrait vous séduire : le ministère de l'Information ou celui de la Condition féminine ?

Édith Cresson sourit avant de répondre, et il y a dans ses yeux un éclair d'ironie vite corrigé par une délicatesse qui est celle de l'humour :

— Il n'y aura pas de ministère de la Condition féminine, c'est un non-sens. Et non plus de ministère de l'Information parce que cette place forte est un pur scandale.

— Vous parlez comme si vous y étiez...

— Il ne fait pas de doute qu'en 81, la gauche sera au pouvoir.

— La politique ! Dur, pour une femme...

— Il faut être passionné. Quelque chose nous stimule, nous les femmes : l'indignation. Il importe de vivre indignées. La place des femmes en politique est à inventer. Croyez-moi, nous serons vite aux affaires. Dans quelques années, on ne remarquera même plus que les femmes participent au combat des idées. Les mœurs évolueront, nous aurons gommé les vieux schémas, nous aurons une optique moins latine et plus moderne.

— François Mitterrand a dit : « Vous verrez, Édith Cresson ira très loin, elle a la tête sur les épaules. »

— C'est une belle espérance, je souhaite ne pas le décevoir... D'ordinaire, ailleurs, on dit plutôt d'une femme : « Elle est jolie », ou « Elle est affreuse », deux expressions sans intérêt. Chez nous les socialistes, on ne parle pas ainsi.

— Il vous arrive de douter ?

— ... Comme Pascal, je dirai que « nous avançons en gémissant ». Personne n'a jamais tout à fait raison.

Nous avons parlé ainsi pendant soixante minutes. C'était, je le rappelle, en 1976.

J'ai revu tout à l'heure la plus belle image de ces dernières années, enregistrée par des amis de Tel-Aviv. Au théâtre de la Musique, l'orchestre s'arrête au plein d'un mouvement. Alerte aux Scuds en Israël. Les musiciens abandonnent leurs pupitres, regagnent leurs loges, les spectateurs dans l'instant, sans affolement, sans bouger, obéissent aux instructions reçues. Pendant quelques minutes, la scène reste désespérément vide. Puis un musicien revient, seul, s'avance sous les applaudissements, son violon au bout du bras tendu. Exceptionnel moment d'émotion, réplique parfaite d'un honnête homme : Isaac Stern joue Bach devant une salle de masques à gaz. Irréel, surréaliste, magnifique...

... et encore et toujours Bach, Mozart, Brahms, Beethoven, Mahler, les autres, pour corriger l'horreur.

Index
des noms cités

Aubin Imprimeur
LIGUGÉ, POITIERS

COMPOSITION – IMPRESSION – FINITION

Achevé d'imprimer en septembre 1991
N° d'édition 8504 / N° d'impression L 37321
Dépôt légal septembre 1991
ISBN 2-246-44991-X
Imprimé en France